HORNBOSTEL OPERA OMNIA I

KW-550-454

UNIVERSITEIT VAN AMSTERDAM – NORTHWESTERN UNIVERSITY
STIFTUNG PREUSSISCHER KULTURBESITZ

Hornbostel Opera Omnia

Band I

herausgegeben von

KLAUS P. WACHSMANN
DIETER CHRISTENSEN – HANS-PETER REINECKE

unter Mitarbeit von

RICHARD G. CAMPBELL – NERTHUS CHRISTENSEN – HANS-JÜRGEN JORDAN

MARTINUS NIJHOFF / DEN HAAG / 1975

BELFAST PUBLIC LIBRARIES
780.01
HORN
749945
MUSIC LIBRARY

BELFAST PUBLIC LIBRARIES

DATE DUE	DATE DUE	DATE DUE

BELFAST PUBLIC LIBRARIES

APPLICATION FOR RENEWAL MAY
BE MADE IN PERSON, BY WRITING
OR BY TELEPHONE.

CL3

780.01 HORN
749945
HORNBOSTEL
OPERA
OMNIA

BELFAST PUBLIC LIBRARIES
780.01
HORN
749945
MUSIC LIBRARY

~~REFERENCE ONLY~~

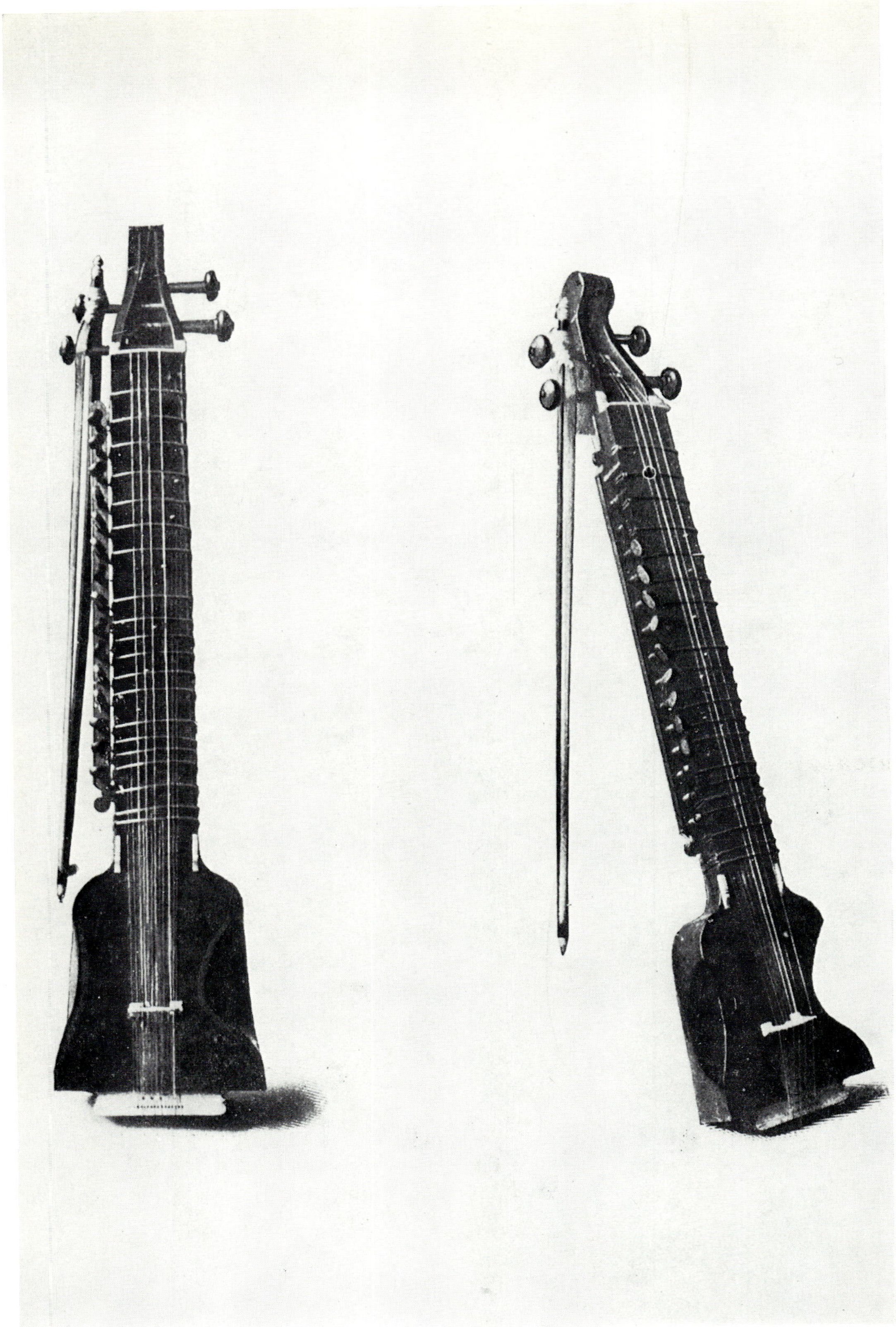

Dilrubā

UNIVERSITEIT VAN AMSTERDAM – NORTHWESTERN UNIVERSITY
STIFTUNG PREUSSISCHER KULTURBESITZ

Hornbostel Opera Omnia

Volume I

Edited by

KLAUS P. WACHSMANN
DIETER CHRISTENSEN – HANS-PETER REINECKE

in collaboration with

RICHARD G. CAMPBELL – NERTHUS CHRISTENSEN – HANS-JÜRGEN JORDAN

MARTINUS NIJHOFF / THE HAGUE / 1975

IN MEMORIAM JAAP KUNST

© 1975 by Martinus Nijhoff, The Hague, Netherlands
All rights reserved, including the right to translate or to reproduce this book or parts thereof in any form

ISBN 90 247 1731 0 (Opera Omnia)
ISBN 90 247 1732 9 (Vol I)

PRINTED IN THE NETHERLANDS

INHALT / CONTENTS

Vorwort/Preface IX

1903

1. *mit/with* OTTO ABRAHAM
Studien über das Tonsystem und die Musik der Japaner / Studies on the tonsystem and music of the Japanese
Übersetzung von/translation by
GERTRUD KURATH (William Malm, consultant) 1

2. *Besprechung von/review of*
VIKTOR GOLDSCHMIDT
Über Harmonie und Komplikation
Übersetzung von/translation by
RICHARD CAMPBELL 85

1904

3. *mit/with* OTTO ABRAHAM
Phonographierte türkische Melodien / Turkish melodies recorded on the phonograph
Übersetzung von/translation by
BARBARA KRADER 91

4. *mit/with* OTTO ABRAHAM
Phonographierte indische Melodien / Indian melodies recorded on the phonograph
Übersetzung von/translation by
BONNIE WADE 115

5. *mit/with* OTTO ABRAHAM
Über die Bedeutung des Phonographen für die vergleichende Musikwissenschaft / On the significance of the phonograph for comparative musicology
Übersetzung von/translation by
RAY GILES 183

6. Melodischer Tanz. Eine musikpsychologische Studie / Melodic dance. A musico-psychological study
Übersetzung von/translation by
JUANA DE LABAN 203

7. *Besprechung von/review of*
Georg Capellen. Op. 26. Shogaku Shoka, Japanische Volksmelodien
Übersetzung von/translation by
RICHARD CAMPBELL 217

8. *Besprechung von/review of*
FRANZ EXNER
Über die Grundempfindungen im Young-Helmholtzschen Farbensystem *und* Zur Charakteristik der schönen und häßlichen Farben
Übersetzung von/translation by
RICHARD CAMPBELL 221

9. *Besprechung von/review of*
CHARLES S. MYERS
(Sinnesphysiologischer und psychologischer Teil der) Reports of the Cambridge Anthropological Expedition to Torres Straits. Vol. II. Pt. II. (II. Hearing, III. Smell, IV. Taste, VIII. Reaction-Times)
Übersetzung von/translation by
RICHARD CAMPBELL 227

10. *Besprechung von/review of*
ROBERT LACH
Über einen interessanten Spezialfall von "Audition colorée"
Übersetzung von/translation by
RICHARD CAMPBELL 235

11. *Besprechung von/review of*
MAX MEYER
Experimental studies in the Psychology of Music
Übersetzung von/translation by
RICHARD CAMPBELL 239

1905

12. Die Probleme der vergleichenden Musikwissenschaft / The problems of comparative musicology
Übersetzung von/translation by
RICHARD CAMPBELL 247

13. *mit/with* OTTO ABRAHAM
Über die Harmonisierbarkeit exotischer Melodien / On the question of harmonization of exotic melodies
Übersetzung von/translation by
ALEXANDER RINGER 271

14. *Besprechung von/review of*
A. F. CHAMBERLAIN
Primitive Taste-words
Übersetzung von/translation by
RICHARD CAMPBELL 279

15. *Besprechung von/review of*
H. E. ZIEGLER
Der Begriff des Instinktes einst und jetzt
Übersetzung von/translation by
RICHARD CAMPBELL 283

16. *Besprechung von/review of*
HANS HELD
Untersuchungen über den feineren Bau des Ohrlabyrinthes der Wirbeltiere. I. Zur Kenntnis des Cortischen Organs und der übrigen Sinnesapparate des Labyrinthes bei Säugetieren
Übersetzung von/translation by
RICHARD CAMPBELL 287

17. *Besprechung von/review of*
ERNST JENTSCH
Musik und Nerven. I. Naturgeschichte des Tonsinns
Übersetzung von/translation by
RICHARD CAMPBELL 291

18. *Besprechung von/review of*
CHARLES S. MYERS
The Taste-names of primitive peoples
Übersetzung von/translation by
RICHARD CAMPBELL 295

1906

19. *mit/with* OTTO ABRAHAM
Phonographierte Indianermelodien aus Britisch-Columbia / Indian melodies from British Columbia recorded on the phonograph
Übersetzung von/translation by
BRUNO NETTL 299

20. Phonographierte tunesische Melodien / Tunesian melodies recorded on the phonograph
Übersetzung von/translation by
ISRAEL KATZ 323

21. *Besprechung von/review of*
ERNEST CLOSSON
Chansons populaires des provinces Belges
Übersetzung von/translation by
REBECCA ADRIAANSZ 381

22. *Besprechung von/review of*
M. MARAGE
Sensibilité spéciale de l'oreille physiologique pour certaines voyelles *und* Contribution à l'étude de l'organe de Corti *und* Pourquoi certains sourds-muets entendent mieux les sons graves que les sons aigus
Übersetzung von/translation by
RICHARD CAMPBELL 387

Vorwort

1 Erich Moritz von Hornbostel (1877–1935) gilt allgemein als der Begründer der Vergleichenden Musikwissenschaft.

2 Während der achtundfünfzig Jahre seines Lebens erweiterten sich die musikalischen Horizonte des Abendlandes in ausserordentlicher Weise. Es war dies nicht nur eine Zeit des immer schnelleren Fortschreitens in eine unvorhersehbare Zukunft hinein, es war gleichermassen eine Epoche der Wiederentdeckung einer musikalischen Vergangenheit, zu der der Hörer von 1900 jedes Verhältnis verloren hatte.

3 Überschaut man heute die musikalischen Ereignisse jener fast 60 Jahre, so zeigt sich, dass Hornbostels Wirken ein integraler Teil des Musiklebens seiner Zeit war. Hornbostel war kein isoliertes Phänomen; seine Schriften sind nur richtig zu verstehen und zu bewerten, wenn man sie als Zeugnisse ihrer Zeit, als Dokumente der abendländischen Geistesgeschichte betrachtet. So mag es sinnvoll sein, hier einige der Ereignisse des musikalischen Zeitgeschehens zu rekapitulieren, das Hornbostels Lebenswerk umgibt.

4 Neue Kompositionstechniken und Klangfarben: Debussys *Pelleas und Mélisande* (1902); die Werke Schönbergs und Strawinskys, besonders *Sacre du Printemps* (1913); das Aufsteigen von Ragtime und Jazz in New Orleans und später in Chicago (1915); Les Six (1920).

5 Ein neues Verhältnis zum Wort: Elgars *Traum des Gerontius*, in dem Sprache auf neue Weise verwendet wird (1900); die *Editio Vaticana* des Gregorianischen Chorals stellt die monodische Linie und damit die Vitalität des Wortes wieder her (1905);

Preface

Erich Moritz von Hornbostel (1877–1935) 1
is generally regarded as the founder of Comparative Musicology.

The fifty-eight years of his lifetime saw 2
an extraordinary expansion of the Western musical horizon; it was not only a period of ever accelerating progress toward an unpredictable future but also an era of rediscovery of a musical past with which the listeners of 1900 had lost touch.

Surveying the musical events of those 3
almost three score years, we see that Hornbostel's work formed an integral part of the musical life of his time. Hornbostel was not an isolated phenomenon. Since his writings are best understood and evaluated in the context of their period, as chapters in the history of ideas, it may be meaningful to review some of the features of the musical world in which Hornbostel pursued his lifework.

New composition techniques and tone 4
colours: Debussy's *Pelleas and Mélisande* (1902); the works of Schönberg and Stravinsky, especially *Sacre du Printemps* (1913); the rise of ragtime and jazz in New Orleans and later in Chicago (1915); Les Six (1920).

New skills in the use of words: Elgar's 5
The Dream of Gerontius suggests a fresh use of language (1900); the *Editio Vaticana* of liturgical chant restores the monodic line and with it the vitality of the word (1905); Schönberg's *Erwartung* (1909) and

Schönbergs *Erwartung* (1909) und *Pierrot Lunaire* (1912), und Bergs *Wozzeck* (1925) erproben neue Dimensionen des Sprechgesangs.

6 Ein neues Interesse an der Theorie der Musik bei Komponisten und Musikwissenschaftlern: Riemanns *Grundriss der Musikwissenschaft* (1908); die Entwicklung der Zwölftontechnik durch Hauer und Schönberg (1919, 1921); die ersten Festspiele zeitgenössischer Kammermusik auf den Donaueschinger Musiktagen (1921); der erste Lehrstuhl für Musikwissenschaft in den U.S.A. (für Kinkeldey in Ithaca, 1930).

7 Ein neues Interesse an der Aufführung alter Musik: Schweitzers Schriften (1905–6); Landowskas Cembalokonzerte (1905); die Entdeckung und Aufführung von Schütz' *Weihnachtsoratorium* durch Schering (1908–9); die Edition *Tudor Church Music* (1923); die Aufführung mittelalterlicher Musik in Karlsruhe (1925); Wolfgang Graesers Veröffentlichung der Partitur von Bachs *Kunst der Fuge* und ihre Aufführung (1927); die erste Aufführung von Bachs *Musikalischem Opfer* (1928).

8 Ein neues Interesse an alten Musikinstrumenten: Die Eröffnung der Königlichen Sammlung alter Musikinstrumente in Berlin (1893); der Nachbau alter Instrumente, z.B. von Cembali (1900); der Bau von Blockflöten, Violen usw. durch Arnold Dolmetsch und sein *Haslemere Festival of Early Music* (1925); die Praetorius-Orgel in Freiburg i.Br. (1921).

9 Ein neues Interesse europäischer Komponisten und Gelehrter an aussereuropäischer Musik: Simmels prophetischer Entwurf einer Musikethnologie *Psychologische und ethnologische Studien über Musik,* (1882); 23 Millionen Besucher der Weltausstellung in Paris können aussereuropäische Musik hören, die für Debussy zu einer Quelle der Anregungen wird (1889); Mahillons Klassifikation der Musikinstrumente (1893); Stumpfs *Anfänge der Musik* (1911); Sachs' *Reallexikon der Musikinstrumente* (1913); der überwältigende Ein-

Pierrot Lunaire (1912), and Berg's *Wozzeck* (1925) explore new dimensions of sprechgesang.

A new interest in the theory of music 6
among composers and musicologists: Riemann's *Grundriss der Musikwissenschaft* (1908); First Festival of Contemporary Music at Donaueschingen (1921); the development of dodecaphony by Hauer and Schönberg (1919, 1921); the first chair in musicology in the U.S.A. (for Kinkeldey at Ithaca, 1930).

A new interest in the performance of 7
old music: Schweitzer's writings (1905–6); Landowska's harpsichord concerts (1905); discovery and performance of Schütz' *Christmas Oratorio* by Schering (1908–9); the edition of *Tudor Church Music* (1923); the performance of medieval music in Karlsruhe (1925); publication by Wolfgang Graeser of the score of Bach's *Art of Fugue* and its first performance (1927); the first performance of Bach's *Musical Offering* (1928).

A new interest in old musical instru- 8
ments: opening of the Königliche Sammlung alter Musikinstrumente in Berlin (1893); the manufacture of harpsichords and other old instruments (1900); the manufacture of recorders, viols, etc. by Arnold Dolmetsch and his Haslemere Festival of Early Music (1925); the Praetorius Organ in Freiburg i.Br. (1921).

A new interest among European com- 9
posers and scholars in non-European music: Simmel's prophetic "blueprint" of ethnomusicology *Psychologische und Ethnologische Studien über Musik* (1882); the World Exhibition in Paris gives 23 million visitors the opportunity to hear non-Western music, which becomes a source of inspiration to Debussy (1889); Mahillons classification of the instruments of the world (1893); Stumpf's *Anfänge der Musik* (1911); Sachs's *Reallexikon der Musikinstrumente* (1913); Bartók's first over-

druck, den algerische Musik auf Bartók machte (1906), seine Studien in der Oase Biskra (1923) und seine aktive Teilnahme am Kongress für arabische Musik in Kairo (1932); auf einer Sitzung der Berliner Gesellschaft für Anthropologie, Ethnologie und Urgeschichte hören sich „ungefähr 300 Gelehrte usw.“ Gesänge einer Gruppe von Hopi an, von denen dann einige für die Privatsammlung des Kaisers Wilhelm II aufgenommen werden (1906).*

10 Als Hornbostel nach einem naturwissenschaftlichen Studium an den Universitäten Heidelberg und Wien im Jahre 1901 Assistent am Psychologischen Institut der Berliner Universität wurde, hatte dessen Direktor, der Philosoph und Psychologe Carl Stumpf soeben eine Studie über siamesische Musik veröffentlicht (Stumpf 1901a), die sich naturwissenschaftlicher Methoden zur Lösung gehörspsychologischer Probleme bediente. Hornbostel wurde die Aufgabe zuteil, die empirische Basis für das psychologisch orientierte Studium musikalischer Phänomene in aussereuropaïschen Kulturen systematisch zu erweitern.

11 Das schnell wachsende Archiv von Edison-Phonogrammen im Psychologischen Institut, das als Berliner Phonogramm-Archiv bekannt wurde, und die in dichter Folge meist mit dem Arzt und Psychologen Otto Abraham gemeinsam verfassten Untersuchungen über japanische, indische, türkische, indianische und tunesische Musik (1903–6) entsprechen einer von Carl Stumpf bereits 1886 erhobenen Forderung nach zuverlässigem Quellenmaterial zur aussereuropäischen Musik: „Was in diesem Gebiete gegenwärtig am meisten Not tut, sind Monographien, unabhängig von jeder Theorie, aber mit um so grösserer Gewissenhaftigkeit der tatsächlichen Schilderung“

* Die Demonstrationssammlung von E. M. von Hornbostel und dem Berliner Phonogramm-Archiv. Ethnic Folkways Library FE 4175. Erläuterungen von Kurt Reinhard und George List. New York: Folkways Records. 1963. 40 S.

whelming reaction to music heard in Algiers (1906), his field work in the Oasis Biskra (1923), and his active role at the Congress for Arabic Music in Cairo (1932); 300 scholars and others listen to songs of a group of Hopi Indians at a meeting of the Berliner Gesellschaft für Anthropologie, Ethnologie und Urgeschichte and recordings are made of their music for the private collection of the Emperor Wilhelm II (1906).*

In 1901, after completing his studies in the Natural Sciences at the Universities of Heidelberg and Vienna, Hornbostel became an assistant at the Institute of Psychology of the University of Berlin. At that time the Director of the Institute, the philosopher and psychologist Carl Stumpf, had just published a study on Siamese music (Stumpf 1901a) in which he applied the methodology of the Natural Sciences to audio-psychological problems. It became Hornbostel's task to systematically extend the empirical basis for a psychologically oriented study of musical phenomena in non-European cultures. 10

The rapidly growing archives of Edison phonograms in the Institute of Psychology, which became known as the Berlin Phonogramm-Archiv, and the researches that followed in quick succession – mostly in collaboration with the physician and psychologist Otto Abraham – on Japanese, Indian, Turkish, American Indian, and Tunisian music (1903–6), met the demand for reliable data on non-European music that Stumpf had formulated as early as 1886: "What we need most in this field are monographs that will give us a conscientious description of the facts, free of theoretical premises." (Stumpf 1886b: 405). The publications of these years show that Hornbostel's interests reached beyond the 11

* The Demonstration Collection of E. M. von Hornbostel and the *Berlin Phonogramm-Archiv*. Ethnic Folkways Library FE 4175. Commentaries by Kurt Reinhard and George List. New York: Folkways Records. 1963. 40 pp.

(Stumpf 1886b: 405). Die Schriften dieser Jahre zeigen zugleich, wie sich Hornbostels Interesse alsbald über den Bereich der Gehörspsychologie und -physiologie hinaus auf kulturhistorische Fragestellungen ausdehnte. Bereits 1904 legte er, gemeinsam mit Otto Abraham, das Programm einer in Analogie zur Vergleichenden Sprachwissenschaft gebildeten und entwicklungsgeschichtlich orientierten Vergleichenden Musikwissenschaft vor (Abraham und Hornbostel 1904c). 1906 gab er in einem Referat *Über den gegenwärtigen Stand der vergleichenden Musikwissenschaft* vor dem 2. Kongress der Internationalen Musikgesellschaft einen konkreten Hinweis auf die Möglichkeit, sich mit empirischen Daten aus dem Bereich der Musik an der kulturhistorischen Diskussion in der Ethnologie zu beteiligen. Damit war der Rahmen seiner Interessen abgesteckt.

12 Als Hornbostel 1935 in der Emigration starb, hinterliess er ein sich über Bereiche der Naturwissenschaften wie der Geisteswissenschaften erstreckendes Gebäude von Methoden und Erkenntnissen, er hinterliess Schüler und Kollegen, die dieses Gebäude belebten und erweiterten.

13 Heute, 70 Jahre nach jenen bahnbrechenden Veröffentlichungen, die der abendländischen Musikwissenschaft universale Perspektiven eröffneten, ist die Erforschung der Musik als Lebensäusserung des Menschen nicht mehr das Vorrecht eines Kulturkreises, sie ist ein universales Anliegen, eine internationale Forschungsdisziplin geworden. Sie ist aber nicht eine Disziplin im strengen Sinne, wie etwa die Mathematik oder Geschichte; noch kann sie auf einen ihrer Grundbestandteile – wie Akustik oder Sozialanthropologie, um nur zwei zu nennen – zurückgeführt werden, so wie etwa chemische Prozesse manchmal physikalisch erklärt werden. Im Gegenteil, der kulturwissenschaftliche Zweig der Musikforschung, der sich seit Hornbostel von der Vergleichenden Musikwissenschaft zur Musikethnologie entwickelt hat, stützt

realms of audio-psychology and -physiology towards questions of a cultural-historical kind. By 1904, in collaboration with Otto Abraham, he was able to outline a program in comparative musicology, analogous to comparative linguistics, oriented towards evolutionary concepts (Abraham and Hornbostel 1904c). In 1906 Hornbostel delivered an address before the 2nd Kongress der Internationalen Musikgesellschaft in which he offered substantial evidence that it was possible to utilize empirical data of a musical nature as a contribution to the cultural-historical discussion in ethnology. With this step he had stated the scope of his interests.

When Hornbostel died in exile in 1935, he left behind him, for the pupils and colleagues who continued his work, a blueprint of methods and insights that ranged widely across the sciences as well as the humanities. 12

Today, 70 years after those pioneering publications opened up universal perspectives for Western musicology, the study of all mankind's music is no longer the exclusive domain of any particular culture but it has become a universal concern, an international discipline. Yet, it is not a discipline in the same sense as history or mathematics is. Nor can it be reduced to any of its constituent parts – like acoustics or social anthropology to name but two – in the way that chemistry is sometimes reduced to physics in order to explain chemical processes. On the contrary, the cultural-historical branch of musicology, which developed from comparative musicology in Hornbostel's days to ethnomusicology in recent times, touches on a multitude of disciplines and skills, and it is an open question whether one person 13 sich auf eine Vielzahl von Disziplinen, die kaum alle von einem Menschen zu beherrschen sind.

could, or even should, master them all.

14 Hornbostel besass eine solide Grundausbildung in den Naturwissenschaften, die er – als Assistent Carl Stumpfs – auf Gebiete der Sinnespsychologie und -physiologie ausdehnte. Jedoch seine Rolle im Rahmen der Psychologie ist nicht hinreichend charakterisiert, wenn man ihn nur als Schüler von Carl Stumpf sieht. Vielmehr resultiert sein psychologisches Konzept aus dem Zusammenwirken naturwissenschaftlicher und philosophisch-psychologischer Aspekte, aus denen ein unverwechselbarer Charakter seiner wissenschaftlichen Persönlichkeit hervorgegangen ist: Die Verbindung von systematischem, klassifikatorischem Bemühen, das vor allem danach trachtet, nomologische Aussagen über die Aspekte der Musik zu gewinnen, mit dem psychologischen, speziell dem gestaltpsychologischen Ansatz, der gerade auf dem Gebiet der Musik besondere Attraktivität besass.

Hornbostel's research rested on a solid scientific foundation. As Carl Stumpf's assistant he extended his competence to embrace the psychology of sensation and the physiology of the senses. However, his role in psychology cannot be adequately described merely by labeling him a disciple of Carl Stumpf's. Hornbostel's psychological concepts derived from the interaction of the scientific and philosophico-psychological aspects which gave his work and personality their unmistakable character. It was a case of the convergence of psychological concepts, specifically those of gestalt theory – which, in music, were particularly attractive – with an intention to systematize in order to arrive at nomological statements on certain aspects of music. 14

15 Vor allem in einem Punkt war Hornbostel experimenteller Naturwissenschaftler: Er gab der Erforschung konkreter, empirischer Sachverhalte stets den Vorrang vor zu allgemeiner theoretisierender Spekulation. So zu verstehen ist die grosse Zahl seiner Arbeiten über musikpsychologische Einzelprobleme, die hinsichtlich ihrer Themenstellung keineswegs eng, wohl aber klar umgrenzt waren. Daraus erklärt sich andererseits seine Universalität, die es nicht dabei bewenden liess, musikwissenschaftliche Probleme immer nur unter einem spezifischen Aspekt zu sehen, etwa dem musikethnologischen, psychologischen oder instrumentenkundlichen. Wenn ihn ein übergreifender Aspekt leitete, dann war es der systematische oder – heute würde man sagen – der strukturelle. Auch die von ihm bearbeiteten Einzelprobleme wurden stets unter einem allgemeinen systematischen Horizont betrachtet und bearbeitet.

Hornbostel was above all an experimental scientist in that he always placed concrete, empirical data before theorizing of a too general and speculative kind. This accounts for his large number of papers on special musico-psychological problems, whose hypotheses, although in no way narrowly formulated, were nevertheless clearly defined. It also explains the universality of his thinking; Hornbostel was not content to view musicological problems from only one angle, for example, ethnomusicologically, psychologically, or organologically. If there was an overall viewpoint that guided him, it was his concern with concepts or – as one would say today – with structuralism. Hornbostel treated even isolated problems within a general systematic framework. 15

16 Der experimentelle und klassifikatorische Ansatz, wie er ihn durch das Studium der Naturwissenschaft kennen und beherrschen gelernt hatte, verband sich dabei in glücklicher Weise mit dem philosophischen bzw. psychologischen, der vor allem durch die Ansätze Franz Brentanos und Hermann Lotzes sowie demjenigen ihres Schülers Carl Stumpf bis in das Konzept der Gestaltpsychologie hinein fortgesetzt wurde.

The experimental and taxonomic methodology that Hornbostel had acquired in the course of his scientific training combined happily with his philosophical and psychological thinking. This thinking developed under the influence of the ideas of Franz Brentano and Hermann Lotze, as well as their disciple Carl Stumpf – ideas that pointed in the direction of gestalt psychology. 16

17 Brentanos Überlegungen zielten dabei auf der psychologischen Ebene auch auf nomologische Erkenntnis: Eine deskriptive Psychologie (oder Psychognosie) habe – im Unterschied zu einer genetischen – die psychischen Phänomene zu analysieren, um die „letzten Elemente" ausfindig zu machen, aus denen sich das Gesamtbewusstsein aufbaut, wobei Gleichartiges zusammengefasst und dadurch eine Klassifikation aller psychischen Erscheinungen ermöglicht werden kann. Jedes Bewusstsein ist, indem es sich auf etwas Existierendes bezieht (einschliesslich der Möglichkeit von etwas Existierendem), intentional und zugleich Gegenstandsbewusstsein.

On the psychological level Brentano's thinking also aimed at nomological understanding. Thus a descriptive psychology (or psychognosis) – in contrast to a genetic psychology – analyzes psychic phenomena in order to discover the ultimate elements of which consciousness as a whole is composed: once the equivalence of phenomena is established, a classification of all psychic phenomena can be established. 17
Further, all consciousness, in that it refers either to something that exists or to the possibility of something existing, is intentional and at the same time a consciousness of objects.

18 Dies war der allgemeine Ausgangspunkt, für den die Naturwissenschaften so etwas wie ein methodisches Modell liefern konnten, ohne dass man wieder – wie es die frühe Psychophysik versucht hatte – eine direkte (und umkehrbar eindeutige) Zuordnung zwischen „Naturereignissen" und psychischen Ereignissen anzunehmen gezwungen wäre. Hier nun hat Hornbostel eine Reihe wichtiger experimental-psychologischer Arbeiten geliefert, man denke nur an die gemeinsam mit Max Wertheimer vorgenommenen Untersuchungen über das Richtungshören, das räumliche Hören, aber auch über das Problem der Tondistanz (zusammen mit Otto Abraham) bzw. die Gehörserscheinungen allgemein.

This was the general basis for which the sciences had supplied something like a methodological model, without having to assume – as had been attempted earlier in psychophysics – a direct, one to one correlation between natural and psychic events. Hornbostel contributed a series of important experimental psychological studies on this theme; one need only mention his researches, in collaboration with Max Wertheimer, on directional and binaural hearing, and with Otto Abraham, on problems of tone distance, and on phenomena of hearing in general. 18

19 Hornbostel war aber nicht nur ein vielseitiger Wissenschaftler, er war auch, wie einer seiner engsten Freunde, Jaap Kunst, uns mitteilt, ein fähiger Komponist und Pianist. Aus allen diesen Quellen wurden

Hornbostel was not only a versatile scientist but also, according to one of his closest friends, the late Jaap Kunst, an accomplished composer and pianist. He drew upon all these sources as he cultivated 19 seine Interessen gespeist, denen die Aufsätze in diesen Bänden ihre Existenz verdanken. Sie enthalten Erkenntnisse und Anregungen, die auch heute noch längst nicht alle aufgenommen worden sind.

the interests to which the essays in these volumes owe their existence. They contain insights and ideas whose potential has by no means yet been fully explored.

20 Denn Hornbostel hat nie ein Buch geschrieben. Sein Werk ist in mehr als 100 Aufsätzen und Rezensionen über Zeitschriften und Einzelveröffentlichungen verstreut, von denen viele nur noch schwer aufzufinden sind. Zudem hat sich das Schwergewicht musikethnologischer Forschung und Lehre immer mehr aus dem deutschen Sprachraum heraus verlagert. So ist der grösste Teil der Werke Hornbostels für die Mehrzahl der heutigen Musikethnologen praktisch unzugänglich geworden, und das zu einer Zeit, da sich das in gegensätzliche Zweige gespaltene Fach auf seine Grundlagen besinnen muss und will.

Hornbostel did not write a single book. His essays are spread throughout many journals, handbooks, and books by other authors to which he contributed a special chapter or supplement on music. Many of these essays and reviews are difficult to trace. Research and teaching in ethnomusicology has tended to move away from German speaking countries, with the result that most of Hornbostel's writings are inaccessible to the majority of scholars in the field, at a time when the need to discuss the very foundations of the subject, in view of the schisms that have arisen in ethnomusicology, is especially pressing. 20

21 Es war Jaap Kunst, der frühzeitig die Notwendigkeit einer Gesamtausgabe der Werke Hornbostels sah und an seiner Hauptwirkungsstätte, dem Tropenmuseum in Amsterdam, umfangreiche Vorarbeiten leistete. Zu Ehren seines Andenkens so sehr wie zu dem Hornbostels ergriff die Universiteit van Amsterdam – an der Jaap Kunst gelehrt hatte – die Initiative, suchte einen Verleger, ernannte Herausgeber und erbat einen Kostenzuschuss von einer holländischen Stiftung. Das Berliner Phonogramm-Archiv (jetzt Musikethnologische Abteilung des Museums für Völkerkunde Berlin), das Hornbostel geschaffen und fast 30 Jahre lang geleitet hatte, das Staatliche Institut für Musikforschung, beide in der Stiftung Preussischer Kulturbesitz in Berlin, und die Northwestern University/USA verbanden sich mit der Universiteit van Amsterdam, um die von Jaap Kunst geplante Edition sämtlicher Werke von Hornbostels im Urtext und in englischer Übersetzung gemeinsam durchzuführen.

It was the late Jaap Kunst who first conceived of the plan and, at the Tropical Museum in Amsterdam, began the work of bringing Hornbostel's papers together. It is in homage to his memory as much as to Hornbostel's that the Universiteit van Amsterdam, seat of Jaap Kunst's teaching activities, took the initiative, approached a publisher, appointed editors and appealed to a Dutch Foundation for a grant to meet at least part of the clerical expenses of the project. The Berlin Phonogramm-Archiv (Hornbostel's offspring, so to speak) and the Institut für Musikforschung, also in Berlin, joined with the Universiteit van Amsterdam and Northwestern University in the United States in a consortium for promoting the publication, under its auspices, of the *Hornbostel Opera Omnia*. 21

22 Die *Hornbostel Opera Omnia* enthalten alle veröffentlichten Schriften von Horn-

The *Hornbostel Opera Omnia* contains all Hornbostel's published writings, including 22 bostels, die den Herausgebern bekanntgeworden sind, einschliesslich der Buchbesprechungen, die in vielen Fällen neue Erkenntnisse des Rezensenten wiedergeben und zugleich die Weite der Interessen von Hornbostels auf geisteswissenschaftlichem und naturwissenschaftlichem Gebiet widerspiegeln.

23 Unveröffentlichte Manuskripte wurden hingegen nicht aufgenommen, da aus seinem Schülerkreis bekannt ist, wie skrupelhaft sich von Hornbostel den ihn bedrängenden Verlegern gegenüber verhielt; dass es nicht Mangel an Gelegenheit, sondern der von den Herausgebern zu respektierende Wille des Verfassers war, der die Veröffentlichung verhinderte.

24 Die zweisprachige Gesamtausgabe der Schriften Erich Moritz von Hornbostels ist auf 2500 Seiten veranschlagt. Weitere Bände sollen die Bibliographien, kritische Würdigungen des Lebenswerkes von Hornbostels sowie Indices enthalten.

25 Die Anordnung der Veröffentlichungen erfolgt chronologisch nach dem Erscheinungsjahr. Innerhalb eines jeden Jahres werden musikwissenschaftliche und naturwissenschaftliche Aufsätze den Rezensionen und sonstigen Abhandlungen vorangestellt.

book reviews, which have come to the editors' attention. The reviews reflect Hornbostel's thinking on many issues and at the same time demonstrate the breadth of his interest in the humanities as well as the sciences.

The editors omitted unpublished manu- 23
scripts because, according to the testimony of several of his pupils, Hornbostel was most scrupulous about what he deemed worthy to be published; it would not have been lack of opportunity that prevented publication but authorial judgment, in spite of pressure from publishers.

The bilingual edition of Hornbostel's 24
collected writings is estimated at 2500 pages. Special volumes are planned, which will include bibliographies, indices, and, possibly, critical assessments of the essays and reviews.

The material is presented in chrono- 25
logical order on the basis of its year of publication. Within each year, the musicological and scientific papers precede the reviews.

Der Urtext

26 Der Neuausgabe des „Urtextes" wurde jeweils die „letzte Fassung eigener Hand" zugrunde gelegt; so wurden die in den *Sammelbänden für Vergleichende Musikwissenschaft* 1922 enthaltenen frühen Aufsätze in dieser von von Hornbostel selbst redigierten Fassung mit allen Ergänzungen übernommen.

27 Die redaktionelle Bearbeitung der ursprünglichen Veröffentlichungen für die vorliegende unkritische Ausgabe beschränkt sich auf die Vereinheitlichung editionstechnischer Aspekte, die von zahlreichen Redaktionen während einer Zeitspan-

The Original Text

In this edition the final version from Horn- 26
bostel's pen takes precedence over the earlier version. Thus Hornbostel's earliest essays appear in the form in which he himself re-edited them for the *Sammelbände für Vergleichende Musikwissenschaft* in 1922.

Editorial work on the original publica- 27
tions has been limited, for the purposes of this non-critical edition, to unifying the various aspects of editorial policy which, in the hands of numerous editors over a span of almost 70 years, have differed widely.

ne von fast 70 Jahren in höchst unterschiedlicher Weise behandelt worden waren.

28 Literaturangaben wurden nach Möglichkeit verifiziert und entsprechend dem in der Zeitschrift *Ethnomusicology* üblichen Verfahren in den Text einbezogen. Die ausführliche chronologische Gesamtbibliographie aller Zitate wird als besonderer Band gedruckt.

29 Die verbleibenden Fussnoten wurden jeweils innerhalb eines Artikels fortlaufend numeriert. Anmerkungen der Herausgeber oder Übersetzer, die mit — ED. bzw. ihren Initialen zeichnen, sind durch eckige Klammern kenntlich gemacht; Verweisung im Text erfolgt durch Asterisk.

30 Die Schreibung fremdsprachlicher Worte, die mit Ausnahme von Personen- und Ortsnamen und von Liedtexten *kursiv* erscheinen, wurde vereinheitlicht. Soweit nationale Orthographien in lateinischer Schrift existieren, wurden diese angewendet – so z.B. für das Türkische.

31 In allen anderen Fällen wurden in der heutigen Sprachwissenschaft gängige Transliterations- bzw. Transkriptionssysteme herangezogen, und zwar

- für japanische Worte: J. C. Hepburn, *A Japanese Dictionary*, 7th ed., Tokyo 1903, p. 103.
- für chinesische Worte: Wade-Giles, *Mathews Chinese-English Dictionary*, Cambridge: Harvard University Press, 1943, pp. xviii–xxi.
- für arabische, persische und indische Namen und Begriffe: System der Deutschen Morgenländischen Gesellschaft, vgl. *Phonetische Transkription und Transliteration nach der Kopenhagener Konferenz im April 1925*, Heidelberg 1926, pp. 1–36.
- für schriftlose Sprachen: vgl. *Anthropological Linguistics*, vols. 6–8: 1964–66, *passim.*

References to literature have been checked and, wherever feasible, inserted into the text in accordance with the style of the journal *Ethnomusicology*. A comprehensive chronological bibliography of references will be published as a separate volume. 28

Genuine footnotes are numbered in sequence for each article. Notes by the editors are affixed with — ED.; notes by a translator are accompanied by his initials. Both appear in square brackets. In places which require an editorial footnote, an asterisk(s) in the text will point to the note. 29

Foreign words appear in italics, except for personal and place names, and song texts. The spellings themselves have been unified. Where official orthographies in Roman type exist, as in the case of Turkish, they are adopted here. 30

In all other cases the editors have adopted the following systems of transliteration or transcription: 31

- for Japanese words: J. C. Hepburn, *A Japanese Dictionary*, 7th ed. (Tōkyō, 1903,) p. 103;
- for Chinese words: Wade-Giles, *Mathews Chinese-English Dictionary* (Cambridge: Harvard University Press, 1943), pp. xviii-xxi;
- Arab, Persian, and Indian names and concepts follow the system established by the Deutsche Morgenländische Gesellschaft in *Phonetische Transkription und Transliteration nach der Kopenhagener Konferenz im April 1925*, (Heidelberg, 1926), pp. 1–36.
- In the case of languages without orthography transcription follows the practice presented in the journal *Anthropological Linguistics*, vols. 6–8.: 1964–66, *passim* (this practice corresponds by and large to the transliterations of the Association Phonétique Internationale.)

32 Die revidierte und die ursprüngliche Schreibung sind jeweils am Ende des betreffenden Artikels gegenübergestellt.

32 At the end of an essay that has undergone such orthographic revision, the revised and the original spellings will be listed side by side.

33 Ein besonderes Problem stellen die in den Originalveröffentlichungen enthaltenen Bildtafeln dar. Soweit sie ein integraler Teil der Veröffentlichung sind, und es technisch möglich ist, werden sie reproduziert. Nicht reproduzierbare Vorlagen werden nach Möglichkeit durch Strichzeichnungen oder geeignete Photographien anderer Herkunft ersetzt.

33 The illustrations in the original publications pose special problems. Wherever an illustration forms an integral part of the publication, and if it is technically feasible, it will be reproduced. In all other cases the editors have either substituted a special line drawing or a suitable picture from another source, or omitted the illustration altogether.

Die Übersetzung

The Translations

34 Die Übertragung ins Englische hatte zahlreiche Schwierigkeiten zu überwinden, die sich vor allem aus der Spezialisiertheit der Themen und aus der Unterschiedlichkeit der Denkweisen und wissenschaftlichen Stile ergaben, die im deutschen bzw. englischen Sprachraum vorherrschen.

34 Translation presented numerous problems. To begin with, most of Hornbostel's topics are highly specialized; in addition, English and German speaking scholars differ both in manner of thinking and in scientific style.

35 Übersetzer wurden in erster Linie nach ihrer fachlichen Qualifikation für den Gegenstand einer Abhandlung gewählt. Der Stil der Übersetzungen ist demgemäss unterschiedlich. Die Herausgeber konzentrierten sich auf Probleme der Genauigkeit und Klarheit in der englischen Wiedergabe und revidierten die Übersetzungen nach ihrem Vermögen, wo Zweifel bestanden. Aus technischen Gründen war es nicht in allen Fällen möglich, vor der Drucklegung einen Consensus über redaktionelle Änderungen mit den Übersetzern herbeizuführen. Die Verantwortung hierfür liegt bei den Herausgebern.

35 Since translators were chosen primarily for their expertise in the subject matter of an essay, the style of the translations is apt to vary. Editorial activity focused on problems of accuracy or lucidity in the English rendering. Where doubts existed the editors revised to the best of their ability. For technical reasons it is not always possible to consult translators before the typescript is sent to the publishers. The responsibility for changes of this kind rests with the editors.

36 Manche der Termini, die Hornbostel verwendete, haben im Laufe der Jahre ihre Bedeutung gewandelt, und Wörter derselben etymologischen Herkunft können nicht ohne weiteres in ihrer englischen Form angewandt werden. So verband sich seinerzeit mit dem Wort *exotisch* die sachliche Vorstellung aussereuropäisch, während *exotic* im heutigen Englisch die Bedeutung

36 Some of the terms that Hornbostel used have changed their meaning over the years, and, of course, even words of common derivation cannot be rendered automatically in their English form. Thus the German *exotisch*, used by Hornbostel to mean non-European, does not have the same connotation as the English *exotic*, which today suggests the strikingly unusu-

des auffallend Ungewöhnlichen, sowohl als auch des Fremdländischen zu haben scheint. Infolgedessen wird man wohl *exotisch* und *exotic* manchmal auseinanderhalten müssen. Das deutsche Wort *primitiv* erregte bei Hornbostels Zeitgenossen geringeren Anstoss als das englische *primitive*, das man im englischen Sprachgebiete heute kaum gebrauchen kann. Das Wort *Skala* muss sicherlich im weitesten Sinne verstanden werden. Der Fachausdruck *Timbre*, in seiner französischen Schreibweise, ist gelegentlich in die englische Übersetzung übernommen und dem mehr wissenschaftlichen Wort *tone quality* vorgezogen worden; es wäre wohl unnötigerweise pedantisch, es anders zu machen.

37 Auf die Übersetzung von Termini, für die kein englisches Äquivalent bereits gebräuchlich ist, wird verzichtet. So verwendeten die Herausgeber den Terminus tonsystem wie ein englisches Wort, und so wie er in diesem Satz gedruckt erscheint. Hornbostel verwendete Tonsystem ausgiebig, um die Gesamtheit der Attribute zu bezeichnen, die eine Ordnung von musikalischen Klängen ausmacht, ein Problem, das ihn wegen seiner psychologischen Implikationen sehr interessierte. Andere Worte werden ähnlich behandelt; statt ein neues englisches Wort zu prägen, zogen es die Herausgeber vor, ein deutsches Wort auf diese Weise in den englischen Text zu übernehmen.

38 Das gilt auch für die Wörter gebrauchsleiter, materialleiter und instrumentalleiter, die Hornbostel selbst definiert hat (Abraham und Hornbostel 1903: 304), und für Wörter wie sprechgesang, sprechstimme und sprachmusik. Den häufig benutzten Terminus melodischer Schwerpunkt erklärt Hornbostel als „eine blosse Nominaldefinition, durch die die landläufige, aus der harmonischen Musik abgeleitete, Definition vermieden werden sollte. . . ." (Abraham und Hornbostel 1905: 141). Unsere amerikanischen Kollegen bestätigen uns, dass sie Hornbostels Bedenken teilen und

al as well as the foreign; therefore the straight equation of *exotisch* with *exotic* is avoided wherever possible. Nor did the use of the word *primitiv* offend Hornbostel's German contemporaries as much as the English *primitive* would offend an English reader now. Words like *Skala* and *scale* must certainly be given their broadest possible meaning. The term *timbre*, in its French spelling, is sometimes retained in the English translation in preference to *tone quality*; it would have been pedantic to do otherwise.

The translation of terms for which no ready English equivalent is available will not be attempted. Thus the editors used tonsystem as if it were an English word, printed as it appears in this sentence. Hornbostel used tonsystem extensively to indicate the ensemble of attributes which comprise a hierarchy of sounds in music, a matter that interested him deeply because of its psychological import. Other words will be similarly treated because it seems preferable to anglicize a German word in this way rather than coin a new English word. 37

This applies to the words gebrauchsleiter, materialleiter, and instrumentalleiter, terms which Hornbostel himself carefully defined (Abraham and Hornbostel 1903: 304), and to words like sprechgesang, sprechstimme, and sprachmusik. As for the frequently used term *melodischer Schwerpunkt*, Hornbostel explained it as "merely a nominal definition designed to circumvent current usage in connection with harmonic music" of the term tonic (Abraham and Hornbostel 1905: 141). Our American colleagues assure us that they sympathize with Hornbostel's difficulty 38 aus den gleichen Gründen den Terminus *tone center* statt Tonika wählen, und so wird in dieser Übersetzung häufig *tone center* für melodischer Schwerpunkt und ähnliche Ausdrücke stehen. Mit dem Terminus Grundton, der den tiefsten der wichtigsten Töne einer Skala, Phrase oder Melodieformel bezeichnet, „soll nichts über Tonikafunktion ausgesagt werden . ." (Hornbostel 1906a: Note 32); er wird meist als *main tone* wiedergegeben.

39 Der Leser, der die deutschen und englischen Texte vergleichen will, wird die klein am Rand gedruckten Paragraphennummern nützlich finden. Die Herausgeber haben gelegentlich die Paragraphen in der englischen Übersetzung neu unterteilt, auf eine Art und Weise, die den Erwartungen moderner englischer Leser entspricht.

Buchstabennotation

40 Da die Musikliteratur voller Inkonsequenzen ist, hielten die Herausgeber es für angezeigt, die Buchstabennotationen im Urtext unverändert zu lassen, damit der Leser sie selbst überprüfen kann. In der englischen Übersetzung wurde hingegen eine Vereinheitlichung angestrebt, die sich dem System von R. W. Young* anschliesst.

41 Young zählt von „einem Punkt in der Nachbarschaft der unteren Hörgrenze des durchschnittlichen Gehörs," dem er, logischerweise, den Oktavindex null zuordnete. Wir erhalten so C_0 für 16,352 Hertz, das

and that they themselves, for the same reasons, use the term tone center instead of tonic, and so tone center will often take the place of *melodischer Schwerpunkt* and similar expressions in this translation. The term *Grundton*, which designates the lowest of the most important tones in a scale, phrase, or melodic formula is "not intended to refer to the tonic function" (Hornbostel 1906a: note 32); it will usually be rendered as main tone.

Readers who wish to compare the German and English versions will find the (small print) paragraph numbers in the margins useful for quick orientation. In the English translation the editors have occasionally rearranged paragraphs in order to meet the visual expectations of modern readers. 39

Staveless Notation

Since musical literature is full of inconsistencies, the editors decided to leave the designations in the German text as they are so that the reader can check them for himself. However, an attempt at uniformity has been made in the English version. The style of lettering and of octave subscript follows that of R. W. Young.* 40

Young counted from "a point in the neighborhood of the lowest pitch audible to the average ear," to which he gave, logically, the subscript zero; thus we have C_0 for 16.352 cps, and consequently middel 41

* Robert W. Young, *A Table relating Frequency to Cents:* Courtesy of C. G. Conn, Elkhart, Indiana 1952.

* Robert W. Young, *A Table relating Frequency to Cents:* Courtesy of C. G. Conn, Elkhart, Indiana 1952.

mittlere C – der Ton, der vier Oktaven über dem C_0 liegt – wird demnach mit C_4 bezeichnet.

C – that is, the pitch that sounds four octaves above C_0 – will read C_4.

42 Der englische Text wird, wie in Abb. 1, ausschliesslich Grossbuchstaben verwenden. Der Oktavindex wird nur hinzugefügt, wo die absolute Tonhöhe von Bedeutung ist.

As in the table, the English text will use capital letters only. The octave subscript will be added only where the absolute aspect of the pitch of a note matters to the argument. 42

Danksagungen

43 Die Herausgeber möchten allen jenen danken, die dazu beigetragen haben, dieses Editionsvorhaben in Gang zu bringen, vor allem Frau Katy Kunst-van Wely, Prof. K. Ph. Bernet Kempers und Drs. Ernst Heins, die die *Hornbostel Opera Omnia* als die Verwirklichung eines früheren Vorhabens Jaap Kunsts anregten, des langjährigen Freundes von Hornbostels.

44 Sie schulden den Institutionen Dank, die die Arbeit an den *Hornbostel Opera Omnia* durch ihre finanzielle Unterstützung und ihre Bereitschaft möglich gemacht haben, den Herausgebern ihre Einrichtungen zur Verfügung zu stellen: Der Universiteit van Amsterdam, der Northwestern University, und der Stiftung Preussischer Kulturbesitz. Dr. K. P. Wachsmann ist darüber hinaus der University of California at Los Angeles für die Hilfe verpflichtet, die sie ihm während der frühen Stadien des Projektes angedeihen liess, als er ihrem Lehrkörper angehörte.

45 Die Herausgeber sind der Nederlandse Organisatie voor Zuiver Wetenschappelijk Onderzoek Z.W.O. und der Deutschen Forschungsgemeinschaft für Beihilfen zur Erstellung des Manuskriptes und der Northwestern University für eine Beihilfe dankbar, die die umfangreichen bibliographischen Vorarbeiten ermöglichte.

46 Die Herausgeber möchten betonen, dass es der bereitwilligen Mitarbeit zahlreicher Kollegen zu verdanken ist, wenn die *Hornbostel Opera Omnia* zweisprachig er-

Acknowledgments

The editors wish to thank all those who have been instrumental in launching this project, most of all Mrs. Katy Kunst-van Wely, Prof. K. Ph. Bernet Kempers and Dr. Ernst Heins, who initiated the *Hornbostel Opera Omnia* as the realization of an earlier project of Hornbostel's friend of many years, the late Jaap Kunst. 43

They are indebted to those institutions which made the work possible by their financial support and by their willingness to put facilities at the editors' disposal: The Universiteit van Amsterdam, Northwestern University and the Stiftung Preußischer Kulturbesitz. Dr. K. P. Wachsman also wishes to acknowledge the support he received, during the early stages, from the University of California at Los Angeles, while he was a member of the faculty. 44

The editors are grateful to the Nederlandse Organisatie voor Zuiver Wetenschappelijk Onderzoek Z.W.O. and the Deutsche Forschungsgemeinschaft for grants towards the preparation of the manuscript, and to Northwestern University for a grant covering the extensive bibliographical research which the project demanded. 45

The editors wish to put it on record that the bilingual part of the project could not have been realized without the ready cooperation of many colleagues. Their names 46 scheinen können. Ihre Namen erscheinen mit den Titeln der jeweiligen Übersetzungen.

47 Mrs. Barbara L. Kraft gebührt Dank für die letzte Durchsicht des englischen Textes.

48 Es ist unmöglich, allen denen einzeln zu danken, die Auskünfte erteilt und Hinweise gegeben haben. Das gilt auch für die Verleger, die der Universiteit van Amsterdam die Wiederabdruck- und Übersetzungserlaubnis gaben. Die Herausgeber sind sich ihrer Dankesschuld bewusst.

49 Schliesslich wünschen die Herausgeber dem Verleger, Martinus Nijhoff, zu danken, dessen Interesse an der Veröffentlichung der Gesamtwerke Hornbostels ein entscheidender Faktor für sie war, sich dieser Aufgabe zu widmen.

Dieter Christensen
Hans-Peter Reinecke
Klaus Wachsmann

appear with the titles of the individual translations.

Thanks are due to Mrs. Barbara L. 47
Kraft for finally checking the English text.

There were numerous occasions for en- 48
quiries; it would be impossible to acknowledge these services individually. This applies also to the publishers who granted permission to the Universiteit van Amsterdam to reprint and translate. The editors are conscious of their indebtedness.

Finally, the editors wish to acknowledge 49
that they received much encouragement from the publishers, Messrs. Martinus Nijhoff in the Hague, whose interest in the *Hornbostel Opera Omnia* has been the decisive factor in its being undertaken at all.

Dieter Christensen
Hans-Peter Reinecke
Klaus Wachsmann

OTTO ABRAHAM UND E.M. VON HORNBOSTEL

Studien über das Tonsystem und die Musik der Japaner

1903

Studies on the Tonsystem and Music of the Japanese

English translation by

Gertrud Kurath (William Malm, consultant)

Zuerst veröffentlicht/first published: *Sammelbände der Internationalen Musikgesellschaft* 4, 1902–1903: 302–360.
Abgedruckt aus/reprinted from: *Sammelbände für vergleichende Musikwissenschaft*, 1, 1922: 179–231.

1. Material und Literatur

1 Das Berliner Gastspiel der japanischen Theatertruppe des Herrn Kawakami im Herbst 1901 regte uns an, das Tonsystem und die Musik der Japaner eingehender zu studieren, womöglich auf experimenteller Grundlage. Durch das freundliche Entgegenkommen der japanischen Musiker, vor allen der Frau Sada Yakko selbst, gelang es uns, eine größere Anzahl phonographischer Aufnahmen zu machen, die wir, in europäische Notenschrift übertragen, im Anhang dieser Studie wiedergeben. Einige Flöten- und Gesangsstücke verdanken wir zwei Herren, die sich studienhalber in Berlin aufhielten und sich bereit fanden, uns mehrmals (im Psychologischen Institut der Universität) japanische Musik vorzuführen.

2 Die Stimmungen des *Koto* (Zither) haben wir im Theater mehrmals mit Hilfe eines Appunnschen Tonmessers kontrolliert, ebenso ließen wir uns die Töne des *Shakuhachi* (Bambus-Längsflöte) der Reihe nach vorblasen, und bestimmten ihre Schwingungszahlen. Dazu kamen Messungen an Instrumenten mit fester Stimmung (Flöten und Gitarren), die wir im Museum für Völkerkunde und in der Königl. Instrumentensammlung zu Berlin, ferner im k. k. naturhistorischen Hofmuseum und in der Sammlung der Gesellschaft der Musikfreunde zu Wien ausführten.[1] Endlich bestimmten wir an unsern Phonogrammen die Schwingungszahlen für einzelne Töne.

[1] Es sei uns gestattet, gleich an dieser Stelle allen denen, welche durch liebenswürdige Unterstützung unsere Arbeit gefördert haben, vor allen dem Direktor des Psychologischen Instituts, Herrn Professor Stumpf, unsern verbindlichsten Dank auszusprechen.

1. Material and Literature

The Berlin performances of Mr. Kawakami's Japanese theater troupe in the fall of 1901 inspired us to study the tonsystem and music of the Japanese in detail, if possible on an experimental basis. Through the courtesy of the Japanese musicians, especially Mrs. Sada Yakko herself, we were able to make numerous recordings, which we have reproduced in European notation in the Appendix to this study. We obtained several flute and song items thanks to two gentlemen, who were in Berlin as students, and who were willing to perform Japanese music on several occasions (in the Psychological Institute of the University). 1

We checked the tuning of the *koto* (zither) in the theater several times with the aid of Appunn's tonometer; we also arranged that the tones of the *shakuhachi* (end-blown bamboo flute) be played in succession, and determined their frequencies. In addition, we measured instruments with set tunings (flutes and guitars) in the Museum für Völkerkunde and in the Königliche Instrumentensammlung in Berlin, as well as in the Königlich Kaiserliche Naturhistorische Hofmuseum and in the collection of the Gesellschaft der Musikfreunde in Vienna.[1] Finally we determined the frequencies of single tones in our recordings. The employment of 2

[1] We acknowledge assistance from all persons who have aided us in our work, especially the Director of the Psychological Institute, Professor Stumpf.

Die Benutzung experimentell-akustischer Methoden beim Studium exotischer Musik wurde zuerst von A. J. Ellis (1885, 1922; cf. C. Stumpf 1886a) mit Erfolg versucht. Seine Messungen an Musikinstrumenten der meisten Völker des Erdballs sind Muster von Genauigkeit und Vorsicht.

3 Javanische Instrumente sind von J. P. N. Land (1889, 1890), ein reiches Material in deutschen Museen von R. Wallaschek (1899) und L. Riemann (1899) geprüft worden.

4 Der Phonograph wurde zuerst von B. I. Gilman (1891, 1892; cf. C. Stumpf 1892, 1922a) beim Studium von Indianergesängen und chinesischer Musik verwendet. Beider Methoden bediente sich Stumpf (1901a, 1922b) bei der Untersuchung des siamesischen Tonsystems. Auf die Vorzüge und Fehlerquellen der einzelnen Methoden kommen wir später noch zurück.

5 Es existiert über japanische Musik schon eine ziemlich umfangreiche Literatur. Die ältesten Mitteilungen stammen von den Missionaren Dr. Syle (1877) und Dr. Veeder (1879); letzterer machte auch einige Messungen an sehr alten japanischen Flöten mit Hilfe einer Sirene. Einer eingehenderen Arbeit von Dr. Müller (1874–75) verdanken wir u. a. die einzigen Mitteilungen über die Hofmusik (Ga-gaku), die ihm als Leibarzt des Mikado zugänglich wurde. Eine sehr ausführliche Darstellung hat F. T. Piggott (1891, 1892a–c) gegeben; an diese schließen sich die Diskussionen über die japanischen Tonleitern von F. Du Bois (1891) und C. G. Knott (1891) an.

6 Namentlich für die Instrumentenkunde wertvoll ist die Arbeit von A. Kraus figlio (1878). Beschreibungen und Abbildungen finden sich ferner in dem Atlas von Hipkins (1888), in den Museumskatalogen von Mahillon (1893–1912), Chouquet (1884), C. Engel (1874, 1875) u.a.

7 Mit den einheimischen Mythen und Sagen über den Ursprung der Musik und einzelner Instrumente beschäftigt sich eine Monographie von D. Brauns (1890).

experimental acoustical methods in the study of exotic music was first attempted successfully by A. J. Ellis (1885, 1922; cf. C. Stumpf 1886a). His measurements of the musical instruments of many cultures are models of precision and critical evaluation.

Javanese instruments were examined by J. P. N. Land (1889, 1890); R. Wallaschek (1899) and L. Riemann (1899) examined the wealth of material in German museums. 3

The first scholar to use recording apparatus for the study of American Indian and Chinese music was B. I. Gilman (1891, 1892; cf. C. Stumpf 1892, 1922a). Stumpf (1901a, 1922b) used both approaches for the analysis of the Siamese tonsystem. Later on we will refer to the advantages and weaknesses of the various methods. 4

There already exists a fairly comprehensive literature on Japanese music. The earlier publications are the work of the missionaries, Dr. Syle (1877) and Dr. Veeder (1879); the latter also measured old Japanese flutes with the aid of a siren. Dr. Müller (1874–75) has provided the only detailed information on court music (*gagaku*), which was accessible to him as personal physician of the Mikado. The extensive presentation of F. T. Piggott (1891, 1892a–c) is complemented by discussions of Japanese scales by F. Du Bois (1891) and C. G. Knott (1891). 5

The work of A. Kraus, Jr. (1878) is especially valuable for organology. Furthermore, there are descriptions and illustrations in the atlas of Hipkins (1888), and in the museum catalogues of Mahillon (1893–1912), Chouquet (1884), C. Engel (1874, 1875), etc. 6

A monograph by D. Brauns (1890) discusses indigenous myths and legends about the origin of the music and specific instruments. 7

8 Nach dem Gehör notierte japanische Musikstücke und Lieder haben u.a. v. Holtz (1873–74), Fr. Eckert (1880, 1881), v. Zedtwitz (1885), Westphal und in den bereits erwähnten Arbeiten Müller (1874–75, Orchesterpartitur), Piggott (1891) und Kraus (1878) publiziert.

9 Besonderes Vertrauen verdient die Sammlung von Kotostücken (Isawa 1888) sowie eine Reihe von Volks- und Kinderliedern (R. Lange 1900a, 1900b), die von Isawa, dem Direktor der Musikschule zu Tokio, zum Schulgebrauch herausgegeben worden sind; ferner eine Anzahl Lieder mit Shamisenbegleitung, die K. Joshimoto, ein auch in europäischer Musik gebildeter Japaner, aufgezeichnet hat.

10 Für wissenschaftliche Zwecke durchaus unbrauchbar sind dagegen Arrangements für Klavier oder Harmonisierungen von Gesängen, wie solche von Siebold (J. Küffner 1836), Bevan (1893), Dittrich (1895) u.a. versucht worden sind.

11 Soweit das Gastspiel der japanischen Truppe dazu Gelegenheit bot, haben wir auch den Zusammenhang der Musik mit dem Theater aus eigner Anschauung kennengelernt. Reiseberichte (A. Fischer 1901, A. Lequeux 1889, É. Guimet et F. Régamey 1886) mußten hier zur Ergänzung herangezogen werden. Mündlichen Mitteilungen einiger in Berlin ansässiger japanischer Herren verdanken wir teils Bestätigungen und Berichtigungen, teils wertvolle Ergänzungen der in der Literatur enthaltenen Schilderungen ostasiatischer Musikpflege.

12 Wie ihre ganze Kultur, kam auch die Tonkunst der Japaner ursprünglich aus China. (Neben zahlreichen Mythen, die ihren autochthonen Ursprung beweisen sollen, erzählen andre deutlich von jener Wanderung.) Es schien daher geboten, auch über das Verhältnis beider Musiksysteme Aufklärung zu suchen, zumal noch heute manche in Japan viel gebrauchten Instrumente, wie die *Gekkins* (Gitarren), nicht nur chinesischen Originalen nach-

Music and songs transcribed by ear were 8
published by v. Holtz (1873–74), Fr. Eckert (1880, 1881), v. Zedtwitz (1885), and Westphal, among others, by Müller in the above-mentioned study (1874–75, orchestral score), and by Piggott (1891) and Kraus (1878).

Isawa, the director of the Music School 9
in Tokyo, issued a particularly reliable collection of pieces for *koto* (Isawa 1888), as well as a series of folk and childrens' songs for use in schools (R. Lange 1900a, 1900b); furthermore, K. Joshimoto, a Japanese musician also trained in European music, wrote down a number of songs with *shamisen* accompaniment.

However, scholars have no use for 10
piano arrangements or song harmonizations, like those attempted by Siebold (J. Küffner 1836), Bevan (1893), Dittrich (1895), etc.

Insofar as was possible during the per- 11
formances of the Japanese troupe, we took every opportunity to learn first hand about the connection between the music and the theatrical presentation (A. Fischer 1901, A. Lequeux 1889, E. Guimet and F. Régamey 1886). It was necessary to augment this study with travelogues. We are indebted to several Japanese gentlemen, resident in Berlin, for various statements, both confirmatory and corrective, and for valuable fill-ins on literary descriptions of East Asiatic musical customs.

As with the whole culture, Japan derived 12
its musical art from China. (Though some myths indicate their autochthonous origin, others clearly relate the migration.) Hence it seemed desirable to seek clarification of the relationship between the two musical systems, especially since to this day some important Japanese instruments, like the *gekkin* (guitar), not only copy Chinese prototypes but are also imported directly from China. Indeed, the "made in China"

gebildet, sondern auch direkt aus China importiert werden. Das „*made in China*" gilt sogar als Vorzug. Wir haben deshalb unsre Messungen auch auf chinesische Instrumente ausgedehnt. Oft mag sich in den Museen ein chinesisches Instrument in die japanische Abteilung verirren und zu Verwechslungen Anlaß geben.[2]

label is advantageous. We therefore included Chinese instruments in our measurements. Frequently, in museums, a Chinese instrument found in the Japanese department may cause confusion.[2]

13 Phonographische Aufnahmen chinesischer Musikstücke sowie genaue Messungen der verwendeten Töne wurden von B. I. Gilman mit theoretischen Erörterungen zu der obenerwähnten Studie vereinigt (Gilman 1892). Das komplizierte Gebäude chinesischer Musiktheorie hat infolge seiner zahlreichen auffallenden Analogien mit dem pythagoreischen System schon frühzeitig das Interesse der Gelehrten erregt. Abbé Roussier (1770) hatte in seinem Werk bereits altgriechische und chinesische Anschauungen in Parallele gestellt. Die umfangreiche Darstellung des Père Amiot (1780) ist neuerdings von A. Dechevrens (1900–01) in einer kritischen Studie übersichtlich zusammengezogen worden. Die Zusammenhänge der Musiktheorie mit der Philosophie der Chinesen beleuchtet G. Wagener (1877a). Wertvolle Details enthält ferner die Arbeit von J. A. van Aalst (1884). Nach dem Gehör notierte chinesische Melodien finden sich außer in den genannten Werken bei Barrow (1804), Du Halde (1735), Jones (1802) u.a.

Phonographic recordings of Chinese music as well as exact measurements of the occurring tones were made use of by B. I. Gilman; with the addition of a theoretical discussion they form the substance of the above-mentioned study (Gilman 1892). The complex edifice of Chinese musical theory aroused the interest of early scholars, because of its striking analogies with the Pythagorean system. Abbé Roussier's (1770) work had already compared the ancient Greek and Chinese views. Père Amiot's extensive presentation (1780) recently appeared in a critical survey by A. Dechevrens (1900–1901). G. Wagener (1877a) illuminates the relationships between Chinese musical theory and philosophy. Furthermore, the work of J. A. van Aalst (1884) contains valuable details. Chinese melodies, notated by ear, occur in the above-mentioned works and also in studies by Barrow (1804), Du Halde (1735), Jones (1802), etc. 13

14 Die Ergebnisse dieser Forschungen werden wir bei der Untersuchung des japanischen Tonsystems, in die wir jetzt eintreten wollen, gelegentlich mitzuberücksichtigen haben. Vorher aber erscheint es geboten, einige allgemeine Prinzipienfragen zu lösen, welche die Auswertung des Materials betreffen, das uns bei einer derartigen Untersuchung zu Gebote steht.

During our examination of the Japanese tonsystem, we will have to consider, occasionally, the results of these investigations. But first it seems necessary to solve several problems of methodology pertaining to the exploitation of the material. 14

[2] Außer der *Gekkin* hat auch die 7saitige chinesische Zither, *Chin*, Eingang in Japan gefunden. Die angeblich japanischen „*Kinno-Kotos*" gleichen den chinesischen auf ein Haar. Auch die *P'ip'a* (Laute) ist beiden Völkern gemeinsam.

[2] Besides the *gekkin*, the *chin*, a 7-string Chinese zither, has found acceptance in Japan. The supposedly Japanese "*kinno-kotos*" exactly resemble their Chinese counterparts. The *p'ip'a* (lute) is also common to both countries.

2. Methodologische Vorbemerkungen

15 Wir pflegen nur dort von Musik zu reden, wo uns feste diskrete Tonstufen gegenübertreten. Die erste grundlegende Frage bei der Betrachtung eines Tonsystems ist daher die nach den Tonstufen bzw. den Leitern, wenn wir unter Tonleiter ganz allgemein nach der Tonhöhe geordnete Reihe von Tönen verstehen.

16 Wir können drei wesentlich verschiedene Arten von Leitern unterscheiden und genetisch definieren:

1. Gebrauchsleitern, die wir erhalten, wenn wir die Töne eines Musikstückes der Tonhöhe nach ordnen;

2. Materialleitern, die wir erhalten, wenn wir die Töne einer größeren Anzahl verschiedener Musikstücke der Tonhöhe nach ordnen;

3. Instrumentalleitern, die wir erhalten, wenn wir die an Instrumenten mit fester Stimmung gefundenen Töne der Tonhöhe nach ordnen. Zwischen den drei Arten von Leitern bestehen mannigfache Beziehungen.

17 Die einzelnen Gebrauchsleitern bilden das Beobachtungsmaterial, aus dem wir induktiv ein Gesetz der Intervallenfolge gewinnen können, indem wir eine Anzahl ähnlicher Leitern unter Vernachlässigung kleiner Differenzen zusammenfassen; je nachdem wir eine engere oder weitere Fehlergrenze zulässig finden, gelangen wir zu einer größeren oder kleineren Zahl von empirischen Gesetzen.

18 Die passende Wahl der Fehlergrenze ist Sache der wissenschaftlichen Überlegung, und es wird nicht immer leicht sein, sich dabei vor Mißgriffen zu bewahren. Ältere Forscher, die Melodien bloß nach dem Gehör aufzeichneten, mögen die Fehlergrenze wohl oft zu weit genommen haben; die Gewöhnung an bestimmte Intervalle beeinflußt sehr wesentlich die Auffassung ungewohnter Tonschritte, namentlich

2. Preliminary Methodological Observations

We customarily speak of music only where we are confronted with constant tonal degrees. Thus the initial fundamental query in the consideration of a tonsystem concerns the sound progressions, i.e., the scales, if we regard a musical scale, broadly speaking, as a series of tones arranged according to pitch. 15

We can distinguish three essentially different kinds of scale which we can define genetically: 16

1. "Gebrauchsleitern," which we obtain when the tones found in one single piece of music are arranged according to pitch;
2. "Materialleitern," which we obtain when the tones found in a larger number of different pieces are arranged according to pitch;
3. "Instrumentalleitern," which we obtain when tones found on instruments with set tunings are arranged according to pitch. There are manifold relationships between the three kinds of scale.

The various gebrauchsleitern constitute the material for the observations from which we can abstract a law of interval sequence by grouping together a number of similar scales, without regard to small differences; depending on our toleration of narrow or broad error margins, we arrive at a larger or smaller number of empirical laws. 17

The suitable choice of the error margin is a scientific matter, and it is not always easy to avoid mistakes. Early scholars, who notated melodies entirely by ear, probably used too wide an error margin; their familiarity with a certain set of intervals influenced their perception of unaccustomed progressions, especially if these occurred in a melodic context. Thus one could easily overlook intentional nuances of intonation. 18

wenn uns diese in einem melodischen Zusammenhange gegeben sind. So können intendierte Feinheiten der Intonation leicht übersehen werden.

19 Die neueren Untersuchungsmethoden verführen eher zu dem entgegengesetzten Fehler: zur Wahl einer zu engen Fehlergrenze. Die physikalisch-akustischen Messungen, die die Tonhöhe durch die Schwingungszahl genau zu bestimmen gestatten, lassen uns die geringfügigsten Schwankungen der Intonation erkennen. Die Vorurteilslosigkeit, ein Grunderfordernis aller wissenschaftlichen Forschung, zwingt uns, die musikalische Begabung eines fremden Volkes nicht zu gering anzuschlagen. Indem wir nun die Fehler der älteren Musikgelehrten zu vermeiden trachten, müssen wir uns doch auch hüten, in das entgegengesetzte Extrem zu verfallen und alle Freiheiten und Schwankungen der Intonation für Gesetzmäßigkeiten zu halten; denn bloße kritiklose Beschreibung würde uns ebensowenig weiterbringen, als unbedachte oder haltlose Hypothesen.

On the other hand, the new methods of 19
investigation may lead to the opposite mistake: the selection of an overly narrow error margin. The physical-acoustical measurements, which allow an accurate definition of pitch in terms of cps., enable us to identify the smallest deviations in intonation. Being unprejudiced – a fundamental requirement in all scientific enquiry – we are constrained not to minimize the musical talents of foreign people. In our avoidance of the mistakes of earlier musicologists, we must nevertheless guard against the other extreme of regarding all deviations in intonation as norms; for mere description without critical assessment would be as unprofitable as heedless, unrestrained hypotheses.

20 Sind wir auch nicht berechtigt, auf Grund eines ungenügenden Materials auf Gesetzmäßigkeiten zu schließen, so müssen wir uns doch gegenwärtig halten, daß vollständige Induktionen fast nie möglich sind.

Though we are not justified in construct- 20
ing norms from inadequate materials, we must also bear in mind that perfect induction is rarely possible.

21 Man pflegt das Material an Gebrauchsleitern, durch deren Zusammenfassung eine Materialleiter gebildet werden soll, geographisch und historisch zu umgrenzen. Es hat z.B. einen guten Sinn, chinesische und siamesische, altgriechische und neugriechische Leitern einander gegenüberzustellen.

One commonly defines the data from 21
the gebrauchsleitern, whose groupings should yield the materialleitern, in geographical and historical terms. For instance, it makes sense to juxtapose Chinese and Siamese, ancient Greek and modern Greek scales.

22 Den Materialleitern kommt nur eine theoretische Bedeutung zu. Sie können zwar gelegentlich auf Instrumenten verkörpert erscheinen, wie unsre temperierte chromatische Leiter auf dem Klavier und der Orgel. Über das Wesen von Tonreihen, die wir auf Instrumenten finden, können wir aber von vornherein gar nichts aussagen: sie können ebensogut das gesamte, in einem Musiksystem verwendete Ton-

The materialleitern have solely theoreti- 22
cal significance. It is true, they may find concrete application in instruments, like our tempered, chromatic tunings for the piano and organ. However, we cannot commit ourselves a priori on the character of an instrumental scale: it may contain the sum total of tone materials within a musical system, or it may contain a larger or smaller sector only.

material, wie einen größeren oder geringeren Bruchteil davon enthalten.

23 Wir haben bisher die Leitern als Zusammenfassungen und, sozusagen, ihre Entstehung im Gehirn des Musiktheoretikers betrachtet. Nun wenden wir uns zur Frage nach ihrer Entstehung im praktischen Musikleben, und zwar zunächst zur Frage nach dem Ursprung des Tonmaterials. Wir müssen uns hier darauf beschränken, eine Übersicht über die Entstehungsmöglichkeiten zu geben, da eine eingehendere Erörterung des Problems des Ursprungs der Musik aus dem Rahmen dieser Untersuchung herausfallen würde. Das Prinzip, dem feste Tonstufen ihre Entstehung verdanken, kann ein musikalisches oder ein außermusikalisches sein.

Up to this point we have considered the scales as synthetic abstractions and, so to speak, as brain children of the musicologist. Now we turn to the question of their origin in musical practice and, first of all, to the question of the origin of the tonal materials. We must limit ourselves here to a mere survey of the provenience potentials, because a more detailed treatment of the problems of the origin of music would exceed the scope of this investigation. The principle that gives rise to fixed tones may be either musical or extra-musical. 23

24 Musikalisch können Intervalle nach der auf Verschmelzung beruhenden Konsonanz oder nach der Distanz der beiden Töne festgelegt werden. Ausschließlich nach letzterem Prinzip denken wir uns die siamesische Leiter entstanden. Auf Konsonanz (Verschmelzung) allein ist wohl nur die Entstehung weniger Intervalle zurückzuführen; meist wird man auch noch Distanzurteile zu Hilfe nehmen müssen.

Musically it is possible to determine intervals either by their consonance based on fusion or by the distance between two tones. We believe that the Siamese scale originated expressly according to the latter principle. Probably few intervals derive solely from consonance (fusion); for the most part they seem to require as well judgments of distance. 24

25 Von außermusikalischen Prinzipien wäre zunächst die mathematische Berechnung zu nennen, der z.B. die bei uns gebräuchliche temperierte Skala ihre Entstehung verdankt. Ferner mag, namentlich in primitiveren Kulturen, die Technik des Instrumentenbaus von Einfluß sein. Neuerdings hat Ch. K. Wead (1902) auf ein optisch-ästhetisches Prinzip hingewiesen, das primitive Instrumentenbauer geleitet haben könnte. Namentlich prähistorische Tonpfeifen aus Mexiko, Peru, Costarica legen den Gedanken nahe, daß die Größe und Anzahl der Löcher durch Rücksicht auf die Bequemlichkeit des Spielers, ihre Anordnung durch Symmetrie und andre ornamentale Gesichtspunkte bedingt ist. Mag dieses Prinzip hier und in einigen andern Fällen auch zutreffen, so wird man es doch keinesfalls als einziges und allgemeines annehmen dürfen.

Among extra-musical principles there is first of all mathematical calculation which, for instance, produced the tempered scale in use with us. Furthermore, the techniques of instrumental manufacture may have some influence, especially in the more primitive cultures. Recently Ch. K. Wead (1902) pointed out an optical-aesthetic principle which may have guided primitive instrument makers. Notably, prehistoric clay flutes from Mexico, Peru and Costa Rica, suggest that the size and number of holes is designed to suit the convenience of the performer, while the layout considers symmetry and other ornamental effects. But, even if this principle applies here and in some other instances, it cannot be regarded as the only generally valid principle. 25

26 Die Entstehung fester Tonstufen durch Flöten- oder Saitenteilung läßt sich auf ein musikalisches (Konsonanz) oder ein außermusikalisches Prinzip (mathematische Spekulation) zurückführen, je nachdem man die Obertöne (bzw. Flageoletts) zur Erklärung mit heranzieht oder nicht. Vielleicht kommt die Annahme der Wahrheit am nächsten, daß Gehör und Berechnung sich wechselseitig unterstützt haben. Überhaupt wird es sich, wie überall, auch hier empfehlen, die wissenschaftliche Ökonomie nicht zu übertreiben. Treten uns in der Musikpraxis eines Volkes verschiedenartige Leitern entgegen, so ist es von vornherein sehr fraglich, ob sie sich auf ein einheitliches Prinzip zurückführen lassen. Ob freilich feinere Unterschiede zwischen annähernd gleichen Intervallen verschiedenen Ursprungs auch in der Musikpraxis berücksichtigt werden, das ist wieder eine andre Frage, die sich nur auf Grund besonderer Untersuchungen lösen lassen wird.

The origin of set pitches by means of flute and string division may be traced either to a musical principle (consonance) or to an extra-musical principle (mathematical speculation), depending on whether one considers or disregards overtones (or harmonics) as an explanation. Perhaps the assumption that hearing and calculation interact will come closest to the truth. At any rate, it is advisable not to exaggerate scholarly "neatness" in this case or in general. If we encounter various scales in the musical practice of a people, we may question their derivation from one unified principle. Whether the fine distinctions between approximately identical intervals of varying origins, that occur in musical practice are also significant is yet another question answerable only by special investigation. 26

27 Im allgemeinen sind der Erweiterung des Tonmaterials nach außen wie nach innen bestimmte Grenzen gesetzt. Der Umfang wird einerseits durch die menschliche Stimme bestimmt, andrerseits zwingen die menschlichen Gliedmaßen die Instrumentalleitern in gewisse Schranken. Eine Klaviatur von mehr als sieben Oktaven vermöchten unsre Arme kaum zu beherrschen. Erst der modernen Technik verdanken wir handliche Instrumente, die uns an die Grenzen des physiologischen Tonbereichs führen. Bis in diese Höhen und Tiefen wird sich der Musiker zwar niemals wagen; der geringe Umfang aber, in dem sich exotische Musik oftmals bewegt, ist vielleicht ebensosehr der unvollkommenen Technik des Instrumentenbaus, wie dem Geschmack des Musikers zuzurechnen. Vermutlich entwickeln sich beide parallel: auch auf künstlerischem Gebiete stehen Nachfrage und Angebot in funktionaler Abhängigkeit.

In general there are definite limits to the expansion, either by adding to the compass or by further division, of the tone material. On the one hand, the human voice determines the compass; on the other hand, human limbs set limits to instrumental scales. Our arms can hardly manage a keyboard of more than seven octaves. But modern techniques are providing some manageable instruments which achieve the limits of the physiological tone range. Indeed, a musician never exploits the heights and depths, but the narrow range of some exotic music may be due as much to the imperfect technique of instrument construction as to the taste of the musician. Presumably both develop simultaneously: in the realm of art, supply and demand interact functionally. 27

28 Die Vermehrung des Tonmaterials nach

The increase of the tone material from 28

innen durch Verkleinerung der Stufen ist physiologisch beschränkt durch die Ebenmerklichkeit der akustischen Reizunterschiede, durch die Beweglichkeit des Kehlkopfs und der Fingermuskulatur, endlich wieder durch die Technik des Instrumentenbaus. Die wirklichen Grenzen fallen jedoch nicht genau mit den Grenzen der physiologischen Leistungsfähigkeit zusammen; weder werden kleinste ebenmerkliche, noch größte technisch mögliche Tonschritte verwendet. Die Annehmlichkeit und Bequemlichkeit, welche allerdings in Beziehung zu der physiologischen Leistungsfähigkeit stehen, entscheiden hier, mögen sie auf musikalischen oder außermusikalischen Prinzipien beruhen.

29 Materialleitern, die wir durch Vereinigung einer größern Anzahl verschiedener Intervalle erhalten, gestatten noch keinen Schluß auf die kleinsten Stufen, die ein Volk verwendet. Denn es ist immerhin denkbar, daß wir z.B. kleine, neutrale und große Sexten nebeneinander im Gebrauch finden, ohne daß die Vierteltonstufen, welche diese Intervalle unterscheiden, auch praktisch als besondere Tonschritte angewendet werden.

30 Ebensowenig kann aus einer Materialleiter auf die größten verwendeten Tonschritte geschlossen werden, da diese nur eine Summe von kleineren darstellen könnten.

31 Diese Bemerkungen scheinen deshalb nicht überflüssig, da sie auch für Materialleitern gelten, die auf Instrumenten verwirklicht sind. Man kann Instrumentalleitern nicht ohne weiteres als Gebrauchsleitern betrachten, wie L. Riemann und R. Wallaschek es tun, indem sie aus den Tönen von Museumsinstrumenten allein auf die verwendeten Intervalle weitgehende Schlüsse ziehen.

32 Man muß sich auch hüten, die tonale Auffassung, die unsre europäische Musiktheorie beherrscht, ohne weiteres auf exotische Leitern zu übertragen. Wir sind gewohnt, den tiefsten Ton einer Leiter als

within by the diminution of intervals, has physiological limits set by the threshold of acoustical perception, by the flexibility range of the larynx and of the finger muscles, and finally, by the techniques of instrumental construction. However, the actual limits do not coincide with the limits of the physiological potential; neither the smallest perceptible intervals nor the largest possible intervals are really used. Ultimately, acceptability and convenience, although related to physiological potential, will decide this issue, whether they depend on musical or extramusical principles.

Materialleitern, which we obtain from the combination of a large number of various intervals, do not yet allow conclusions as to the smallest intervals in use in a particular culture. It is conceivable, for example, for minor neutral and major sixths to appear side by side without the quarter tone intervals by which they differ from each other ever being used as such. 29

Neither can the materialleiter justify any conclusions about the largest actual intervals, since these can only represent the sum total of smaller intervals. 30

These remarks seem pertinent because they also apply to materialleitern that are realized in instruments. One should not off-hand identify instrumentalleitern with gebrauchsleitern in the manner of L. Riemann and R. Wallaschek, who infer used scales entirely from the tones of instruments in museums. 31

It is also imperative not to apply the tonality of European musical theory to exotic scales. We are accustomed to regard the lowest tone of a scale as the *tonic* [*Grundton*] to which we relate and from 32

Grundton anzusehen, auf den wir alle andern Tonstufen beziehen, von dem aus wir alle Intervalle messen. Vom Grundton ausgehend, teilen wir den ganzen Umfang der Leiter in Oktaven, innerhalb welcher sich das Leiterngesetz erschöpfend darstellt. Alle diese Verhältnisse müssen nicht notwendigerweise bei allen Leitern zutreffen. Nicht alle Leitern lassen sich nach Oktaven gliedern. Dies ist z.B. streng genommen nicht möglich, wenn das Bildungsgesetz der pythagoreische Quintenzirkel ist. Gelegentlich kann die Struktur klarer hervortreten, wenn wir statt der Oktaven, oder neben ihnen, ein andres Intervall zur Einteilung wählen (z.B. Quarten, wie bei den griechischen Tetrachorden). Die Gefahr des Irrtums liegt besonders nahe bei Instrumentalleitern, wenn wir den tiefsten Ton des Instruments als Grundton einer Gebrauchsleiter betrachten, alle andern Töne auf ihn beziehen und den so berechneten Intervallen praktische Geltung zuschreiben. Aber auch die aus Melodien gewonnenen Gebrauchsleitern drücken zunächst nur das allgemeine Gesetz der Intervallfolge aus. Um verschiedene derartige Gesetze zu vergleichen, wird es allerdings notwendig sein, einen Grundton zu wählen. Es ist jedoch nicht nötig, daß dieser Grundton mit der Tonika (d.h. dem melodischen Schwerpunkt) oder dem Anfangs- oder Schlußton des Stücks zusammenfällt.

which we measure all other intervals. Starting with this tonic, we divide the entire compass of the scale into octaves, in which the scale norms are exhaustively demonstrated. These conditions need not apply to all scales; not all scales are divisible into octaves. For instance, this is not exactly feasible when the basis is the Pythagorean cycle of fifths. Sometimes the structure is more lucid if we replace the octaves, or supplement them, by another interval (e.g., fourths, as in the Greek tetrachords). The danger of error is especially imminent in the case of instrumentalleitern, if we regard the lowest note of the instrument as the tonic of a gebrauchsleiter, relate all other tones to this fundamental, and attribute practical value to the intervals calculated in this manner. Yet even the gebrauchsleitern derived from melodies yield only a general rule for a sequence of intervals. In order to compare a number of such rules, it may be necessary to select a main tone. However, it is not necessary for this main tone to coincide with the tonic as the tone center or with the beginning or concluding tone of a piece.

3. Tonleitern

A. Gebrauchsleitern

33 Nach den allgemeinen methodologischen Betrachtungen erscheint es zweckmäßig, zunächst die japanische Gebrauchsleiter festzustellen. Erst wenn wir einigermaßen darüber orientiert sind, was für Intervalle von den Musikern in der Praxis intendiert werden, können wir das Leiternmaterial, das uns an Instrumenten mit fester Abstimmung gegeben ist, kritisch sichten und fruchtbringend verwerten.

3. Scales

A. Gebrauchsleitern

After these general methodological considerations, it seems appropriate to determine first of all what the Japanese gebrauchsleiter is. Only after having informed ourselves approximately as to what the intervals aimed at in performance are, will it be possible for us to give critical and fruitful consideration to the material in instruments with set tunings. 33

34 Die Werte der Gebrauchsleitern, die wir an Instrumenten ohne feste Abstimmung gemessen haben, vereinigen wir mit den an Phonogrammen gemessenen Werten.

35 Zu ersteren gehören die populären Instrumente der Japaner: *Koto*, *Shamisen*, *Kokyū* und *Shakuhachi*.[3]

36 Das *Koto* ist eine 13 saitige Zither, deren Saiten gleichmäßig schlaff gespannt sind und durch untergeschobene bewegliche Stege gestimmt werden.[4] Der Spieler zupft und reißt die Saiten mit drei Fingern der rechten Hand, die mit Elfenbeinnägeln versehen sind, während die Linke gelegentlich durch Druck auf die Saite unterhalb des Steges die Saitenspannung und damit die Tonhöhe erhöht. Das Koto ist chinesischen Ursprungs und hat der Form, Größe und Saitenzahl nach mannigfache Veränderungen erfahren.

37 Das *Shamisen*, eine 3 saitige Gitarre, wird mit einem großen Plektron geschlagen.

38 Das *Kokyū* ist eine kleine Geige, deren vier Saiten mit einem ganz schlaff gespannten Bogen gestrichen werden. Der Spieler streicht immer in derselben Ebene und bringt den Bogen dadurch mit den verschiedenen Saiten in Berührung, daß er das Instrument, das er auf die Knie stützt, um seine Achse dreht.

39 Die drei genannten Instrumente vereini-

[3] Wir können uns hier auf eine ganz kurze Skizzierung der in Betracht kommenden Instrumente beschränken, da in den erwähnten Arbeiten P. Amiot und van Aalst die chinesische, Müller, Piggott und Kraus die japanische Instrumentenkunde ausführlich behandelt haben. (Amiot 1780; van Aalst 1884; Müller 1874–75; Piggott 1891, 1892a–c, 1893, 1893–95; Kraus 1878.)

[4] Auf die verschiedenen Arten der Stimmung und deren theoretische Bedeutung kommen wir später ausführlich zurück. Zum Verständnis der Tabellen sei nur bemerkt, daß die Koto-Stimmungen *Hira-jōshi* und *Kumoi* sich nur durch die Wahl des Ausgangstones, nicht durch das Gesetz der Intervallfolge unterscheiden, ganz wie die mittelalterlichen Kirchentöne. Um beide Stimmungen vergleichbar zu machen, haben wir die Werte für die *Kumoi*-Leiter derart umgerechnet, daß sie sich als *Hira-jōshi* darstellt. (Das Nähere vgl. S. 39.)

We combine the values of gebrauchsleitern, which we measured on instruments without set tunings, with the measurements from recordings. 34

The former include the Japanese popular instruments: *koto*, *shamisen*, *kokyū* and *shakuhachi*.[3] 35

The *koto* is a 13-string zither, with strings that are equally relaxed and which are tuned by moveable bridges.[4] The player, provided with ivory picks, plucks and rips the strings with three fingers of the right hand, while the left hand occasionally raises the tension, and thus the pitch, by pressure on the string below the bridge. The *koto* is of Chinese origin and has undergone manifold changes in form, size, and the number of strings. 36

The *shamisen*, a 3-string lute, is struck with a large plectrum. 37

The *kokyū* is a small fiddle, whose four strings are stroked with an exceedingly slack bow. The player always strokes in the same plane and brings the various strings into contact with the bow by turning the instrument, which he supports on his knees, around on its axis. 38

These three instruments often form a 39

[3] We limit ourselves to a short sketch of the instruments cited because P. Amiot and van Aalst discussed Chinese organology in detail, and Müller, Piggott, and Kraus covered Japanese instruments. (Amiot 1780; van Aalst 1884; Müller 1874–75; Piggott 1891, 1892a–c, 1893, 1893–95; Kraus 1878.)

[4] Later on we will return to the various ways of tuning and their theoretical significance. For the clarification of the tabulations we may say that the *koto* tunings *hira-jōshi* and *kumoi* are distinguished only by the initial tone, not by the norms of interval sequence – just as in ecclesiastic, medieval modes. In order to facilitate comparison, we have transposed the values of the *kumoi* scale in such a way as to produce a *hira-jōshi*. (See p. 39.)

gen sich häufig zu einem Trio. Die im Anhang mitgeteilte Partitur „Der Kranich und die Schildkröte" gibt ein Beispiel eines derartigen Kammermusikstückes. (Rubrik IV der Tabelle I gibt die Werte für das *Koto*, Rubrik V die für das *Shamisen*.)

40 Eine Art Bambus-Längsflöte ist das *Shakuhachi*. Das einfache Rohr besitzt fünf Grifflöcher (das oberste hinten, die übrigen vorne) und an der Blasöffnung, die durch die Unterlippe vollständig gedeckt wird, eine zugeschärfte Kante. Durch die Art des Anblasens, sowie durch Halb- oder Vierteldeckung der Löcher vermag der Spieler die Tonhöhe zu nuancieren. (Die Werte Tabelle I und II Rubrik VII stellen die Intervalle von Tonleitern dar, die uns der Spieler zum Zweck der Messung besonders vorspielte; die Werte Tabelle II Rubrik VIII und IX wurden nach den Phonogrammen der im Anhang mitgeteilten Stücke gemessen.)

41 Die meisten Messungen sind mit Hilfe eines Appunnschen Tonmessers ausgeführt. Er besteht aus einer Reihe von Zungen, die zwischen 400 und 480 Schwingungen von 2 zu 2, zwischen 480 und 600 von 3 zu 3, zwischen 600 und 800 von 5 zu 5 Schwingungen abgestimmt sind und durch einen gemeinsamen Windkasten gleichmäßig angeblasen werden können.[5] Zu einigen Messungen (in Wien) wurde ein Monochord von R. König in Paris, das vom Physikalischen Institut der Universität freundlichst zur Verfügung gestellt worden war, benutzt. Die Saite dieses vorzüglichen Apparates wurde mit Hilfe einer Normalstimmgabel auf den Kammerton (435 v. d.) gestimmt. Die Messungen sind etwas mühsamer als mit dem Appunnschen Tonmesser, lassen jedoch an Genauigkeit nichts zu wünschen übrig.

[5] Die Ungenauigkeiten der Stimmung wurden nach einer Tabelle korrigiert, die Dr. K. L. Schäfer und cand. Pfungst auf Grund sehr sorgfältiger Messungen mit Hilfe einer geeichten Normalstimmgabel und durch Auszählen der Schwebungen benachbarter Zungen aufgestellt haben.

trio. The score in the Appendix, "The Crane and the Turtle," gives an example of such chamber music. (Column IV in Table I states the values for the *koto*, column V for the *shamisen*).

The *shakuhachi* is an end-blown bamboo 40
flute. Its plain tube has five fingerholes (the uppermost in back, the others in front), and the mouthpiece, which is completely covered by the lower lip, has a sharp edge. The performer can modify the pitch by the manner of blowing, or by covering the holes by half or one quarter. (The values in Tables I and II, column VII represent the intervals of scales which the flutist played specifically for the purpose of taking measurements. The values in Table II, columns VIII and IX were measured from the recordings of the pieces in the Appendix.)

Most of the measurements were taken 41
with Appunn's tonometer. It consists of a row of tongues which, in the range from 400 to 480 cps, are tuned in steps of 2 cps, in the range from 480 to 600 cps, in steps of 3 cps, and in the range from 600 to 800 cps, in steps of 5 cps, and which can be blown uniformly by a common wind chamber.[5] For some measurements (in Vienna) we used a monochord by R. König of Paris, which the physics department of the University kindly loaned us. We tuned the string of this excellent apparatus, with the aid of a standard tuning fork, to concert pitch (435 cps). These measurements are somewhat more laborious than those made with Appunn's tonometer, but their accuracy leaves nothing to be desired.

[5] We corrected the inaccuracies of the tuning by means of a tabulation which Dr. K. L. Schäfer and candidate Pfungst devised on the basis of careful measurement, with the aid of a calibrated standard tuning fork, and the counting of the beats between adjacent tongues.

42 Wir haben die Verhältnisse der gefundenen Schwingungszahlen in Cents, d.i. Hundertstel des temperierten Halbtons umgerechnet. Diese von Ellis zuerst eingeführte Methode empfiehlt sich ihrer Einfachheit und Übersichtlichkeit wegen für alle musikalischen Untersuchungen, und es wäre sehr zu wünschen, daß sie von der Wissenschaft allgemein angenommen würde. Die Umrechnung wird durch die Benutzung fünfstelliger Logarithmentafeln und der von Ellis mitgeteilten Tabelle noch erleichtert. Indem man einen bestimmten Ton als Ausgangspunkt wählt, von dem aus man die Summen der Intervalle berechnet, erhält man die Leiter in einer Form, die sie mit andern bequem vergleichbar macht. An der temperierten Leiter, deren Intervalle sich der Voraussetzung nach als die Hunderter der natürlichen Zahlenreihe darstellen, hat man einen stets bereiten Maßstab, und bei einiger Übung wird man auch die Zahlen für die reine Stimmung im Gedächtnis haben. Die Genauigkeit dieser Darstellungsweise ist mehr als hinlänglich. In der eingestrichenen Oktave entspricht ein Cent ungefähr 0,2 bis 0,3 Schwingungen.

We re-calculated the ratios of the resulting frequencies in cents, that is, hundredths of the tempered semitone. We must recommend the simplicity and clarity of this method, devised by Ellis, for all musical research, and we would like to see its general scholarly acceptance The re-calculation is further facilitated by means of fiveplace logarithmic tables and the table devised by Ellis. By choosing a specific tone as starting point for the calculation of the intervals, we arrive at a scale in a form that makes for easier comparison with others. As a reference we can use the tempered tuning, where intervals are postulated to be represented by units of hundreds [100, 200, 300, and so forth] and with some practice we can also memorize the figures for pure tuning. The accuracy of this method is more than adequate. In the C_4 octave one cent corresponds approximately to 0.2 or 0.3 cps. 42

43 Wir benutzen in Tabelle II (Rubrik III–VII) die Mittelwerte je zweier Einzelreihen, die in Tabelle I zusammengestellt sind. Die Berechtigung, die Intervalle außer auf einen Grundton auch noch auf dessen Quinte zu beziehen und beide Reihen zusammenzufassen, ergibt sich aus der häufigen Modulation in die Dominanttonart, auf die wir noch zu sprechen kommen,[6] sowie aus der auffallenden Übereinstimmung der so berechneten Werte. Man kann sich (an einem Beispiel) leicht überzeugen, daß zwei um eine Quinte differierende Töne, aber auch nur diese zwei Töne, als Grundtöne angenommen, zu übereinstimmenden Werten führen.

In Table II (columns III–VII) we use the average values of, respectively, two single rows, which are assembled in Table I. It is justifiable to relate the intervals to the fifth as well as the fundamental and to summarize both rows, because of the frequent modulation into the dominant key – a matter for later discussion.[6] Also, the calculated values conspicuously coincide. One example can demonstrate that two tones a fifth apart, but only these two tones, considered as fundamentals coincide in their values. 43

44 Da das *Koto* zunächst nach Quarten gestimmt wird, haben wir in Rubrik I und II

Since the *koto* is tuned in fourths, we have drawn together in columns I and II the 44

[6] Vgl. S. 41.

[6] See p. 41.

Tabelle I. Gebrauchsleitern. Einzelwerte / Table I. Gebrauchsleitern. Single Values

	Kotostimmungen/Koto tunings				Kotosolo				Shamisensolo				Shakuhachi	
	I Hira-jōshi		II Kumoi		III Todeslied Dirge		IV Kranich (Koto) Crane (Koto)		V Kranich (Sham.) Crane		VI Ōzatsuma		VII Shakuhachi Stimmung/ Tuning	
	cis fis gis / *c f g*	*a* und *d* / *a* and *d*	*b c f*	*des ges* / *dff gff*	*f*	*c*	*g*	*c*	*g*	*c*	*d*	*a*		
Grundton/Fundamental	0	0	0	0	0	0	0	0	0	0	0	0	0	0
Kleine Sekunde/Minor Second	103	—	92	—	93	81	—	—	—	—	—	—	—	—
Grosse Sekunde/Major Second	227	—	197	—	205	194	181	206	198	175	205	189	190	224
Kleine Terz/Minor Third	329	—	338	—	—	—	296	304	306	306	322	317	308	—
Grosse Terz/Major Third	—	383	—	385	—	—	—	410	—	402	—	—	—	379
Quarte/Fourth	486	495	501	—	492	481	499	—	477	—	—	482	—	488
Tritonus/Tritone	597	602	595	604	569	573	—	—	—	—	—	—	582	—
Quinte/Fifth	713	704	698	—	721	687	705	702	—	724	717	689	—	687
Kleine Sexte/Minor Sixth	816	—	823	—	802	—	803	—	—	—	802	805	806	807
Grosse Sexte/Major Sixth	—	870	—	861	915	—	909	883	879	923	922	922	—	—
Kleine Septime/Minor Seventh	972	—	1002	—	—	974	—	998	—	—	1014	—	961	—
Grosse Septime/Major Seventh	—	1096	—	1082	—	1051	—	—	—	1030	—	1041	—	—
Oktave/Octave	1199	1199	1199	1199	1202	1202	1201	1201	1201	1201	1199	1199	1199	1199

Tabelle II. Gebrauchsleitern. Mittelwerte / Table II. Gebrauchsleitern. Mean Values

	I	II	III	IV	V	VI	VII	VIII	IX	X	XI	XII	XIII	XIV	XV	XVI
	Hirajoshi	Kumoi	Todeslied/Dirge	Kranich/Crane	Kranich/Crane	Ozatsuma	Shakuhachi	Rokudan	Azumashishi	Koto	Shamisen	Shakuhachi	Mittel/Mean	Rein/Pure	Temperiert/ Tempered	Pythagoreisch/ Pythagorean
Grundton/ Fundamental	0	0	0	0	0	0	0	0	0	0	0	0	0	0	0	0
Kleine Sekunde/ Minor Second	103	92	87	—	—	—	—	—	—	94	—	—	94	112	100	114
Große Sekunde/ Major Second	227	197	199	193	187	197	207	222	221	201	192	214	202	204	200	204
Kleine Terz/ Minor Third	329	338	—	300	306	320	308	293	—	317	313	300	312	316	300	318
Große Terz/ Major Third	383	385	—	410	402	—	379	—	—	389	402	379	390	386	400	408
Quarte/Fourth	489	501	487	499	477	482	488	471	499	492	480	486	489	498	500	522
Tritonus/ Tritone	599	599	571	—	—	—	582	—	—	590	—	582	589	590	600	612
Quinte/Fifth	710	698	704	703	724	703	697	710	727	704	710	705	706	702	700	702
Kleine Sexte/ Minor Sixth	816	823	802	803	—	803	806	792	812	814	803	804	809	814	800	816
Große Sexte/ Major Sixth	870	861	915	896	901	922	—	871	—	888	911	871	895	884	900	906
Kleine Septime/ Minor Seventh	972	1002	974	998	—	1014	961	—	973	986	1014	967	985	996	1000	1020
Große Septime/ Major Seventh	1096	1082	1051	—	1030	1041	—	—	—	1081	1036	—	1068	1088	1100	1110
Oktave/Octave	1199	1199	1202	1201	1200	1199	1199	1200	1200	1200	1200	1200	1200	1200	1200	1200

die Werte zusammengefaßt, die man erhält, wenn man *gis*, *cis*, *fis* bzw. *b*, *f*, *c* einerseits, *a*, *d* bzw. *des*, *ges* andrerseits der Reihe nach zum Grundton macht. Wir haben dadurch sämtliche auf dem gestimmten Instrumente möglichen Intervalle in Rechnung gezogen, während wir uns bei der Verwertung der an Phonogrammen ausgeführten Messungen auf die benutzten Intervalle beschränken durften.

45 Die Werte Tabelle I Rubrik III und VII

values we obtain by considering as fundamentals G♯, C♯, F♯, resp. B♭, F, C, on the one hand, and, on the other hand, A, D, resp. D♭, G♭. In this manner we have taken into account all of the intervals possible on the instrument, and at the same time we have been able to concentrate on the measurements of the used scales, derived from the recording.

Incidentally, the values in Table I, 45

sind überdies Mittelwerte aus mehreren Einzelmessungen, die wir behufs größerer Genauigkeit und Selbstkontrolle ausführten.

46 In Tabelle II sind zunächst die Mittel für die einzelnen Instrumentengattungen gezogen: Rubrik X (Mittel aus I–IV) gibt die praktische Leiter für das *Koto*, Rubrik XI (Mittel aus V–VI) diejenige für das *Shamisen*, Rubrik XII (Mittel aus VII–IX) diejenige für das *Shakuhachi*. – Rubrik XIII endlich gibt das Generalmittel.

47 Bemerkt sei noch, daß bei der Berechnung von Mittelwerten stets das Gewicht der einzelnen Faktoren, mit welchem sie in das Resultat einzutreten haben, berücksichtigt wurde. Es ist dies ein unerläßliches Erfordernis überall, wo es sich um die Zusammenfassung von Reihen handelt, die zum Teil durch Ausfall einzelner Glieder unvollständig sind, oder Reihen, die selbst schon Mittelwerte enthalten.

48 Bevor wir an die kritische Beurteilung der Gebrauchsleitern gehen, wollen wir noch das Material sichten, das uns die Instrumentenmessungen geliefert haben.

49 B. Instrumentalleitern

Tabelle III gibt eine Übersicht über die Leitern, die wir an Instrumenten mit fester Abstimmung gefunden haben.

50 Die *P'ip'a*[7] ist eine viersaitige Laute mit 12–15 hölzernen Griffstegen, die größtenteils auf dem Hals, teilweise auch noch auf dem Körper des Instrumentes festgeleimt sind. Die Mittelwerte der Intervallmessungen (aus 9 Einzelreihen) zeigen eine auffallende Annäherung an die temperierte Leiter. Nur der Tritonus ist harmonisch, d.h. im Verhältnis 5:7 gestimmt. Sehr bemerkenswert ist die Tatsache, daß man nur dann zu vernünftigen, d.h. in innerer Über-

[7] Kraus (1878:70) beschreibt ein ähnliches japanisches Instrument mit nur 8 Bünden unter dem Namen *Gekkin*. Da es unmöglich war, den Ursprung der untersuchten Instrumente festzustellen, fassen wir sie unter dem chinesischen Namen zusammen.

columns III and VII are the average of several single measurements which we took for the sake of greater accuracy and control.

In Table II we have presented the averages for the various types of instruments: column X (average of I–IV) presents the practical scale for the *koto*, column XI (average of V–VI) that for the *shamisen*, column XII (average of VII–IX) that for the *shakuhachi*; column XIII presents the general average. 46

It should be mentioned that in the calculation of the average values, the significance of the several factors affecting the end result were taken into account. This is indispensable for the composition of rows which are incomplete because of the omission of several constituents, or in the case of rows that already contain average values. 47

Before approaching the critical evaluation of the gebrauchsleitern, we wish to survey the material provided by instrument measurements. 48

B. Instrumentalleitern 49

Table III presents a survey of the scales that we found in instruments with set tuning.

The *p'ip'a*[7] is a four-string lute with 12–15 wooden frets, most of which are glued on the neck, the remainder on the belly of the instrument. The average values of the interval (from 9 single rows) show a striking similarity with the tempered scale. Only the tritone is tuned harmonically, that is, in a ratio of 5:7. It is notable that one arrives at sensible rows, that is, rows with inner coincidence, only if one starts, not with the open string, but with 50

[7] Kraus (1878:70) describes a similar Japanese instrument with only eight frets under the name of *gekkin*. Since it was impossible to ascertain the origin of the instruments investigated, we have classified them under the Chinese name.

einstimmung befindlichen Reihen gelangt, wenn man nicht von der leeren Saite, sondern vom obersten Bund ausgeht. Legt man der Berechnung die Tonhöhe der leeren Saite zugrunde, so erhält man ganz absurde Leitern, in denen oft Quarte und Quinte fehlen, dafür Intervalle auftreten, die sich sonst nirgends wiederfinden und überdies für jedes Instrument anders aussehen. Das 1. Intervall dieser Leitern (188 Cents im Mittel) entspricht ungefähr einer kleinen reinen Sekunde (182 Cents), ist aber außerordentlich schwankend (zwischen 175 und 221 Cents). Die Fehler der ersten Glieder schleppen sich bei der Summenberechnung durch alle Glieder der Reihe fort und bringen die erwähnten Abnormitäten hervor. Die schwankende Intonation dieses Intervalles wird erklärlich, wenn man die leere Saite als Septime des Grundtons auffaßt (1012 Cents im Mittel), denn dieses Intervall kommt sowohl in chinesischen als in japanischen Melodien nur sehr selten vor. Man könnte geneigt sein, den eigentümlichen Bau des Instrumentes durch die Annahme zu erklären, daß die Ausführung von Melodien, die zu dem unterhalb des Grundtones liegenden Leitton hinabsteigen, ermöglicht wird. Wir besitzen in Europa Instrumente, deren Konstruktion einem ähnlichen Bedürfnis genügen soll. Diese Analogie wird aber hinfällig, wenn man weiß, daß die ostasiatische Melodik etwas Derartiges, wie einen aufsteigenden Leitton nicht kennt. Dagegen bietet sich uns eine andre Vermutung dar, die mit den bekannten Tatsachen besser übereinstimmt. Sie spricht dafür, daß die Melodie nur auf der vierten Saite gespielt wird, während die ersten drei leer zur Begleitung dienen. Diese Spielweise entspricht derjenigen der *Biwa*, einer japanischen Abart der *P'ip'a*, wie sie Piggott (1891) beschreibt. Wahrscheinlich wird auch die *Gekkin* (s. unten) ähnlich gehandhabt, da einzelne ihrer Bünde nur bis unter die zweite Saite reichen. Nimmt man ferner an, daß die vier Saiten der *P'ip'a* nach

the highest fret. If one bases the pitch calculation on the open string, one arrives at absurd scales, often without a fourth or fifth, or with intervals that recur nowhere else and, moreover, appear different for each instrument. The first interval in several of these scales (188 cents on the average) corresponds approximately to the pure minor second (182 cents), but it vacillates greatly (between 175 and 221 cents). In the calculation of the sums, the mistakes of the first steps persist through all of the steps, and they produce the aforementioned abnormalities. The vacillating intonation of this interval is best explained by regarding the open string as the seventh of the fundamental (1012 cents on the average), for this interval rarely occurs in Chinese or Japanese melodies. We are inclined to explain the curious construction of the instrument as an accommodation that made it possible to play melodies that descend to the leading tone below the fundamental. In Europe we have instruments with a similarly motivated construction. But this analogy collapses when we realize that East Asiatic melodies have nothing resembling a raised leading tone. However, there is another assumption that better fits the known facts. It agrees that the melody is played only on the fourth string, while the first three open strings serve as accompaniment. This playing technique corresponds to that of the *biwa*, a Japanese variant of the *p'ip'a*, according to Piggott's (1891) description. Probably the handling of the *gekkin* (see below) is similar, since some of its frets do not extend beyond the second string. If we also assume that the four strings of the *p'ip'a* are tuned in fourths – a tuning much in use on the *shamisen* under the term *sansagari* and also occurring on the *biwa* (A. Ellis 1885: 525; 1922: 68) – then it becomes imperative to consider the first fret as the fundamental of the scale. For, if the tuning of the open strings were, for instance,

Quarten gestimmt werden, eine Stimmung, die auf dem *Shamisen* unter dem Namen *San-sagari* sehr gebräuchlich ist und auch auf der *Biwa* vorkommt (A. Ellis 1885:525, 1922: 68), so erscheint es tatsächlich geboten, den ersten Bund zum Grundton der Leiter zu machen. Denn wäre die Stimmung der leeren Saiten beispielsweise *CFB es*, so ist die Tonhöhe des ersten Bundes der vierten Saite *f*, und die drei leeren Saiten geben die Oktave, Dominante und Subdominante des Grundtons. Immerhin geben wir diese Hypothese mit aller Reserve, und es bleibt abzuwarten, daß wir über die Stimm- und Spielweise der *P'ip'a* genauer unterrichtet werden.[8]

51 Eine Abart der *P'ip'a* ist die japanische *Biwa*, eine große viersaitige Laute mit bloß vier Bünden. Wir haben zwei Exemplare untersucht, die aber in der Konstruktion weder untereinander, noch mit den in der Literatur beschriebenen übereinstimmten.

52 Das chinesische *Yüeh-Chin* und seine japanische Abart, das *Gekkin*, sind viersaitige Gitarren mit kreisrundem Schallkörper und 7, 10 (chin.) oder 8 (jap.) festen Bünden. Das chinesische *Shuang-Chin* unterscheidet sich von ihnen durch einen oktogonalen Körper und einen viel längeren Hals, der 12 Bünde trägt. Diese Instrumente geben neben natürlichen Intervallen (Ganzton, Quarte, Quinte), neutrale Terzen und Sexten. Diese sind möglicherweise identisch mit dem um einen $^3/_4$-Ton (11:12, 151 Cents) erweiterten reinen großen Ganzton (8:9, 204 Cents) und dessen Umkehrung ($\frac{11}{12}\cdot\frac{8}{9}=\frac{22}{27}$; $151 + 204 = 355$ Cents $-\frac{12}{11}\cdot\frac{9}{8}\cdot\frac{1}{2}=\frac{27}{44}$; $1200 - 355 = 845$ Cents). Daß diese Intervalle von der reinen Stimmung ausgehen, würde mit der sonstigen Konstruktion des Instrumentes stimmen. Doch da es nicht ersichtlich ist, wie man zum $^3/_4$-Ton gelangt, geben wir diese Hypothese

[8] Ein von Ellis gemessenes Exemplar einer *P'ip'a*, das nach einem anderen Prinzip gebaut ist, als die unsrigen, wird in einem späteren Zusammenhang besprochen. (Siehe S. 23, Anmerkung 15.)

CFBE♭, then the pitch of the first fret of the fourth string would be F, and the three open strings would be the octave, dominant, and sub-dominant of the fundamental. In any case, we present this hypothesis with caution, and we must wait until we are better informed on the manner of tuning and playing the *p'ip'a*.[8]

The *p'ip'a* has a variant in the Japanese *biwa*, a large four-string lute with only four frets. We have examined two specimens, which, however, do not match each other in their construction, nor do they match the samples described in the literature. 51

The Chinese *yüeh-chin* and its variant, the *gekkin*, are four-string guitars with circular resonators and 7, 10 (Chin.) or 8 (Jap.) immovable frets. The Chinese *shuang-chin* differs in that it has an octagonal body and a much longer neck, with 12 frets. These instruments are capable of producing natural intervals (whole tone, fourth, fifth), also neutral thirds and sixths. Perhaps these are identical with the pure whole tone (8:9, 204 cents) extended by $^3/_4$ tone (11:12, 151 cents), and its inversion ($\frac{11}{12}\times\frac{8}{9}=\frac{22}{27}$; $151 + 204 = 355$ cents $-\frac{12}{11}\times\frac{9}{8}\times\frac{1}{2}=\frac{27}{44}$; $1200 - 355 = 845$ cents). The derivation of these intervals from pure tuning would coincide with the peculiar construction of the instrument. However, since it is not evident how one arrives at a $^3/_4$ tone, we present this hypothesis with caution. The seventh appears too large and it agrees 52

[8] A *p'ip'a* specimen measured by Ellis, with a structure different from ours, will be discussed in the Appendix (see p. 23, footnote 15).

Tabelle III. Instrumentalleitern / Table III. Instrumentalleitern

	I P'ip'a	II Temperiert/ Tempered	III Chin Chin	IV Rein/ Pure	V Gekkin	VI Shuang Chin	VII Pythagoreisch/ Pythagorean
Grundton/Fundamental	0	0	0	0	0	0	0
Kleine Sekunde/Minor Second	97	100	—	112	—	—	90
Grosse Sekunde/Major Second	197	200	230	182 / 231	189	182	180
Kleine Terz/Minor Third	303	300	314	316	—	—	294
Neutrale Terz/Neutral Third	—	—	—	—	339	345	—
Grosse Terz/Major Third	—	400	387	386	—	—	—
Quarte/Fourth	497	500	496	498	502	500	498
Tritonus/Tritone	584	600	—	583	—	—	588
Quinte/Fifth	700	700	701	702	697	681	678
Kleine Sexte/Minor Sixth	800	800	—	814	—	—	792
Neutrale Sexte/Neutral Sixth	—	—	—	—	851	847	—
Grosse Sexte/Major Sixth	—	900	879	884	876	—	882
Kleine Septime/Minor Seventh	999	1000	—	996	1018	1021	996
Oktave/Octave	1194	1200	1203	1200	1200	1200	1200

mit der größten Vorsicht. Die Septime scheint zu groß und stimmt mit der (kleinen) pythagoreischen Septime (1020 Cents) überein. Statt der neutralen Sexte erscheint auf einigen Instrumenten die große natürliche. 10 Exemplare, wovon 6 aus China und 4 aus Japan stammen dürften, ergaben die Mittelwerte der Rubrik V Tabelle III; dagegen stand uns nur ein Exemplar des *Shuang-Chin* zur Verfügung[9] (Tabelle III, Rubrik VI).

53 Das *Chin*, ein chinesisches Instrument, wurde früher auch in Japan unter dem Namen *Shigen-kin* oder *Kin-no-Koto*,[10] jedoch ausschließlich von Vornehmen benutzt. Es ist eine siebensaitige Zither, ähnlich dem *Koto*, aber kleiner, und wird gleich diesem mit Zupfnägeln gespielt. Die Saiten laufen an beiden Enden über feste Stege. Die Teilung der letzten Saite, auf der allein wohl die Melodie ausgeführt wird, ist durch eine Reihe von eingelegten Perlmutter- oder Elfenbeinmarken vorgezeichnet. Die Messung zeigt, daß die Marken vom Halbierungspunkt der Saite ausgehend, nach beiden Seiten in symmetrischen Abständen angeordnet sind. Die eine Hälf-

with the (small) Pythagorean seventh (1020 cents). In some instruments the major natural sixth appears instead of the neutral sixth. Ten specimens, of which six are from China and four from Japan, resulted in the average values of column V, Table III; but we had at our disposal only one specimen of the *shuang-chin*[9] (Table III, column VI).

The *chin*, a Chinese instrument, was 53
formerly restricted to the nobility in Japan under the names *shichigen-kin* or *kin-no-koto*.[10] It is a 7-string zither, similar to the *koto*, but smaller, and likewise played with finger-picks. At both ends the strings cross fixed bridges. Inlays of mother-of-pearl or ivory mark the division of the last string, which probably serves for the melody. The measurement shows that the markings, starting at the halfway point, are spaced symmetrically in both directions. One half of the tablature mirrors the other.

[9] Im Besitze des Wiener K. K. Hofmuseums.

[10] Vgl. Kraus (1878:64). Piggott beschreibt dasselbe Instrument als *Shichigen-kin*.

[9] In the possession of the K. K. Hofmuseum in Vienna.

[10] See Kraus (1878:64). Piggott describes the same instrument as *shichigen-kin*.

te der Tabulatur zeigt also das genaue Spiegelbild der andern.

54 Die untenfolgende Tabelle IV A gibt in der 1. Reihe die Distanzen der einzelnen Tastknöpfe vom Saitenende, umgerechnet auf die einfachsten Zahlen. In der 2. Reihe sind die Zwischenräume von Knopf zu Knopf gegeben, in der 3. die Verhältnisse der Knopfdistanzen zur ganzen Saitenlänge, gleich den reziproken Verhältnissen der Schwingungszahlen, in der 4. endlich die Intervalle in Cents, die leere Saite als Grundton angenommen. Es ergeben sich die Intervalle der natürlichen Stimmung mit außerordentlicher Genauigkeit, wie aus der Übereinstimmung der Rubrik III Tabelle III, welche die Mittel der an 5 verschiedenen Instrumenten gefundenen Werte enthält, mit Rubrik IV ersichtlich ist. Die Tabulatur umfaßt 3 Oktaven, von denen die beiden oberen nur die große Terz und die Quinte enthalten. Die Teilung der tiefsten Oktave, welche das Spiegelbild der beiden andern darstellt, ergibt außer den beiden Terzen und der großen Sexte, der Quarte und Quinte noch das Intervall 7:8, eine Art übermäßigen Ganztons (231 Cents; temperierter Ganzton = 200 Cents). Das Vorhandensein dieses ungewöhnlichen Intervalls weist darauf hin, daß die Einteilung der beiden oberen Oktaven derjenigen der unteren vorausging, und letztere nur durch die Symmetrie der Anordnung der Tastknöpfe bedingt ist. Wunderlicherweise erscheint in den oberen Oktaven die große Terz an Stelle der Quart, die man wegen ihres höheren Konsonanzgrades eher erwarten sollte. Vermutlich sind aber bei der Konstruktion des *Chin* musikalische Prinzipien überhaupt nur in zweiter Linie angewendet worden. Denn sämtliche Maße, die auf allen Exemplaren genau eingehalten erscheinen, sollen eine symbolische Bedeutung haben. So soll die Länge von 3 Fuß, 6 Zoll und 6 Linien die (366) Tage des Jahres, die Breite von 6 Zoll die Weltrichtungen (N, S, O, W, Zenith, Nadir), die Verengerung des Resonanzbodens in

In the following Table IV A, the first line gives the distances of each ivory dot from the end of the string, calculated to the simplest numbers. The second line gives the distances from dot to dot; the third the ratios of dot distances and the entire string length equal to the corresponding ratios of the frequencies; finally the fourth line gives the intervals in cents, with the open string as base. The intervals of natural tuning appear most accurately, as is evident in the agreement between column IV and column III, Table III, which contains the averages of the five different instruments. The tabulation encompasses three octaves, the upper two containing only the major third and a fifth. The division of the lowest octave, which mirrors the other two, results in both thirds and the major sixth, the fourth and fifth, and also the interval 7:8, a kind of augmented whole tone (231 cents: tempered whole tone = 200 cents). The existence of this unusual interval suggests that the division of the two upper octaves depended on the division of the lowest octave, which originated solely from the symmetrical arrangement of the dots. Strangely, in the two upper octaves the major third appears instead of the fourth, which one might have expected from its higher degree of consonance. Presumably, however, in the construction of the *chin* musical principles were only of secondary importance For all measurements, which reappear exactly in all specimens, are supposed to have symbolic significance. Thus the length of 3 feet, 6 inches and 6 lines is said to represent the (366) days of the year, the width of 6 inches the cardinal directions (N, S, E, W, Zenith, Nadir), the narrowing of the resonator's middle to 4 inches the seasons, etc. (cf. Kraus 1878: 64; H. Winckler 1902). 54

der Mitte auf 4 Zoll die Jahreszeiten andeuten usw. (cf. Kraūs 1878: 64; H. Winckler 1902).

55 Das größte Interesse verdient ein 6. Exemplar des *Chin*,[11] welches, äußerlich den 5 andern vollkommen gleich, durch die Distanzen seiner Tastknöpfe wesentlich von ihnen abweicht. Sie sind ebenfalls von einem mittleren Knopf, welcher die Saite halbiert, ausgehend, nach beiden Seiten symmetrisch angeordnet.[12] Die Berechnung der Intervalle aus den Messungen führt zu einem erstaunlichen Resultat. Der übermäßige Ganzton, die reine große Terz und die Quarte (innerhalb der ersten Oktave) sind beiden Typen gemeinsam. Dagegen erscheint an Stelle der reinen großen Sexte in der ersten Oktave die reine kleine Sexte und kehrt in den beiden oberen Oktaven an Stelle der Quinte wieder. Die zweite Oktave enthält an Stelle der großen Terz die Quarte. Endlich erscheinen in der ersten Oktave an Stelle der reinen kleinen Terz und der Quinte (!) zwei gänzlich neue Intervalle, nämlich eine pythagoreische kleine Terz und ein Intervall, das die Mitte hält zwischen Tritonus und Quinte. Wie erklärt sich diese sonderbare Tonleiter?

Of special interest is a sixth specimen of 55
the *chin*,[11] which superficially resembles the other five, but has distinctive distances between the dots. They, too, are symmetrically arranged from a central dot.[12] The calculation of the intervals from the measurements shows strange results. Both types have the augmented whole tone, the pure, major third, and the fourth (within the first octave). On the other hand, the pure, minor sixth appears in the first octave at the position of the pure, major sixth, and reappears in the upper octaves in place of the fifth. The second octave has the fourth in place of the major third. Finally, the first octave contains, instead of the major third and the fifth (!) two completely new intervals, namely, a Pythagorean minor third and an interval between the tritone and fifth. What is the explanation of this strange scale?

56 Teilen wir eine Saite durch fortgesetztes Halbieren in 32 ($= 2^5$) gleiche Teile, so erhalten wir (in der ersten Oktave) die in Tabelle IV Rubrik I–III dargestellte Leiter. Markiert man, vom Halbierungspunkte ausgehend, symmetrisch nach beiden Seiten die Teilstriche 4+2+2+2+1+1+4 (vgl. Tabelle IV C.), so ergibt die Berechnung der Intervalle die Leiter des *Chin* (Tabelle IV Rubrik IV) mit großer Annäherung und einer einzigen Ausnahme: an Stelle der großen Terz steht in der ersten Oktave eine neutrale (359 Cents), und, infolge der symmetrischen Konstruktion, an Stelle der großen Terz in der drit-

If we divide the string into 32 ($= 2^5$) 56
equal parts by continuous halving, we arrive at the scale presented in Table IV columns I–III (in the first octave). If we start at the central point, and mark the divisions symmetrically in both directions, 4 + 2 + 2 + 2 + 1 + 4 (cf. Table IV C), we very nearly arrive at the intervals and scales of the *chin* (Table IV, column IV), with one exception: a neutral third (359 cents) replaces the major third in the first octave, and, as a result of the symmetrical construction, the fourth replaces the major third in the third octave. The two major thirds, which are lacking in the

[11] Im Besitze der Gesellschaft der Musikfreunde in Wien.

[12] Vgl. Tab. IV B. Das Schema ist dem vorhergehenden gleich.

[11] In the possession of the Gesellschaft der Musikfreunde in Vienna.

[12] See Table IV, B. The scheme resembles the one outlined above.

ten Oktave die Quarte. Die beiden großen Terzen, welche aus dem Konstruktionsprinzip dieses Instrumentes herausfallen, sind vielleicht in Anlehnung an den anderen Typus entstanden. Es könnte die Vermutung auftauchen, daß das ganze Instrument als ungeschickte Nachnahmung eines mißverstandenen Modells anzusehen sei und als vereinzeltes minderwertiges Exemplar nicht mit in die Diskussion aufgenommen werden dürfe. Dem widerspricht die auffallende Übereinstimmung der gefundenen mit den berechneten Werten, sowie die bedeutsame Tatsache, daß diese Intervalle sich keineswegs allein auf dem *Chin* finden. Eine Serie von 12 (japanischen) Stimmpfeifen, *Shōshi*,[13] kleinen, einseitig offenen Bambusröhren,[14] gab die in Tabelle IV Rubrik V mitgeteilte Leiter. Die Intervalle stimmen außerordentlich genau mit denen überein, die man durch Teilung einer Saite in 32 resp. 64 gleiche Teile erhält. Nur die kleine Terz nähert sich mehr der reinen, und neben den beiden Septimen scheint noch die harmonische Sept (4:7; 969 Cents) intendiert zu sein (vgl. Tabelle IV Rubrik VI–VIII). Die merkwürdige „vertiefte" Quinte (649 Cents), die in dieser Reihe fehlt, erscheint auf 8 verschiedenen (5 chinesischen und 3 japanischen) Flöten mit großer Genauigkeit wieder (650 Cents im Mittel; größte Abweichung 10 Cents). Sie findet sich auch auf einer von Ellis gemessenen *P'ip'a*[15] neben einem $^3/_4$-Ton, einer neutralen Terz und einer (reinen?) großen Sexte.

57 Der Perser Zalzāl (†800 n. Chr.) erhielt auf seiner Laute die vertiefte Quinte auf ganz anderem Wege. Die Bünde entsprachen ursprünglich den pythagoreischen Intervallen: 0, 204, 294, 408 usw. Später

[13] Vgl. Kraus 1878:47.

[14] Berliner Museum für Völkerkunde, No. I D. 6066.

[15] A. Ellis 1885:519; 1922; 61. Die Reihe lautet (in Cents): 0, 145, 351, 647, 874, 1195. Vermutlich ist intendiert: 0, 151, 359 (355), 649, 884, 1200. Ellis sagt: „*This scale is like nothing I have yet met with.*"

constructive principle of this instrument, may have appeared by reliance on the other type. It is tempting to consider the whole instrument as an awkward imitation of a misunderstood model, and to reject it as an isolated instance of an inferior instrument. In contradiction, the apparent values coincide strikingly with the calculated values; also, these intervals are not restricted to the *chin*. A series of 12 (Japanese) pitch pipes, *chōshi*,[13] small bamboo tubes open at one end,[14] gave the scale in Table IV, column V. The intervals agree with those obtained by dividing a string into 32 and 64 parts respectively. Only the minor third approximates the pure one, and, in addition to the two sevenths, the harmonic seventh (4:7; 969 cents) seems intended (cf. Table IV, columns VI–VIII). The strange, "flattened" fifth (649 cents), which is lacking in this row, appears most accurately (650 cents on the average; largest deviation 10 cents) in 8 different flutes (5 Chinese and 3 Japanese). It also occurs in a *p'ip'a* measured by Ellis,[15] in addition to a $^3/_4$ tone, a neutral third, and a (pure?) major sixth.

The Persian scholar, Zalzāl (d. 800 A.D.) 57
achieved the "flattened" fifth on his lute in a totally different way. The fretting originally corresponded to the Pythagorean intervals: 0, 204, 294, 408, etc. Later on,

[13] See Kraus 1878:47.

[14] Museum für Völkerkunde Berlin, Nr. I D. 6066.

[15] A. Ellis 1885:519: 1922; 61. The row, in cents, is: 0, 145, 351, 647, 874, 1195. Perhaps the intention is: 0, 151, 359 (355), 649, 884, 1200. Ellis says, "This scale is like nothing I have yet met with."

Tabelle IV / Table IV

I Intervalle/ Intervals	II Verhältnisse	III Cents	IV Chin	V Diapason	VI Cents	VII Verhältnisse	VIII Intervalle/
	Ratios		Chin			Ratios	Intervals
Viertelton/ Quarter Tone	31:32	55					
Halbton/ Semitone	15:16	112		118	112	15:16	Reiner Halbton/ Pure Semitone
Kleiner Ganzton/ Minor Second	29:32	170					
Grosser Ganzton Major Second	7:8	231	231	249			
Kleine Terz/ Minor Third	27:32	294					
			303	312	316	5:6	Reine kleine Terz/ Pure Minor Third
Neutrale Terz/ Neutral Third	13:16	359					
			382		386	4:5	Reine grosse Terz/ Pure Major Third
Grosse Terz/ Major Third	25:32	427		436			
Quart[1]/Fourth[1]	3:4	498	499				
Kleiner Tritonus/ Minor Tritone	23:32	572		561			
				608	610	45:64	Triton/Tritone
Grosser Tritonus/ Major Tritone	11:16	649	647				
Quint/Fifth	21:32	729		729			
Kleine Sexte[1]/ Minor Sixth[1]	5:8	814	815				
				857	858	39:64	Neutrale Sexte/ Neutral Sixth
Grosse Sexte/ Major Sixth	19:32	902					
				963	969	4:7	Harmonische Septime Harmonic Seventh
Kleine Septime[1]/ Minor Seventh[1]	9:16	996					
				1053	1045	35:64	Kleine Septime/ Minor Seventh
Grosse Septime/ Major Seventh	17:32	1095					
				1142	1146	33:64	Grosse Septime/ Major Seventh
Oktave[1]/Octave[1]	1:2	1200	1201	1206	1200	1:2	Oktave/Octave

[1] Reine Intervalle/Pure Intervals

Tabelle IV A. Konstruktion des Chin. Typus A / Table IV A. Construction of the Chin. Type A

I. Saitenlängen/String Lengths	0	15	20	24	30	40	48	60		72	80	90	96	100	105	120
II. Differenzen/Differences	15	5	4	6	10	8	12	|	12	8	10	6	4	5	15	
III. Verhältnisse/Ratios	1/8	1/6	1/5	1/4	1/3	2/5	1/2		3/5	2/3	3/4	4/5	5/6	7/8		
IV. Cents/Cents	1200	702	386	1200	702	386	1200		384	702	498	386	316	231		
	×3			×2												

Tabelle IV B. Typus B / Table IV B. Type B

I. Saitenlängen/String Lengths	0	20	25	32	40	50	60	80		100	110	120	128	135	140	160
II. Differenzen/Differences	20	5	7	8	10	10	20	|	20	10	10	8	7	5	20	
III. Verhältnisse/Ratios	1/8	5/32	1/5	1/4	5/16	3/8	1/2		5/8	11/16	3/4	4/5	27/32	7/8		
IV. Cents/Cents	1200	814	386	1200	814	498	1200		814	649	498	386	294	231		
	×3			×2												

Tabelle IV C. Mutmaßlicher Ursprung des Typus B / Table IV C. Assumed Origin of Type B

I. Saitenlängen/String Lengths	0	4	5	6	8	10	12	16		20	22	24	26	27	28	32
II. Differenzen/Differences	4	1	1	2	2	2	4	|	4	2	2	2	1	1	4	
III. Verhältnisse/Ratios	1/8	5/32	3/16	1/4	5/16	3/8	1/2		5/8	11/16	3/4	13/16	27/32	7/8		
IV. Cents/Cents	1200	814	498	1200	814	498	1200		814	649	498	359	294	231		
	×3			×2												

wurde die kleine Terz verändert, indem man den zweiten Bund genau in der Mitte des ersten und dritten anbrachte; man erhielt 303 Cents. Zalzāl halbierte nun die Distanz zwischen dem zweiten und dritten Bund nochmals und erhielt so die neutrale Terz (355 Cents) in der ersten Oktave, den $^{3}/_{4}$-Ton (355 — 204 = 151 Cents) und die vertiefte Quinte (151 + 498 = 649 Cents) in der zweiten Oktave (cf. A. Ellis 1885: 493f.; 1922: 17). Vielleicht erklärt sich die erwähnte *P'ip'a*-Leiter auf ähnliche Weise. Die große Sexte fällt aus beiden Reihen heraus.

58 Das Vorkommen von Intervallen, die mechanischer Saitenteilung, also einem außermusikalischen Prinzip, ihre Entstehung verdanken, auf ostasiatischen Instrumenten scheint demnach außer Zweifel gestellt. Daß sie auch auf Stimmpfeifen übertragen werden, beweist, daß ihnen nicht nur eine nebensächliche Bedeutung, nicht nur eine gelegentliche Verwendung zukommt, sondern, daß der Versuch gemacht wurde, spekulativ gewonnene Intervalle in die Praxis einzuführen. Übrigens steht, nach Dennys, das *Chin* „an der Spitze des chinesischen Orchesters, nimmt also, nach ostasiatischen Begriffen, eine analoge Stellung ein, wie bei uns die Primgeige" (Ellis 1885: 520; 1922: 61; Dennys 1874).

59 Eine große Anzahl von Instrumenten, die wir noch außer den beschriebenen gemessen haben, konnte nicht in Betracht gezogen werden, da ihre Leitern weder untereinander noch mit den sonst gefundenen Tonreihen übereinstimmten. Namentlich die Flöten widersetzten sich hartnäckig allen Versuchen einer Zusammenfassung. Es wurden im ganzen 24 japanische und chinesischen Flöten verschiedener Konstruktion (*Ti-tzŭ*, *Shinobuye* usw.) untersucht. Die Art des Anblasens ist zwar von großem Einfluß auf die Tonhöhe. Um aber die hierdurch entstehenden Fehler zu vermeiden, haben wir uns gelegentlich der Mithilfe eines Berufsflötisten[16] bedient,

[16] Mitglied des Wiener Hofopernorchesters.

the minor third was changed by placing the fret exactly in the middle between the first and third, producing 303 cents. Zalzāl halved the distance between the second and third fret and thus obtained the neutral third (355 cents) in the first octave, the $^{3}/_{4}$ tone (355 — 204 = 151 cents) and the flattened fifth (151 + 498 = 649 cents) in the second octave (cf. A. Ellis 1885; 493f.; 1922: 17). Perhaps we can explain the above-mentioned *p'ip'a* scale in a similar manner. The major sixth is missing in both rows.

Thus there seems to be no doubt about 58
the existence on East Asiatic instruments of intervals made by a mechanical string division – an extra-musical principle. Add to this the fact of their transference to pitch pipes. This proves that they did not have merely peripheral importance and were not of merely incidental use, but that there have been efforts to put speculative intervals into practice. Besides, according to Dennys, the *chin* "heads the Chinese orchestra, and thus, by East Asiatic standards, has a function analogous to that of the concert master with us." (Ellis 1885: 520; 1922: 61; Dennys 1874.)

We must ignore a large number of 59
instruments which we measured in addition to those already discussed, because their tunings disagreed with each other and with those found elsewhere. The flutes in particular resisted any attempt at coordination. All told, we investigated 24 Japanese and Chinese flutes of different construction (*ti-tzŭ*, *shinobuye*, etc.) It is true that the manner of blowing affects the pitch. In order to avoid consequent errors, we occasionally engaged a professional flutist,[16] who concentrated on the even position of the lips on the blowing hole, etc. Since we were concerned with the sequence of intervals, not with the

[16] Member of the Viennese Hofopernorchester.

der der gleichmäßigen Stellung der Lippen zur Blasöffnung usw. die größte Aufmerksamkeit zuwandte. Da es sich nur um die Intervallenfolge, nicht um die absolute Tonhöhe handelte, mußten wir die auf den Instrumenten intendierten Tonreihen erhalten haben, falls nicht etwa die ostasiatischen Musiker die einzelnen Töne ungleichartig anzublasen pflegen. Die dennoch mangelnde Übereinstimmung erklärt sich wohl aus den Schwierigkeiten, mit denen der Flötenbauer zu kämpfen hat. Nicht nur Länge und Querschnitt des Rohres, sowie Größe und Distanz der Löcher müssen berücksichtigt werden: auch die Art der Bohrung ist von wesentlichem Einfluß. Fast bei allen ostasiatischen Flöten ist ein natürliches Bambusrohr ohne viel weitere Bearbeitung benutzt. Vielleicht wählt man einfach Rohre von gewisser Länge und bestimmter Anzahl und Distanz der Knoten und bohrt dann die Löcher ungefähr in die Mitte der Internodien. Es ist einleuchtend, daß bei dieser Art der Fabrikation höchstens eine gewisse Annäherung an eine intendierte Leiter erzielt werden könnte. Die Verwendung der Flöten im Zusammenspiel mit andern Instrumenten, die, nach verschiedenen Prinzipien gebaut oder gestimmt, verschiedene Tonreihen erzeugen, mag geeignet sein, das Chaos noch zu vergrößern, zumal in einem Lande, wo Theorie und Praxis meist nebeneinander hergehen, ohne sich wechselseitig zu bestimmen.

absolute pitch, we must have achieved the scales intended for the instrument, unless the Asiatic musician is accustomed to uneven blowing of the single tones. The lack of coincidence may be explained by the difficulties confronting the flute maker. He must consider not only the length and diameter of the tube, but also the size and spacing of the holes: the type of bore is also of decisive importance. Almost all East Asiatic flutes are made of a natural bamboo cane without much modification. Perhaps canes of a certain length are selected with a specific number and spacing of the nodes, and holes are bored approximately in the center, between the nodes. It is evident that in this manner of manufacture, no more than an approximation to the intended scale is possible. The chaos may be heightened by the use of flutes in ensemble with other instruments, constructed according to different principles and with different tunings, which produce different scales-especially in a country where theory and practice lead a parallel existence without influencing each other.

60 Ebenfalls als unbrauchbar erwiesen sich Zungenpfeifen: zwei japanische Stimmpfeifenreihen (*Shōshibuyes*), sowie mehrere chinesische *Shêngs* und japanische *Shōs*. Diese Mundorgeln bestehen aus einer Reihe von Zungenpfeifen, die in einen gemeinsamen Windkasten eingesetzt sind. Durch Herausziehen einzelner Pfeifen kann man sich überzeugen, daß die Stimmung durch kleine, auf die Metallzungen aufgeklebte Wachskügelchen reguliert wird. Verstimmungen durch Abfallen des Stimmwachses, sowie durch Rosten des Metalls sind bei

Free reed pipes proved equally useless: 60
two sets of Japanese tuning pipes (*chōshibuyes*), and several Chinese *shengs* and Japanese *shōs*. These mouth organs consist of a set of free-reed pipes, which are inserted in a common windchamber. By pulling out single pipes, one can see that the tuning is regulated by small wax balls glued onto the metal reeds. Unavoidably, instruments get out of tune because the wax comes off, or the metal "reeds" rust. We did not find a single undamaged specimen, and the few pipes that seemed trustworthy

Museumsinstrumenten unvermeidlich. Wir fanden kein einziges intaktes Exemplar, und die wenigen Pfeifen, die des Vertrauens wert schienen, ergaben Leitern, die jeden Erklärungsversuch ausschließen.

61 Bei zwei chinesischen Instrumenten endlich, einer Panpfeife, *Hsiao*, und einem Glockenspiel, *Yün-lo*, hat offenbar schon der Verfertiger auf eine genaue Abstimmung verzichtet. Vielleicht war das *Hsiao* zum Kinderspielzeug bestimmt; das *Yün-lo* wird vorzugsweise bei Leichenzügen als Lärminstrument benutzt.

C. Kritische Zusammenfassung.

62 Der Direktor des Musikinstitutes in Tokio, Herr Shuji Isawa, hat unter Mithilfe zweier europäischer Musiker[17] und durch Umfragen bei einheimischen Musikern die japanischen Gebrauchsleitern zu bestimmen versucht und die Resultate seiner Bemühungen in einem Bericht[18] niedergelegt. Dieser Bericht wurde 1885 zur „Invention Exhibition" nach London gesandt, begleitet von mehreren Reihen Stimmgabeln, original-japanischen Stimmpfeifen und Tabellen; Ellis prüfte dieses Material aufs sorgfältigste und veröffentlichte es (A. Ellis 1885: 1108–1111; 1922: 69–73) als „*the most authentic account of the intentional and practical Japanese scale, that we possess.*" Das Ergebnis ist, daß die von der Theorie verlangte und intendierte pythagoreische Stimmung in der Praxis durch eine Art Temperatur ersetzt wird, die dem Gehör des Spielers überlassen und daher notwendig unvollkommen bleibt. Ellis meinte, alles was den Japanern fehle, sei eine Serie genau temperiert gestimmter Gabeln, und sandte eine solche nach Tokio, die dem dortigen Musikinstitut künftig als Stan-

[17] Mr. L. W. Mason aus Boston und der deutsche Kapellmeister Eckert.

[18] *Report on the Result of the Investigations concerning Music undertaken by Order of the Department of Education, Tokio, Japan.* Vgl. S. Isawa (1884?).

produced scales beyond any chance of explanation.

Finally, the maker of a panpipe, *hsiao*, and of a bell chime, *yün-lo*, evidently gave up on exact intonation. Perhaps the *hsiao* was intended as a toy, the *yün-lo* served as noisemakers in funeral processions 61

C. Critical Summary

The director of the Music Institute in Tokyo, Mr. Shuji Isawa, tried to ascertain the Japanese gebrauchsleitern with the aid of two European musicians,[17] through the questioning of indigenous musicians; he published the results of his effort in a report.[18] In 1885 the report was sent to the Invention Exhibition in London, along with several sets of tuning forks, original Japanese pitchpipes, and tabulations. Ellis examined this material most carefully and published it (A. Ellis 1885: 1108–1111; 1922: 69–73) as "*the most authentic account of the intentional and practical Japanese scale, that we possess.*" The findings are that the Pythagorean tuning, which is demanded and intended by theory, is in practice replaced by a kind of tempering left to be decided upon by the ear of the performer and therefore of necessity imperfect. Ellis thought that all the Japanese needed was a series of exactly tempered tuning forks, and he sent some to Tokyo, to serve as a future standard for the local Music Institute. Unfortunately the reports do not explain how Mr. Isawa arrived at 62

[17] Mr. L. W. Mason from Boston and the German conductor Eckert.

[18] *Report on the Result of the Investigations concerning Music undertaken by Order of the Department of Education, Tokio, Japan.* See S. Isawa (1884?).

dard dienen sollte. Leider geht aus den Mitteilungen weder hervor, wie Herr Isawa zu seinen Stimmgabelreihen gelangte, noch warum er die pythagoreische Stimmung als intendiert betrachtet. Eine Aufklärung hierüber wäre in mehr als einer Hinsicht interessant. Die Stimmpfeifen schließen sich eng dem pythagoreischen *C*-Modus an (mittlere Abweichung: 3,2 Cents), während die Gabeln, die die 12 Stufen der japanischen chromatischen Leiter darstellen sollen, dem pythagoreischen *F*-Modus zu entsprechen scheinen (m.A. 10,3 Cents).[19]

63 Zwei weitere Gabelserien repräsentieren die Kotostimmung *Hira-jōshi* nach dem „alten und neuen Stil." Von diesen würde die erstere allenfalls dem pythagoreischen *F*-Modus (m.A. 9,1 Cents), die letztere dem *Cis*- (oder ebensogut dem *Dis*-, *Eis*-, *Gis*, *Ais*- oder *H*-)Modus (m.A. 4,0 Cents) nahekommen. Ellis identifiziert die neue *Hira-jōshi*-Stimmung tatsächlich mit einer derartigen Leiter. Mit der alten *Hira-jōshi*-Stimmung ist nach Ellis die reine Leiter intendiert (m.A. 5,7 Cents). (Die mittleren Abweichungen aller dieser Reihen untereinander findet man im 3. Abschnitt der Tabelle V zusammengestellt.)

64 Um diese Resultate kritisch betrachten und mit den unsrigen vergleichen zu können, scheint es angezeigt, sich erst die Abweichungen zu vergegenwärtigen, die zwischen der reinen, temperierten und den in Betracht kommenden pythagoreischen Leitern bestehen. (Vgl. Tabelle V, 1. Abschnitt.) Sämtliche Intervalle des pythagoreischen *C*-Modus sind von denen des *F*-Modus um ein Komma verschieden, während der *C*- und *G*-Modus sich bloß durch die Quarte unterscheiden (522, resp. 498 Cents), die wieder dem *G*- und *F*-Modus

[19] Wir bezeichnen der Einfachheit halber die gewöhnliche, durch den aufsteigenden Quintenzirkel erhaltene, pythagoreische Leiter als „*C*-Modus" und nennen dementsprechend die Leitern, die sich ergeben wenn man den Halbton, die Quarte, die Quinte usw. dieser Leiter zum Grundton wählt, „*Cis*-", „*F*-," „*G*-"Modus usw.

his tuning fork rows, nor why he considered the Pythagorean tuning as the intended tuning. In many respects an explanation would be interesting. The pitch pipes closely fit the Pythagorean C-mode (average deviations: 3.2 cents), while the forks, which are supposed to represent the 12 degrees of the Japanese chromatic scale, seem to correspond to the Pythagorean F-mode (average deviation 10.3 cents).[19]

Two further fork-series represent the 63
koto-tuning *hira-jōshi* according to the "old and new style." Of these two, the former would probably approximate the Pythagorean F-mode (average deviation 9.1 cents). Ellis actually identifies the new *hira-jōshi*-tuning with such a scale. According to Ellis, the old *hira-jōshi*-tuning implies the pure scale (average deviation 5.7 cents). (The average deviations of all these rows reciprocally are summarized in the third Section of Table V.)

In order to critically evaluate the results 64
and to compare them with ours, it seems appropriate to mention the differences between the pure tempered scale and the relevant Pythagorean scales (cf. Table V, Section I). All intervals of the Pythagorean C-mode differ from those of the F-mode by a comma, while the C- and G-modes differ only by a fourth (522, resp. 498 cents), which is common also to the G- and F-modes. The F-mode approximates the pure tuning considerably more than do the other two Pythagorean scales, even more

[19] For the sake of simplicity, we designate the common Pythagorean scale, arrived at by a rising cycle of fifths, as "C-Mode," and accordingly we call the scales that result from the choice of the semitone, fourth, fifth, etc., as base tone, the C♯-, F-, G-mode, etc.

Tabelle V. Mittlere Abweichungen der einzelnen Stimmungen (Cents) /
Table V. Mean Deviations of the individual tunings (cents)

	Rein/ Pure	Temperiert/ Tempered	Pythagoreisch/Pythagorean C	F	G
Rein/Pure	0	9,6	12,9	6,6	10,7
Temperiert/ Tempered (12 stufig/Pythagorean, 12 Step)	9,6	0	12,0	11,1	10,2
Pythagoreisch C / 12 stufig/Pythagorean C / 12 Step	12,9	12,0	0	24,0	2,0
„ F / „ F	6,6	11,1	24,0	0	21,3
„ G / „ G	10,7	10,2	2,0	21,3	0
P'ip'a	7,3	3,6	16,4	6,4	13,4
Gekkin	6,0	7,5	13,0	9,5	6,0
Gebrauchsleitern	5,6	7,6	12,4	12,5	10,1
Ellis	11,8	11,6	(3,2)	(10,3)	—
Gilman	6,2	5,0	11,4	9,0	7,4
Ritsu-Gabeln/Ritsu Forks	13,2	13,9	—	10,3	—
Stimmpfeifen/Tuning Pipes	13,2	13,9	3,2	—	—
Hira-jōshi alt/Hira-jōshi old	5,7	4,7	10,7	9,1	6,7 (Pythagor. C♯)
Hira-jōshi neu/Hira-jōshi new	11,5	8,0	19,5	10,0	4,0
Rein/Pure	0	7,5	7,0	17,0	1,0
Temperiert/ Tempered (5 stufig/Pythagorean, 5 Step)	7,5	0	13,5	10,5	8,5
Pythagoreisch C / 5 stufig/Pythagorean C / 5 Step	7,0	13,5	0	24,0	6,0
„ F / „ F	17,0	10,5	24,0	0	18,0
„ G / „ G	1,0	8,5	6,0	18,0	0

gemeinsam ist. Der reinen Stimmung nähert sich der *F*-Modus bedeutend mehr, als die beiden andern pythagoreischen Leitern, ja sogar mehr, als unsere Temperatur. Von der Temperatur entfernt sich die reine Stimmung am wenigsten, der *C*-Modus am meisten, doch sind die Unterschiede der einzelnen Abweichungen nicht bedeutend. Ist der pythagoreische *F*-Modus intendiert, so sind Abweichungen gegen die reine Stimmung leichter als gegen die temperierte. Vom *C*- (und *G*-)Modus ist die Möglichkeit einer Abweichung gegen reine und temperierte Stimmung ziemlich gleich, mit geringer Begünstigung der Temperatur. Alle diese Beziehungen gelten natürlich auch in entgegengesetzter Richtung. Was für den praktischen Musiker Abweichungsmöglichkeiten, das sind für den Hörer und Beobachter Verwechslungsmöglichkeiten.

65 Diese Verhältnisse ändern sich wesentlich, wenn wir statt der 12stufigen die 5-stufigen Leitern vergleichen (Grundton,

than our tempering does. The pure tuning is closest to our tempering, the C-mode is furthest from it, but the differences in deviation are insignificant. If the Pythagorean F-mode is intended, the deviations from the pure tuning are slighter than from the tempered scale. From the C- (and G-) mode, the possibilities for deviation from pure or from tempered tuning are fairly equal, though they slightly favor tempering. Of course these relationships are also valid if taken in the opposite direction. What present themselves as possibilities for deviation to the practical musician become hazards of confusion for the listener and observer.

These relationships change profoundly if instead of the 12-step scales we compare the 5-step scales (fundamental, semitone, 65

Halbton, Quarte, Quinte, kleine Sexte). Es ist dies notwendig, weil wir dadurch erst den richtigen Maßstab für die *Hira-jōshi*-Stimmungen erhalten (vgl. Tabelle V, Abschnitt 4). Aus dem vorhin Gesagten ergibt sich von selbst, daß auch in der 5stufigen Leiter die mittlere Abweichung des pythagoreischen *C*- und *F*-Modus gleich einem Komma sein muß; diejenige des *C*- und *G*-Modus muß entsprechend größer werden, als in der 12stufigen Leiter, da sich die Abweichung der Quarte auf eine geringere Anzahl von Gliedern verteilt; ebendarum fällt auch die Übereinstimmung der Quarte im *G*- und *F*-Modus mehr ins Gewicht und bedingt eine kleinere mittlere Abweichung. Quarte und Quinte des *G*-Modus sind rein, Sekunde und kleine Sexte nur um je 2 Cents von der reinen verschieden. Man kann daher geradezu sagen, daß in der Pentatonik der pythagoreische *G*-Modus mit der reinen Stimmung zusammenfällt. Der *F*-Modus entfernt sich am weitesten, der *C*-Modus und die Temperatur bedeutend weniger von der reinen Stimmung. Die Rangordnung der mittleren Abweichungen von der Temperatur bleibt dieselbe, wie bei der 12stufigen Leiter. Im allgemeinen erscheint das Verhältnis der Abweichungsmöglichkeiten von einer intendierten pythagoreischen Stimmung in der Richtung der reinen oder temperierten gerade umgekehrt, wie bei der 12stufigen Leiter.

66 Kehren wir nun zu den aus den Isawa-Ellisschen Tabellen berechneten Werten zurück.

67 Die sehr geringe Abweichung der *Ritsu*-Gabeln und Stimmpfeifen von der pythagoreischen Stimmung (*F*- beziehungsweise *C*-Modus) fällt eher zugunsten der reinen als der temperierten Stimmung aus. Da, wie wir gesehen haben, der *F*-Modus sich mehr der reinen, der *C*-Modus mehr der temperierten Stimmung zuneigt, so erscheint das Verhalten der *Ritsu*-Gabeln wohl erklärlich, das der Stimmpfeifen dagegen auffallend. Andrerseits werden wir

fourth, fifth, minor sixth). This is necessary in order to arrive at the correct standard for *hira-jōshi*-tuning (cf. Table V, Section IV). From what has been said previously, it follows that in the 5-step scale the average deviation from the Pythagorean C- and F-mode must equal a comma; the deviations of the C- and G-mode must be correspondingly larger than in the 12-step scale, since the deviation from the fourth extends to a smaller number of members; consequently the coincidence of the fourth in the G- and F-mode bears more weight and results in a smaller average deviation. The fourth and fifth of the G-mode are pure; the second and minor sixth differ from the pure tuning by only 2 Cents.

One could say that in pentatonic scales the Pythagorean G-mode coincides with pure tuning. The F-mode deviates most from pure tuning, the C-mode and tempered scale deviate much less. The order of the average deviations from the tempered scale remains the same as in the 12-step scale. In general, the relationship of the possibilities for deviation from an intended Pythagorean tuning toward a pure or tempered scale is reversed for the 12-step scale.

Let us return to the values calculated from the Isawa-Ellis tabulations. 66

The minute deviation of the *ritsu*-forks and pitchpipes from the Pythagorean tuning (F- resp. C-mode) tends towards the pure rather than the tempered tuning. Since we have noted that the F-mode approximates the pure tuning, the C-mode more the tempered tuning, the record of the *ritsu*-forks seems explicable, but the pitchpipe results seem strange. On the other hand, we should stress the greater coincidence with pure tuning less in the 67 der größeren Annäherung an die reine Stimmung bei den Gabeln weniger, bei den Pfeifen um so mehr Gewicht beizulegen haben.

case of the forks, more in the case of the pipes.

68 Für die ältere *Hira-jōshi*-Stimmung können wir ebensogut den pythagoreischen *G*-Modus wie die reine Leiter als intendiert annehmen. Es zeigt sich jedenfalls eine, wenn auch sehr geringe, Abweichung im Sinne der Temperatur. Der Hinneigung zur Temperatur, die die neuere *Hira-jōshi*-Stimmung zeigt, darf man nicht allzuviel Gewicht beilegen, mag man mit Ellis den *Cis*-Modus oder den *F*-Modus als intendiert betrachten. Beide lassen Abweichungen gegen die Temperatur bedeutend leichter zu als gegen die reine Stimmung. Für den *Cis*-Modus beträgt die mittlere Abweichung von der Temperatur 5,5 Cents, von der reinen Stimmung 11,0 Cents.

For the older *hira-jōshi*-tuning we can assume the Pythagorean G-mode just as well as the pure scale to be intended. There is in any case a tendency, although minimal, towards a tempered scale. The inclining towards a tempered scale, evident in the newer *hira-jōshi*-tuning, should not receive too much emphasis, whether we, like Ellis, consider the C♯-mode as intended, or whether we consider the F-mode as intended. Both admit deviation towards tempering far more easily than toward pure tuning. The C♯-mode deviates on the average 5.5 cents from tempering, 11.0 cents from pure tuning. 68

69 Es ergibt sich also im allgemeinen, daß man die Abweichungen der von Ellis untersuchten Leitern von der pythagoreischen Theorie nicht notwendigerweise als Annäherungen an die gleichschwebend temperierte Stimmung betrachten muß, sondern mindestens mit dem gleichen Rechte als Annäherungen an die reine Stimmung auffassen kann.

Thus it follows that, by and large, we need not regard the deviations from the Pythagorean theory in the scales investigated by Ellis as tendencies toward the tempered scale; we can just as well regard them as tendencies toward the pure tuning. 69

70 Dieses Resultat wird bestätigt durch die von uns gefundene Gebrauchsleiter (vgl. Tabelle V, Abschnitt 2). Wir bemerken hier den engsten Anschluß an die reine Stimmung, die Abweichung von der Temperatur ist etwas größer; dies Verhältnis erhält größeres Gewicht, wenn wir die pythagoreische Stimmung als intendiert ansehen, da der *G*-Modus, der hier in Betracht kommt, die Annäherung an die Temperatur erleichtern würde (in der 12-stufigen Leiter). Die Intervalle der *Gekkin*-Leiter (von den neutralen Terzen und Sexten abgesehen) zeigen dieselbe Rangordnung der mittleren Abweichungen, wie die der Gebrauchsleiter. Die größere Annäherung an die Temperatur, die wir bei den *P'ip'a*-Leitern finden, wird durch die gleichzeitige Annäherung an den pythago-

We find confirmation of these findings in the gebrauchsleiter that we discovered (cf. Table V, Section II). Here we notice the closest correspondence with the pure tuning and more deviation from the tempered tuning; this relationship is especially important if we assume that Pythagorean tuning was intended, since the G-mode here involved, would facilitate approximation to tempering (in the 12-step scale). The intervals of the *gekkin*-scale (except for the neutral thirds and sixths) display the same sequence of average deviations as the gebrauchsleiter. The greater approximation to tempering in the *p'ip'a*-scale is emphasized by approximation, at the same time, to the Pythagorean F-mode, since this mode would favor a deviation in the direction of the pure scale. Nevertheless, 70

Tabelle VI. Mittlere Reinheitsbreite / Table VI. Mean extent of purity

	Rein/ Pure	Temperiert/ Tempered	Pythagoreisch/Pythagorean		
			C	*F*	*G*
Halbton/Semitone	17,6	8,0	19,6	8,0	19,6
Ganzton/Whole Tone	13,3	13,3	13,3	23,0	13,3
Kleine Terz/Minor Third	12,5	14,1	13,1	18,1	13,1
Große Terz/Major Third	15,4	16,0	19,0	15,7	19,0
Quarte/Fourth	10,2	10,6	32,9	10,2	10,2
Triton/Tritone	9,3	12,9	18,0	9,7	18,0
Quinte/Fifth	11,1	11,8	11,1	28,4	11,1
Kleine Sexte/Minor Sixth	12,0	10,2	13,3	15,5	13,3
Große Sexte/Major Sixth	22,7	21,7	20,0	22,9	20,0
Kleine Septime/Minor Seventh	14,5	14,5	26,0	14,4	26,0
Große Septime/Major Seventh	11,7	4,7	10,3	13,7	10,3
Mittel/Average	13.0	13.5	18.1	18.1	15.1

reischen *F*-Modus noch besonders betont, da dieser eine Abweichung im Sinne der reinen Leiter begünstigen würde. Dennoch möchten wir dieser scheinbaren Bestätigung der Ellisschen Hypothese nicht allzu große Bedeutung beimessen, da ihr eine Reihe gewichtigerer Tatsachen entgegenstehen. Die Konstruktion des *Chin* vom Typus A, das Auftreten der reinen großen Terz in der *Chin*-Leiter des B-Typus[20] lassen keinen Zweifel darüber, daß reine Intervalle in der ostasiatischen Musik nicht nur zufällig vorkommen.

71 Wir haben vergleichsweise auch die mittleren Abweichungen der von B. I. Gilman (1892) veröffentlichten chinesischen Gebrauchsleitern berechnet. Auch hier verliert die Annäherung an die Temperatur, die um ein geringes größer ist, als die an die reine Stimmung, dadurch an Bedeutung, daß sie von dem möglicherweise intendierten pythagoreischen *G*-Modus begünstigt wird.

72 Wir haben bisher die Abweichungen der Mittelwerte (Tabelle II, Rubrik XIII; Tabelle III, Rubrik I und V) von den wahrscheinlich intendierten Leitern betrachtet. In den Mittelwerten erscheinen aber Abweichungen in entgegengesetzten Richtun-

we should not lay too much stress on this apparent confirmation of Ellis' hypothesis, because several important facts refute it. The construction of the *chin* of type A and the presence of the pure major third in the *chin* scale of type B[20] leave no doubt that pure intervals in East Asiastic music are not merely accidental.

For comparison we also calculated the average deviations in the Chinese gebrauchsleitern, published by B. I. Gilman (1892). The approximation to tempering, which slightly exceeded the approximation to pure tuning, loses importance because of the affinity to the Pythagorean G-mode which might have been intended. 71

To date we have been concerned with the deviations of average values from the scales that were probably intended (Table II, column XIII, Table III, columns I and V). In the average values, deviations seem to be compensated in opposite directions; 72

[20] Auch auf die große Sexte in der von Ellis gemessenen P'ip'a-Leiter sei hier nochmals hingewiesen.

[20] We again refer to the major sixth in the *p'ip'a* scale measured by Ellis.

gen kompensiert; die „mittleren Abweichungen" fallen daher verhältnismäßig klein aus. Um ein Maß für den Spielraum zu gewinnen, in welchem die Intonation in der Praxis sich bewegt, ist es notwendig, aus allen Abweichungen das Mittel zu nehmen.[21] Wir haben diese umständliche Berechnung der „mittleren Reinheitsbreite" für unsere Gebrauchsleiter, auf die es uns hauptsächlich ankommt, durchgeführt (Tabelle VI). Das bereits gewonnene Resultat erfährt hier seine Bestätigung: die reine Stimmung schließt sich der Gebrauchsleiter enger an als die temperierte; von den pythagoreischen Leitern kann nur der *G*-Modus als intendiert angesehen werden.

73 Betrachten wir die mittlere Reinheitsbreite der einzelnen Intervalle, die ein relatives Maß des Intervallbewußtseins darstellt, so ergibt sich folgendes: neben der Quarte und Quinte erfreut sich der Triton einer auffallend reinen Intonation.[22] Es erklärt sich dies wohl aus der Bevorzugung, die der übermäßige Quartschritt in der japanischen Melodik genießt. Für die kleine Terz und Sexte scheint sich ein Reinheitsgefühl herausgebildet zu haben, das für die große Terz und Sexte fehlt. Wir kommen auf diese merkwürdige Tatsache später noch zurück und konstatieren hier nur noch, daß der Halbton und seine Umkehrung, die große Septime, sich bemerkenswert der Temperatur nähern.

74 Fassen wir die Ergebnisse unserer Untersuchung nochmals zusammen, so finden wir die reine Stimmung als die wesentliche

[21] Auch hierbei muß stets das Gewicht berücksichtigt werden.

[22] Vielleicht läßt sich die Bevorzugung des Triton in der japanischen Musik damit in Zusammenhang bringen, daß das Intervall 5:7 der Verschmelzung nach zwischen den Konsonanzen und den Dissonanzen rangiert. (Vgl. C. Stumpf 1883–90 vol. 2: 177f; 1901b: 71f; 1898a: 5ff; A. Faist 1897; A. Meinong and St. Witasek 1897). Wir fanden den Triton 5:7 (583 Cents) auf der P'ip'a, die Septime 4:7 (969 Cents) auf Stimmpfeifen verkörpert. (Siehe Tabelle III und IV.)

hence the "average deviations" are comparatively small. In order to obtain a measurement of the leeway within intonation during performance, it is necessary to obtain the average of all deviations.[21] In Table VI we present this involved calculation of the "average extent of purity" in gebrauchsleitern, which are our chief concern. The results mentioned above find confirmation here: the pure tuning is closer to the gebrauchsleiter than the tempered scale; among the Pythagorean scales we can regard only the G-mode as intended.

If we contemplate the average extent of purity of single intervals, which represents a relative measure of interval awareness, then we come to the following conclusion: next to the fourth and fifth, the tritone exhibits a conspicuously pure intonation.[22] We may explain this by the preference shown for the augmented fourth in Japanese melodies. As for the minor third and sixth, a feeling toward purity seems to have developed, lacking in the case of the major third and sixth. We will return to this peculiar fact, only adding here at this stage that the semitone and its inversion, the major seventh, approximate tempering remarkably closely. 73

In summing up our findings once more in essence, we consider pure tuning the basis of today's Japanese music. Various 74

[21] Here we must also consider the weighting.

[22] Perhaps the preference for the tritone in Japanese music has its origin in the fact that the degree of fusion of the interval 5:7 ranks between consonance and dissonance. (See C. Stumpf 1883–90 vol. 2: 177f; 1901b: 71f; 1898a: 5ff; A. Faist 1897; A. Meinong and St. Witasek 1897). We noted the tritone 5:7 (583 cents) in the *p'ip'a*, the seventh 4:7 (969 cents) in tuning pitch pipes. (See Table III and IV.)

Grundlage der heutigen japanischen Musik. Einzelne Abweichungen, sowie die Verkörperung des Quintenzirkels auf japanischen Stimmpfeifen (Ellis) weisen auf die Möglichkeit hin, daß der pythagoreischen Theorie auch in Japan eine Bedeutung zukommt. Eine gelegentliche Hinneigung zur gleichschwebenden Temperatur ist unverkennbar. Der genaueren Untersuchung und Erklärung dieser Tatsachen ist das folgende Kapitel gewidmet. Auch die Einwirkung der neutralen und der durch mathematische Saitenteilung, also nach einem außermusikalischen Prinzip, gewonnenen Intervalle auf die praktische Musik werden wir noch in anderem Zusammenhange betrachten.

deviations and the realization of the cycle of fifths in Japanese pitchpipes (Ellis) also suggest the significance of the Pythagorean theory in Japan. There is an occasional and unmistakable tendency toward equal temperament. The following chapter is dedicated to the investigation and explanation of these facts. In another context we will consider the influence on practical music of the neutral intervals and the intervals derived from mathematical string-division, an extra-musical principle.

4. Musiktheorie

75 Die japanische Musik ist ein Ableger der viel älteren chinesisch-koreanischen. Nicht nur an den Instrumenten, auch im Tonsystem zeigen sich noch heute deutliche Symptome dieses Ursprungs. Ob dagegen die sehr kunstvolle Musiktheorie, die chinesische Gelehrte von alters her mit Vorliebe in den Kreis ihrer Spekulationen gezogen haben, jemals im Bewußtsein des japanischen Volkes lebendig war, müssen wir bezweifeln. Dennoch müssen wir mit einigen kurzen Bemerkungen auf die chinesische Theorie zurückgreifen, da sie uns den Schlüssel zum Verständnis mancher Eigentümlichkeiten des japanischen Tonsystems liefert. Die chinesischen Überlieferungen sind schon vielfach zum Gegenstand eingehender Studien gemacht worden (vgl. Amiot 1780; Dechevrens 1900–01; Gilman 1892; Wagener 1877a), und die Verwandtschaft des chinesischen Musiksystems mit demjenigen des Pythagoras ist durch so zahlreiche Analogien belegt, daß man kaum umhin kann, an einen ursächlichen Zusammenhang beider zu denken. Es mag dahingestellt bleiben, ob der

4. Music Theory

Japanese music is a branch of the much 75 older Chinese-Korean. This origin is evident even to this day, not only in the instruments but also in the tonsystem. We doubt that the Japanese people were ever conscious of the artful music theory which occupied Chinese scholars from earliest times, but we must nevertheless devote a few remarks to Chinese theory, because it is the key to some puzzling aspects of the Japanese tonsystem. There are many studies of the Chinese traditions (cf. Amiot 1780; Dechevrens 1900–01; Gilman 1892; Wagener 1877), and there are so many proofs of the analogies between the Chinese and Pythagorean musical systems that we cannot escape a hypothesis of original connections. It is a moot point whether the Greek scholar brought home a ready-made basis for his theory from his travels in Egypt and the Orient, or whether we must seek a common origin for both systems, perchance in India or Babylonia (cf. Winkler 1902: 45). At any rate, it is safe to assume the common derivation of modern Europe's harmonized music and the unharmonized griechische Gelehrte von seinen Reisen nach Ägypten und dem Orient die Grundlage seiner Theorie als fertiges Geschenk in die Heimat zurückbrachte, oder ob wir für beide Systeme eine ältere gemeinschaftliche Wurzel, etwa in Indien oder Babylon (vgl. Winckler 1902: 45) zu suchen haben. Wir werden jedenfalls kaum fehlgehen, wenn wir die harmonische Musik des heutigen Europa und die harmonielose der modernen Japaner als späte Blüten eines Baumes ansehen.

76 Ein Hauptproblem der Theoretiker von alters her war die Frage: Wie entsteht eine Leiter? Die altchinesischen Philosophen wie die Pythagoreer haben denselben Weg zu ihrer Lösung betreten. Jene gründeten ihre Theorie auf die Länge von tönenden Pfeifen, diese auf die Länge von schwingenden Saiten und konstruierten nach der abnehmenden geometrischen Progression:

$$1,\ \tfrac{2}{3}(\tfrac{2}{3})^2,\ (\tfrac{2}{3})^3 \text{ usw.}$$

den bekannten „Quintenzirkel.“ Schreitet man, von einem gegebenen Anfangston aus, in Quinten aufwärts, indem man die entstehenden Töne, wo nötig, durch Oktaventransposition in den Umfang einer Oktave verlegt,[23] so gelangt man nach fünf Fortschreitungen zu einer 5stufigen, anhemitonischen (halbtonlosen) Leiter von der Form: *f g a c d f'*; sieben Fortschreitungen führen zu einer diatonischen Leiter von der Form: *f g a h c d e f'*; zwölf Fortschreitungen zu einer chromatischen Leiter von der Form: *f fis g gis a ais h c cis d dis e f'*. Nun bewegt sich die chinesische Musik vorzugsweise in der Anhemitonik, während die beiden Töne, die die 5stufige zur 7-stufigen Leiter ergänzen, die sog. *Piens*, nur in einer geringen Anzahl von Stücken, und in diesen seltener als die übrigen Stufen, vorkommen (vgl. Gilman 1892: 62). Die 12stufige Leiter, das System der sog.

[23] Abwechselnde aufsteigende Quinten und absteigende Quarten führen zu der gleichen Leiter.

music of modern Japan; they are late fruits from the same tree.

Theoreticians have always puzzled over the question: How does a scale evolve? Both the ancient Chinese philosophers and the Pythagoreans sought the same means of solution. The former based their theory on the lengths of reverberating pipes, the latter on the lengths of vibrating strings, and they arrived at the diminishing geometric progression, the well known *cycle of fifths:* 76

$$1,\ \tfrac{2}{3}(\tfrac{2}{3})^2,\ (\tfrac{2}{3})^3 \text{ etc.}$$

If we ascend from a specific initial tone by fifths, the resulting tones of which we transpose to fit into the compass of an octave when necessary,[23] we arrive by five strides at a 5-step anhemitonic (without semitones) scale in the form: FGACDF'; seven strides lead to a diatonic scale in the form: FGABC'D'E'F'; twelve strides to a chromatic scale in the form: FF♯ GG♯ AA♯ B CC♯ DD♯ E F'. Now, Chinese music prefers the anhemitonic tonality while the two tones, which complete the 5-step and 7-step scale, the so-called *piens*, occur in only a few pieces, and even then they occur less frequently than the other steps (cf. Gilman 1892: 62). The 12-step scale, the system of the so-called *lüs*, occurs in isolated instruments – particularly the ancient bell chimes *ch'ing* and *chung*, and their modern forms, *pien-ch'ing* and *pien-*

[23] Alternately ascending fifths and descending fourths produce the same scale.

Lüs, findet sich zwar auch auf einzelnen Instrumenten verkörpert (namentlich auf den alten Glockenspielen *Ch'ing* und *Chung*, ihren modernen Formen *Pien-Ch'ing* und *Pien-Chung* (vgl. Engel 1875: 39ff.), sowie dem zitherartigen *Cheh*), dient aber nur zur Modulation bzw. Transposition in eine andere Tonlage. Der Quintenzirkel erwies sich also zur Erklärung aller in der praktischen Musik verwendeten Leitern brauchbar.

77 Da man sich als älteste, ursprüngliche Tonquellen Pfeifenrohre dachte (vgl. Amiot 1780: 1), so genügte es, die Länge eines Rohres ein für allemal zu normieren, um von diesem (*Huang-chung*) ausgehend alle musikalischen Töne zu erhalten. Der Quintenzirkel wahrt dadurch das Generationsprinzip nicht nur der relativen, sondern auch der absoluten Tonstufen. Genau nach der Erzeugung der zwölf *Lü* hat sich das Generationsprinzip erschöpft: Das Ende kehrt, da die Oktave mit dem Grundton identifiziert wird (vgl. Gilman 1892: 58; van Aalst 1884: 18), zum Anfang in sich selbst zurück, der Kreis ist geschlossen.

78 Was die Bedeutung dieser Theorie nach chinesischer Anschauung noch besonders steigern mußte, ist der Zusammenhang mit der in astronomischen Spekulationen wurzelnden Zahlenmystik. Die Fünf-, Sieben- und Zwölfzahl, die hier eine so große Rolle spielen (vgl. auch Winckler 1902: 21ff.), stehen auch im Tonsystem an hervorragender Stelle. Die drei ersten Zahlen der natürlichen Zahlenreihe werden im Quintenzirkel (1, $\frac{2}{3}$ usw.) zum Ursprung der ganzen Progression.

79 So viel wunderbare und bedeutsame Tatsachen konnten dem Bewußtsein spekulativer Mystiker unmöglich als eine Summe von Zufällen erscheinen, und es ist psychologisch wohl begreiflich, daß man bei der primitiven Technik des Instrumentenbaus, bei nicht übermäßig reiner Intonation und bei völligem Mangel akustisch-physikalischer Messungsmethoden sich ganz der Freude hingab, ein schwieriges

chung (cf. Engel 1875: 39ff.), and the zither-like *cheh*, – but it serves only for modulation, i.e., transposition to another level. Thus the cycle of fifths proved its usefulness for the explanation of all scales employed in practical music.

Since tubes were thought to be the aboriginal tone-sources (cf. Amiot 1780: 1), it was sufficient to standardize once and for all the length of a tube, and to make it the starting point (*huang-chung*). The cycle of fifths thereby observes the generating principle of not only the relative but also the absolute pitches. At the point at which the twelfth *lü* is generated, the principle of generation is exhausted: since the octave is identified with its fundamental (cf. Gilman 1892: 58; van Aalst 1884: 18), the end reverts to the beginning and the circle closes. 77

The significance of this theory to the Chinese was enhanced by its connection with numerical mysticism, rooted in astronomical speculations. The mystically prominent numbers five, seven, and twelve are also outstanding in the tonsystem. The first three numbers of the natural numerical row become the origin of the cycle of fifths (1, $\frac{2}{3}$ etc.). 78

To the speculative mystical mind so many wonderful and meaningful facts could not possibly have appeared merely as a sum of accidents: psychologically, it seems comprehensible, in view of the primitive construction of instruments, of a rather insecure intonation, and in the absence of acoustical-physical methods for measuring, that one rejoiced in having solved a difficult problem in a most satis- 79

Problem in überaus befriedigender Weise gelöst, die musikalischen Tatsachen durch geläufige Vorstellungen erklärt und dem allgemeinen Weltbilde organisch eingegliedert zu haben – es ist begreiflich, daß man dabei die Tatsachen übersah, die der Theorie widersprechen.

80 So blieb das kleine Intervall unbemerkt, um das der zwölfte, durch den Quintenzirkel gewonnene Ton den Umfang der Oktave überschreitet (pythagoreisches Komma, 524288:531441, 24 Cents). Während Quinte, Quarte, kleine Terz und kleine Sexte dieses Systems durch die Übereinstimmung mit den entsprechenden reinen Intervallen (bzw. große Annäherung an diese) dem Konsonanzgefühl genügen, vermögen die große Terz und die große Sexte es so wenig zu befriedigen, daß, wo immer die pythagoreische Theorie über die Praxis zur Herrschaft gelangte, eine Reaktion entstand, die nach einer passenden Korrektur dieser Intervalle verlangte.[24] Keinesfalls kann aber auf diesem Wege der Ursprung einer Leiter erklärt werden: wir werden im Gegenteil erst wieder nach dem Ursprung des Prinzips des Quintenzirkels zu fragen haben. Wollen wir uns nicht begnügen, ihn einfach auf mathematische Spekulation zurückzuführen, so ist vielleicht die Vermutung gestattet, daß das Fortschreiten in Quinten zunächst als praktische Technik beim Stimmen von Saiten- und Holzschlaginstrumenten, wie sie bei primitiven Völkern sehr verbreitet sind,[25] Anwendung fand. Die Annahme, daß der auf Pfeifen durch „Überblasen" erzeugte zweite Oberton, die Duodezime, Quintenfortschreitungen nahegelegt habe, scheint überaus gezwungen; zudem würde sie nur die Geburt der Quinte, nicht aber ihre eigentümliche Ver-

[24] So schon im Altertum Aristoxenus (F. Bellermann 1847:20) und in der Renaissance B. Ramis de Pareia (1901).

[25] Z. B. das *Ranāt* der Siamesen und die fast in jedem afrikanischen Negerdorf zu findende *Marimba* (vgl. Ankermann 1901). – Auch die Japaner besitzen eine Art Xylophon, das *Mokkin*.

factory manner, by having explained musical facts in terms of current concepts and having incorporated them organically into a general vision of the cosmos. It is comprehensible that, in the process, one overlooked the facts that contradicted the theory.

Thus the small interval by which the twelfth step in the cycle of fifths exceeds the range of the octave (Pythagorean comma, 524288:531441) remained unobserved. While the fifth, fourth, minor third and minor sixth of this system satisfy the sense of consonance by their agreement with the corresponding pure intervals (or approximation to these), the major third and major sixth fail to satisfy this sense to such an extent that wherever Pythagorean theory came to dominate over practice, a reaction set in demanding a fitting correction of these intervals.[24] However, we can by no means explain the origin of a scale in this manner: on the contrary, we must inquire first into the origin of the principle of the cycle of fifths itself. Unless we are satisfied to reduce it simply to mathematical speculation, we might infer that the progression of fifths was applied as a practical technique in the tuning of string and wooden percussion instruments, so common among primitive peoples.[25] To assume that the second overtone, the twelfth, produced by "overblowing" on pipes, could have led to the cycle of fifths seems a forced conclusion; in any case such an assumption might explain the birth of the fifth but not its peculiar formal function in the cycle. It is much more likely that in the desire to fill the octave with intermediate intervals, a sense of consonance may have been the guide towards the consonance next to the octave in importance, 80

[24] As in the case of Aristoxenus in ancient times (F. Bellermann 1847:20) and B. Ramis de Pareia (1901) in the Renaissance.

[25] For example, the Siamese *rānat* and the *marimba*, found in almost every African village (see Ankermann 1901). The Japanese also have a kind of xylophone, the *mokkin*.

wendung im Zirkel erklären können. Viel wahrscheinlicher ist es, daß man bei dem Wunsch, die Oktave durch Zwischenstufen auszufüllen, zunächst durch das Konsonanzgefühl auf die nächst niedrige Verschmelzungsstufe, die Quinte geführt wurde (vgl. Stumpf 1898b: 61ff.). Diese, von den beiden durch die Oktave gegebenen Eckpunkten aus nach innen genommen, ergab ein sehr verwendbares Leiternskelett (*c f g c′*), nämlich zwei durch einen Ganzton getrennte Quarten,[26] und es erübrigte, sie, wohl nach dem Distanzgefühl,[27] durch noch kleinere Stufen auszufüllen. Vielleicht benutzte man dazu eben den Ganzton, der sich in der geschilderten Konstruktion von selbst darbot. Indem man ihn vom Grundton und von der Quinte aus auftrug, erhielt man die *Ritsu-sen*-Leiter *c d f g a c′*. Sie besteht aus zwei getrennten gleich gebauten Tetrachorden.

81 Die Halbtonschritte, die im chinesischen Tetrachord vermieden sind, finden sich in der japanischen Musik besonders häufig. Wie bereits an früherer Stelle erwähnt, ist es dem *Koto*spieler möglich, durch einen Druck auf die Saite unterhalb des Steges ihre Spannung und damit die Tonhöhe zu erhöhen. Es ist sehr wahrscheinlich, daß man aus Bequemlichkeitsrücksichten bestrebt war, möglichst viele der in einem Musikstück vorkommenden Töne schon von vornherein durch Stimmen auf den 13 Saiten des *Koto* herzustellen, um der Technik des Saitendrucks nur gelegentlich vorkommende Zwischentöne zu überlassen. Wir wollen die verschiedenen *Koto*-Stimmungen im Lichte dieser Hypothese betrachten.

82 Die japanische Leiter ist, analog der

[26] Diese unausgefüllten Tetrachorde entsprechen der ältesten griechischen Lyra-Stimmung (vgl. Helmholtz 1877: 422) und sind auch für die chinesische P'ip'a und die japanische Biwa gebräuchlich.

[27] Ein gebildeter, musikkundiger Japaner, den Ellis befragte, versicherte, die Japaner stimmen die Halbtöne auf dem Koto *„not by consonance but by a certain melodical intuition"* (Ellis, 1885: 522; 1922: 65).

i.e. the fifth (cf. Stumpf 1898b: 61ff.). By working inward from the end points of the octave, a useful scale skeleton (CFGC′) was produced, namely, two fourths separated by a whole tone,[26] and it only remained to fill the skeleton with more and smaller intervals, probably in response to the sense of distance.[27] Perhaps one could use the whole tone, which arose from the construction just described, in this procedure. Its addition to the fundamental and the fifth gave rise to the *ritsu-sen*-scale CDFGAC′. This consists of two separate but analogous tetrachords.

The semitones, avoided in the Chinese tetrachord, frequently occur in Japanese music. As already mentioned, the *koto*-player can raise the tension and thereby the pitch by a pressure on the string below the bridge. For convenience, he probably attempted to provide most of the tones required in a piece of music by his tuning of the 13 strings, leaving the string pressure technique for the creation of occasional intermediate pitches. We will examine the *koto*-tunings in the light of this hypothesis. 81

The Japanese scale, analogous to the 82

[26] These incomplete tetrachords correspond to the oldest Greek lyra tuning (see Helmholtz 1877: 422) and they are also customary for the Chinese *p'ip'a* and the Japanese *biwa*.

[27] An educated, musically informed Japanese answered a query from Ellis by stating that the Japanese tune semitones on the *koto* "not by consonance but by a certain melodical intuition" (Ellis 1885: 522; 1922: 65).

chinesischen, aus zwei gleichen unverbundenen Tetrachorden aufgebaut. Jedoch erscheinen die Quarten nicht, wie bei jener, durch Ganztöne und kleine Terzen, sondern durch Halbtöne und große Terzen ausgefüllt. Wir haben somit eine Leiter von der Form: *c des f g as c'*. Durch Saitendruck kann man leicht von dieser Tonfolge zur anhemitonischen übergehen. Diese in der japanischen Musik sehr gebräuchliche Modulation ist in anderen *Koto*-Stimmungen schon dadurch vorgesehen, daß in ihnen die beiden Formen des Tetrachords vereinigt erscheinen: wir erhalten so z.B. eine Leiter von der Form *c d f g as c'*. Aus diesen drei Hauptformen der *Koto*-Leitern lassen sich eine Reihe anderer nach demselben Prinzip ableiten, das man im griechischen Altertum und im kirchlichen Mittelalter befolgte, um von der ursprünglichen diatonischen Leiter zu den sog. Oktavengattungen zu gelangen: indem wir statt des ersten den zweiten oder vierten Ton der *Koto*-Leitern zum Grundton wählen, können wir die Intervallenfolge innerhalb der Oktave verändern. (Wir schreiben diesmal die Leitern in etwas veränderter Form, indem wir die dritte Stufe der oben mitgeteilten Tonfolgen zum Ausgangspunkt machen und mit der gebräuchlichen absoluten Tonhöhe in Übereinstimmung bringen.) Wir erhalten so für die häufigsten folgendes Schema:

Chinese, is constructed from two equal, disjunct tetrachords. But, unlike the Chinese, the fourths are not filled with whole tones and minor thirds, but with semitones and major thirds. This gives us a scale with the form: CD♭ F G A♭ C'. String pressure can easily convert this tonal sequence into an anhemitonic scale. This modulation, common in Japanese music, is facilitated in other *koto*-tunings by combining the two forms of the tetrachord: for instance, this produces a scale of the form C D F G A♭ C'. From these three main types of *koto* scale it is possible to derive a further series by means of the principle followed in Greek antiquity and the ecclesiastical Middle Ages for obtaining the so-called "Oktavengattungen" from the original diatonic scale: by selecting the second or fourth tone of the *koto* scale as starting point instead of the first, we can change the order of intervals within the octave. (This time we write the scales in a somewhat different form, by beginning with the third step [i.e., the fourth pitch] of the above mentioned sequences and by identifying this step with the customary absolute pitch). Thus we arrive at the following scheme for the most frequent *koto* tunings:

Chines. Stimmungen/ Tunings	Ryo-sen	*g*	1	*a*	1	*h*/B	$1\frac{1}{2}$	*d*	1	*e*	$1\frac{1}{2}$	*g*						
	Ritsu-sen							*d*	1	*e*	$1\frac{1}{2}$	*g*	1	*a*	1	*h*/B	$1\frac{1}{2}$	*d*
Japanische Haupt-Stimmungen/ Main tunings	Hira-jōshi	*g*	1	*a*	$\frac{1}{2}$	*b*/B♭	2	*d*	$\frac{1}{2}$	*e*♭	2	*g*						
	Iwato			*a*	$\frac{1}{2}$	*b*/B♭	2	*d*	$\frac{1}{2}$	*e*♭	2	*g*	1	*a*				
	Kumoi							*d*	$\frac{1}{2}$	*e*♭	2	*g*	1	*a*	$\frac{1}{2}$	*b*/B♭	2	*d*
Misch-Stimmungen/ Mixed tunings	Akebono	*g*	1	*a*	$\frac{1}{2}$	*b*/B♭	2	*d*	1	*e*	$1\frac{1}{2}$	*g*						
	Han-Iwato			*a*	$\frac{1}{2}$	*b*/B♭	2	*d*	1	*e*	$1\frac{1}{2}$	*g*	1	*a*				
	Han-Kumoi							*d*	1	*e*	$1\frac{1}{2}$	*g*	1	*a*	$\frac{1}{2}$	*b*/B♭	2	*d*

Wir haben diese Darstellungsweise benutzt, um den Zusammenhang der einzelnen Stimmungen deutlich zu machen. (Die drei Gruppen unterscheiden sich durch die in ihnen vorkommenden Intervalle, während innerhalb jeder Gruppe nur ein Wechsel der Intervallenfolge statthat).[28] Wir geben nun in beifolgender Tafel die Kotostimmungen in ihrer vollständigen 13-stufigen Gestalt, wie sie tatsächlich auf dem Instrument hergestellt werden. Die ersten beiden Saiten behalten in allen Stimmungen ihre relative und absolute Tonhöhe bei, auch wenn diese Töne in der übrigen Leiter nicht vorkommen (so *d* in Stimmung 4, *g* in 11). Diese eigentümliche Konstanz, welche die Anschaulichkeit des Leiternbildes oft trübt, hat in der englischen Literatur eine ausgedehnte theoretische Diskussion heraufbeschworen (vgl. Ellis 1885; 1922; Piggott 1891; Knott 1891; DuBois 1891), auf die wir jedoch nicht näher eingehen wollen, da sie nichts wesentlich Neues für die hier zu erörternden Fragen beibringen dürfte. Wir beschränken uns darauf, nochmals zu erinnern, daß wir es hier mit Instrumentalleitern zu tun haben, aus denen allein sich die Probleme der Tonalität und Modulation

We used this device in order to demonstrate the relationship between the various tunings. (The three groups are distinguished by their constituent intervals, while within each group there is merely a change of interval succession.)[28] In the following Table we present the *koto*-tunings in their complete 13-step form, in which they are actually realized on the instrument. The first two strings retain their relative and absolute pitch in all tunings, even if these tones do not occur in the rest of the scale (thus D in tuning 4, G in 11). This strange constancy, which often obscures the scale's character, has given rise to an extensive, theoretical discussion in the English literature (cf. Ellis 1885; 1922; Piggott 1891; Knott 1891; DuBois 1891). We will not go into this, because it brings nothing new to the present problems. Our concern is with instrumental scales, which by themselves cannot explain problems of tonality or modulation. We cannot ascribe, either to the first, the second, or to any other string, the function of the tonic, and we select the base tones ourselves to facilitate comparison between the various tunings

[28] Man findet sämtliche (5 stufigen) Stimmungen in den (7stufigen) griechischen und den Kirchentonleitern wieder, und zwar entsprechen sich:

[28] All (5-step) tunings recur in the Greek (7-step) tunings and the ecclesiastical scales, with the correspondence:

Altgriechische Leitern/ Old Greek Scales	Kirchentöne/Church Modes: nach Glarean/ after Glarean	Kirchentöne/Church Modes: nach Helmholtz/ after Helmholtz	Kotostimmungen/ Koto Tunings
Lydisch/ Lydian	Jonisch/ Ionian	Dur-Geschlecht/ Major Mode	Ritsu-sen, Ryō-sen
Jonisch/ Ionian	Mixolydisch/ Mixolydian	Quarten-Geschlecht/ Mode of the Fourth	Ritsu-sen, Ryō-sen
Phrygisch/ Phrygian	Dorisch/ Dorian	Septimen-Geschlecht/ Mode of the Seventh	Akebono
Äolisch/ Aeolian	Äolisch/ Aeolian	Terzen-Geschlecht (Moll) Mode of the Minor Third	Hira-jōshi, Han-Kumoi
Dorisch/ Dorian	Phrygisch/ Phrygian	Sexten-Geschlecht/ Mode of the Sixth	Kumoi, Han-Iwato
Myxolydisch/ Mixolydian	—/ —	Sekunden-Geschlecht/ Mode of the Second	Iwato
Syntonolydisch/ Syntonolydian	Lydisch/ Lydian	Quinten-Geschlecht/ Mode of the Fifth	Ritsu-sen, Ryō-sen

nicht erklären lassen. Wir können weder der ersten, noch der zweiten, noch sonst einer Saite ohne weiteres die Funktionen einer Tonika zuschreiben, und wählen die Grundtöne so, daß die einzelnen Stimmungen vergleichbar und die Beziehungen ihrer Struktur anschaulich werden.[29]

83 Zu den bereits besprochenen acht Stimmungen kommen noch einige Varianten hinzu. Wie die Oktaven der 3. Gruppe durch die Vereinigung von zwei verschiedenen Tetrachorden, so sind die Leitern *Kata-Kumoi* und *Kata-Iwato* durch zwei aneinandergereihte, verschiedene Hauptstimmungen verkörpernde Oktaven gebildet, und zwar erscheint *Kata-Kumoi* (9) als Verbindung von *Hira-jōshi* (3) mit *Kumoi* (5), *Kata-Iwato* (10) als Verbindung von *Iwato* (4) mit *Kumoi* (5). Die 11. Stimmung können wir als um eine Quinte nach oben transponiertes *Hira-jōshi* auffassen.[30] Solche Transpositionen auf die Dominante oder Subdominante, die unseren Modulationen von einer „Tonart" in die andere entsprechen, kommen in der japanischen Musik auch innerhalb eines Musikstückes häufig vor. Sie beweisen

and to make the relationships of their structure intelligible.[29]

There are several variants to the eight tunings already discussed to be added. Analogous to the formation of the octaves of the third group by the connection of two different tetrachords, the scales *kata-kumoi* and *kata-iwato* are formed by two adjacent octaves, representing different main tunings; specifically, *kata-kumoi* (9) has the appearance of a combination of *hira-jōshi* (3) with *kumoi* (5), *kata-iwato* (10) that of a combination of *iwato* (4) with *kumoi* (5). We can regard the eleventh tuning as a *hira-jōshi* transposed upwards by a fifth.[30] Such transpositions to the dominant or subdominant, which correspond to our modulation from one key to another, occur in Japanese music, often even within a piece. On the one hand they prove that the Japanese do not lack a sense for tonality nor for sound relationships; on the 83

Koto-Stimmungen/Koto Tunings

[29] [Anmerkung 1920]: In den Leitern 1., 3., 5. und 6. ist die Tonika nach Angabe eines japanischen Herrn mit T bezeichnet.

[30] Piggott beschreibt diese Stimmung merkwürdigerweise als „Akebono."

[29] [Comment 1920]: In the scales 1, 3, 5 and 6 the tonic is marked T according to the advice of a Japanese gentleman.

[30] Strange to say, Piggott describes this tuning as *akebono*.

4. Iwato

5. Kumoi

6. Akebono

7. Han-Iwato

8. Han-Kumoi

9. Kata-Kumoi

10. Kata-Iwato

11. Akebono (?) II

12. Hirajoshi (?) II

13. Hirajoshi, Kin Yu

14. Kumoi (?) II

15. Sakura (Kin ku)

16. Hirajoshi (Licenz)

einerseits, daß dem Japaner weder das Gefühl für Tonalität, noch für Klangverwandschaft abgeht; andrerseits machen sie das Bedürfnis nach einer Temperatur der reinen Leiter erklärlich, das sich auch in nichtharmonischer Musik einstellen muß, wo solche Modulationen gebräuchlich sind.

84 Die 12. Stimmung zeigt uns gewissermaßen die Umkehrung der in *Akebono* (und den anderen Stimmungen der 3. Gruppe) festgestellten Tetrachordfolge: das halbtonfreie (chinesische) hat mit dem (japanischen) Halbtontetrachord die Stellung vertauscht. Diese Stimmung wird (nach Piggott) gelegentlich angewendet, wenn ein Musikstück gerade diese Tonfolgen häufig verlangt, und dann im Laufe des Stückes durch Erniedrigung der 4. und 9. Saite (*h* zu *b*)[31] in gewöhnliches *Hira-jōshi* verwandelt. In analoger Weise soll *Akebono* (8) durch Vertiefung der 6. und 11. Saite zu *Hira-jōshi* umgestimmt werden.

85 Die übrigen Varianten (13.–15.) unterscheiden sich von den normalen Stimmungen nur durch Erhöhung der letzten Töne, wie sich auch in gewöhnlichen *Iwato* und *Han-Iwato* üblich sind.[32] Sie dürften, wie alle Eigentümlichkeiten der *Koto*-Stimmungen, durch melodische Bedürfnisse zu erklären sein. Auch die Tendenz, den Tonumfang des Instruments zu erweitern, mag ihnen zugrunde liegen. Diese zeigt sich besonders deutlich in der Vertiefung der 1. Saite um eine Oktave (16.), zu der nur gewisse vorgeschrittene Spieler berechtigt sind (vgl. S. 58).

86 Sämtliche *Koto*-Stimmungen weisen, da sie sich aus unvollständigen Tetrachorden aufbauen, nur fünf Stufen innerhalb einer Oktave auf. Die japanische Musik bewegt sich aber ebensowenig wie die chinesische

[31] Durch Verschiebung der entsprechenden Stege.

[32] Die alterierten Stufen sind in der Notentafel durch × bezeichnet.

other hand they explain the tendency towards tempering of the pure scale that is bound to appear in non-harmonic music, too, in view of the use of such modulations.

The twelfth tuning seems to demonstrate the inversion of the tetrachord sequence found in *akebono* (and the other tunings of the third group): the tetrachord without semitones (Chinese) has changed places with the (Japanese) semitone tetrachord. This tuning sometimes occurs (according to Piggott) when a piece has frequent need of this tone sequence, and then changes into an ordinary *hira-jōshi* during the piece by lowering the fourth and ninth strings (B to B flat).[31] Similarly, *akebono* (8) should be transformed into *hira-jōshi* by lowering the sixth and eleventh strings. 84

The remaining variants (13–15) differ from the normal tunings only by the raising of the last tones, just as is customary in the ordinary *iwato* and *han-iwato*.[32] Perhaps they can be explained by melodic demands, as can all of the pecularities of the *koto*-tunings. The tendency to expand the range of the instrument may be an additional cause of this. This tendency is clearly noticeable in the lowering of the first string by an octave (16), a procedure permissible only to advanced performers (cf. p. 58). 85

All *koto*-tunings display only five steps within an octave, since they are made up of incomplete tetrachords. But Japanese music is not restricted to pentatonic scales any more than is Chinese music.[33] The 86

[31] By moving the corresponding bridges.

[32] The altered intervals are marked × in the table of *koto* tunings.

ausschließlich in der Pentatonik.[33] Die *Koto*-Leitern enthalten nur die in einem Musikstück am häufigsten vorkommenden Stufen, und es bleibt dem Spieler überlassen, die Lücken durch Saitendruck auszufüllen. Ein Blick auf die beigefügte Notentafel zeigt uns, wie man mit Hilfe dieser Technik leicht von einer Stimmung in die andere übergehen kann. Erhöhung der 6. (und 11.) Saite führt von *Hira-jōshi* zu *Akebono;* wird auch noch die 4. (und 9.) Saite erhöht, so erhält man *Ryo-sen*. In analoger Weise sind Übergänge von *Iwato* nach *Han-Iwato*, von *Kumoi* nach *Han-Kumoi* oder *Ritsu-sen* möglich usf..[34] Wird schon hierdurch die Fünfstufigkeit aufgegeben und die Anzahl der Töne und Intervalle innerhalb eines Musikstückes vermehrt, so ist es weiter auch möglich, zu diatonischen Leitern zu gelangen, da sich die Tonhöhe durch Saitendruck nicht nur um einen halben, sondern auch um einen ganzen Ton hinauftreiben läßt.

koto scales contain only the intervals predominating in a piece of music, and the performer is free to fill the gaps through pressure on the strings. A glance at the above notation table on *koto*-tunings demonstrates how this technique can facilitate transition from one tuning to another. A raising of the sixth (and eleventh) strings leads from *hira-jōshi* to *akebono;* additional raising of the fourth (and ninth) strings results in *ryo-sen*. Similarly we can accomplish transitions from *iwato* to *han-iwato*, from *kumoi* to *han-kumoi* or *ritsu-sen*.[34] If one thereby abandons the five-step pattern and increases the number of tones and intervals within a piece, it is possible to arrive at diatonic scales, since one can, by pressure, raise the pitch not only by a semitone but also by a whole tone.

87 Die Analyse einer großen Anzahl von andern Autoren mitgeteilter Melodien, sowie unserer eigenen Phonogramme ergab, daß diese Erhöhungen nur innerhalb der Lücken der unvollständigen Tetrachorde, niemals an andrer Stelle gebraucht werden. Es folgt daraus, daß die 12stufig (chromatisch) geteilte Oktave als Gebrauchsleiter nicht vorkommt, sondern nur als Materialleiter anzusprechen ist. Wenn wir, wie bisher, den unterhalb der beiden verbundenen Sekundenschritte liegenden Ton als Grundton (nicht als Tonika!) annehmen,[35] so finden wir, daß in den den einzelnen

The analysis of many melodies commu- 87
nicated by other authors, and also of our own recordings, led us to conclude that these raisings occurred only within the gaps of the incomplete tetrachords, never elsewhere. Thus it follows that the 12-step (chromatic) octave does not occur as a gebrauchsleiter, but only as a materialleiter. If we designate as fundamental (not tonic!) the tone lying below the two connected seconds,[35] we find that in the scales (gebrauchs-) of single melodies (or parts of them), the fourth and minor seventh occur rarely (never the tritone and

[33] Vgl. Gilman 1892: 62 Anm. Auch die altschottischen, siamesischen und javanischen (*Pelog-*) Melodien halten nicht streng an der Pentatonik fest. (Vgl. Stumpf 1901a:100; 1922b: 147.)

[34] Die Stimmungen der I. Gruppe (Ryo-sen und Ritsu-sen) werden, soweit wir darüber unterrichtet sind, auf dem japanischen Koto niemals von vornherein hergestellt. Sie liegen aber zahlreichen japanischen Melodien zugrunde und es erschien daher zweckmäßig, sie in einer Reihe mit den übrigen zu besprechen.

[35] Entsprechend dem *Fa* der diatonischen Leiter.

[33] Cf. Gilman 1892: 62n. Neither do the old Scottish, Siamese, or Javanese (*pelog*) melodies adhere strictly to the pentatonic (cf. Stumpf 1901a: 100; 1922b: 147).

[34] As far as we know the tunings of the first group (*ryo-sen* and *ritsu-sen*) are never set on the Japanese *koto*, but they determine many Japanese melodies and hence justify discussion with the others.

[35] Corresponding to fa of the diatonic scale.

Melodien (oder deren musikalischen Teilen) zugrunde liegenden (Gebrauchs-)Leitern die Quarte und kleine Septime selten (niemals Triton und große Septime) und nur als Durchgangstöne vorkommen oder ganz fehlen; die große und kleine Terz, die große und kleine Sexte alternieren miteinander und treten in demselben Teile der Melodie niemals gleichzeitig auf. Wir würden also in einem Musikstücke, in dessen Verlauf alle genannten Stufen auftreten, eine 9-stufige Leiter von der Form:

g a b h (c) d es e (f)

finden.

88 Der melodische Schwerpunkt fällt durchaus nicht immer mit dem hier gewählten Grundton, sondern mindestens ebenso häufig mit der Sekunde oder Quinte zusammen (vgl. S. 51). Von diesen als Grundtönen ausgehend würden wir Quarte und Sexte (bzw. Terz und Septime) selten oder gar nicht finden, und es würden Halb- mit Ganzton, Triton mit Quinte (bzw. Halb- mit Ganzton, kleine mit großer Sexte) alternieren.

89 Es ist begreiflich, daß bei der Saitendrucktechnik die Intonation der erhöhten Stufen nicht immer ganz scharf ausfällt. Solcher intermediärer Intonation verdanken wohl die neutralen Intervalle ihre Entstehung, die wir gelegentlich auch aus japanischer Musik heraushören, und deren Gefühlscharakter uns so fremdartig berührt. Dem von Harmoniegefühl freien Japaner, dessen Aufmerksamkeit nicht vorwiegend auf Terzen und Sexten gerichtet ist, mögen dagegen diese Intonationsschwankungen entweder ganz entgehen, oder er empfindet sie doch nicht störend. Daß sie intendiert seien, können wir nach den Resultaten unserer Messungen nicht gut annehmen. Dagegen gehören sie zweifellos zu den Eigentümlichkeiten der chinesischen Musik (vgl. Gilman 1892) und dürften mit der *Gekkin* wohl auch nach Japan, aber nicht in das musikalische Volksbewußtsein der Japaner eingedrun-

major seventh), and even then only as passing notes. The major and minor third and the major and minor sixth alternate and never occur together in the same part of the melody. In a piece of music containing all named intervals, we would find a 9-step scale with the form:

G A B♭ B (C) D E♭ E (F)

The tone center does not necessarily coincide with the selected fundamental; at least equally often it coincides with the second or fifth (cf. p. 51). Starting with these fundamentals, we would rarely or never encounter fourths and sixths (resp. thirds and sevenths), and we would note an alternation of semitone with whole tone, tritone with fifth (resp. semitone with whole tone, minor sixth with major sixth). 88

It is evident that the pressure technique does not always produce a clear cut intonation of the higher step. Such intermediate intonation has produced the neutral intervals which we sometimes detect in Japanese music and whose emotive character strikes us as so exotic. The Japanese, unprejudiced by a sense of harmony and not concentrating on thirds and sixths, might fail to notice the uncertain intonations, or at any rate does not feel disturbed by them. We cannot really assume that they were intentional, in view of our measured data. On the other hand, they doubtless belong to the peculiarities of Chinese music (cf. Gilman 1892), and, along with the *gekkin*, they may have penetrated into Japan but not into the Japanese people's musical instincts. It seems likelier that the Japanese developed a certain feeling for purity in the strange interval between tritone and fifth (cf. p. 89

gen sein. Eher scheint sich noch ein gewisses Reinheitsgefühl für das merkwürdige zwischen Triton und Quinte gelegene Intervall ausgebildet zu haben (vgl. S. 22). Unsere Erfahrungen über die praktische Musik der Japaner reichen aber nicht hin, um etwas Bestimmtes hierüber zu vermuten.

22). However, we are not sufficiently informed about Japanese practical music to make more definite guesses.

90 Auf die Ursachen der Bevorzugung der Pentatonik fällt von der japanischen Musik und Musiktheorie aus kaum neues Licht: sie ist nur geeignet, die Vermutungen einiger älterer Autoren (Helmholtz, Fétis) einzuschränken, als hätte die Tendenz, Halbtonschritte oder das unharmonische Intervall des Tritonus („*Si contra fa*") zu vermeiden, zur Pentatonik geführt (vgl. auch Dechevrens 1900–01: 523 Anmerkung!!). Nicht nur, daß die Fünfstufigkeit meist nicht streng festgehalten wird oder, wie im javanischen *Salendro*-System, neben einem siebenstufigen System erscheint – die japanischen *Koto*-Leitern[36] und die beliebte Tritonusphrase beweisen zur Genüge, daß die Pentatonik mit der Anhemitonik hier nichts zu tun hat. Auch die Frage nach der Priorität der 5- oder 7-stufigen Leiter wird durch die japanische Musik kaum gefördert, und wir müssen darauf verzichten, hier auf diese Probleme näher einzugehen.

Japanese music and theory throw no new light on the origins of the preference for pentatonics; they can restrain the assumptions of former authors (Helmholtz, Fétis) that the avoidance of semitones and anhemitonic tritones ("Si contra fa") led to the pentatonic (cf. also Dechevrens 1900–01: 523 n.). The pentatonic is for the most part not strictly adhered to, or it appears side by side with a system of seven tones, as in the Javanese *slendro* – the Japanese *koto*-scales[36] and the beloved tritone phrase prove that here the pentatonic is independent of the anhemitonic scales. Japanese music gives no clues to the priority of 5- or 7-tone scales, and we refrain from further study of this problem. 90

5. Praktische Musik

91 Theoretische Kenntnisse fehlen dem japanischen Musiker meist ganz. Allenfalls wissen die *Koto*- und *Shamisen*-Spieler die Stimmungen ihrer Instrumente; eine genaue Kenntnis des Tonsystems, soweit sie nicht praktisch erforderlich ist, ist ihnen verschlossen. Die mangelhafte musiktheoretische Bildung erklärt sich vielleicht z.T. aus den Eigentümlichkeiten der japanischen Notenschrift. Während unsere No-

5. Practical Music

Japanese musicians usually lack theoretical knowledge. At best the *koto*- and *shamisen*-players know the tunings of their instruments; but they are ignorant of the tonsystem, except in practice. The inadequate theoretical education may be due in part to the peculiarities of the Japanese notation. While our notes stand for pitch, no matter what instrument, the Japanese notation symbols refer to particular in- 91

[36] *Iwato* ist übrigens identisch mit der alten enharmonischen Skala des Olympos (vgl. Helmholtz 1877: 426).

[36] Moreover, *iwato* is identical to the old enharmonic scale of Olympos (see Helmholtz 1877: 426).

ten als Symbole für Tonhöhen gelten, gleichgültig, von welchem Instrument sie hervorgebracht werden, beziehen sich die japanischen Notenzeichen nur auf bestimmte Instrumente. Sie bestehen im wesentlichen aus Zahlwörtern, welche die zu spielende *Koto*-Saite, das Flötenloch oder den Gitarrenbund (auf der *Gekkin*) bezeichnen. Beigefügte kleinere Symbole beziehen sich auf rhythmische und taktliche Gliederung.[37] Die Bedeutung und Verbreitung der Notenschrift ist übrigens viel geringer als bei uns; vielfach werden Kompositionen nur nach dem Gehör überliefert, und zwar nicht nur Volkslieder, wie bei uns, sondern auch instrumentale Musik. Infolgedessen sind die Namen der Komponisten oft bald in Vergessenheit geraten, während ihre Werke allmählich Veränderungen unterliegen. Jeder Spieler schmückt das überlieferte Schema nach Geschmack und Fertigkeit aus. Ferner darf man aus diesen Verhältnissen auf ein gutes Melodiegedächtnis der Japaner schließen.

struments. Essentially they consist of numerals, which designate the specific *koto* string, flute hole, or guitar fret (on the *gekkin*). Additional smaller symbols indicate rhythm and meter.[37] Incidentally, knowledge of notation is less important and wide spread than with us; compositions are frequently transmitted by ear, not only folk songs, as in our case, but also instrumental music. Consequently, the names of composers are soon forgotten, and their works undergo gradual changes. Every performer ornaments the traditional scheme according to his taste or ability. These conditions indicate that Japanese musicians have good melodic memory.

92 Das Melodiegedächtnis beruht zum größten Teil auf dem Gedächtnis für Intervalle und Rhythmus, zum viel geringeren Teil auf dem Gedächtnis für absolute Tonhöhen. So finden wir das letztere auch bei den Japanern recht mangelhaft entwickelt. *A priori* ist es wohl denkbar, daß ein Volk durch Übung das absolute Tongedächtnis stärker ausgebildet hat als das Intervallgedächtnis, umgekehrt als bei uns, wo alles geschieht, das Intervallgedächtnis auf Kosten des absoluten Tongedächtnisses zu erziehen (vgl. O. Abraham 1901–02); doch ist, unseres Wissens, diese Möglichkeit bisher noch nicht verwirklicht gefunden worden. Hin und wieder scheint es auch in Japan mit absolutem Tonbewußtsein begabte Musiker zu geben. Bei der Schauspielertruppe der Sada Yakko war es uns aufgefallen, daß ein kleiner Knabe in der ersten Szene sein Kindergeschrei im-

This ability to perform by heart rests largely on a memory for intervals and rhythms, rather than on memory for absolute pitch. Hence the latter is poorly developed in Japan. A priori it is possible for people to develop, by sheer practice, a better memory for absolute tones than for intervals, in contrast to our emphasis on memory for intervals rather than absolute tonality (cf. O. Abraham 1901–02); but, to our knowledge, this possibility has never been realized. Here and there we find Japanese musicians with absolute pitch. In the Sada Yakko troupe we noticed that a little boy always began his childish cry on $D\sharp_5$ during the first scene. On the other hand, the absolute pitch of the entry of the leader of the vocal chorus varied up to a third. We did not observe the theater musicians tuning their strings to a fixed tone: they did this entirely from memory, 92

[37] Über das Memorieren von Musikstücken vgl. S. 57.

[37] On memorizing music, see p. 57.

mer mit demselben Ton *dis*$_2$ begann. Dagegen schwankte der Sänger, der den Chor markierte, bei seinem Einsatz in den absoluten Tonhöhen bis zu einer Terz. Wir haben nicht gesehen, daß die Theatermusiker ihre Saiten nach einem festen Ton abstimmten: sie haben dies rein nach dem Gedächtnis getan, aber die Stimmung ihrer Instrumente schwankte auch beträchtlich, an zwei aufeinanderfolgenden Tagen um mehr als einen Ganzton. In Japan selbst werden die Saiteninstrumente nach den *Shakuhachis*, Querflöten und Stimmpfeifen, die ja feste Töne haben, abgestimmt. Die überaus große Reinheitsbreite ihrer Intervalle läßt auch kaum den Gedanken aufkommen, daß der Ton sich als Individuum dem Gedächtnis der Japaner eingeprägt hat; wir müßten denn für ihr Tongedächtnis ganz andere Genauigkeitsgrenzen annehmen als für das unsrige.

93 Mit dem mangelhaften absoluten Tongedächtnis hängen auch die starken Schwankungen des ostasiatischen Kammertones zusammen. Die Stimmpfeifen, die für profane Musik verwendet werden, weichen von denen der heiligen Musik *Ga-gaku* (vgl. S. 55) oft um einen ganzen Ton ab. Nach den Angaben der verschiedenen Autoren liegt der japanische Kammerton zwischen *cis*$_2$ und d_2, und zwar soll er nach Piggott 550–560 Schwingungen betragen, nach Müller mit unserem d_2, nach DuBois mit unserem *des*$_2$ übereinstimmen. Nach unseren eigenen Messungen schwankt er zwischen 600 (*Shō*, *Shêng*, *Shakuhachi*), 609 (Flöten), 600–616 (Saiteninstrumente), 623–635 (Stimmpfeifen und *Shakuhachi*). Interessant ist es, damit den chinesischen Kammerton (*Huang-Chung*) zu vergleichen. Dieser wird von Gilman zu 603, von van Aalst zu 601, 5 Schwingungen angegeben (vgl. auch Dechevrens 1900–01: 507). Nach unsrer Normalstimmung ($a_1 = 435$) würde dies ein erhöhtes d_2 bedeuten ($d_2 = 580$).[38]

[38] Die alten Chinesen verfertigten Klangplatten aus Stein (*Yü*, Nephrit), da dieses Ma-

but the instrumental tuning also varied considerably, on two successive days by more than a whole tone. In Japan herself, the string instruments are tuned after the *shakuhachis*, horizontal flutes, and pitch pipes which have a set pitch. Due to the very considerable leeway of tonal purity, it seems unlikely that a pitch could remain in the Japanese memory as an individual entity, unless we assume entirely different margins of accuracy for tone memory than in our case.

The large vacillations in the East Asiatic chamber pitch are connected with the deficiency in absolute pitch. The pitch pipes used for secular music often differ from those used for sacred music, *ga-gaku* (cf. p. 55), by a whole tone. According to several authors, the tone for Japanese chamber pitch lies between $C\sharp_5$ and D_5, at 550–560 cps according to Piggott; identical with our D_5 according to Müller; with our $D\flat_5$ according to DuBois. According to our measurements, it vacillates between 600 (*shō*, *shêng*, *shakuhachi*), 609 (flutes), 600–616 (string instruments), 623–635) pitch pipes and *shakuhachi*. It is interesting to compare the Chinese concert pitch (*huang-chung*). Gilman quotes 603 for this, van Aalst quotes 601.5 cps (cf. also Dechevrens 1900–01: 507). According to our concert pitch this would be equivalent to a sharp D_5 ($D_5 = 580$).[38] 93

[38] The ancient Chinese manufactured sounding slabs of stone (*yü*, nephrite). This material "is

94 Da dieser Kammerton in sämtlichen *Koto*-Stimmungen durch zwei Saiten (1. und 5.) repräsentiert wird, ist ihm vor den übrigen Tönen des Instrumentes ein gewisses Übergewicht verliehen, das sich auch in den Melodien bemerkbar macht. Es fällt ihm daher in einem gewissen Sinne die Rolle der ,,Tonika" zu. Wir verstehen unter Tonika denjenigen Ton einer Tonfolge oder Melodie, auf den alle andern Töne bezogen werden, und der dadurch gewissermaßen der Schwerpunkt des ganzen Systems wird. Fétis hat dies hierarchische Verhältnis das Prinzip der Tonalität genannt. Tonika und Tonalität sind also zusammengehörige Begriffe. Dadurch daß die Tonika im Bewußtsein lebendig bleibt, indem sie mit den einzelnen Tönen mitvorgestellt wird, erleichtert sie die Auffassung der Melodie. Sie bringt Einheit in die Mannigfaltigkeit. Die Beziehung aller Töne auf einen Mittelpunkt ist ursprünglich der Urteilsfunktion zuzurechnen. Wenn eine Anzahl solcher Beziehungen häufig zusammen vorkommt, so verschmelzen auch die mit ihnen verknüpften einzelnen Gefühle (Intervallgefühle) zu einem gemeinsamen Gefühlscharakter: dem Tonalitätsgefühl. Wir brauchen dann nicht mehr aus dem einzelnen Beziehungsurteil auf die Tonalität zu schließen, sondern fällen das Tonalitätsurteil direkt auf Grund des Tonalitätsgefühls. Ein Tonalitätsbewußtsein von der eben skizzierten Art scheint auch in der homophonen und polyphonen Musik nicht zu fehlen. Wir finden es in den pseudo-aristotelischen Problemen beschrieben, in der siamesischen, chinesischen und japanischen Musik tritt es deutlich zutage; selbst bei den Bellakulaindianern wurde es von Stumpf (1886b, 1922c), bei den Irokesen von Baker (1882), von Gilman (1891) und Fillmore (1893) bei anderen Indianer-

terial ,,das einzige ist, das unabhängig von Temperatur und Feuchtigkeit stets konstante Tonhöhe behält, während alle andern Musikinstrumente in dieser Beziehung unverläßlich sind." (Vgl. Engel 1875: 40.)

Since the concert pitch is represented by two strings (first and fifth) in all *koto*-tunings, it stands out somewhat above the other tones of the instrument and it is also conspicuous in the melodies themselves. Hence to an extent it fulfills the role of a "tonic." We define as the tonic that tone in a sequence of tones or in a melody to which all other tones relate and which thereby becomes the center of gravity of the system. Fétis termed this hierarchic relationship the principle of tonality. Thus tonic and tonality are associated concepts. As the tonic remains in the foreground of consciousness, because of its perseverance along with and through other tones, it facilitates the understanding of a melody. It brings unity into variety. The reference of all tones to a focal point must be ascribed to the function of discrimination. If a number of such references recur frequently, the related affects (for intervals) fuse into a common affect: the sense of tonality. Then we need no longer conclude on the basis of the separate estimate of relationships what the tonality is; we judge tonality directly on the basis of the sense of tonality. Such a sense of tonality exists for both homophonic and polyphonic music. References to it are frequent in the "Pseudo-Aristotelian Problems;" it is clearly apparent in Siamese, Chinese, and Japanese music, and it was even found with the Bella Coola Indians by Stumpf (1886b, 1922c), the Iroquois by Baker (1882) and other Amerindian tribes by Gilman (1891) and Fillmore (1893). Hindus have a word for the tonic (*aṃśa*). – Western practice is to group pieces with identical tonality in one and the same key. 94

the only type which holds a constant pitch independent of temperature and humidity while all other musical instruments are unreliable in this respect." (see Engel 1875: 40.)

stämmen gefunden. Die Inder besitzen für Tonika ein eigenes Wort (*aṃśa*). – Wir pflegen Stücke von gleicher Tonalität zu einer Tonart zu rechnen.

95 Ein melodischer Schwerpunkt ist sicher in japanischer Musik zu finden. Wir haben aber kein Recht, ihn ohne weiteres mit dem Grundton der Leiter, oder dem Anfangs-, Schluß- oder tiefsten Ton der Melodie zu identifizieren. Er ist vielleicht den Finaltönen der mittelalterlichen Kirchenmusik vergleichbar. Nach den pseudo-aristotelischen Problemen bildet die Mesē den Schwerpunkt und den Anfangston der altgriechischen Melodie, während der Schlußton, die Hypatē, eine Quarte tiefer, also zur Mesē im Verhältnis von Dominante zum Grundton stand. Im Mittelalter fiel in den authentischen Tonarten die Tonika mit dem tiefsten Ton, in den plagalen mit der Quinte des tiefsten Tones zusammen. Eine auffallende Ähnlichkeit besteht zwischen europäischer und japanischer Musik in dem Verhältnis der Tonika zu anderen Tönen der Melodie. Bei beiden besteht eine innige Verwandtschaft zwischen der Tonika und ihrer höheren und tieferen Quinte (Dominante und Subdominante). Diese Verwandtschaft kann rein psychologisch auf der Klangverwandtschaft eines Tones mit seiner Quinte beruhen, oder man kann erst durch Harmoniegefühl auf dem Wege der musikalischen Modulation zur Bevorzugung der Quinte gelangt sein; die japanische Musik scheint die erstere Annahme wahrscheinlich zu machen. Denn ein Harmoniegefühl scheint bei den Japanern bisher kaum entwickelt zu sein, man müßte denn ein latentes Harmoniegefühl[39] annehmen, wofür aber außer dem genannten Grunde nichts spräche.[40]

[39] Ein solches glaubt Fillmore bei den Indianern annehmen zu dürfen. Vgl. Stumpf 1898b: 64.

[40] Möglicherweise dienen dem Japaner zur Erkennung seiner Tonarten außer dem „Finalton" noch ähnliche Kriterien, wie sie für die Kirchentöne gebraucht wurden (Reperkussion, Tropen).

A tone center, surely, exists in Japanese music, but we have no right to identify it with the fundamental of the scale or with the opening or concluding or lowest tone of a melody. We might compare it with the *finalis* in medieval church music. According to the Pseudo-Aristotelian Problems, the *mese* is the focus and the opening tone of the ancient Greek melody, while the final tone, the *hypate*, lay a fourth lower, hence forming the relationship of dominant to tonic. In the Middle Ages the tonic of the authentic modes coincided with the lowest tone; in the plagal modes it coincided with the fifth above the lowest tone. European and Japanese music show a striking similarity in the relationship of the tonic to other tones in a melody. In both cases there is a close affinity between the tonic and its upper and lower fifth (dominant and subdominant). One can attribute this relationship psychologically to the tonal affinity of a tone to its fifth; or, a preference for the fifth could have been arrived at through a harmonic sense via modulation: in Japanese music the former is likelier. For a harmonic sense is hardly developed in Japan, unless one assumes a latent sense, [39] which is not justified. [40] 95

[39] Fillmore believes that one can assume this among Indians. (see Stumpf 1898b: 64).

[40] It is possible that the Japanese rely not only on the *finalis* for the recognition of their scale types but also on criteria that are similar to those used for the ecclesiastical modes (repercussion, tropes).

96 Um das Tonalitätsgefühl zu erklären, ist es aber durchaus nicht nötig, das Harmoniegefühl überhaupt heranzuziehen. Sicherlich wird in der harmonischen Musik das Gefühl für die Tonika viel stärker ausgeprägt sein. Denn an die Stelle eines einzelnen Tones tritt ein ganzer Akkord, der tonische Dreiklang, dem sämtliche Töne andrer Akkorde in ihrem Auflösungsbedürfnis entgegenstreben.

97 Die japanische Musik ist aber keineswegs harmonisch zu nennen. Wohl finden sich gelegentlich simultane Intervalle (häufig Sekunden, Quarten, Quinten, Oktaven; selten Terzen und Sexten). Wir sind aber überzeugt, daß nicht die Verschmelzung, auch nicht die Annehmlichkeit der Konsonanz die Häufigkeit dieser Zusammenklänge bedingt hat, sondern lediglich das Bedürfnis nach größerer Klangfülle, ähnlich wie es Stumpf (1901a: 126; 1922b: 163) bei der siamesischen Musik beschreibt. Recht beweisend für diese Annahme sind die in *Koto*stücken vorkommenden simultanen Sekunden; sie erklären sich leicht aus der technischen Bequemlichkeit, benachbarte Saiten gleichzeitig anzureißen. Den Mangel an Harmoniegefühl bestätigen ferner einige Versuche, welche wir mit einem japanischen Musiker am Klavier anstellten. Wir spielten ihm eins seiner Repertoirestücke mit verschiedenen Begleitungsformen vor: in Quarten-, Quinten-, Terzen- und Sextenparallelen, ferner in europäischer Dur- und Mollharmonisierung. Er schien hierbei nur auf die richtige Wiedergabe der Melodie zu achten und fand unser Spiel immer schön, wenn er diese deutlich heraushörte.[41]

98 Die japanische Musik ist weder harmonisch noch homophon zu nennen. Sie ist polyphon oder besser, mit einem Ausdruck Platos, den Stumpf für diese Form der Mehrstimmigkeit vorschlägt, heterophon.

[41] Wir müssen hierbei allerdings bemerken, daß es bei der angeborenen Höflichkeit der Japaner überhaupt sehr schwer ist, ein abfälliges Urteil zu erzielen.

For the explanation of a tonal sense, it is not necessary to involve a harmonic sense. Of course harmonic music emphasizes a feeling for the tonic. It replaces a single tone with a whole chord, the tonic triad, and the other tones tend toward resolution. 96

But Japanese music cannot be called harmonic by any means. It is true that there are at times simultaneous intervals (often seconds, fourths, fifths, octaves; rarely thirds and sixths). But we are convinced that these concords are not due to fusion or to the pleasure of consonance, but they are due to a desire for fuller sound, as Stumpf mentions for Siamese music (1901a: 126; 1922b: 163). The assumption finds support in the frequency of simultaneous seconds in *koto* pieces; also in the case of adjacent strings played at the same time. The lack of harmonic sense finds confirmation in experiments at the piano with a Japanese musician. We played one of his repertory pieces with various accompaniments: with parallel fourths, fifths, thirds, and sixths, and in European major and minor harmonization. He seemed concerned only with the correct reproduction of the melody and he liked our efforts when he could hear it clearly.[41] 97

Japanese music is neither harmonic nor homophonous. It is polyphonous – or heterophonous, to use an expression of Plato's which Stumpf suggested might be appropriate for this kind of multi-part 98

[41] We should mention here that the innate politeness of the Japanese makes it very difficult to obtain an unfavourable opinion.

Die verschiedenen Stimmen bewegen sich in den wichtigsten Abschnitten und Taktteilen unison, in den Nebenteilen dagegen erlauben sich einige Instrumente Abweichungen: Synkopen, Triller, Koloraturen umranken die Melodie.[42] Eine andere Form der Mehrstimmigkeit findet sich in der *Ga-gaku*-Musik, in der die *Koto*-stimme dem übrigen Orchester einen *Basso ostinato* entgegensetzt.[43]

99 Nichtharmonische Musik kann sich in ihren Kadenzen freier bewegen als die in Harmonien eingezwängte. Sie braucht nicht einmal am Schlusse zum Grundton zurückzukehren: wir sehen die Melodien häufig (in der *Ga-gaku*-Musik immer) in die Quinte, noch öfter in die Sekunde des Grundtons ausmünden.[44]

100 Wir finden endlich in der japanischen Musik nichts, was dem bei uns so wichtigen Leitton vergleichbar wäre. Dies zeigt sich deutlich in einigen melodischen Phrasen, von denen eine der häufigsten, die auf den absteigenden Tritonus aufgebaut ist (*h-a-f*), sozusagen wörtlich mit einer Kadenz übereinstimmt, die sich bei den alten Griechen besonderer Bevorzugung erfreute.[45] Hier wie dort fehlt die Auflösung nach der Unterquinte des Anfangstones, die wir nach unserem Leittonprinzip verlangen würden.

101 Die von uns untersuchten Musikstücke ließen sich ausnahmslos nach Zweiviertel- oder Viervierteltakten gliedern. Doch ist der Rhythmus bei weitem nicht so scharf als bei uns. Rhythmischer Zwang entspricht auch nicht dem Volkscharakter

[42] Dieser Stil findet sich noch feiner ausgebildet in Siam, Java und China; vgl. Stumpf 1901a: 125 und 130f; 1922b: 163 und 166f.; Dechevrens 1900–01: 537.

[43] Vgl. die von Müller mitgeteilte Partitur (1874–75, Heft 9: 31).

[44] Ein Analogon dazu bieten die altschottischen Melodien mit dem Schluß auf der 2. Stufe; vgl. Knott 1891, sowie Helmholtz (1877: 429) und die daselbst zitierte Literatur.

[45] Vgl. die von O. Fleischer (1899) bei Breitkopf & Härtel in Leipzig herausgegebene Apollo-Hymne.

music. In the salient sections and phrases the several voices move in unison; in the subsidiary sections some of the instruments digress – with syncopations, trills, and coloratura which wrap around the melody.[42] In *ga-gaku* music there is another kind of polyphony – the *koto* plays a *basso ostinato* against the rest of the orchestra.[43]

Non-harmonic music can move more freely in the cadences than music that is encumbered by harmony. It need not even end on the fundamental: *ga-gaku* music ends on the fifth, or more often on the second to the fundamental.[44] 99

Finally, Japanese music has nothing that corresponds to our very important leading tone. This is evident in certain melodic phrases, of which the most frequent – one built on the descending tritone (B-A-F) – is identical, literally so-to-speak, with a cadence especially favored by the Greeks.[45] In both cases there is no resolution to the lower fifth of the opening tone, as our leading-tone principle would demand. 100

The pieces we studied permitted division into $^2/_4$ or $^4/_4$ meters. But the rhythm is not as definite as in our music. Rhythmic fetters would not appeal to the Japanese temperament; their yen for freedom resists strict musical rules. To quote a Japanese 101

[42] This style is even more highly developed in Siam, Java, and China: See Stumpf 1901a: 125 and 130f.; 1922b: 163 and 166f.; Dechevrens 1900–01: 537.

[43] See the score communicated by Müller 1874–75, Fasc. 9: 31.

[44] The old Scottish melodies ending on the second step present analogies; see Knott 1891; also Helmholtz 1877: 429, and the literature cited there.

[45] Cf. "The Hymn to Apollo" published by O. Fleischer (1899), Breitkopf & Härtel in Leipzig.

der Japaner; ihr Freiheitsbedürfnis fügt sich auch in der Musik nicht allzu straffen Regeln; nach dem Metronom zu spielen ist ihnen nicht möglich, wenn wir die Mitteilung eines japanischen Herrn so allgemein verstehen dürfen. Ebenso wie das Tempo der ganzen Musikstücke bedeutenden Schwankungen unterliegt (es ist vielfach von der Atemlänge der Bläser abhängig), ebenso wie am Schluß jedes einzelnen Teiles ein deutliches *Accelerando* zu erkennen ist, so finden sich auch willkürliche Schwankungen, Fermaten und Verkürzungen im Einzeltakt. Dies zeigt sich besonders, wenn ein und dasselbe Musikstück von verschiedenen Spielern vorgetragen wird.

102 Das Erkennen der Taktart ist für uns noch aus anderen Gründen erschwert: wir Europäer besitzen bestimmte Hilfsmittel, den Takt zu markieren. Die guten Taktteile werden entweder stark betont oder sind von besonders hohen oder tiefen Tönen gebildet, welche die Aufmerksamkeit auf sich ziehen. Auch die Distanz der Akkordtöne in den einzelnen Taktteilen ist für die Rhythmisierung von Einfluß.[46] Die Hilfskriterien der Distanz und Betonung scheinen bei den Japanern zu fehlen. Das Erkennen des Taktes wird endlich durch die häufigen Synkopen erschwert. Bei einem Gesangstück mit *Koto*-Begleitung, in welchem Gesang und Instrument fortwährend in Synkopen einander entgegenarbeiten (vgl. Musikbeilage X), wäre uns die Bestimmung der Taktart überhaupt unmöglich gewesen, wenn wir nicht die Begleitungsstimme allein phonographisch fixiert hätten. Rhythmische Freiheiten können sich in nichtharmonischer Musik viel leichter ausbilden, speziell bei besonderer Pflege des Solospiels. Das japanische Orchester kennt weder Partitur

[46] Man kann das leicht bei Tänzen, speziell bei Walzern beobachten, in denen die Töne des ersten Taktteils meist eine Distanz von 2–3 Oktaven, die des zweiten und dritten nur von 1–1½ Oktaven aufweisen.

gentleman: "they cannot play with the metronome." Just as the tempo varies in an entire piece (it is frequently dependent on the length of breath of the wind player), and just as each section ends with *accelerando,* so each measure has deliberate fluctuations in tempo, fermatas, and curtailment. This is especially noticeable when several musicians present the same piece.

The metric identification is further complicated, because we Europeans have means to mark time. The main beats are accented or identified by especially high or low tones which attract attention. The spacing of the chord and its place within a measure also influences rhythm.[46] The aids of distance and stress as rhythmical criteria are lacking in Japan. Furthermore, frequent syncopations make the recognition of meter difficult. In a song with *koto*-accompaniment, the syncopated "counterpoint" of voice and instrument would have made the meter unrecognizable, if we had not separately recorded the accompaniment (Ex. X). Non-harmonic music encourages rhythmic flexibility, especially in solos. In the Japanese orchestra, which lacks scores and conductors, the musicians follow the melodic *shō* and the percussion sticks (*shaku-byōshi*). 102

[46] This is noticeable in dances, particularly waltzes, in which the chord on the first beat usually encompasses 2–3 octaves, those on the second and third beats only 1–1½ octaves.

noch Dirigenten, die Musiker richten sich nach dem melodieführenden *Shō* und den Schlaghölzern (*Shaku-byōshi*), die den Rhythmus markieren.

103 Wie in der modernen Kultur der Japaner überhaupt, so zeigt sich auch in ihrer Musik das Streben, sich europäischer Zivilisation anzupassen. Europäische Musikinstrumente (Klavier, Geigen) werden importiert; japanische Musiker werden auf Staatskosten nach Europa gesandt, um harmonische Musik und Theorie zu erlernen; das japanische Heer hat deutsche Kapellen, die altjapanische Weisen in moderner Orchestrierung zur Aufführung bringen; das Musikinstitut in Tokio bemüht sich, unserer Notenschrift Verbreitung zu verschaffen; selbst Musikinstrumente japanischen Modells (*Gekkins* usw.) sollen aus Deutschland bezogen werden. Die Annäherung an unsere temperierte Stimmung, die wir in japanischer Musik öfters bemerkt haben, wird wahrscheinlich durch diese Einflüsse begünstigt und in absehbarer Zeit noch bedeutend vergrößert werden.

104 Auch ganze Lieder werden aus fremden Ländern übernommen. Nicht nur chinesische Volksweisen, auch amerikanische Gassenhauer sollen große Popularität erlangt haben.

6. Verbreitung, Unterricht, Theatermusik

105 Die Musik ist in Japan noch mehr Allgemeingut des Volkes als bei uns. Die Instrumentalmusik wenigstens wird bei uns immer nur von den leidlich wohlhabenden Klassen gepflegt, während sich die niederen Schichten der Bevölkerung meist mit ein- oder mehrstimmigem Gesang begnügen. In Japan dagegen wird gerade die Instrumentalmusik überall gepflegt, es soll kaum eine Wohnung geben, in der nicht ein *Koto* oder wenigstens ein *Shamisen* zu finden wäre; bekommt doch jede noch so

In line with the general trend of modern culture, the Japanese try to adjust their music to European civilization. They import European instruments (piano, violin); at government expense they send native musicians to Europe for the study of harmony and theory; the Japanese army has German bands that play old Japanese tunes in modern orchestration; the Tokyo Music Institute tries to disseminate our notation. It is even alleged that replicas of Japanese models (*gekkin*, etc.) are being imported from Germany. The Japanese tendency towards the Western tempered tuning is probably reinforced by these influences and will be intensified in the foreseeable future. 103

Entire songs are introduced from abroad. Not only Chinese folk tunes, but also American hits attain popularity. 104

6. Status, Teaching, Theater Music

In Japan, more than in Europe, music belongs to the people. With us, instrumental music is cultivated largely by the fairly affluent classes, while lower classes are satisfied with song for one or several voices. But in Japan, instrumental music finds special favor everywhere. It is said that every home has a *koto* or at least a *shamisen*. Every Japanese bride, even in 105 arme Braut in Japan zur Hochzeit ihr *Koto* und ihr *Shamisen* als Mitgift.[47]

106 Ein so verbreiteter musikalischer Dilettantismus ist erklärlicherweise auch als nationalökonomischer Faktor nicht gering anzuschlagen. Der sanfte, melancholische Charakter des Japaners, der sich in allen Dichtungen durch die bilderreiche, uns etwas weiblich scheinende Art des Ausdrucks zu erkennen gibt, verlangt förmlich nach Musik. Die Vergleiche des menschlichen Lebens mit der Tier- und Pflanzenwelt, die Tonmalereien, welche die Japaner in ihren Dichtungen verwenden, können durch die Musik unterstützt werden; so erkennen wir in vielen Musikstücken, speziell in der Theatermusik, das deutliche Streben, Naturlaute nachzuahmen. In den Volks- und Kinderliedern sind noch häufiger als bei uns sinnlose, nur Stimmung malende Silben verwendet.

107 Trotz der allgemeinen Verbreitung der Musik zeigt sich doch auch in dieser Kunst der eigentümliche Kastengeist des Japaners. Dort überbrückt die Kunst nicht, wie sie es bei uns wenigstens versucht, die sozialen Gegensätze. In Japan ist auch die Musik in verschiedene Rangordnungen eingeteilt und nicht das musikalische Talent bestimmt die Stufe, sondern die bürgerliche Herkunft. Wir finden in Japan vier Klassen von Berufsmusikern:

108 Die erste Klasse nehmen die *Gaku-nin* ein, sie rekrutieren sich aus den vornehmsten Persönlichkeiten des Staates. Sie sind musiktheoretisch gebildet, soweit bei Japanern von Theorie überhaupt zu reden ist, und kennen die Notenschrift. Die Hofkapelle des Mikado, die sog. *Ga-gaku,* setzt sich aus ihnen zusammen. Sie pflegen nur die klassische Musik, die aus China und Korea stammt; ursprünglich waren alle Musikstücke der *Ga-gaku,* deren neuestes 500 Jahre alt sein soll, Gesangstücke mit Orchesterbegleitung, doch hat sich der

[47] Überaus zahlreich sind bildliche Darstellungen von Musikern (Farbenholzschnitte usw.).

poor circumstances, receives a *koto* and a *shamisen* as part of her dowry.[47]

Such widespread use by amateurs deserves attention as a political-economic factor. The gentle, melancholy Japanese character – which reveals itself in a body of poetry that is rich in imagery and forms of expression that strike us as somewhat feminine – demands music. The Japanese can, through music, reinforce the comparisons of human life with the world of animals and plants in their poetry; thus we can discern an urge in much of their music, and especially in the music of the theater, to imitate the sounds of nature. In folk and childrens' songs they often use burden syllables to evoke a mood. 106

Despite the wide distribution of music, this art, too, demonstrates the caste attitude of the Japanese. Their art does not bridge social contrasts, as ours tries to do. In Japan even music is divided into various status categories; not talent but ancestry determines status. In Japan there are four classes of professional musicians: 107

The first class, the *gaku-nin,* are recruited from among the aristocracy. They have theoretical training, such as it is, and they know the notation. They comprise the royal ensemble of the Mikado, the so-called *ga-gaku.* They limit themselves to the classical music derived from China and Korea; originally the *ga-gaku* pieces, the most recent of which go back at least 500 years, were songs with orchestral background, but they gradually lost the voice part and the melody transferred to the *shō* in the orchestra. This orchestra has a 108

[47] There are numerous pictorial representations of musicians (colored wood cuts, etc.).

Gesang allmählich verloren und die Melodie wird im Orchester durch das *Shō* angegeben. Dieses Orchester ist ganz anders zusammengesetzt als das der anderen Musikklassen.

109 Den zweiten Rang nehmen die *Genin* ein. Diese spielen nur profane Musik und verstehen meist nicht das mindeste von Theorie und Notenschrift. An Rang stehen sie etwa den Kaufleuten gleich.

110 Die dritte Stufe wird von den blinden Musikern eingenommen. Diese, früher noch in eine große Anzahl von Unterklassen eingeteilt, bilden auch jetzt noch zwei verschiedene Sekten, die der *Kengyō* und die der *Koto*. Die *Kengyō*-Musiker sind die besseren, wahrscheinlich auch der Abstammung nach, sie dürfen als Zeichen ihrer Überlegenheit weite Hosen tragen. Beide Klassen pflegen nur populäre Musik.

111 Die vierte und niederste Klasse wird von den weiblichen Musikern gebildet, denen nur die gewöhnliche Musik zugänglich ist. Die meisten weiblichen Musiker gehören in die Kategorie der *Geishas*, die in den zahlreichen Teehäusern (Tokio besitzt allein 394) die Gäste bedienen und unterhalten. Für diesen Beruf werden die Mädchen schon als Kinder erzogen. Kaufmännische Unternehmer kaufen sie für 40–60 Franken, lassen sie Gesang und *Shamisen*spiel erlernen und verkaufen sie, sobald sie spielen können, meist als 14jährige Mädchen an die Teehäuser; ihr Preis ist dann auf 500–600 Franken gestiegen. Diesen Geishas ist die heilige oder klassische Musik, die männliche Berufsspieler erlernen dürfen, stets versagt.

112 Um den Unterschied der klassischen und populären Musik der Japaner zu erkennen, müßten wir Europäer weit tiefer in das Wesen japanischer Kompositionen eindringen, als es bisher möglich war; oberflächlich betrachtet, erschien uns die klassische Musik aus langgezogenen Tönen und Trillern zusammengesetzt zu sein, während die populäre Musik schnellere Tonsprünge erkennen läßt. Ein weiterer

composition totally different from that of any other.

The *genin* rank second. They play only secular music and they know next to nothing about theory and notation. They rank approximately equal with the merchants. 109

Blind musicians constitute the third class. Formerly divided into many subclasses, they still form two sects, the *kengyō* and the *koto*. The *kengyō* musicians rank higher, by ancestry presumably, and also as the better performers; they may wear full trousers as emblems of their superiority. Both classes specialize in popular music. 110

The female musicians constitute the fourth and lowest class; they may play only ordinary music. Most female musicians are in the category of *geisha*, who serve and entertain the guests in the numerous tea houses (394 in Tokyo alone). The girls are trained from childhood for this profession. Commercial entrepreneurs buy them for 40–60 francs, have them learn singing and *shamisen*-playing, and then sell them to tea houses, usually at the age of 14, for a price of 500–600 francs. The *geishas* have no access to the sacred or classical music, which male professionals may learn. 111

The recognition by Europeans of the differences between Japanese classical and popular music would demand a deeper penetration into the essence of Japanese composition than it has hitherto been possible to attain. Superficially, it seems that classical music consists of prolonged tones and trills, while popular music is livelier. Furthermore, classical music seems to move song and instrument in parallel 112

Unterschied soll darin bestehen, daß bei der klassischen Musik Gesang und Begleitung stets in Parallelen (Oktaven-, Quintenparallelen) sich bewegen, die populäre Musik nur einstimmig sein soll. Sukzessives Einsetzen der einzelnen Instrumente soll eine besondere Stileigentümlichkeit der *Ga-gaku*musik sein. – Sicherlich gibt es noch eine ganze Reihe anderer Merkmale, wie wir ja auch in unserer Musik zahlreiche Unterschiede zwischen der sog. klassischen und modernen Musik kennen.

octaves and fifths, while popular music appears monophonic. Successive entry of the several instruments is said to be the stylistic hallmark of *ga-gaku* music. Certainly there are many other distinctions, as there are between our classical and modern music.

113 Der Musikunterricht der Japaner ist streng geregelt. Die *Ga-gaku*lehrer werden vom Staate besoldet. Bei den Blinden stehen an der Spitze der einzelnen Zünfte Lehrer. Bestimmte Musikstücke werden nur von bestimmten Lehrern gelehrt. Diese haben der Komposition ihre eigenen Verzierungen hinzugefügt und lassen sich den Unterricht je nach dem Musikstück bezahlen. So kostet die Erlernung eines klassischen Stückes bedeutend mehr als die eines populären. Auch die Instrumente sind dem Range nach verschieden. Das siebensaitige *Koto* (*Yamato-koto*) wird nur von den vornehmsten Japanern gespielt; das 13saitige, ausschließlich von Frauen gespielte *Koto* ist das Hauptinstrument der besseren bürgerlichen Häuser. Ihm entspricht bei den Männern das *Shakuhachi*, das noch als vornehmes Instrument gilt, während das *Shamisen* auf der untersten Rangstufe steht und nur von Geishas, Straßensängern und Theatermusikern öffentlich gespielt wird.

Japanese musical instruction is strictly regulated. The government finances the *ga-gaku* teachers. Teachers lead the guilds of the blind musicians. Certain pieces can be taught only by certain teachers. They have added ornamentations of their own to each composition and they charge according to the piece. Thus the cost of learning a piece of classical music is considerably higher than that for a popular piece. The instruments are also classified according to rank. The seven-string *koto* (*yamato-koto*) is limited to the aristocracy; the 13-string *koto*, played exclusively by female performers, is favored in "middle-class" homes. Its status corresponds to that of the *shakuhachi* in the case of males; it has certain aristocratic connotations while the *shamisen* is plebeian and is restricted in public performance to *geisha*, street singers, and theater musicians. 113

114 Jeder Musikschüler muß erst die Melodie in ihrem Umriß erlernt haben, die Noten und Griffe vollkommen auswendig können, bevor es ihm gestattet wird, sie auf dem Instrument zu üben. Für das *Shakuhachi*, vielleicht auch für die anderen Instrumente, gibt es zwei Unterrichtstypen, die östliche und westliche Schule. Ein japanischer Herr spielte uns dasselbe Stück auf beide Arten vor, wodurch wir den Eindruck erhielten, daß die westliche Schule bedeutend mehr die Verzierungen und Umspielungen

Every pupil must learn the melody in outline and must memorize the notes and fingerings to perfection, before he may practice it on the instrument. For the *shakuhachi* and perhaps for other instruments, there are two types of teaching, the Eastern and Western schools. A Japanese gentleman demonstrated the same piece in both styles, and gave us the impression that the Western school favors melodic ornamentation much more than does the Eastern school. The essential melodic 114 der Melodie liebt als die östliche. Die Haupttöne der Melodie waren in beiden Wiedergaben dieselben. Gewisse eigentümliche Vorschläge, die der *Shakuhachi*spieler selbst vor einfachen Noten anbringt, erklären sich aus der Schwierigkeit des Anblasens. Besondere Aufmerksamkeit wird auf ein vollendetes Legatissimo, das als vornehmer Stil gilt, verwendet.

115 Die Lehrer des *Koto* haben eine uns zuerst unverständliche Art, die Schüler zu belohnen: ein vorgeschrittener Schüler erhält die Lizenz, die tiefste Saite auf seinem *Koto* eine Oktave tiefer zu stimmen; da die erste mit der fünften Saite des *Koto* in den Hauptstimmungen identisch ist, so wird durch die Vergünstigung, sie eine Oktave tiefer zu stimmen, der Tonumfang erweitert, und diese so entstandene Erschwerung des Spiels mag sich zu einer Belohnung ausgebildet haben. – Es läßt sich hier vielleicht ein Zusammenhang finden mit der gesetzlichen (!) Begrenzung des Tonumfangs im System der altchinesischen *Lü*. Die Verschmelzung ethischer[48] und musikalischer Anschauungen, die uns so fern liegt, läßt sich bei den Ostasiaten auf religiöse und zahlenmystische Spekulationen zurückführen.

116 Nicht nur musikalische Lehren, sondern auch Anstandsregeln werden dem Gesangschüler mit auf den Weg gegeben, wie aus dem Lehrbuch des Miyakoji Bungo zu ersehen ist: Der Sänger, der sich meist selbst auf dem *Shamisen* begleitet, soll gerade sitzen. Er soll den Kopf richtig, weder zu

tones were identical in both renditions. Certain strange appoggiaturas which the *Shakuhachi* player gives even to the simple notes can be accounted for by the difficulty of attack on this instrument. A legatissimo receives special attention, because it represents an elegant style.

The *koto* teachers reward pupils in a manner that at first sight must be incomprehensible to us: they permit the advanced pupil to tune the lowest string an octave lower; since the first and fifth strings have identical tuning, the privilege of lowering the pitch by an octave expands the range. In this way the complication of the playing may have evolved into a reward. Perhaps there is a connection here with the rigid tonal boundaries laid down by law in the old Chinese *lü* system. East Asiatic religious and numeral mysticism account for the fusion, unknown to us, of ethical and musical concepts.[48] 115

Besides musical lore, the singing pupils also receive rules for decorum, as is evident in the instructions of Miyakoji Bungo: the singer, who accompanies himself on the *shamisen*, should sit upright. He should hold his head correctly, not too high or too low; he should avoid superfluous 116

[48] Nach dem 1790 in Nanking publizierten Schulreglement *Chia-fao-tsun-tsin* ist den Schulkindern der Gebrauch von Saiteninstrumenten verboten. (Vgl. *Journal asiatique*, 3. *Série*, 8, S. 32ff.). Ein chinesischer Chronist sagt: „Die Harmonie hat die Macht, den Himmel auf die Erde herabzuziehen; sie flößt den Menschen Liebe zum Guten und Pflichtgefühl ein. Willst du wissen, ob ein Reich gut regiert wird, ob die Sitten dort gut oder schlecht sind, so prüfe, welche Art von Musik dort gepflegt wird." (Kraus 1878: 6. Vgl. auch Müller 1874–75, Heft 9: 28).

[48] According to the school regulations *Chia-fao-tsun-tsin* published in Nanking, 1790, the use of string instruments by school children is forbidden. (See *Journal asiatique*, 3. Series, 8, p. 32ff.). A Chinese chronicler says, "Harmony has the power to bring heaven down to earth; it fills mankind with love for good and duty. If you want to know whether a kingdom is well ruled, whether its customs are good or bad, investigate its kind of music." (See Kraus 1878: 6. See also Müller 1874–75, Fasc. 9: 28.)

hoch, noch zu tief halten, nicht zu viel Bewegungen machen und keine Grimassen schneiden. Er soll die Stimme nicht forcieren, sondern die Tonstärke nach der Größe des Raumes einrichten. Die Stimme soll in der Brust durch Öffnung der Lunge entstehen. Der Rhythmus soll durch Fächerschlag markiert werden, falls der Sänger sich nicht selbst begleitet, doch soll ihm nicht zu viel Nachdruck gegeben werden. Mund und Herz sollen zusammenwirken und die Hand leiten. Der Sänger soll alle zwölf Töne (*Ritsu?*) beachten und soll sich einer deutlichen Aussprache befleißigen. In der Wahl seiner Gesangstücke soll er vorsichtig sein, nicht von Begebenheiten singen, die einem Anwesenden peinlich sein könnten; Namen, die gleich lauten wie die von Anwesenden, sollen gestrichen oder verändert und überhaupt alle persönlichen Anspielungen vermieden werden. Schließlich soll der Sänger stets eine ruhige, mäßige Lebensweise führen, da schlechte Lebensführung der Stimme schadet.

117 Alle diese goldenen Regeln sollten sich auch unsere Sänger zu Herzen nehmen. Aber ganz sonderbar kontrastiert mit ihnen die Erfahrung, die der europäische Beobachter macht. Der japanische Gesang ist nach unseren Begriffen weit davon entfernt, wie eine mühelose Bruststimme zu klingen, er scheint uns stark gequetscht. Die Sänger strengen sich an, diese Kehllaute hervorzubringen, wie man an den geschwollenen Halsvenen und dem geröteten Gesicht erkennen konnte. Ein Japaner sagte uns, daß dieses gutturale Quetschen besonders erlernt werden müsse, „nur Kinder und Kutscher lassen nach europäischer Manier die Töne aus dem Bauch kommen." Er meint, daß die Ursache dieses Gesangstils darin läge, daß ein zu weites Öffnen des Mundes in Japan als unschicklich gilt. So werden auch beim Sprechen die hellen Vokale vermieden, sogar lautes Sprechen gilt als unpassend; selbst Gefühlsausbrüche, Wut und Eifersucht drückt der Japaner nie in starken Tönen aus, wie

motions and grimaces. He should not force his voice but should accommodate the volume to the size of the room. He should produce the voice in the chest by opening the lungs. If the singer does not accompany himself, he marks time with a fan, but not too ostentatiously. Mouth and heart together guide his hand. He should observe all twelve tones (*ritsu?*) and should cultivate a clear enunciation. He should be tactful in his choice of songs and should avoid singing of incidents that may embarrass a listener; names similar to those of listeners should be omitted or changed, and all personal allusions should be avoided. Finally, the singer should live a quiet, temperate life, because indiscrete ways harm the voice.

Our singers should also observe such golden rules. But the rules contrast strange- 117
ly with the experiences of the European observer. To us, Japanese singing seems far from an effortless chest tone; it seems forcibly squeezed. The singers exert themselves to produce throaty sounds, evident in the swollen neck veins and the red face. A Japanese tells us that one must learn this guttural compression, "only children and coachmen sing from the diaphragm in the European manner." He thinks that the reason for the Japanese style of singing is the general prejudice against opening the mouth wide. Also, in speech one should avoid bright vowels and loudness; one should not even give vent to loud sounds in expressing passion, rage, and jealousy, as we learned and observed from the actors.

wir uns bei den Schauspielern überzeugen konnten.

118 Absolute Musik scheint sich in Japan ziemlich selten zu finden. Für *Shakuhachi* sind wohl die meisten Stücke als Soli gedacht, auch gibt es Solostücke für *Koto*, alle anderen Instrumente aber und häufig auch das *Koto* dienen nur zur Begleitung von Gesang und Tanz. Überall sind in Japan Straßensänger zu hören, die zur Begleitung des *Shamisen* Gesänge und Maskentänze aufführen.

119 Auch bei allen Zeremonien an weltlichen und religiösen Gedenktagen dient die Musik als notwendiger und ständiger Begleiter. Noch heute führen die Shinto-Priesterinnen die alten ehrwürdigen *Kagura*-Tänze auf, in denen unter Gesang und Instrumentalbegleitung alte japanische Mythen mimisch dargestellt werden.[49] Aus den religiösen Festspielen entwickelten sich im 15. Jahrhundert unter den Shogunen die *Nō*-Spiele. Die Verfasser und Darsteller dieser Spiele sind Angehörige des vornehmsten Adels oder buddhistische oder shintoistische Priester. So drücken auch die *Nō*-Gesänge stets Erinnerungen an die heiligen Sitten und Gebräuche alter Zeiten aus. Sie sind opernartig angelegt und bestehen aus Dialog, Musik und Tanz; jedes *Nō*-Spiel dauert etwa eine Stunde, alles, Gang, Sprache und Gesang ist stilisiert (siehe Fischer 1901), fremdartig und fern von jedem Realismus. Zuerst schleichen acht Chorsänger, Flöten- und Trommelspieler in auffallenden Zeremonialkleidern auf die Bühne und melden dem Publikum, ganz wie der Chor in der griechischen Tragödie, was es zu hören bekommen wird. Dann schreiten die Darsteller selbst auf die Szene in Masken, die durch alte Traditionen festgelegt sind. All dieses soll eine weihevolle ernste Stimmung hervorrufen, dagegen soll die Musik für

[49] Besonders oft die Mythe von der Entstehung der Musik, von dem Verschwinden und der Wiederkehr der Göttin Amaterasu. (Siehe Brauns 1890.)

Absolute music seems a rarity in Japan. 118
For the *shakuhachi*, most pieces are meant as solos, and there are also solos for the *koto*, but all other instruments, often even the *koto*, serve as accompaniments to song and dance. Throughout Japan street singers perform songs and masked dances to *shamisen* accompaniment.

Also, music is indispensable at ceremo- 119
nies for secular and religious holidays. To this day, the Shinto priestesses perform the ancient, solemn *kagura*-dances in which they mime Japanese myths with song and instrumental accompaniment.[49] In the 15th century the religious festivities developed into the *nō* plays under the aegis of the Shoguns. The authors and performers of these plays belong to the highest aristocracy or to the Buddhist or Shinto priesthood. Indeed, the *nō* songs always express reminders of the ancient, hallowed customs. They have operatic form, and consist of dialogue, music, and dance; every *nō* play lasts about an hour, and stylizes all movement, speech and song (see Fischer 1901) into unrealistic fantasy. First eight choristers, flutists, and drummers walk slowly onto the stage in striking ceremonial costumes, and they announce to the audience what is about to take place, similar to the chorus of Greek tragedies. Then the actors themselves stride onstage in masks which are fixed by tradition. This should produce a solemn mood; but the music is said to appear offensive to European ears, having originated merely from the attempt to imitate elemental sounds (like the howling storm, the thundering waterfall) (?).

[49] Especially often the myth about the origin of music, concerning the disappearance and return of the goddess Amaterasu. (See Brauns 1890.)

europäischen Ohren unerträglich sein und nur dem Bestreben, elementare Geräusche (wie das Heulen des Sturms, das Rauschen des Wasserfalls) nachzuahmen, ihre Entstehung verdanken (?).

120 Aus den *Nō*-Spielen entwickelte sich das japanische Drama, *Jōruri*, das mit der Zeit große Veränderungen erfuhr. Zuerst bestand es lediglich in einer Rezitation des Dichters, der den Rhythmus der Verse durch Fächerschlag begleitete; später wurde der Fächer durch das *Shamisen* ersetzt,[50] und Schauspieler führten dem Publikum die Dramen vor. Die Verbote der Zensurbehörde, die im 17. Jahrhundert, um öffentlichem Ärgernis zu steuern, menschliche Darsteller von der Bühne verbannten, wurden die Wurzel des berühmten japanischen Puppentheaters, das sich zu hoher Vollkommenheit entwickelte und sich noch heute großer Beliebtheit erfreut. Die Darsteller werden durch lenkbare Puppen in Lebensgröße gebildet, die Dichtung wird von einem Rezitator, *Gidayū*, unter *Shamisen*begleitung vorgetragen. Staunenswert ist die Illusionsfähigkeit des japanischen Zuschauers; ihn stört es nicht, daß jede Puppe von zwei schwarzgekleideten Männern, *Kurombō*, gelenkt wird, die jede bedeutsame Stelle des Stückes durch Zusammenklappen zweier Schlaghölzer, *Hyōshigi*, kenntlich machen, ebensowenig wie das kurze „Habt-Acht!"-Rufen der *Shamisen*spieler (Fischer 1901).

121 Diese und andere auffallende Eigentümlichkeiten des Puppentheaters sind auch auf das moderne japanische Drama überpflanzt worden. Die Rollen werden sämtlich von Männern gespielt, nur an einzelnen Orten gibt es Frauentheater. Ein gemischtes Auftreten von Männern und Frauen galt bis in die neueste Zeit als unmoralisch und unerlaubt. Erst in neuerer Zeit hat man versucht, die alten Gebräuche zu durchbrechen, die Frauenrollen von weib-

[50] Eine Rezitationsweise, die an die Vorstellungen erinnert, die wir uns von hellenischen Dichter-Sängern und den alten Barden machen.

The *nō* plays developed into the Japanese drama, *jōruri*, which underwent considerable modifications in the course of time. At first it consisted only of a poet's recitation, with the rhythmic background of a fan striking; later on the *shamisen* replaced the fan,[50] and actors presented the dramas to the spectators. Due to a 17th century censorial ban on human stage actors, to avoid public offense, the famous Japanese puppet theatre came into being. It reached high perfection and remains very popular. Life-sized puppets are the actors: a *gidayū* reads the poetry to *shamisen* accompaniment. It is astonishing how readily the Japanese spectators respond to illusion. They do not mind the puppet manipulation by two blackrobed men, *kurombō*, who mark every important episode with a pair of percussion sticks, *hyōshigi*, or the curt warning shouts of the *shamisen* player (Fischer 1901). 120

These and other striking peculiarities of the puppet theater were transferred to the modern Japanese drama. The roles are assigned to men, in rare places to women. Till recently a mixture of men and women was considered immoral and not permissible. Recently there have been attempts to shatter the old customs and to give female roles to actresses. 121

[50] A style of recitation reminiscent of our image of Hellenic poet-singers and ancient bards.

lichen Schauspielern darstellen zu lassen.

122 Hier noch weiter die Entwicklung und die Eigentümlichkeiten des japanischen Theaters zu verfolgen würde zu weit führen. Wir wollen nur kurz den Zusammenhang der Musik mit dem japanischen Drama betrachten, wie wir ihn an den beiden in Berlin aufgeführten Stücken kennen lernten.

123 Die Musik spielt im japanischen Drama keineswegs eine nebensächliche Rolle. Sie begleitet das ganze Stück, schließt sich eng dem Gang der Handlung an und trägt wesentlich zur Stimmungmalerei bei, ähnlich wie in unserm Melodram. Hier zeigte sich die Kunst der Japaner, mit den einfachsten Mitteln eine Stimmung zu erzeugen, die auch den europäischen Hörer lebhaft ergreift. Das ganze Orchester wurde von zwei Musikern gebildet, die in der Kulisse verborgen, die verschiedenen Instrumente abwechselnd spielten. Der eine zupft fast unausgezetzt sein *Shamisen* und stößt gelegentlich einige Klagelaute oder kurze Habt-Acht!-Rufe aus. Eine Szene begleitet er auf dem *Koto*. Der andere begleitet das Auftreten der Hauptperson und die eingestreuten Tänze mit Gesang und bedient die Schlaginstrumente: drei Trommeln von verschiedener Größe (ein *Ō-daiko* und zwei *Taikos*); zwei Gongs (*Dora*); ein kleines Glockenspiel (*Orimorō*);[51] ein kleines Gong (*Kaimeh*); eine Glocke von der Form unserer Tischglocken (*Wle*); ein Paar Schlaghölzer (*Ki*); ferner eine größere Rohrpfeife (*Take-fuye*) und eine kleine, metallene Signalpfeife (*Musi-fuye*).[52]

124 Die beiden Schlaghölzer, die zusammengeschlagen einen scharfen, hohen Ton (*fis*^{3})

[51] Tonhöhen der einzelnen Glocken: *es*$_3$, *f*$_3$, *g*$_3$, *b*$_3$, *g*$_4$.

[52] Die japanischen Bezeichnungen der Instrumente nach Angabe der Theatermusiker. Bei der Korrektur der Fremdwörter war uns Herr Dr. Herbert Müller, Assistent am Völkerkunde-Museum in Berlin, in liebenswürdigster Weise behilflich. [In der vorliegenden Ausgabe sind die ursprünglichen Texttransskriptionen in das Glossarium orthographischer Revisionen verwiesen.-ED.]

It is not feasible to further pursue the development and characteristics of the Japanese theater. We merely wish to consider briefly the relationship of music to Japanese drama, as observed in the two plays performed in Berlin. 122

The role of music in Japanese drama is by no means insignificant. It accompanies the entire presentation, closely adheres to the action and contributes to the mood, not unlike our melodrama. Here the Japanese skill for mood evocation by simple means grips even the European audience. The orchestra consisted of two musicians who hid in the wings and alternated in playing various instruments. One of them incessantly plucked his *shamisen* and occasionally emitted mournful calls or alerts. He accompanied one scene on the *koto*. The other one accompanied the appearances of the main actors and the dance interludes with song and he manned the percussion instruments: three drums of varying sizes (an *ō-daiko* and two *taikos*); two gongs (*dora*); a small bell chime (*orimoro*);[51] a small gong (*kaimeh*); and bells resembling our table bell (*wle*); a pair of percussion sticks (*ki*); a large cane pipe (*take-fuye*), and a small, metal signal pipe (*musifuye*).[52] 123

The two percussion sticks, which produce a sharp, high tone (F$\sharp_7$) served the 124

[51] Pitch of the single bells: E$^b{}_6$, F$_6$, G$_6$, B$^b{}_6$, G$_7$.

[52] The Japanese terms for the instruments, according to the theater musicians. In the correction of foreign words, Dr. Herbert Müller, assistant at the Völkerkunde-Museum in Berlin, offered gracious help. [In the present edition the original text transcriptions appear in the glossary.-ED.]

hervorbringen, dienen der Regie. Mit ihnen werden die Schauspieler aus der Garderobe gerufen und die Zeichen für das Heben und Senken des Vorhangs sowie für die Dekorationswechsel gegeben.

stage management. They summoned the actors from the dressing room, and signaled the raising and lowering of the curtain, also the change of decorations.

125 Die melodieführende Stimme liegt im *Shamisen*, dessen Rhythmus von den langgezogenen Tönen des begleitenden Gesanges anscheinend nicht beachtet wird. An dramatischen Höhepunkten, zu denen oft ein stark crescendierender Trommelwirbel hinleitet, bricht jede Musik ab, und der durch die plötzlich eintretende Stille hervorgerufene Kontrast erregt eine gewaltige Spannung. Der Realismus von Liebesszenen, Kampf und Tod wurde auf diese Weise noch packender gestaltet. Das nahende Verhängnis kündigt sich jedesmal durch die Schläge des Gong (as_0) an, das, nach dem Anschlagen hin- und hergeschwungen, eine unheimlich dumpfe Klangfarbe erhält. In der Sterbeszene der *Kesa* wurde die melancholische *Koto*begleitung (s. Beilage) durch solche Gongschläge und die langgezogenen Klagetöne der japanischen Nachtigall, von einem kleinen Pfeifchen (fis_2) nachgeahmt, äußerst wirksam unterstützt. In wundervoller Weise wurde die große Trommel in einer Räuberszene verwendet: Das lauernde Heranschleichen und das plötzliche Hervorbrechen des Feindes, alle Situationen des Kampfes, der Absturz des Besiegten von einer Felswand – all diesen Vorgängen folgte die Trommel in äußerst feinen rhythmischen und dynamischen Nuancierungen. Die ebenfalls rhythmische reizvolle Musikbegleitung der Tänze geben wir im Anhang in europäischer Notierung und verweisen auf die begleitenden Bemerkungen.

The *shamisen* provided the melody; its rhythm had the appearence of being independent of the prolonged chant tones. During moments of dramatic climax, often initiated by a drum tremolo, all music ceased; and the sudden silence brought a tense contrast. This intensified the realism of love, battle, and death scenes. The approaching catastrophe was announced by a gong striking ($A\flat_3$) and swaying, which gave it an eerie, dull tone quality. In the death scene of *Kesa* the melancholy *koto* accompaniment (see Appendix item IV) was enhanced by such gong sounds and by the sustained lament of the Japanese nightingale, imitated by a small whistle ($F\sharp_6$). During a robbery the large drum was used most effectively; with subtle rhythmic and dynamic nuances it followed the enemy's ambush and sudden outburst, all episodes of the battle, the victim's fall from a cliff. In the Appendix, we include the equally charming rhythms of the dance music in modern notation, along with comments. 125

7. Auffassung und Beurteilung

126 In der Musikbeurteilung steckt so viel Konventionelles, daß es sicher einen großen Unterschied macht, ob ein Japaner seine Musik, oder ob wir sie beurteilen. So-

7. Perception and Appreciation

In the understanding of music, convention plays such an important part that it makes a great difference whether we or a Japanese evaluates it. Convention influences 126 wohl die sinnliche Gefühlswirkung wie der intellektuelle Genuß wird von der Konvention beeinflußt. Bevor wir zum genaueren Studium der japanischen Musik übergingen, versuchten wir uns erst einen Allgemeineindruck von ihr zu verschaffen. Man ist imstande, alle theoretischen Kenntnisse, absolutes Tonbewußtsein, Klanganalyse und dergleichen auszuschalten und sich ganz der sinnlichen Gefühlswirkung der Musik hinzugeben. Damit eine solche beim erstmaligen Hören eintreten kann, ist es notwendig, daß die Komposition unsere Aufmerksamkeit in eine bestimmte Richtung leitet und nicht fortwährend ablenkt. Hören wir zum Beispiel polyphone Musik, etwa eine komplizierte Fuge, zum erstenmal, dann kann die Aufmerksamkeit nicht den verschiedenen Stimmen gleichzeitig folgen. Sie springt fortwährend von der einen zur anderen Stimme und läßt so kein sinnliches Wohlgefallen aufkommen. Noch stärker zeigt sich dieser Mangel an sinnlicher Gefühlswirkung beim Hören der japanischen Musik. Die eigenartige Melodik, die fremden Rhythmen, die Klangfarbe, alles arbeitet in seiner Wirkung auf die Aufmerksamkeit gegeneinander. Ja, wenn man einmal auf Rhythmus, ein andermal auf Harmonie achtete, wurde selbst diese willkürlich gerichtete Aufmerksamkeit fortwährend abgelenkt. Der Ausdruck „Richtung der Aufmerksamkeit" bedarf noch der näheren Präzisierung. Die Aufmerksamkeit wird in der Musik durch allerlei Dinge erregt. Ein sehr starker, ein sehr hoher, ein sehr tiefer Ton, Stetigkeit und Veränderlichkeit der Tonempfindung, alles dies zieht die Aufmerksamkeit auf sich. Die letzten Gründe dafür sind vorderhand nicht zu erbringen. Außer den genannten wirken aber noch sekundäre Empfindungskriterien mit, die Aufmerksamkeit zu richten, vor allem die Reproduktion von Vorstellungen. Hören wir die Laute a b c d, so werden frühere Empfindungen, die mit der Fortsetzung des Alphabets verknüpft waren, reproduziert, so daß wir,

both the sensuous reaction and the intellectual enjoyment. Before we attempted to study Japanese music in detail, we tried to form a general impression. It is possible to eliminate all theoretical knowledge, absolute pitch, sound analysis and the like, in order to surrender entirely to the sensuous effects of the music. To achieve this on first hearing it is necessary that the composition direct attention in a definite direction without diversion. For instance, during a complicated polyphony like a fugue, the first hearing does not permit attention to all voices simultaneously. Rather, attention jumps from voice to voice and thus interferes with sensuous pleasure. This difficulty is even more evident in the reaction to Japanese music. The strange melodies, the exotic rhythms, and the tone quality all conflict in their effect on our attention. When we concentrated first on the rhythm, then on the harmony, this deliberate direction of attention became continually diverted. The expression, "direction of attention" needs further precise explanation. Music arouses attention by various means. It attracts attention by a very strong, very high, very low tone, by constancy and shifting of tone quality. At present the ultimate reasons are unfathomable. Besides the aforementioned, secondary sense criteria also play a role in attracting attention, especially the reproduction of images. If we hear the sounds a b c d, we reproduce previous impressions connected with the continued alphabet, so if we expect anything, we expect the continuation of the alphabet; likewise in music. The beginning of the scale C D E F reproduces previous images and thus gives a specific direction to the attention. A similar effect comes from musical experiences, phrases, chords - the whole realm of so-called musical logic. If no images are reproduced and if attention is not based on sentiment itself, attention lacks direction, wanders here and there, and the music wenn überhaupt noch Laute, die Fortsetzung des Alphabets erwarten. Genau so in der Musik. Der Anfang der eben gehörten Tonleiter *c d e f* reproduziert frühere Vorstellungen und bringt so die Aufmerksamkeit in eine bestimmte Richtung. Ganz ebenso wirken auch musikalische Erfahrungen, Phrasen, Akkorde, das Gesamtgebiet der sog. musikalischen Logik. Werden gar keine Vorstellungen reproduziert und liegt das Gesetz der Aufmerksamkeitsrichtung nicht gerade in der Empfindung selbst, dann wird die Aufmerksamkeit überhaupt nicht geleitet, sie tappt hierhin und dorthin, und es kann zu einer einheitlichen Wirkung der Musik überhaupt nicht kommen. So erging es uns auch bei der japanischen Musik, besonders wenn mehrere Instrumente zugleich erklangen. So war ein Lied, das Todeslied, in welchem das *Koto* den Gesang begleitete, für uns absolut unverständlich, weil in Rhythmen, Intervallen, in der Klangfarbe kein Vergleichspunkt mit unserer Musik auffindbar war. Die Musik eines einzelnen Instrumentes, wie des *Koto*, konnte eher einen Genuß, wenigstens einen intellektuellen, hervorrufen. Ja, sogar konnte die *Koto*-Begleitung der Sterbeszene in dem Theaterstück „Kesa" die mächtige Wirkung des Stückes noch bedeutend erhöhen, weil die milde klagende Klangfarbe des *Koto* zugleich mit den langen Rhythmen den uns gewohnten Klageäußerungen in der Musik nahestand.

127 Was die intellektuelle Auffassung der japanischen Musik von unserer Seite anlangt, so haben wir erkannt, daß sie erst erlernt werden muß. Zuerst sind wir stets mit den Vorstellungen unserer harmonischen Musik an die Beurteilung herangegangen. Wir versuchten die japanischen Weisen wie alle anderen Melodien zu harmonisieren. Wenn es uns gelang, einfache Harmonien zu finden, schien uns die Musik verständlich, wenn nicht, so war es nur ein Konglomerat von Tönen. Durch die vielen Mißerfolge in den Harmonisierungsversuchen aber lernten wir allmählich, rein

exerts no unified effect. That was our reaction to Japanese music, especially during the simultaneous sounding of several instruments. Thus a song, the lament, with *koto* accompaniment, was for us totally unintelligible, because the rhythms, intervals, and tone quality defied comparison with our music. The music of a single instrument, like the *koto*, more easily gave pleasure, at least intellectual pleasure. In fact, the *koto* accompaniment in the death scene of "*Kesa*" could intensify the powerful impact of the play, because the mild, mournful tone quality of the *koto* resembled the sustained rhythms of our own accustomed lamentations.

As to our intellectual appreciation of Japanese music, we realized that it must be learned. At first we approached the interpretation from the point of view of our harmonized music. We tried to harmonize Japanese tunes in the manner of other melodies. If we succeeded in finding simple harmonies, we seemed to understand the music; if not, it was merely a conglomeration of tones. But through the many failures in these attempts to harmonize, we gradually learned the appreciation of pure melody, and in most cases we ultimately managed to hear the actual 127 das Melodische zu berücksichtigen, und konnten es schließlich in den meisten Fällen erreichen, daß wir einfach die uns gebotenen Töne hörten, ohne unsere harmonischen Vorstellungen dazu zu tun. Daß wir dahin gelangt sind, konnten wir daran erkennen, daß uns jetzt ein Schluß auf der zweiten Stufe und andere Eigentümlichkeiten, die ganz der harmonischen Musik widersprechen, gar nicht mehr stören.[53] Wir glauben, daß wir seit unserer frühesten Kindheit bis zu diesen Versuchen nie in ähnlich objektiver Weise Musik gehört haben. Die Begriffe Dur und Moll sind ein Produkt der harmonischen Musikentwicklung. Die jonische und äolische Kirchentonart (*Do*- und *La*-Modus), die den Typus unsres jetzigen Dur und Moll repräsentieren, hatten im Mittelalter noch kein Übergewicht vor den anderen Kirchentönen errungen. Analog haben wir offenbar die japanische Musik aufzufassen; wir sind nicht berechtigt, unseren Dur- und Moll-Begriff in sie hineinzutragen, was sich an einer großen Anzahl von melodischen Passagen, die sich weder als Dur noch als Moll auffassen lassen, deutlich zeigt.

128 Die in der Literatur häufig gefundene Angabe, daß die japanische Musik im Gegensatz zum chinesischen Dur reinen Moll-Charakter habe, können wir nicht bestätigen. Im Gegenteil finden wir, wenn wir überhaupt diese Kategorien anwenden wollen, häufiges Umspringen innerhalb eines Musikstückes. Immerhin sind die Moll-Phrasen scheinbar häufiger.

129 Trotzdem scheinen uns einige japanische Melodien Dur-Charakter, andere Moll-Charakter zu haben, ein Beweis, daß wir, sobald die Melodieführung irgendwelche Vergleichspunkte mit unserer Musik bietet, in die gewohnte Auffassung zurückfallen. Dies liegt vorzugsweise an der Stellung der

[53] Selbst neutrale Intervalle (siamesische), die zuerst nur als Verstimmungen unserer Intervalle betrachtet werden, können mit der Zeit ihren fremden Charakter völlig verlieren. (Vgl. Stumpf 1901a; C. Stumpf und M. Meyer 1898b: 104ff.).

tones first, without bringing our harmonic concepts to bear upon them. We recognized that we had reached this stage because we were no longer disturbed by a closing on the second and other peculiarities contrary to harmonic music.[53] We believe that from early childhood to the time of these first attempts to hear Japanese music we never heard music objectively in this way. The concepts of major and minor are the products of harmonic development. In the Middle Ages the Ionian and Aeolian ecclesiastical modes (*Do* and *La* modes), corresponding to our present major and minor, had not yet overshadowed the other modes. We should approach Japanese music similarly; we are not justified in projecting into it our major or minor concepts, as is evident in the many melodic passages without major or minor connotations.

We do not confirm the frequently cited assertion, that in contrast to the Chinese major Japanese music has a minor quality. On the contrary, if we wish to apply these categories, we find frequent transformations within a piece. However, minor phrases seem to be more frequent. 128

Nonetheless, we sense a major quality in some Japanese melodies, a minor quality in others – a proof that we revert to our customary concept as soon as the melodic line offers any comparisons. This is due largely to the relation of thirds and sixths to the apparent tonic. 129

[53] Even neutral intervals (Siamese), which at first sound like mistunings of our intervals, can in time lose their exotic character. (See Stumpf 1901a: C. Stumpf and M. Meyer 1898b: 104ff.).

Terzen und Sexten zu der scheinbaren Tonika.

130 Mit dem häufigen Vorkommen des vermeintlichen Moll hängt es wohl zusammen, daß uns die japanische Musik ernst und schwermütig erscheint. Hieraus Schlüsse auf japanische Auffassung zu ziehen, ist unberechtigt, da wir auch hier nur der Konvention unserer harmonischen Musik folgen. Selbst Volkslieder mit lustigem Text kommen uns oft melancholisch vor.[54]

Probably the frequency of the supposed minor key causes the melancholy impression which we form of Japanese music. To draw conclusions from this about Japanese concepts is unjustifiable, because we are only following the conventions of our harmonized music. Even folk songs with jolly texts often appear melancholy to us.[54] 130

131 Wie die japanische Musik uns, so berührt unsere Musik die Japaner im allgemeinen fremdartig. Doch scheint sich das japanische Ohr doch an unsere komplizierten Harmonien gewöhnen zu können, und abfällige Urteile beziehen sich meist nur auf unsere Gesangstechnik (vgl. S. 59; Müller 1874–75, Heft 9: 20 Anmerkung).

Conversely, our music generally seems strange to the Japanese. But the Japanese ear seems capable of adjusting itself to complex harmonies, and criticism aims mainly at our singing technique (cf. p. 59; Müller 1874–75, Fasc. 9: 20, n.). 131

132 Leider verschwindet, je weitere Kreise die europäische Kultur zieht, die reizvolle Originalität der fremdländischen Kunst und mit ihr ein für den Musikforscher, Ethnologen und Psychologen überaus wertvolles Material. Wenn wir auch nicht die musikalischen Schöpfungen selbst, wie andere Kulturerzeugnisse in unseren Museen aufbewahren können, so sollten wir doch so lange es noch Zeit ist, bestrebt sein, phonographische Dauerpräparate für unsere Laboratorien zu sammeln. Zwar wird die praktische Musik nicht, wie bildende Kunst und Kunstgewerbe, von den Ostasiaten viel lernen können, doch dürfte ihnen die Wissenschaft noch für manche Erweiterung ihres Ausblicks dankbar werden.

Unfortunately, with the expansion of European cultural influences, the charming originality of exotic art vanishes, and with it disappears material of exceedingly great value to the musicologist, ethnologist, and psychologist. Though we cannot preserve musical creations in our museums as we can other cultural products, we should attempt to collect durable phonographic recordings for our laboratories, so long as this is still possible. It is true that practical music, unlike the fine arts and crafts, cannot learn much from East Asia; but knowledge may well be indebted to her in times to come for a widening of musical horizons. 132

Anhang I

Bemerkungen zu den Musikbeilagen

133 Als Beilage bringen wir eine Anzahl der von uns mit einem Edisonschen Phonographen aufgenommenen Musikstücke, in europäi-

Appendix I

Comments on the Music Examples

In this Appendix we present a number of pieces recorded by an Edison phonograph, and transcribed into European notation. 133

[54] Umgekehrt erscheint uns ein „Trauriger Abschied" betiteltes siamesisches Orchesterstück besonders heiter.

[54] Conversely, a "Sad Farewell" for Siamese orchestra seems especially cheerful to us.

sche Notenschrift übertragen. Wenn diese auch nicht allen Feinheiten der japanischen Intonation und Vortragsweise zu folgen vermag, so sind doch die Abweichungen von unserer Musik nicht so erheblich, daß wir auf eine Wiedergabe in der uns gewohnten Bezeichnungsweise verzichten müßten. Jenen Abweichungen suchten wir übrigens dadurch gerecht zu werden, daß wir merkliche Differenzen in der Tonhöhe durch + oder — markierten, die auf dem *Koto* durch Saitendruck erhöhten Töne mit einem × versahen und die Temposchwankungen mit dem Metronom möglichst genau fixierten.

Though the transcriptions cannot present all the subtleties of Japanese intonation and performance style, the deviations from our music are not formidable enough to relinquish customary ways of reproduction in notation. Incidentally, we tried to compensate for deviations in pitch by marking noticeable differences with + or —, by designating the tones raised by pressure on *koto* strings with ×, and by setting as accurately as possible the tempo fluctuations with a metronome.

134 I. Sologesänge (Dr. Graf R. Goto). Texte in freier Übersetzung:

1. Abschiedslied (volkstümlich). „Wenn ich von dir Abschied nehme und dahinwandle auf der Landstraße zwischen den Eichen, nicht weiß ich dann, ob Tau mich netzt oder Tränen."

2. Gassenhauer (aus dem chinesisch-japanischen Krieg). „Der Li-Hung-Chang ist der dümmste Kerl auf der Welt: um so viele Soldaten nach Gasan zu schicken, hat er die ganze Kriegsflotte vernichten müssen!"

3. Chinesisches Lied (mit den chinesischen Solmisationen gesungen).

I. Solo songs (Count Dr. R. Goto). Free text translations: 134

1. Farewell (folk- like). "When I take leave of you and wander along the road between oak trees, I don't know whether I am moistened by dew or tears."

2. Popular Song (from the Chinese-Japanese War). "Li-Hung-Chang is the biggest dumb-bell in the world: in order to send so many soldiers to Gasan, he had to destroy the whole navy."

3. Chinese song (sung with Chinese vocables).

135 In allen drei Stücken fällt der melodische Schwerpunkt mit dem Schlußton zusammen, ohne daß wir, wenigstens in den beiden ersten, eine Tonika in unserem Sinne erkennen könnten. Schwankende Intonation ist im ersten Stück in der Terz, im zweiten in der Sexte zu finden. Eine regelmäßige Zusammenfassung von Takten zu Gruppen von je drei oder vier, wie sie bei uns die Norm ist, scheint nicht vorzuliegen.

In all three pieces, the melodic center coincides with the final tone, without identifying a tonic, at least in the first two cases. Uncertain intonation occurs in the third of the first piece, in the sixth of the second one. There is apparently no regular grouping of measures by threes or fours, as would be the norm with us. 135

136 II. *Shamisen*-Solo. *Ōzatsuma*.[55] (Theatermusiker). Dieses in Japan sehr beliebte Stück, das sich in fortwährendem *Accelerando*, am Schluß zu einem rasenden

II. *Shamisen*-solo. *Ōzatsuma*[55] (theater musicians). In a virtuoso performance, this very popular piece builds through a steady *accelerando* to a final furious *prestissimo*. It 136

[55] [Anmerkung 1920:] Ōzatsuma bezeichnet nur die Schule, der das Stück, ein Zwischenspiel von Naga-uta angehört.

[55] [Comment 1920] *Ōzatsuma* designates only the school to which the piece, a *Naga-uta* interlude, belongs.

Prestissimo steigert, wurde mit bewunderungswürdiger Virtuosität vorgetragen. Es steht uns infolge seiner scharfen Rhythmisierung und der gelegentlichen Zusammenfassung der Takte zu Gruppen musikalisch näher.

137 III. Theatermusik. Tanzstücke aus dem ersten Akte des Dramas ,,Die Geisha und der Ritter.“ Der *Shamisen*spieler saß in der Kulisse, wo wir auch während der Aufführung unsre phonographischen Aufnahmen machten. Dem ersten, mehr feierlich zeremoniellen, folgt ein etwas lebhafterer, anmutiger Tanz unter einem Regen von Kirschblüten. Das letzte Stück gibt eine Art wilder Tarantella wieder, welche die Tänzerin auf einem *Tsuzumi* (kleine sanduhrförmige Trommel) begleitete. Alle diese Tänze werden von Frau Sada Yakko mit vollendeter Grazie, namentlich der Arm- und Handbewegungen, ausgeführt. Die kurze monotone Stelle in der Musik, in welcher dieselben Taktgruppen viele Male wiederholt werden, begleiten einen grotesken Versuch einiger Priester, die Tänze der Geisha zu parodieren.

138 IV. *Koto*-Solo. Sterbeszene der Heldin aus dem 2. Akte des Schauspiels ,,Kesa.“ (Theatermusiker.) Eine freie, Stimmung malende Phantasie, die bei jeder Aufführung variiert wurde. Vgl. S. 63f.

139 V. *Koto*-Solo. *Todeslied*[56] (Sada Yakko.) Wir fanden in diesem Stück nicht nur einen häufigen Wechsel der *Koto*-Stimmungen, sondern auch gelegentlich eine Transposition derselben Leiter in die Subdominante (von *b* nach *es*).

140 VI. *Shakuhachi*-Solo. *Rokudan* (= 6 Teile). III. *Sandan.* (Dr. Murayama, Dr. Goto). Diese in Japan sehr bekannte Komposition Yatsuhashis ist ursprünglich für *Koto* gedacht und in dieser Form schon mehrfach publiziert worden. Wir geben deshalb nur einen einzelnen Teil in Parti-

56 [Anmerkung 1920:] Begleitung zu dem Lied Yuki = Schnee. Diese und die Bemerkung der vorigen Fußnote verdanken wir der Freundlichkeit des Herrn Dr. Tanaka in Tokio.

approaches our concept because of its sharp rhythms and the occasional grouping of measures.

III. Theater Music. Dance pieces from the first set of the drama, "The Geisha and the Knight." The *shamisen* player sat in the wings, where we made our recordings during the performance. After a solemn dance there followed a rather lively, graceful dance of cherry blossoms. The last piece presented a sort of vivacious tarantella, which the female dancer accompanied herself on a *tsu-zumi* (an hour-glass shaped, small drum): Mme. Sada Yakko executed all these dances with consummate grace, especially in the arm and hand movements. The short monotone section in the music, with the frequent repetition of the same group of measures, accompanied a grotesque attempt by some priests to parody the dances of the *geisha*. 137

IV. *Koto* solo. Death scene of the heroine from Act 2 of the play *"Kesa."* (Theater musicians). A free, evocative fantasy, which varied at each performance. See p. 63ss. 138

V. *Koto* solo. *Lament.*[56] (Sada Yakko). In this piece we find not only a frequent change of tunings but also occasional transposition of a scale to its subdominant (from B♭ to E♭). 139

VI. *Shakuhachi* solo. *Rokudan* (= 6 parts). III. *Sandan* (Dr. Murayama, Dr. Goto). This well known composition by Yatsuhashi was intended for the *koto* and was variously published in this form. Hence we reproduce only a part of the score, to facilitate comparison of the various no- 140

56 [Comment 1920] Accompaniment to the song *Yuki* (Snow). For this and the previous comment we are indebted to Dr. Tanaka in Tokyo.

turform wieder, um die Abweichungen der verschiedenen Notierungen und die charakteristischen Unterschiede des *Shakuhachi-* und *Koto*-Stiles bequem vergleichbar zu machen.[57]

141 Die ersten beiden Zeilen der Partitur sind Übertragungen der Phonogramme, die wir nach dem *Shakuhachi*-Spiel zweier verschiedener Musiker aufgenommen haben. Sie weichen untereinander nur unerheblich ab, hauptsächlich in den Verzierungen, deren genaue Notierung so wenig möglich war, wie die der tremoloartigen Umspielung der lang ausgehaltenen Töne.

142 Die beiden anderen Zeilen sind der Literatur entnommene Aufzeichnungen für *Koto*, und zwar die eine aus den von Piggott (1891) gesammelten Musikbeispielen, die andere aus Isawa's (1888) Sammlung von *Koto*-Stücken. Wir finden in Piggotts Notierung überall *cis*, wo Isawa *d* schreibt: da *a* als Grundton der Leiter zu betrachten ist, so fällt die Schwankung auf die dritte Stufe*, also auf einen Hilfston (*Pien*, s. oben S. 35). Wir bemerken im Gegensatz zu den Wiedergaben durch das *Shakuhachi* die charakteristischen Eigentümlichkeiten des *Koto*-Stils: gleich im ersten Takt ein absteigendes Arpeggio, simultan oder arpeggiert gespielte Quinten, Quarten und Sekunden.

143 Die Sexte (*f*, *fis*) erscheint in den *Koto*-Stimmen bald als kleine (*f*), bald als große (*fis*), bei der einen *Shakuhachi*-Wiedergabe (Dr. Goto) stets als große (*fis*), in dem anderen *Shakuhachi*-Solo (Dr. Murayama) schwankend oder in intermediärer Intonation. Wir glauben aber nicht, daß hierbei neutrale Sexten intendiert waren.

144 VII. Gesang mit Triobegleitung (Partitur). *Tsuru Kame*, Kranich und Schild-

* [gemeint ist wohl: vierte Stufe.-ED.]

[57] Auf die Veröffentlichung eines anderen Shakuhachi-Stückes: *Azumashishi* (Dr. Goto, Dr. Murayama), das wir in ähnlicher Weise partiturartig fixiert haben, können wir, da es nichts wesentlich Neues bringt, ebenfalls verzichten.

tations and the characteristic differences between the *shakuhachi* and *koto* styles.[57]

The first two lines of the score present our transcriptions from recordings by two different *shakuhachi* players. They show few differences, mostly in the ornamentation, which, like the tremolo embroidery of the sustained notes, defied exact notation. 141

The two other lines are excerpts from published notations for the *koto*, specifically, one from Piggott's (1891) collected musical examples, the other one from Isawa's (1888) collection of *koto* pieces. Piggott always writes C♯ where Isawa writes D: since A appears as the fundamental of the scale, this difference affects the third step*, which is a subsidiary tone (*pien*, see above p. 35). The characteristic *koto* style emerges in contrast with the *shakuhachi* version: right in the first measure a descending arpeggio, simultaneous or arpeggio fifths, fourths, and seconds. 142

The sixth (F, F♯) appears in the *koto* voices variously as minor (F) and major (F♯); in one *shakuhachi* version (Dr. Goto) always as major (F♯), in the other *shakuhachi* solo (Dr. Murayama) in fluctuating or intermediate intonation. Nevertheless, we do not think that a neutral sixth was intended. 143

VII. Song with trio accompaniment (score). *Tsuru Kame*, crane and turtle 144

* [This should probably read: fourth step.-ED.]

[57] We can dispense here with the publication of another *shakuhachi* piece, *Azumashishi* (Dr. Goto, Dr. Murayama) which we similarly set in a score, since it does not add anything new.

kröte (*Koto:* Sada Yakko). Melodieführende Stimme ist das *Koto,* dem allein Introduktion und Nachspiel zufällt. Das *Shamisen* bewegt sich meist unisono oder in Oktaven mit dem *Koto,* ohne dessen Verzierungen mitzumachen. Das *Kokyū* hält bald einen Ton orgelpunktartig aus, bald folgt es der Melodie mit seinem starken, unser Ohr verletzenden Glissando. Der Gesang ist gegen die *Koto*-Stimme häufig in Synkopen verschoben. Wir besitzen das Stück in drei verschiedenen phonographischen Aufnahmen, die sich nur in bezug auf die Koda unterscheiden.[58] Einmal kehrte nach der mit *Da Capo al Fine* bezeichneten Fermate das Vorspiel wieder; das zweitemal folgte das Nachspiel bis §§; das drittemal endlich setzte, nach einem Übergangstakt, das Nachspiel bei § ein und erstreckte sich bis zum Schluß der Notierung.

[58] Einige andere unbedeutende Abweichungen verschuldeten das Ausfallen einzelner Takte oder Taktteile, meist in den Oberstimmen der Partitur: so erklären sich die Unregelmäßigkeiten in Takt 31, 37, 40, 47 und 63.

(*koto*: Sada Yakko). The *koto* leads the melody, presents the prelude and coda. Usually the *shamisen* moves in unison or in octaves with the *koto,* without sharing the ornamentation. The *kokyū* sometimes holds a tone like a pedal point; sometimes it follows the melody with its strong glissando, offensive to our ears. The singing often syncopates the *koto* melody. We have three separate recordings of the piece, differing only in the coda.[58] Once the prelude recurred after the fermata marked *Da Capo al Fine*; the second time the postlude followed till §§; the third and last time, after a transitional measure, the coda started at § and extended to the end of the notation.

[58] Some other unimportant deviations caused the omission of several measures or measure fragments, mostly in the upper voices of the score. This explains the irregularities in measures 31, 37, 40, 47, and 63.

Anhang/Appendix II: Musikbeilagen/Music Examples

I. Sologesänge/Solo Songs

1. Abschiedslied
1. Farewell Song

(Dr. Goto)

2. Gassenhauer
2. Vernacular Song

3. Chinesisches Lied/Chinese Song

II. Shamisen-Solo

III. Theatermusik/Theater Music

(Shamisen)

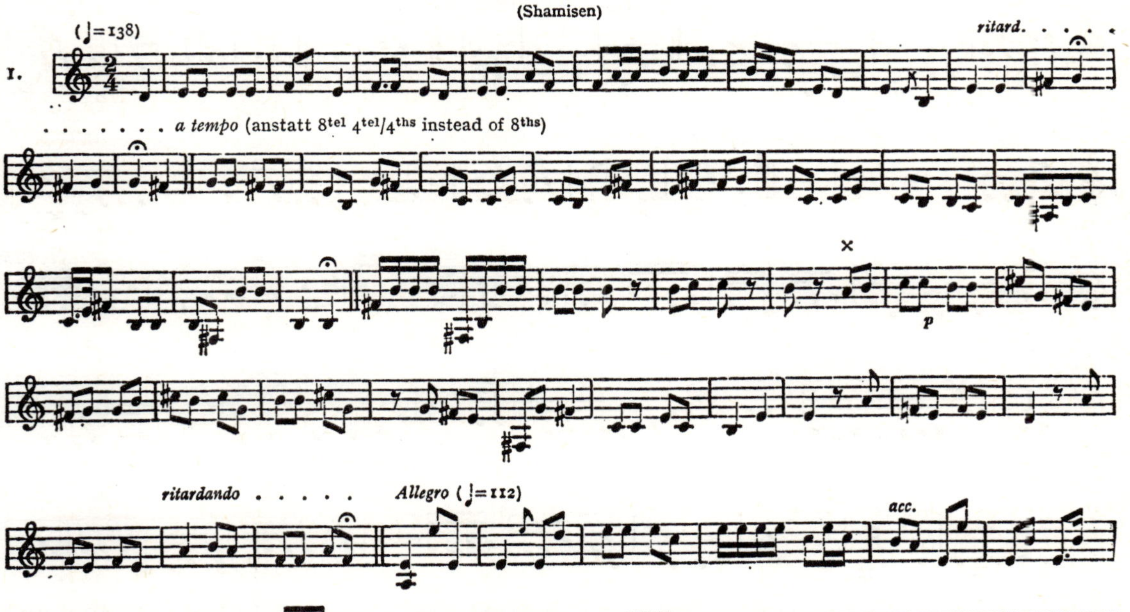

(♩= 120)
acc.
ritardando
(♩= 80)
2.
più lento
a tempo (♩= 116)
(♩= 112) 8 mal/8 times
(♩= 138) 22 mal/22 times
I
II
III
9 mal/9 times
9 mal/9 times (♩= 86)
8a basso
etc.
3.
8va basso

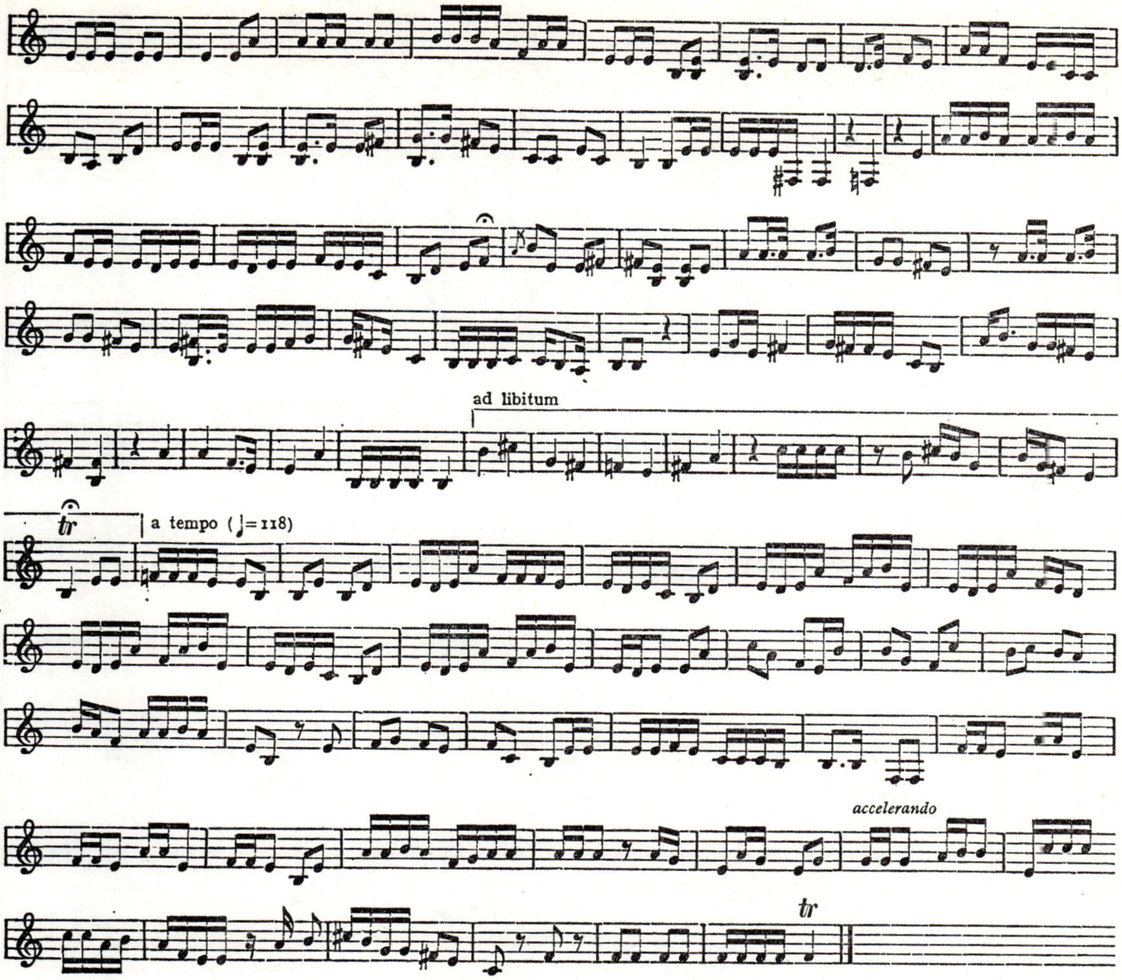

IV. Koto-Solo/Koto Solo

Sterbeszene aus „Kesa" / Death Scene from "Kesa"

V. Koto-Solo/Koto Solo

Todeslied / Lament

VI. Shakuhachi-Solo/Shakuhachi Solo

(Vergleichspartitur/Comparative Score)

Rokudan. III. San-dan

VII. Gesang mit Triobegleitung/Song with Trio Accompaniment

(Partitur/Score)

Kranich und Schildkröte / Crane and Turtle

1 Oktave tiefer/1 octave lower
(♩. = 176)
Fine
pp

(♩ = 96)

(♩ = 140)
rit.

(♩=220)
rit.
(♩=110)
D. C. al F.
Nachspiel/Postlude
Koto
♩=96

♩=184
(♩=208)

Verzeichnis orthographischer Korrekturen
List of orthographic revisions

new	*original*	*new*	*original*
cheh	Che	mesē	Mese
Chia-fao-tsun-tsin	Chia-fao-tsiuen-tsin	musi-fuye	Musifuye
chin	Kin	ōdaiko	Odaiko
ch'ing	K'ing	ōzatsuma	Osazuma
chōshi	Shoshi	pien-ch'ing	Pien-K'ing
chōshibuyes	Shōshibuyes	ra'nāt	Ranat
ga-gaku	Gagaku	ritsu-sen	Ritsusen
gaku-nin	Gakunin	ryō-sen	Ryosen
gidayū	Gidayu	san-sagari	Sansagari
han-iwato	Han Iwato	shaku-byōshi	Shaku-bioshi
han-kumoi	Han Kumoi	shichigen-kin	Shichigenkin
hira-jōshi	Hirajoshi	shiken-kin	Shikenkin
hsiao	Siao	shuang-chin	Shuang-Kin
huang-chung	Hoang-chung	take-fuye	Takefuye
hyōshigi	Hiōshigi	ti-tzŭ	Titzĕ
hypatē	Hypate	tsuzumi	Tsudsumi
Irokesen	Iroquois	Yakko	Yacco
jōruri	Joruri	yamato-koto	Jamatokoto
kengyō	Kengio	yüeh-chin	Yüe-Kin
kin-no-koto	Kinno-Koto	yün-lo	Yünlo
kokyū	Kokyu	Zalzāl	Zalzal
kurombō	Kurombo		

E. M. VON HORNBOSTEL

Besprechung von/Review of

Viktor Goldschmidt
Über Harmonie und Komplikation

Berlin 1901, Julius Springer, 136 S.

1903

English translation by

Richard Campbell

aus/from: *Zeitschrift für Psychologie und Physiologie der Sinnesorgane* 32, 1903: 436–38.

Verf. versucht das krystallographische Gesetz der Komplikation, welches die Neigung, Größe und Rangordnung abgeleiteter Flächen in Bezug auf die Hauptflächen zahlenmäßig bestimmt, auf andere Gebiete zu übertragen. Bei der Ableitung der Grundzüge einer musikalischen Harmonielehre geht er von der Voraussetzung aus, daß ein Ton und seine Oktave und somit ein Akkord und seine Umkehrungen „harmonisch gleichwertig" seien. „Harmonisch" ist „eine Gruppierung oder Gliederung, die unser Geist, als seinem Wesen und den Sinnen angepaßt, dem Gemüte wohltuend aus der Welt der Erscheinungen ausgewählt oder, die Außenwelt verändernd, schafft." Nimmt man einen Ton und seine Oktave, analog den Hauptflächen, zu Ausgangspunkten, so soll das Komplikationsgesetz die zwischenliegenden Töne bestimmen: Die Tonkombinationen der gebräuchlichen Akkorde sollen „harmonischen Reihen" der Krystallographie entsprechen, ebenso die Folgen der Gründtone der Akkorde in einigen analysierten Musikstücken. Die harmonischen Reihen sind mehr oder minder vollkommen symmetrisch. Die Molleitern und -akkorde werden als Spiegelbilder („fallende Harmonie") der Durkombinationen („steigende Harmonie") aufgefaßt, wie es in ähnlicher Weise schon von v. Oettingen und Riemann vorgeschlagen worden ist. Zur Erklärung unserer diatonischen, chromatischen und enharmonischen Leitern wird das pythagoreische Prinzip des Quintenzirkels („Fortbildung auf der Dominante") herangezogen.

Neben zahlreichen bestechenden Analogien finden sich viele Punkte, an denen das Komplikationsgesetz zur Erklärung

The author attempts to apply the crystallographic law of complication to other areas of knowledge; this law numerically determines the angle, size, and hierarchy of derived surfaces in their relation to the main surfaces. In the derivation of the elements of harmony in music he proceeds from the assumption that a pitch and its octave and also a chord and its inversions are "harmonically equal." "Harmony" is "a grouping or arrangement which the mind creates as fitting to its character and to the senses, selected from the world of phenomena for its beneficial effect on the human spirit or because it changes the world around us." If one takes a pitch and its octave as points of departure, in analogy to the main surfaces, the law of complication – so it is alleged – determines the intermediate pitches: the combinations of tones in the common chords are claimed to correspond to *harmonic rows* in crystallography, and equally so, the succession of fundamental tones in the chords of some of the compositions that were analyzed. The harmonic rows are more or less fully symmetrical. The minor-key scales and chords are interpreted as inversions (descending harmony) of the major-key combinations (ascending harmony), as had already been suggested in a similar fashion by v. Oettingen and Riemann. The Pythagorean principle of the cycle of fifths (continuation on the dominant) is drawn upon as the explanation of our diatonic, chromatic, and enharmonic scales.

In spite of the numerous attractive analogies, the law of complication fails on many points to explain musical facts. To musikalischer Tatsachen versagt. Zunächst beschränkt sich seine Anwendbarkeit auf die harmonische Musik des europäischen Kulturgebietes. Die Hypothesen zur Erklärung exotischer Tonsysteme sind gänzlich haltlos. Das Moment der Symmetrie ist auf akustischem Gebiet nicht so allgemein anwendbar, wie auf optischem. Das Komplikationsgesetz führt zu reinen und harmonischen Intervallen (5:7, 4:7), Klavierversuche in temperierter Stimmung können daher über die Annehmlichkeit „harmonischer Folgen" nicht entscheiden. Viele gebräuchliche Kombinationen, wie der verminderte Septakkord, bleiben unerklärt. Daß sich einfache, größtenteils aus Dreiklängen aufgebaute Musikstücke, zumal ohne Berücksichtigung der Stimmführung und der relativen Tonlage, auch durch harmonische Zahlen darstellen lassen, scheint nicht so wunderbar, wie Verf. meint.

Die Fähigkeit zur „vorzugsweisen Aufnahme der zu einem Grundton gehörigen harmonischen Töne" soll physiologisch nicht im Gehirn, sondern im Ohr gründen. Verf. verwirft daher die Helmholtzsche Hörtheorie (auch das pathologische Phänomen der Tonlücken spreche, da nicht bekannt, gegen Helmholtz!) und gelangt auf deduktivem Wege zu einer der Ewaldschen verwandten Hypothese. Das „harmonische Organ" des Ohres, etwa das Trommelfell oder die Basilarmembran, soll sich auf einen bestimmten Ton durch eine bestimmte Spannung akkommodieren und bei eben dieser Spannung nur zur Aufnahme der harmonisch zugehörigen Töne (durch Knotenbildung) befähigt sein. Die Akkommodation erfolgt durch Spannmuskeln reflektorisch oder auch (bei gedachten, erinnerten Tönen) willkürlich. Disharmonische Töne sollen nicht simultan, sondern nur durch raschen Spannungswechsel perzipiert werden können. Dissonanz könne außer in „Disharmonie" auch in der Rauhigkeit (Interferenz) benachbarter Töne gründen.

begin with, its application is limited to the harmonic music of European cultures. The hypotheses offered in explanation of exotic tonsystems are quite untenable. The factor of symmetry is not as generally applicable in the field of acoustics as it is in the field of optics. The law of complication results in pure and harmonic intervals 5:7, 4:7); experiments at the piano in tempered tuning therefore cannot be conclusive as to the agreeableness of "harmonic successions." Many common combinations, such as the diminished seventh-chord, remain unexplained. That simple, largely triadically structured compositions can also be presented through harmonic numbers, particularly if the setting of the voices and the relative position of pitches are disregarded, does not seem as extraordinary as the author believes.

The capability for "preferential reception of the harmonic tones that belong to a fundamental tone" is said to be physiologically established, not in the brain, but in the ear. The author therefore rejects Helmholtz' theory of hearing (even the pathological phenomenon of tonal gaps – since they are *not* known – is said to contradict Helmholtz!) and arrives, by deduction, at a hypothesis that is not unlike Ewald's. The "harmonic organ" of the ear, be it the ear drum or the basilar membrane, is supposed to adapt to a particular tone through a particular tension and with just this tension to be able to receive only the harmonically related tones (by means of nodulation). The adaption occurs by reflex of the tension muscles and also arbitrarily (by imagined, remembered tones). Disharmonious tones are not supposed to be perceived simultaneously but only through rapid changes in tension. Aside from "disharmony," dissonances can also be caused by roughness (interference) between neighboring tones.

Interferenzerscheinungen (Schwebungen, Kombinationstöne) können aber nur bei simultaner Perzeption der Reize wahrgenommen werden, also nach Goldschmidt nur bei harmonischen Tönen, was der Erfahrung widerspricht. Überhaupt kehren gegen die neue Hörtheorie alle gegen Ewald erhobenen Einwände wieder (vergl. K. L. Schaefer 1900). Daß Schwankungen und Rauhigkeit begleitende, nicht aber konstitutive Merkmale der Dissonanz sind, ist vielfach zur Evidenz erwiesen.

Da alle Erscheinungen der Aufmerksamkeit und Auffassung schon im Physiologischen ihre Erklärung finden sollen, bleibt nur der positive Gefühlston, der die Harmonie begleitet, für die psychologische Betrachtung. Verf. erklärt ihn – biologisch, indem er „Genuß" als „gefühlte Förderung unserer Lebensfunktionen" definiert. Die Verwandtschaft der Akkorde erkläre sich hiernach aus der relativ leichten Anpassungsarbeit des Organs, während rascher und schwieriger Harmonienwechsel ermüdend wirkt.

Verf. hält die Aufgabe der einheitlichen Verknüpfung des physikalischen, physiologischen und psychologischen Momentes der Sinnesempfindung durch Einführung des Harmonie- und Komplikationsbegriffes auf akustischem Gebiet für gelöst, und dehnt im zweiten Teile seiner Arbeit die Untersuchung auf das optische Gebiet aus. Die Durchführung der Analogie stößt hier auf noch zahlreichere und noch bedenklichere Schwierigkeiten, als auf dem Tongebiet, auch müssen vielfach die in diesem gewonnenen Ergebnisse als bewiesen vorausgesetzt werden. Endlich wird die Herrschaft des Komplikationsgesetzes noch auf verschiedenen anderen Gebieten: der Entwicklungslehre (Septen der hexameren Korallen) der bildenden Kunst, den Zahlensystemen aufgezeigt. Erkenntnistheoretische Betrachtungen beschließen die Arbeit.

Es ist nicht möglich hier auf die vielfach interessanten und geistreichen Details der

However, interference phenomena (beat, summation tones) can only be perceived by simultaneous perception of the stimuli and thus, according to Goldschmidt, only with harmonic tones – which contradicts experience. Altogether, all of the objections against Ewald are raised again against the new theory of hearing (cf. K. L. Schaefer 1900). That fluctuations and harshness accompany but are not constituent characteristics of dissonance, has been proved many times.

Since all aspects of attentiveness and perception are claimed to be capable of physiological explanation alone, there remains only the positive quality of sentiment, accompanying harmony, to analyze psychologically. The author explains the tone of feeling – biologically! He does so by defining "enjoyment" as the 'felt demand of our life functions." The relationship of the chords is alleged to explain itself by the relatively easy adaptability of the organ, while rapid and difficult harmonic changes are fatiguing.

The author considers that the problem of the unitary correlation of the physical, physiological, and psychological factors in sense perception is solved by the introduction of the concept of harmony and complication into the area of acoustics, and in the second part of his study he extends the enquiry to the area of optics. Here the analogy encounters even more numerous and dangerous difficulties than in the area of pitch; frequently the findings in this area must be assumed to have already been proved. Finally, the law of complication is also traced in various other areas: the theory of evolution (septa of hexamore corals) in the visual arts, or the numerical systems. Reflections on epistemology close the study.

It is not possible to enter into the often interesting and clever details of the study.

Arbeit einzugehen. So reizvoll es sein mag, den eleganten Deduktionen zu folgen, wird man doch bei der Lektüre das Bedenken nie los, daß der Wissenschaft mit deduktiver Spekulation, die das bereits sichergestellte Tatsachenmaterial nur unvollkommen berücksichtigt, wenig gedient ist.

As attractive as it may be to follow the elegant deductions, the reader can never quite rid himself of the reservation that science is little served by deductive speculation that does not take the factual material already secured completely into account.

OTTO ABRAHAM UND E. M. VON HORNBOSTEL

Phonographierte türkische Melodien
1904
Turkish Melodies Recorded on the Phonograph

English translation by

Barbara Krader

Zuerst veröffentlicht/first published: *Zeitschrift für Ethnologie* 36, 1904: 203–221.
Abgedruckt aus/reprinted from: *Sammelbände für vergleichende Musikwissenschaft* 1, 1922: 233–250.

1 Das Material zu vorliegender Untersuchun bildete eine Anzahl von phonographierten türkischen Liedern, welche Herr v. Luschan 1901 in Sencirli aufgenommen und uns freundlichst zur musikwissenschaftlichen Bearbeitung überlassen hat. Der Sänger dieser Melodien war Avedisoğlu Avedis, ein 12jähriger armenischer Knabe aus Gaziantep, dessen frische und jugendlich helle Stimme durch den Phonographen sehr gut reproduziert wird. Das eine der 20 Lieder (XIII) wurde noch nach einem zweiten Sänger, einem 21jährigen Mohammedaner, Ali aus Maraş phonographisch fixiert. Eines der Lieder des Avedis (VIII) existiert in zwei Aufnahmen. Wir haben also Gelegenheit, zu vergleichen, wie ein Lied sich im Munde desselben Sängers verändert und welchen Varianten es in verschiedenen Gegenden unterliegt.

2 Die Melodien wurden abgehört und in europäischer Notenschrift aufgeschrieben; ganz korrekt wäre diese Notation nur, wenn das türkische Tonsystem mit unserem europäischen genau übereinstimmte. Obwohl dies in Wirklichkeit nicht der Fall ist, glaubten wir doch die Verständlichkeit der Notenbeispiele nicht durch eine besondere Zeichensprache erschweren zu dürfen und begnügten uns daher, die auffallendsten Abweichungen von unserer Stimmung durch + und — (Erhöhung und Vertiefung) anzudeuten.[1] Ebensowenig sollen unsere rhythmischen und taktlichen Einteilungen etwas über die Auffassung des Sängers besagen; sie sind lediglich bestimmt, das Lesen der Melodie durch Zu-

[1] In Nr. III gibt das Notenbild ohne Vorzeichnung den Melodieeindruck wieder; das (♭) soll nur die Übereinstimmung mit der durch Messung gefundenen Leiter herstellen.

The present investigation is based on a number of Turkish songs recorded by phonograph, which Mr. von Luschan collected in 1901 in Sencirli and has been kind enough to place at our disposal for musicological analysis. The singer of these melodies was Avedisoğlu Avedis, a twelve-year-old Armenian lad from Gaziantep, whose fresh and clear youthful voice was very well reproduced by the phonograph. One of the twenty songs (No. 13) was also recorded on the phonograph by another singer, Ali from Maraş, a twenty-year-old Muslim. In addition, one of Avedis's songs (No. 8) was recorded from him twice. Thus we have the opportunity to compare how a song changes when sung by the same singer, and what variants of it occur in different regions. 1

The melodies have been transcribed from the recordings in European notation. This notation would be completely correct only if the Turkish tonsystem corresponded exactly to our European one. Although in fact this is not really the case, we decided we should not make the understanding of the music examples more difficult by a special sign language and were content to indicate the most striking deviations from our tuning by + and — (to indicate sharpness and flatness).[1] Our rhythmic divisions and bar lines are equally unrepresentative of the singer's conception. They are solely intended to make the reading of the melody easier by grouping the notes, and they were chosen according to 2

[1] In No. 3 the notation conveys the melody even without key signature. The (♭) is inserted only to establish correspondence with the scale worked out through measurement.

sammenfassungen in Gruppen zu erleichtern und wurden nach unserem Gutdünken gewählt. Maßgebend für die Wahl waren rhythmisch besonders prägnante Stellen und Wiederholungen einzelner Phrasen.

3 Die Auffallend klare Intonation des Sängers ermutigte uns, nicht nur den subjektiven Gehörseindruck wiederzugeben, sondern auch objektive Tonhöhenbestimmungen zu versuchen. Im allgemeinen wird man bei Gesangstücken mit der Auswertung tonometrischer Bestimmungen sehr vorsichtig sein müssen, und es ist mißlich, aus der musikalischen Produktion eines, noch dazu so jugendlichen, Sängers wie Avedis Schlüsse auf die Beschaffenheit des Tonsystems zu ziehen. Nur die sehr gute Übereinstimmung der einzelnen Intervallmessungen, sowie die Kongruenz der beiden Aufnahmen desselben Stückes (VIIIa und b), welches von Avedis an verschiedenen Tagen in den Phonographen gesungen wurde, endlich die gute Übereinstimmung des einen Liedes (XIII) mit der Wiedergabe des zweiten Sängers Ali (A) ließen es berechtigt erscheinen, die gewonnenen Resultate vorsichtig zu verwerten.

4 Wir schlugen bei der Bestimmung der Tonhöhen folgenden Weg ein. Da die Umdrehungsgeschwindigkeit der Phonographenwalze bei der Aufnahme nicht genau zu reproduzieren war, so richteten wir uns ungefähr nach der Tonhöhe der gesprochenen Titel. Die absolute Tonhöhe kommt ja auch weniger in Betracht als die relative. Wir suchten uns für die einzelnen Töne in jedem Stück besonders deutliche Stellen, womöglich langgehaltene Noten, aus. Wir sind imstande, an unserem Phonographen den Hebel, der die Reproduktionsmembrane trägt, so einzustellen, daß zwar der Stift die Walze berührt, die Schraubenführung aber, durch die die Membran parallel der Rotationsachse verschoben wird, ausgehoben ist. Der Stift springt also, sobald er einen Schraubengang der Schallkurve durchlaufen hat, über den Rand der Furche in die Anfangsstellung zurück und

our best judgment. The choice was based on passages which were especially precise in rhythm, and by the repetitions of individual phrases.

The singer's strikingly clear intonation encouraged us not only to reproduce the subjective impression of the ear but also to attempt objective pitch measurements. In general one must be very cautious with the evaluation of tonometric measurements in songs, and it is risky to draw conclusions from the musical production of a singer like Avedis, still so young, regarding the state of the tonsystem. Only the very good correspondence of the individual measurements of intervals, as well as the congruence of the two recordings of the same piece (Nos. 8A and 8B) – which were sung for the phonograph by Avedis on different days – and finally, the good correspondence of one of his songs (No. 13) with the rendering of the second singer Ali (No. 13A) makes it appear warranted to utilize the results, albeit cautiously. 3

We took the following course in measuring the pitches. Since the speed of revolution of the phonograph cylinders during the recording could not be reproduced exactly, we adjusted the speed approximately according to the pitch of the spoken title. In any case the absolute pitch counts less than the relative pitch. We sought especially clear passages, tones of long duration if possible, for the individual tones in one piece. On our phonograph we are able to adjust the lever which holds the reproduction membrane in such a way that although the needle touches the cylinder, the screw mechanism by which the membrane is pushed parallel to the rotating axis is lifted. Thus as soon as the needle has run through one complete turn of the cylinder, it springs back over the ridge of the groove to the beginning, and allows us to hear the desired tone more or 4 bringt den gewünschten Ton kontinuierlich oder in beständiger Wiederholung zu Gehör.

5 Die so erzeugten Töne wurden mit Hilfe des Appunnschen Tonmessers und des Sternschen Tonvariators gemessen; die gefundenen Schwingungszahlen, der Tonhöhe nach in Reihen geordnet, geben die den einzelnen Melodien zugrunde liegenden Tonleitern. Um diese verschiedenen Skalen auf eine vergleichbare Form zu bringen, bedienten wir uns zweier verschiedener Methoden.

6 Die Leitern wurden auf ein und denselben Grundton (401) umgerechnet, indem wir mit diesem den jeweiligen melodischen Schwerpunkt des Stückes identifizieren.[2] Die Wahl eines melodischen Schwerpunktes schließt allerdings eine gewisse Willkürlichkeit ein, doch ist sie unvermeidlich, wenn man überhaupt zu einer Vergleichsbasis gelangen will; auch unterscheidet sich die türkische Melodik nicht so sehr von der unsrigen wie etwa die japanische, wo eine solche Auswahl viel gewaltsamer und schwieriger ist. (Der melodische Schwerpunkt ist in den einzelnen Tonreihen, die wir jedem Notenbeispiel beigefügt haben, durch eine Vierviertelnote bezeichnet.)

7 Die zweite Methode, unsere Resultate auf eine vergleichbare Form zu bringen, bestand in der von Ellis 1885, 1922 vorgeschlagenen Umrechnung der Intervalle in Cents, d.i. Hundertstel unseres temperierten Halbtones. Dieses Verfahren bietet den Vorteil, daß an Stelle einer geometrischen eine arithmetische Reihe, an Stelle von Verhältnissen Differenzen treten, was die Übersichtlichkeit und die Bequemlichkeit der Rechnung bedeutend erhöht. Die Genauigkeit der Centsberechnung leidet eher an einem Zuviel als an einem Zuwenig: 1 Cent entspricht in der eingestrichenen Oktave etwa 0,2–0,3 Schwingungen. Wir

[2] In XI wurden wir durch die Eigenart der Melodie veranlaßt, den Schlußton zu wählen.

less continuously or in constant repetition.

The tones produced in this way were measured with the Appunn tonometer and the Stern tone varier. The cps indicated, arranged in rows according to the pitches, give the scales on which the individual melodies are based. In order to put these different scales in a comparable form, we have used two different methods. 5

The scales were converted so as to have one and the same fundamental tone (401), which we identified as the actual tone center of the piece.[2] The choice of a tone center entails, to be sure, a certain arbitrariness, yet this is unavoidable if one is to achieve a basis of comparison at all. Besides, Turkish melody is not so different from ours as, let us say, the Japanese, where such a choice is much more high-handed and difficult. (In the separate scales which we have appended to each music example, the tone center is indicated by a whole note.) 6

The second method used to bring our results to a comparable form is that proposed by Alexander Ellis (1885, 1922), of converting the intervals into cents, i.e., into hundreths of our tempered half tone. This procedure has the advantage of giving an arithmetic series instead of a geometric one, and differences instead of ratios, which increases significantly the clarity and ease of the calculation. The reckoning of cents permits if anything too much rather than too little precision, for one cent corresponds approximately to 0.2–0.3 cps of the C_4 octave. We have established a special table for each piece, and as an 7

[2] In No. 11 we were obliged to choose the final tone because of the special character of the melody.

Tabelle I/Table I

	I Schwingungs-zahlen/ Vibration Numbers		II Intervalle (in Cents)/ Intervals (in cents)		III Intervalle vom Grund-ton aus berechnet/ Intervals calculated from fundamental		IV Reine Inter-valle/ Pure Inter-vals	V Ver-hält-nisse/ Ratios	VI Ton-namen/ Pitch Names
	XIII	A	XIII	A	XIII	A			
Grundton/Fundamental	401	407			0	0	0	1:1	*g*
			226	174			{182	9:10	
Große Sekunde/Major Second	457	450			226	174	231	7:8	*a*
			135	168					
Neutrale Terz/Neutral Third	494	496			361	342	355	22:27	*b*♭–*b*♮
			167	157					
Quarte/Fourth	544	543			528	499	498	3:4	*c*
			218	190					
Quinte/Fifth	617	606			746	689	702	2:3	*d*

haben für jedes einzelne Stück eine Spezialtabelle aufgestellt und bringen zur Illustration unseres Verfahrens die Einzelwerte zweier Beobachtungsreihen (Tab. I). Wir wählen dazu die beiden Aufnahmen derselben Melodie, einmal von Avedis (XIII), das andere Mal von Ali aus Maraş (A) gesungen, weil deren Vergleichung von besonderem Interesse ist.

illustration of our experience we present the individual values of two rows which have been observed. (See Table I.) We have chosen for this the two recordings of the same melody, one from Avedis (No. 13) and the other from Ali of Maraş (No. 13A), since their comparison is of special interest.

8 Der erste Ton, Grundton, fällt mit dem melodischen Schwerpunkt zusammen; von ihm aus berechnen sich die anderen Töne der Leiter als Summen der gefundenen Einzelintervalle. Der Vergleich mit den Intervallen unserer sog. reinen Stimmung (Rubrik IV) zeigt, daß Avedis alle Stufen etwas scharf, Ali sie, außer der rein gesungenen Quarte und Quinte, etwas zu tief intoniert hat. Bei beiden findet sich eine neutrale Terz, d.h. eine solche, die ungefähr die Mitte hält zwischen unserer Dur- und Moll-Terz.

The first tone, i.e., the fundamental tone, corresponds to the tone center. The other tones of the scale are measured out from it, as sums of the individual intervals found. The comparison with the intervals of our so-called pure tuning (Column IV) shows all Avedis's intervals to be slightly sharp, while Ali's intonation was somewhat too flat, except for the fourths and fifths, which were pure. Both used a neutral third, i.e., the interval which is approximately halfway between the major and minor third. 8

9 In der Generaltabelle (IIa) sind sämtliche von uns durch Messung gefundenen Schwingungszahlen auf denselben Grundton 401 umgerechnet. Die eingeklammerten Werte beziehen sich auf Töne, die in den Stücken selbst in anderen Oktaven liegen und vergleichshalber transponiert werden mußten; an manchen Tönen, die so innerhalb desselben Stückes doppelt vor-

In the General Table (Table IIa) are shown the cps as we measured them, converted to the same fundamental tone of 401. The values in brackets indicate tones which actually belong in other octaves in the pieces themselves and had to be transposed for comparison. Noticeable is an extraordinary precision in the octave intonation for many tones which occur 9

Tabelle IIa/Table IIa

	I	II	III	V	VI	VII	VIIIa	VIIIb	IX	X	XI	XII	XIII	A	XIV	XV	XVI	XVII	XVIII	XIX	XX
Grundton/ Fundamental	(401)	401	401	401	401	401	401	401	401	401	401	401	401	401	401	401	401	401	401	401	401
Kleine Sekunde Minor Second	—	—	426	—	—	424	432	—	431	—	424	—	—	—	—	—	—	—	426	—	—
Dreiviertelton/ Three-quarter tone	440	(447)	—	438	446	441	—	439	—	438	—	—	—	443	—	448	438	(441) 443	—	443	—
Überm. Ganzton/ Augmented Whole Tone	—	—	—	—	—	462	—	—	452	—	—	455	457	—	461	—	—	454	—	—	453
Kleine Terz/ Minor Third	—	—	—	470	—	—	—	—	(479)	482	472	—	—	—	—	—	—	474	471	—	—
Neutrale Terz/ Neutral Third	485	492	486	—	494	—	493	—	494	—	—	—	494	488	494	487	—	—	—	486	490
Große Terz/ Major Third	—	—	—	499	—	—	—	502	—	—	—	500	—	—	—	—	506	—	509	—	—
Quarte/ Fourth	516	523	519	549	537	527	538	526	533	526	520	533	544	534	547	530	533	534	—	545	533 (537)
Tritonus/ Tritone	—	565	—	—	579	—	—	—	—	—	572	—	—	—	—	—	—	—	558	—	—
Quinte/ Fifth	597	613	—	600	—	599	—	—	—	604	617	—	617	597	(617) 620	600	603	600	603	603	606
Kleine Sexte/ Minor Sixth	663*	—	(662)*	—	652*	—	(652)*	(640)	633 (634)	633	—	628	—	—	—	635	—	660*	—	—	—
Große Sexte/ Major Sixth	—	679	(690)	—	—	—	(700)	(690)	—	716	683	696	—	—	680	688	—	712	(704)	(670)*	686
Große Septe/ Major Seventh	740	(756) 761	—	(766)	735	—	—	—	—	748	—	—	(775)	—	(764)	—	—	—	—	—	—
Oktave/ Octave	802	802	—	—	801	—	—	—	—	795	—	—	—	—	—	804	—	791	—	—	—

Tabelle IIb/Table IIb

	I Mittel/ Average Mean	II Gewicht/ Preponderence	III Intervalle in Cents/ Intervals in cents	IV Intervalle vom Grundton aus in Cents/ Intervals calculated from fundamental	V Berechnung in Cents {für die} / Calculation in cents {for the}	VI Verhältniszahlen / Ratios	VII Temperiert/ Tempered	VIII Tonnamen/ Pitch Names
Grundton/Fundamental	401	21		0	0	1:1	0	*c*
			109					
Kleine Sekunde/ Minor Second	427	6		109	112	15:16	100	*c♯*
			60					
Dreiviertelton/ Three-quarter Tone	442	13		169	—	—	150	*c♯-d*
			62					
Überm. Ganzton/ Augmented Whole Tone	458	6		231	231	7:8	200	*+d*
			63					
Kleine Terz/ Minor Third	475	6		294	{ 267 316	{ 6:7 5:6	300	*e♭*
			61					
Neutrale Terz/ Neutral Third	492	12		355	355	22:27	350	*e♭-e*
			35					
Grosse Terz/ Major Third	502	5		390	386	4:5	400	*e*
			107					
Quarte/ Fourth	534	21		497	498	3:4	500	*f*
			107					
Tritonus/ Tritone	568	4		604	590	32:45	600	*f♯*
			112					
Quinte/ Fifth	606	16		716	702	2:3	700	*g*
			108					
Kleine Sexte/ Minor Sixth	645	11		824	814	5:8	800	*a♭*
			122					
Grosse Sexte/ Major Sixth	692	13		946	{ 884 969	{ 3:5 4:7	900	*a*
			153					
Grosse Septe/ Major Seventh	756	8		1099	1088	8:15	1100	*b♭*
			98					
Oktave/Octave	800	6		1197	1200	1:2	1200	*c'*

handen erscheinen, läßt sich die außerordentlich große Genauigkeit der Oktavenintonation erkennen. (Vgl. die durch { verbundenen Werte.) Die Auswahl der Werte, die zu einem Mittel zusammengefaßt wurden, wurde durch die innere Übereinstimmung einiger Beobachtungsreihen, die uns besonders auffiel, und durch die Häufigkeit der einzelnen Intervalle geleitet. Bei den Sexten verzichteten wir auf die dreiteilige Gruppierung, die bei den Terzen notwendig erschien, und begnügten uns, diejenigen Werte, die einer neutralen Sexte (berechnet = 656 Schwingungen) nahe kommen, mit einem * zu bezeichnen. Aus den Mittelwerten (Tab. IIb) wurden dann die Intervalle in Cents ebenso wie in Tabelle I berechnet. Die Vergleichung mit der reinen und temperierten Stimmung fällt zugunsten der ersteren aus. Die Übereinstimmung ist im allgemeinen überraschend, nur die große Sexte weicht von der reinen (884 Cents) erheblich ab und nähert sich der natürlichen Septime (969

doubled within the same piece. (See the values tied by {). The selection of the values which were to be averaged was governed by the interval correspondence of certain rows actually observed, which struck us especially, and by the frequency of occurrence of the individual intervals. For the sixths, we did not use the tripartite grouping which seemed necessary for the thirds, and we were content to indicate with an asterisk those values which came close to a neutral sixth (calculated = 656 cps). From the average values (Table IIb) the intervals in cents were then calculated as in Table I. The comparison with the pure and the tempered tuning comes out in favor of the former. In general the correspondence is astonishing, for only the major sixth deviates significantly from the pure interval (884), being closer to the natural seventh (969 cents). The minor third lies between the interval 6:7 (267 cents) and the perfect interval 5:6 (316 cents). The pure whole tone interval (204

Cents). Die kleine Terz liegt zwischen dem Intervall 6:7 (267 Cents), und dem reinen Intervall 5:6 (316 Cents). Der reine große Ganzton (204 Cents) ist nicht vertreten; an seiner Stelle finden wir meist eine Art Dreivierteltton (169 Cents), daneben das harmonische Intervall 7:8 (231 Cents), das als übermäßiger Ganzton zu bezeichnen wäre. Neutrale Terzen kommen weit häufiger vor als kleine und große. (Auf die gelegentlich neutrale Intonation der Sexte wurde schon hingewiesen.)

10 Ein Blick auf die Rubrik II der Tabelle (IIb), in der das Gewicht notiert ist, mit dem die beobachteten Werte in den Mittelwert eingetreten sind, belehrt uns über die Häufigkeit der einzelnen Stufen: die türkischen Melodien bevorzugen in auffallender Weise die Quarte; in einem Stücke jedoch (XVIII) nähert sich die Intonation der Quarte dem Tritonus. Nächst der Quarte kommt der Quinte, den beiden Sexten, der neutralen Terz und dem Dreivierteltton überwiegende Bedeutung zu. Der Tritonus, welcher in der japanischen Musik eine hervorragende Rolle spielt, fand sich in den türkischen Liedern nur ganz vereinzelt; die kleine Septime kam niemals vor.

11 Aus den gewonnenen Resultaten dürfen deshalb weitgehende theoretische Folgerungen nicht gezogen werden, weil sich unser Material auf Gesangstücke aus einer einzigen Gegend beschränkt. Erst die Vergleichung mit Messungen an Instrumenten mit festen Tönen würde die Fehlerquelle, die in der schwankenden Intonation eines noch so guten Sängers immer liegt, auszuschließen gestatten. Wir möchten daher der allerdings auffallenden Übereinstimmung unserer Mittelwerte mit den Intervallen des alten arabisch-persischen Musiksystems keine allzu große Bedeutung beimessen; um so weniger, als die alten Theoretiker ihre Spekulationen fast ausschließlich auf das Studium der Lautenmusik ge-

cents) is not found; in its place we usually find a kind of three-quarter tone (169 cents), and also the harmonic interval 7:8 (231 cents), which could be referred to as an augmented whole tone. Neutral thirds occur much more frequently than major and minor thirds. (The occasional neutral intonation of the sixth has already been mentioned.)

10 A glance at Column II of Table IIb, which indicates the preponderance or weight of the values studied which have entered into the average value, shows us the frequency of occurrence of the individual degrees: the Turkish melodies favor the fourth interval strikingly; yet in one piece (No. 18) the intonation of the fourth is close to the tritone. After the fourth comes the fifth, then both sixths, the neutral third and the three-quarter tone interval in relative importance. The tritone, which plays a prominent role in Japanese music, is only found very sporadically in the Turkish songs. The minor seventh never occurred.

11 However, far-reaching theoretical conclusions should not be drawn from these results, for our material is limited to songs from a single region. Only a comparison of measurements on instruments with fixed tones would permit the elimination of the source of error which is always present in the wavering intonation of a singer, no matter how good he is. Therefore we should not attach too great an importance to the really striking correspondence of our average values with the intervals of the old Arabic-Persian music system; even less so since the medieval theoreticians based their speculations almost exclusively on

stützt haben.[3] Unzweifelhaft intendiert sind die neutralen Terzen (355 Cents), die häufiger vorkommen als große und kleine. Sie finden sich außer im arabisch-persischen Tonsystem auf den altschottischen Sackpfeifen; auch in der japanischen Musik sind sie gelegentlich zu beobachten (ca. 340 Cents), doch sind sie hier wohl anderen Ursprungs (Abraham u. v. Hornbostel 1903: [dieser Bd. S. 19]).

12 Es darf nicht vergessen werden, daß die bisher angeführten Intervalle von einem Grundton aus rechnerisch gefunden sind; über das tatsächliche Vorkommen nichtdiatonischer Intervalle können nur die Melodien selbst Aufschluß geben. Wir finden die Septime, den Tritonus und die Oktave niemals sprunghaft gebraucht; ein einziges Mal die Sexte, dreimal die Quinte in auffallend unreiner Intonation. Quartensprünge erscheinen dagegen sehr häufig, meist rein, gelegentlich auch erweitert oder verengt. Von Terzen überwiegen wieder die neutralen, lassen sich aber deutlich in zwei Gruppen sondern (335 und 362 Cents). Neben ihnen sind kleine Terzen häufiger als große. Die folgende Tabelle III gibt die Mittelwerte der nicht diatonischen Intervalle in Cents.

13 Aus dieser Übersicht folgt unmittelbar die Abnahme der Häufigkeit der Tonschritte mit der Zunahme ihrer Distanz. Die Zahl der nichtdiatonischen Intervalle ist im Vergleich zu den Halb- und Ganz-

[3] Außer den neutralen Terzen finden wir folgende Übereinstimmungen:

169 Cents–	168 Cents	= Zalzāls naher Zeigefinger (I. Saite)
294 „	– 294 „	= alter Mittelfinger (I. Saite)
390 „	– 384 „	= alter naher Zeigefinger (4. Saite)
604 „	– 597 „	= persischer Mittelfinger (4. Saite)
946 „	– 937 „	= persischer naher Zeigefinger (5. Saite)
1099 „	–1095 „	= persischer Mittelfinger (5. Saite)

(Vgl. Ellis 1922: 18)
Der übermäßige Ganzton 231 Cents findet sich auf dem Ṭanbūr von Bagdad (vgl. Ellis 1922: 27).

the study of lute music.[3] Undoubtedly neutral thirds (355 cents), which occur more frequently than the major and minor thirds, are meant. They are also found, in addition to the Arabic-Persian tonsystem, in the old Scottish bagpipes. In Japanese music too they may be observed occasionally (ca. 340 cents), but here they probably have a different origin (Abraham u. v. Hornbostel 1903: [this vol. p. 19]).

It should not be forgotten that the intervals mentioned above have been found by calculating from a fundamental tone. Only the melodies themselves can throw light on the actual presence of non-diatonic intervals. We never find the seventh, the tritone and the octave used in leaps; only once the sixth and three times the fifth are found in surprisingly untrue intonation. On the other hand, leaps of a fourth appear very often, usually pure, occasionally sharp or flat. Again the neutral thirds are the most frequent of the third intervals, but they can be clearly divided into two groups (335 cents and 362 cents). After them, minor thirds occur more often than major thirds. Table III, which follows, shows the average value of the non-diatonic intervals in cents. 12

From this summary it follows directly that there is a diminution of the frequency of occurrence of the tone steps as the size of the steps increases. The number of non-diatonic intervals is strikingly small in 13

[3] Aside from the neutral thirds we find the following correspondences:

169 cents–	168 cents	= Zalzāl's anterior forefinger (first string)
294 cents–	294 cents	= old second finger (first string)
390 cents–	384 cents	= old anterior forefinger (fourth string)
604 cents–	597 cents	= Persian middle finger (fourth string)
946 cents–	937 cents	= Persian near forefinger (fifth string)
1099 cents–	1095 cents	= Persian middle finger (fifth string)

(See Ellis 1922: 18)
The augmented whole tone of 231 cents is found on the ṭanbūr of Bagdad (cf. Ellis 1922: 27).

Tabelle III/Table III

		Mittel in Cents/ Mean in cents	Gewicht Preponderence		
Terzen/Thirds	kleine/minor	299	12		34
	neutrale/neutral	335	8	16	
		362	8		
	große/major	389	6		
Quarten/Fourths	verminderte/diminished	457	4	16	
	reine/pure	497	8		
	übermäßige/augmented	552	4		
Quinten/Fifths		735[4]	3		
Sexte/Sixths		778	1		

[4] Einzelwerte: 700, 720, 754 Cents.

tonschritten auffallend gering. Die türkische Melodik fließt meist ruhig dahin, größere Sprünge bleiben dem Ausdruck besonderer Lebhaftigkeit vorbehalten (vgl. beispielsweise die Stelle „hopba" in Stück III).

14 Die Gebrauchsleitern unserer Stücke (d.h. die Tonreihen, die wir erhalten, wenn wir die Töne eines Stücke der Höhe nach ordnen) zeigen keinen einheitlichen Typus. Bemerkenswert ist aber, daß nur entweder die zweite und fünfte Stufe (einzeln oder zusammen) fehlen, oder die dritte und sechste; nie aber gleichzeitig die zweite und sechste oder dritte und fünfte Stufe. Am häufigsten fehlt die Septime (in 13 von den 22 Stücken).

15 Die türkische Melodik erscheint unserem europäischen Ohr nicht fremd, da sie sich zwischen ähnlichen Hauptpunkten bewegt, wie die unsrige. Die melodischen Schwerpunkte stehen zueinander fast ausnahmslos in Quarten- und Quintenintervallen. Häufig bildet ein aufsteigender Quartschritt (*g–c*) den Beginn des Stückes. In vielen Melodien fällt der Schlußton mit dem melodischen Schwerpunkt zusammen, die anderen enden auf der Quinte oder Terz der mutmaßlichen Tonika. Nur eine Melodie (XX) schließt auf der zweiten Tonstufe. Bei einer anderen (V) könnte man im Zweifel sein, ob nicht ebenfalls ein Schluß auf der zweiten Stufe anzunehmen wäre; doch haben wir wegen ihres häufigen Vorkommens diese Stufe als melodischen

[4] Individual values: 700, 720 and 754 cents.

comparison to the half-tone and whole tone steps. The Turkish melody usually flows peacefully along, with wider leaps reserved for the expression of special animation. (See, for example, the "hopba" section in the third piece.)

The gebrauchsleitern of our pieces (that is, the tone sequences which we obtain when we arrange the tones of a song in the order of their pitches) show no unified type. It is remarkable, however, that either the second and the fifth degrees only are missing (singly or both together), or only the third and sixth; the second and the sixth are never lacking at the same time, nor are the third and fifth degrees. The seventh degree is most often missing (in thirteen of the twenty-two pieces). 14

The Turkish melody does not seem strange to our European ear, for it moves between similar main [tonal] points, as does ours. The tone centers stand to each other almost without exception in intervals of fourths and fifths. Often a rising step of a fourth (G–C) forms the beginning of a piece. In many tunes the final tone coincides with the tone center, while the others end on the fifth or third of the putative tonic. Only one melody (No. 20) ends on the second degree. In another (No. 5) one could wonder whether the end were not likewise on the second degree; but here, because of its frequency, we have made this degree the tone center in our calculation. 15

Schwerpunkt unserer Berechnung zugrunde gelegt.

16 Wenngleich uns die Melodien bald ausgesprochenen Dur-, bald reinen Moll-Charakter zu haben scheinen, so ist eine solche Subsumierung unter Kategorien, die nur in unserer harmonischen Musik einen vernünftigen Sinn haben, bei den türkischen Melodien um so weniger zulässig, als die nach unseren Messungen häufigen neutralen Terzen (sowie Dreivierteltöne und übermäßigen Ganztöne) unsere Auffassung irreführen. Wir werden je nach dem melodischen Gefüge eine Stelle bald als Dur, bald als Moll auffassen können, aber bei besonders darauf gerichteter Aufmerksamkeit dieselbe Stelle willkürlich bald im einen, bald im anderen Sinne deuten. Stück X beispielsweise faßte der eine von uns als Dur auf, indem er statt des erhöhten *ges* ein *g*, anstatt des vertieften *b* ein *a* hineinhörte.

17 Im Gegensatz zu anderen orientalischen Melodien fällt bei den vorliegenden die Seltenheit von Verzierungen auf; Vorschläge und Mordente sind äußerst sparsam verwendet. Die Melodien sind einfach im Aufbau, sie bestehen aus mehreren Teilen, die einzeln und in Gruppen, zuweilen mit kleinen Varianten, wiederholt werden.

18 In der Mehrzahl der Fälle scheint uns ein zweiteiliger Rhythmus durch die ganze Melodie festgehalten. Zwei Stücke (III und IX) schienen uns ganz im Dreivierteltakt, eines (VII) im Sechsachteltakt gedacht zu sein; bei anderen (I, V, XV) schieben sich mehrfach dreiteilige Gruppen zwischen die vierteiligen ein; bei XVII waren wir im Zweifel, ob wir einen drei- oder fünfteiligen Rhythmus anzunehmen hätten.

19 Das Tempo wird durch das ganze Stück festgehalten, gelegentlich gegen Schluß gesteigert; es ist meist frisch und lebhaft (♩ = 140 bis 170). Einige Melodien (IV, XII, XV) sind durchaus rezitativisch gehalten; bei diesen ist eine Gliederung in Takte schwer möglich. Gerade diese Stücke

Even though the melodies sometimes 16
seem to us decidedly major and at other times pure minor, this kind of subsuming into classes which makes sense only in our harmonic music, is even less admissible with Turkish melodies, as the neutral thirds which are so frequent according to our measurements (as well as the three-quarter tone and the augmented whole tone intervals) would confuse our interpretation. We will be able to interpret one passage as major or as minor according to the melodic structure, but with special attention directed to it the same passage can be arbitrarily interpreted in the one sense or the other. For example, No. 10 was interpreted by one of us as major, as he heard a G instead of a raised G♭, and an A instead of a lowered B♭.

In contrast to other oriental melodic 17
styles, the rarity of ornamentation in the Turkish tradition is remarkable. Appoggiatura and mordent are used extremely sparingly. The melodies are simple in structure, composed of several parts which are repeated singly or in groups, sometimes with slight variations.

In the majority of cases a bipartite 18
rhythm seems to be held throughout the entire melody. Two pieces (Nos. 3 and 9) seem to be entirely in three-quarter time, one (No. 7) appears to be in six-eight time. In others (Nos. 1, 5, 15), tripartite groups are repeatedly interpolated between the four-part groups. In No. 17 we were in doubt as to whether we should call it a tripartite or a five part rhythm.

The tempo is maintained through the 19
entire piece, occasionally accelerated near the end. It is usually brisk and lively (♩ = 140–170). Some melodies (4, 12, 15) are sung in recitative fashion throughout; in these it is scarcely possible to place bar lines. In contrast to the others, these pieces

haben im Gegensatz zu den übrigen einen ausgesprochen melancholischen Charakter. Im allgemeinen sang Avedis fröhliche Liebeslieder.

have a markedly melancholy character. In general Avedis sang cheerful love songs.

20 Bei Stück IV fanden wir die Intonation äußerst schwankend, so daß wir auf die Messung verzichten mußten; auch ist dieses Lied sehr frei im Rhythmus. Der Text enthält vorwiegend persische Worte, und es ist wahrscheinlich, daß wir es mit einer besonders alten Melodie zu tun haben.

In Number 4 we found the intonation extremely unsteady, so that we had to abandon measurement of it. This song is also very free in rhythm. The text contains predominantly Persian words, and it is probable that we have to do here with a very old melody. 20

21 Die Texte, die wir den Noten der Lieder beifügen, zeigen bemerkenswerte Eigentümlichkeiten in ihrem Verhältnis zu der Musik. Auffallend ist die musikalische Rhythmisierung der Worte, die der sprachlichen Metrik der Verse zuweilen ganz zuwiderläuft.[5] Beispielsweise erscheint die Anfangszeile eines türkischen Liedes in folgender Akzentverschiebung:

The texts which are appended to the notes of the songs show remarkable characteristics in their relation to the music. The rhythmic transformation of the words in music is striking; it sometimes runs completely contrary to the linguistic metrics of the verse lines.[5] Thus, for example, the opening lines of a Turkish song appear with the following changes of stress: 21

gesprochen/spoken: ◡ ′ ◡ ′ ◡ ′ ◡ ′ ′ ◡ ′ ◡ ′

Üsküdara gider iken | bir mendil(i) buldum

gesungen/sung: ′ ◡ ′ ◡ ′ ◡ ′ ◡ ′ ◡ ′ ◡ ′

22 Fremdartig berührt uns ferner die musikalische Betonung einzelner klingender Konsonanten (f, m, n, l, r). Sie erhalten nicht nur ganze Taktteile für sich allein, sondern werden öfters sogar mit musikalischen Figuren, Koloraturen, ausgeschmückt (vgl. Stück VI, in dem das r mehrfach in dieser Weise behandelt wird).[6]

Also strange to us is the musical stress on certain continuant consonants (f, m, n, l, r). Not only do they occupy whole measures, but quite often they will be adorned as well with musical figures and flourishes. (See No. 6, in which the *r* is handled in this fashion several times.)[6] 22

[5] Vgl. auch M. Hartmann 1896.

[6] Die Texte der folgenden Notenbeispiele halten sich an die erste (phonetische) Niederschrift Herrn v. Luschans. In XII hören wir aber deutlich zwischen „kızlar" und „gelin" eine Silbe „da." Die Worte „elvan" usw. in XVII hat Avedis gesungen, nachher aber zu diktieren vergessen. Ebenso den Text der Koda von XV.

[5] Cf. also M. Hartmann 1896.

[6] In the texts of the music examples we have retained the original (phonetic) transcription of Mr. von Luschan. In No 12, however, we hear distinctly a syllable "da" between "kızlar" and "gelin." In No. 17, Avedis sang the words "elvan..." etc., but afterwards forgot to dictate them. The same thing occurred in the text of the coda of No. 15.

I.

♩=170
Ba - ğa git - ti - m ü - züm yok, el ya - - - rın - da gö - züm yok,
el ya - - rın - da gö - züm yok, ben ya - rı - mı kü - stü - r - düm, ben ya -
rı - mı kü - stü - r - düm, ba - rı - - şma - ğa yü - züm yok, el - ma at-
tım ha - va - ya, dü - ştü di - van - ha - ne — ye, di - van - ha - ne ya - r - ıl -
glissando
dı, yar boy — nu - ma sa - rıl - dı; hop hop, ya - rı - ma - da ma - şal - lah.
Leiter/ Scale
302 333 354 410 455 508 550

II.

♩=170
Mec-bur ol - dum — ben — bir gü - - - - - - - le, yi - ne düş -
tü - - m dil - den di - - le, fır - sat bul - sam — — var - sam
ya - ra — — — —. Ben sa - rıl - sam — — incecik incecik
böy - - - le — sa - ra - rım sar - - - dır - mam el - ler - e.
Leiter/Scale
258·5 274·5 337 358 387 420 465 521 54 613.

III.

Leiter/ Scale

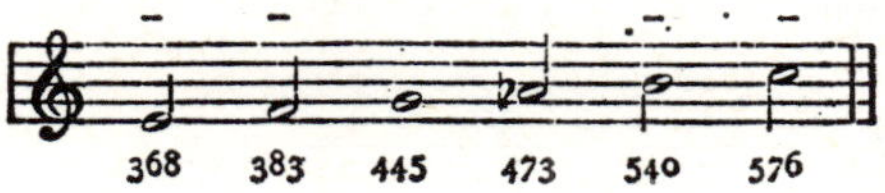

IV.

Leiter wegen schwankender Intonation nicht bestimmbar/
Scale not determinable due to fluctuating intonation

V.

♩ = 144
1. Şu ge - len ben o - lay - dım a - tı - na — nal o - lay - dım, a - tı - na — nal o - lay - dım.
2. Be - lin - de Ta - ra - bo - lus sa - ça - ğı — ben o - lay - dım, sa - ça - ğı — ben o - lay - dım.
3. Va-ra nen - ni de nen - ni de nen - ni, sal-lan gel — ger - da - nı ben - li.
Leiter/Scale
340 356 389 417 443 476 533

VI.

♩ = 176
Şi - rin e - da — — ya - şı(n) - da pek kü - çü - cük - - - - tü - -
r, şi-rin e - da — — ya - şı(n) - da pek kü - çü - cük - - tü - -
r, ko-ku - su - na — do - yul - maz; bi - r çi - çek - ti - r
glissando
amman — — ne çi - çek - tir — — ko-ku-su-na — do -
yul - maz; bi - - - r çi - çek-ti - r am - man ne çi - çek - - tir.
Leiter/Scale
308 343 380 413 447 501 565 616

VII.

♩ = 208
A-na ben has - ta - yım marıl i - ste - ri - m, a - na ben has - ta - yım marıl i - ste-
ri - m; haf - ta - nın ba - şın - da - düğün i - ste - rim.
Leiter/ Scale
331 392 419 436 457 521 592

VIII a.

♩= 144
ritard.
(Şu) Yahu-di kı - - - zı ga - yet kır - mı - zı; aman, aman,
a - man da Ya - hu - di; se - ve - riz e - fen - dim ga - yet kır - mı-
zı — —. İz - mir i - şi kun - du - ra - sı bo - ya - lı a - man da Ya - hu -
Fine
di. Hay - de, Zel - ma a - - şık — ka - ra - göz - lü Ze - l - ma.
usw./etc. D.C. Variante (VIIIb)/Variant (VIIIb)
Şu Ya - hu - di İz - mir i - şi kun - du - ra - sı bo - ya - lı, ah.
Leiter/ Scale
VIII a 298 319 366 394 450 491
VIII b 298 322 374 409 468 491

IX.

♩= 138
Cil - ve - li kı - zın e - le - mi, yak - tı bü - tün a - - le - mi.
Ya - kar - san - da al - maz - dım be - ni be - ni yak; yak-ma bü - tün a - - le -
mi. Ben se - ni öp - tüm ben se - ni sev - dim, a - man, a - man cu - va -
ni - m ben se - na yan - dım. Se - ni se - ven mer - t ol - maz,
yü - re - — ğin - de der - — t ol - maz; ben se - ni öp - tüm

ben se - ni sev - dim, aman, a - man cu - va - nım ben se - na yan - dim.
Leiter/Scale
331 ? 419 450 472 500 516 557 661

X.

♩ = 138
Sev - dim sev - dim bu kü - çük yaş - ta se - ni, gü - l gi - bi so - l -
dum, düş - tü - - - m ma - raz - i - aş - ka, ya - - zık,
rit.
be - yim, be - - - - - yim, ben ve - re - me tu - - tul - dum.
Leiter/Scale
351 383 422 460 528·5 554 627 696

XI.

♩ = 152
Bir çift (i) bül - bül (i) gel - di kon - du ka - mı - şa. Ben - den se - lâm ey -
len naz - lı Me - nu - şa, ben - den se - lâm ey - len naz - lı Me - nu - şa.
Leiter/Scale
327 346 385 424 466 503 557

XII.

Rezitativ/Recitative
Ge - lin kız - lar da ge - lin, — — bir - lik - - te ağ - lan! A - lı - nız çö - zün —
da capo
— — — ka - ra - lar — — bağ - lan!
Leiter/Scale
348 401 455 500 533 628

XIII.

Leiter/ Scale

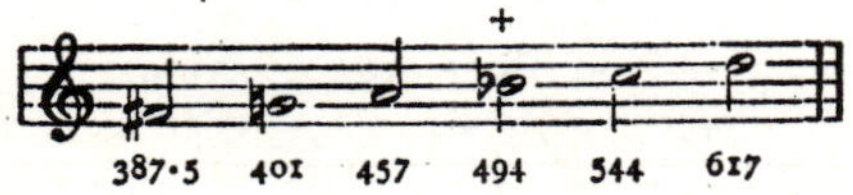

A.

Ali aus Marasch/Ali from Maraş

Leiter/Scale

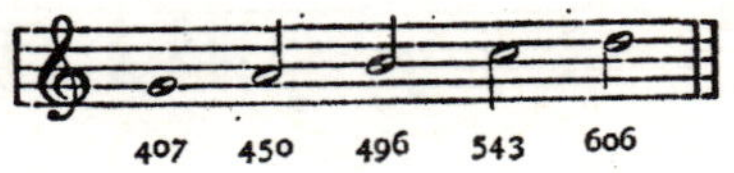

XIV.

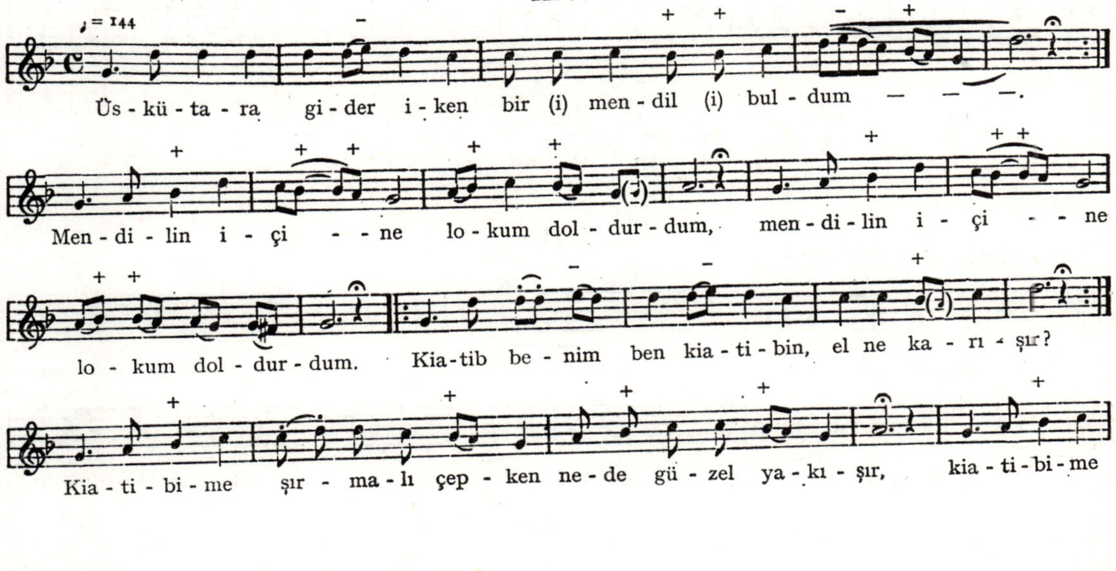

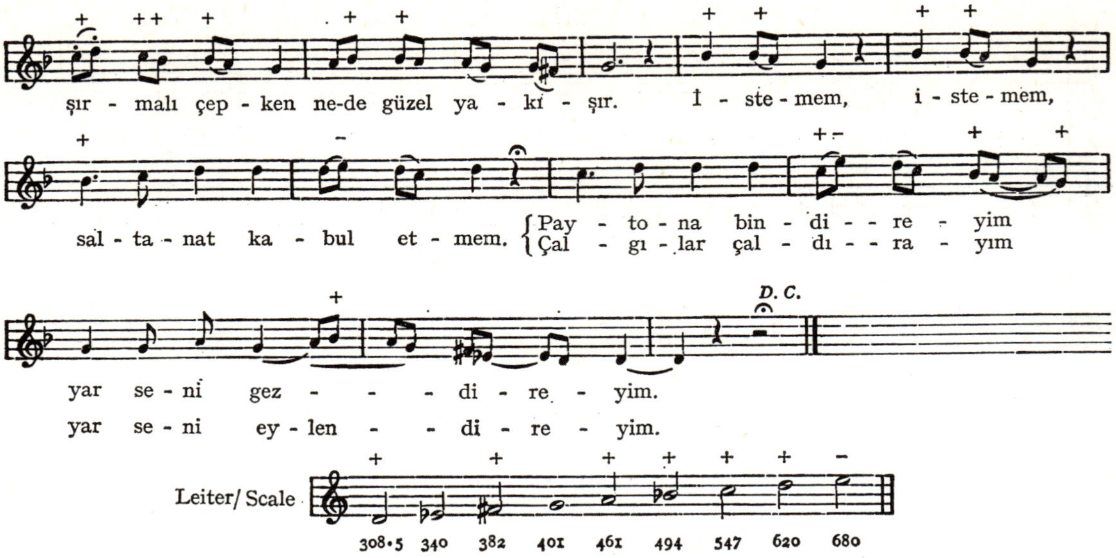
şır - malı çep - ken ne-de güzel ya - kı - şır. İ - ste - mem, i - ste - mem,
sal - ta - nat ka - bul et - mem.
Pay - to - na bin - di - - re - yim
Çal - gı - lar çal - dı - - ra - yım
D. C.
yar se - ni gez - - - - di - re - yim.
yar se - ni ey - len - - di - re - yim.
Leiter/ Scale
308·5 340 382 401 461 494 547 620 680

XV.

Freies Tempo/Free Tempo
tr
Ölüm farz mı yok-sa sün - net? Bir can için et-mem min-net. De - sin-ler kia - ha cen-
net, — girmem yarsız, ha - ram ol - sun.
Coda
Leiter/ Scale
272 304 331 360 407 431 467 546

XVI.

Freies Tempo/Free Tempo
A - man de - ğir - — — men-ci amme — ö - ğüt boğ - day - — mı boğ - day - mı,
— ve - rem sa - — na — ger-da - nı - — mı. Ol - maz ka - dın-

XVII.

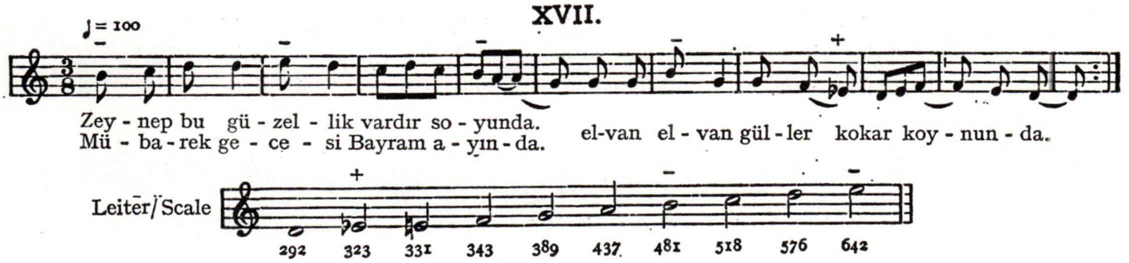

XVIII.

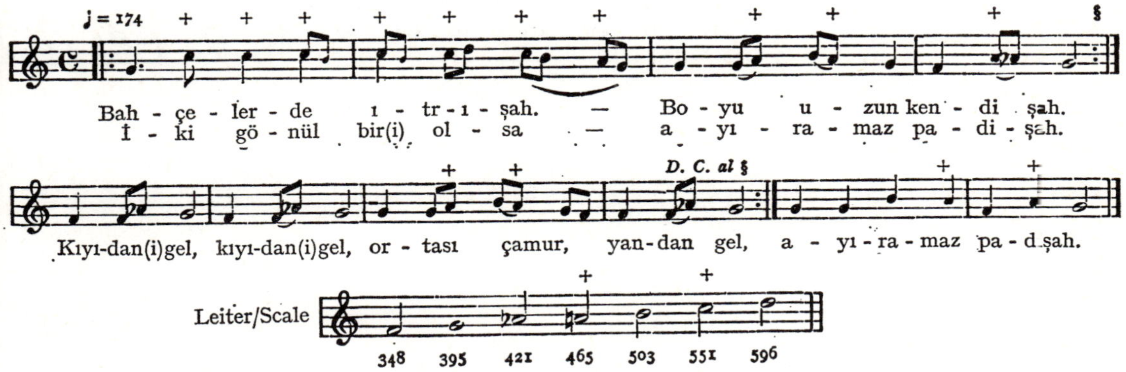

XIX.

XX.

Leiter/ Scale

Verzeichnis orthographischer Korrekturen / List of orthographic revisions

new	*original*	*new*	*original*
Avedisoğlu	Avedis oghlu	Üsküdara	Üskütara
kızlar	Kyslar	yandım	jandım

OTTO ABRAHAM UND E. M. VON HORNBOSTEL

Phonographierte indische Melodien
1904
Indian Melodies Recorded on the Phonograph

English translation by

Bonnie Wade

Zuerst veröffentlicht/first published: *Sammelbände der Internationalen Musikgesellschaft* 5, 1903–1904: 348–401.
Abgedruckt aus/reprinted from: *Sammelbände für vergleichende Musikwissenschaft* 1, 1922: 251–290.

I. Plan, Material und Methode der Arbeit

1 Im Gegensatz zur Musikgeschichte befindet sich die vergleichende Musikwissenschaft heute noch in einem Stadium der Vorarbeit. Es gilt zunächst, ein umfangreiches Material aus Gebieten nichteuropäischer Kultur zu sammeln und in Form von Monographien zu bearbeiten. Der Gesichtspunkt der Zusammenfassung muß vorderhand ein geographischer oder ethnographischer sein. Musikalische oder psychologische Einteilungsprinzipien würden eine Kenntnis aller auf dem Erdball vorkommenden musikalischen Äußerungen voraussetzen. Denn wenn man z.B. die außereuropäische Musik mit nichtharmonischer Musik identifizieren wollte, würde man gewärtigen, dies Einteilungssystem auf Grund neugefundener Ausnahmen umstoßen und durch ein umfassenderes ersetzen zu müssen. Die Einteilung nach dem Tonsystem und dem Rhythmus würde ähnlichen Schwierigkeiten begegnen. Auch kann es leicht vorkommen, daß wir durch irgendwelche Abweichungen von unsern musikalischen Gewohnheiten auf neue wesentliche, aber bisher unbeachtete Faktoren aufmerksam werden. Die geographisch-ethnographische Einteilung wird von größeren Gruppen zu kleineren fortschreiten müssen, je mehr die Einzelerfahrungen eine Differenzierung nach außergeographischen Gesichtspunkten fordern.

2 Dieser Gedankengang bestimmte auch die Wahl des Titels der vorliegenden Arbeit. Unser gleich näher zu besprechendes Material stammt aus verschiedenen Gegenden des indischen Reichs, von Musikern verschiedener Rasse, Kaste und musikali-

I. The Plan, Material and Method of Work

1 Unlike the history of Western music, comparative musicology is today still at a preliminary stage. It is now necessary to collect extensive material from the sphere of non-European culture and to compile it in the form of monographs. At present, the point of view of the compilation must be either geographical or ethnographical: musical or psychological classification principles would assume a knowledge of all existing musical expressions. If, for example, one were to identify non-European music with non-harmonic music, one would have to be prepared to upset this classification system on the basis of new-found exceptions and to replace it with a more comprehensive one. Classification according to tonsystem and rhythm would encounter similar difficulties. Also, it can easily happen that through some deviation from our musical practice we become alert to new essential, but hitherto unheeded, elements. The geographic-ethnographic classification will have to proceed from larger to smaller groups, the more specific experiences demanding a differentiation according to extra-geographical points of view.

2 This train of thought determined the selection of the title of the work under consideration. The material we are about to discuss comes from different regions of the Indian sub-continent, from musicians of different races, castes and musical back-

scher Vorbildung. Man wird sich also hüten müssen, die in den vorliegenden Musikproben hervortretenden Eigentümlichkeiten zu verallgemeinern; denn sie könnten bei andern indischen Stämmen fehlen, andere Besonderheiten könnten gefunden werden. Die Lückenhaftigkeit unsres Materials zwang uns, von einer umfassenderen Darstellung der indischen Musik abzusehen, um so mehr, als auch die einschlägige Literatur den Mangel eigner Erfahrung nicht ersetzen konnte.

3 Als uraltes Kulturland besitzt Indien eine große Zahl von Originalwerken älteren und neueren Datums über Musik. Manches davon ist durch die kritische Bearbeitung von seiten der Orientalisten auch dem sanskritunkundigen Musikwissenschaftler zugänglich geworden.[1] So viel des Interessanten diese Literatur dem Historiker und Theoretiker bieten mag, so wenig leistet sie, wenigstens gegenwärtig noch, für unsre Zwecke. Die ältere Musiktheorie, in den seltensten Fällen auf streng empirischer Grundlage aufgebaut, ist in hohem Grade unabhängig von der musikalischen Praxis, um so enger mit mathematischen und philosophischen Spekulationen verknüpft. Sie wird daher nicht herangezogen werden dürfen, um empirisch erworbene Kenntnisse zu ergänzen, sondern höchstens, um sie zu bestätigen oder um einen historischen Anschluß zu gewinnen. Dies ist aber erst bei umfassender Kenntnis der praktischen

[1] Hierher gehören namentlich:
W. Jones 1792, 1802;
die Einleitungen von A. C. Burnells Ausgaben des
Ārṣeyabrāhmaṇa (1876),
Samhitopaniṣadbrāhmaṇa (1877),
Jaiminīya Text of the Ārseyabrāhmaṇa (1878) und
Ṛktantravyakarana (1879);
J. Grosset (1888), eine kritische, mit Einleitung, Übersetzung und sehr wertvollen Anmerkungen versehene Ausgabe des 28. *adhyâya* des Bhāratiyanāṭyaśāstra.
Endlich die von S. M. Tagore (1875a) aus verschiedenen Zeitschriften gesammelten und unter dem Titel „Hindu Music" vereinigten Abhandlungen mehrerer Autoren (N. A. Willard, W. Jones, W. Ouseley, J. D. Paterson, F. Fowke usw.).

grounds. Thus, one must be careful in the music examples in question not to generalize about prominent characteristics, because they might be missing from the music of other Indian groups, and other characteristics found in their place. The insufficiencies of our material compelled us to forego a broader presentation of Indian music, particularly as the literature on the subject could not make up for lack of personal experience.

As a land of ancient culture, India has a great number of original works about music, of both old and recent date. Through critical editing by Orientalists, many of these works have become available to those musicologists who do not know Sanskrit.[1] As interesting as this literature may be to the historian and theoretician, it offers little for our purposes, at least for the present. The older music theory, founded in only the rarest of cases on strictly empirical bases, is to a great extent independent of musical practice and is more closely bound up with mathematical and philosophical speculations. For that reason it may not be drawn upon to supplement empirically gained knowledge but at best to confirm it or to contribute a historical connection. This is possible, however, only with extensive knowledge of the practical music. As a true Oriental, the well-educated Indian 3

[1] Here belong the following:
W. Jones 1792, 1802;
The introductions to A. C. Burnell's editions of the
Ārṣeyabrāhmaṇa (1876),
Samhitopaniṣadbrāhmaṇa (1877),
Jaiminīya Text of the Ārṣeyabrāhmaṇa (1878) and
Ṛktantravyākaraṇa (1879);
J. Grosset (1888), a critical edition, with introduction, translation and very valuable annotations of the 28th chapter of the *Bhāratiyanāṭyaśāstra*.
Finally, S. M. Tagore's *Hindu Music* (1875a), a compilation of essays by several authors (N. A. Willard, W. Jones, W. Ouseley, J. D. Paterson, F. Fowke, etc.) from various journals.

Musik möglich. Der gebildete Inder hält zwar als echter Orientale mit der größten Pietät an der durch die alte klassische Literatur geschaffenen Tradition fest; wieweit diese aber mit der gegenwärtigen Praxis übereinstimmt, kann unmöglich a priori entschieden werden.

4 Wertvoll waren uns einige von den zahlreichen Publikationen des Radjah S. M. Tagore,[2] der als europäisch gebildeter und in der musikalischen Theorie und Praxis seines Landes bewanderter Musiker Beachtung verdient.

5 Unsern Bedürfnissen kam auch das Werk von B. A. Pingle (1898) entgegen, das zwar in erster Linie didaktische Zwecke verfolgt, aber gerade deshalb als Kompendium der praktischen indischen Musik gelten darf. Dadurch, daß hier ein Inder zu Indern spricht, wird allerdings dem europäischen Leser das Verständnis hie und da wesentlich erschwert. Denn der Autor konnte bei seinem Publikum Begriffe und Anschauungen voraussetzen, die für uns erst einer eingehenden Erläuterung bedurft hätten.

6 Am erschöpfendsten von allen bisherigen Publikationen über indische Musik ist das Werk von C. R. Day (1891), das die langjährigen Erfahrungen, die der Verfasser im Lande selbst gesammelt hat, mit einer kritischen Verwertung der indischen und europäischen Literatur vereint. Die luxuriöse Ausstattung (zahlreiche Notenbeispiele, Tabellen und vorzügliche farbige Abbildungen von Instrumenten), einerseits ein besondrer Vorzug, macht das kostbare Buch leider sehr schwer zugänglich.[3] Obwohl Day sich ex officio nur mit der südindischen Musik (*Karnātik*)[4] beschäftigt,

[2] Namentlich S. M. Tagore 1884, 1879; ferner auch 1874, 1878a, 1880.

[3] Wir hätten auf die Benutzung dieses Werkes das sich in keiner öffentlichen deutschen Bibliothek fand, verzichten müssen, wenn uns nicht Herr D. F. Scheurleer (Haag) mit seinem Exemplar in freundlichster Weise zu Hilfe gekommen wäre.

[4] Wir geben die von Day gebrauchten Fachausdrücke und Eigennamen in seiner Schreibweise wieder. Die Orthographie der Sanskritworte

holds fast, with the greatest reverence, to the tradition transmitted by the old classical literature; how far this is upheld by present-day practice, however, it is impossible to decide a priori.

Of value to us were some of the numerous publications of Radjah S. M. Tagore[2] who, educated as a European musician and skilled in the musical theory and practice of his own land, merits our consideration. 4

Another work that met our needs was that of B. A. Pingle (1898), which has a primarily didactic purpose, to be sure, but precisely because of this it may be valued as a compendium of practical Indian music. Because in this book an Indian is speaking to Indians, he assumes a familiarity with concepts and points of view which occasionally makes it difficult, without exhaustive explanations, for the European reader to understand. 5

The most comprehensive of all the publications on Indian music to date is the work by C. R. Day (1891), which combines the experience of the author's many years in India with a critical utilization of Indian and European literature. The luxurious layout of the book, with its numerous notated examples, tables, and excellent colored pictures of instruments, on the one hand a special advantage, unfortunately makes it too costly to be easily accessible.[3] Although Day, by virtue of his position, concerned himself only with South Indian music (Karnātic),[4] he also 6

[2] Mainly, S. M. Tagore 1884, 1879; also 1874, 1878a, 1880.

[3] We would have had to forego the use of this work, which is found in no public library in Germany, had not Mr. D. F. Scheurleer (The Hague) most obligingly come to our aid with his copy.

[4] We reproduce in his style the technical terms and proper names used by Day. For the orthography of the Sanskrit words we are indebted

berücksichtigt er doch auch das nordindische System (*Hindustānī*) in genügend ausführlicher Weise.

7 Einige weitere von uns benutzte Arbeiten werden an den entsprechenden Textstellen Erwähnung finden.

8 Unser Material entstammt drei Quellen:

A. Wir benutzten zuerst im Sommer 1902 die durch das Gastspiel der Hagenbeckschen „Malabaren"-Truppe gebotene Gelegenheit, unsre Sammlung phonographischer Aufnahmen zu bereichern. Die Musiker der Truppe waren zwei Gujaratis, die auf Schalmeien von schreiender Klangfarbe (*Nāgasāra* und *Hoṭhi*)[5] im Duett bliesen; Schlangenbeschwörer, Mohammedaner aus Haiderabad, handhabten das bekannte, aus einem doppelbauchigen Kürbis verfertigte Blasinstrument mit zwei Zungenpfeifen (*Tumri* oder *Modig*).[6] Kleine Becken (*Tālam*)[7] und mehrere Trommeln vervollständigten die instrumentale Ausrüstung. Die phonographierten Gesänge (Duette und Ensembles) und Volkslieder stammen von Gujaratis, Tamilfrauen aus Tanjore und Malabarenkindern aus Madras. Sämtliche Vorführungen (Aufzüge, Akrobatenstücke, Tänze usw.) wurden von zwei Trommeln, manche auch von den Blasinstrumenten begleitet. Zu den Bajaderentänzen wurde im Chor gesungen; zuweilen ging der Gesang in einen Sprechgesang

verdanken wir Herrn Prof. Pischel, der die Liebenswürdigkeit hatte, unseren Text in dieser Hinsicht zu korrigieren.

[In der vorliegenden Ausgabe sind die ursprünglichen Texttranskriptionen in das Glossarium orthographischer Revisionen verwiesen. Ed.]

[5] Dies die von den Musikern selbst angegebenen Namen. Wahrscheinlich sind die Instrumente identisch, zum mindesten sehr ähnlich mit dem *Sānāi* (Mahillon 1893–1912 vol. 1: 115). Eine Abbildung des *Nāgasāra* bei Day 1891: Plate XV. Das *Hoṭhi* unterschied sich nur dadurch von dem N., daß alle Grifflöcher verstopft waren.

[6] Bei Mahillon (1893–1912, vol. 1): *tubṛī* (beng.) oder *tiktirī* (sanskr.). Abgebildet bei Day 1891: Plate XIV. (*Pungi*).

[7] Bei Mahillon (1893–1912, vol. 1): *kara-tāla*. Abbildung bei Day 1891: Plate XIII.

gave ample consideration to the North Indian system (Hindustānī).

Some further works which we used are mentioned at the appropriate places in the text. 7

Our material derives from three sources: 8

A. In the summer of 1902, we first took the opportunity, offered by the guest performance of the Hagenbeck "Malabar" troupe, to enlarge our collection of phonographic recordings. The musicians in the troupe included two Gujaratis, who played in duet on shawms with a screeching tonal quality (*nāgasāra* and *hoṭhi*);[5] and snake charmers, Mohammedans from Hyderabad, who manipulated the commonly-known wind instrument made of a double-bellied gourd, with two reed pipes (*tumri* or *modig*).[6] Little cymbals (*tālam*)[7] and several drums completed the instrumental equipment. The recorded songs, folksongs, duets and ensembles come from the Gujaratis, Tamil women from Tanjore, and Malabar children from Madras. All the presentations (processions, acrobatic pieces, dances, etc.) were accompanied by two drums, and several by the wind instruments as well. The music for the Bayadere dances was sung in chorus, and occasionally the song turned into a sprechgesang. As with other Orientals, the dance consisted

to Prof. Dr. Pischel, who had the kindness to correct our text in this respect.

[In the present edition the original text transcriptions appear in the glossary. -ED.]

[5] These are the names given by the musicians themselves. The instruments are probably identical, or at least very similar, to the *sānāi* (Mahillon 1893–1912 vol. 1: 115). A picture of the *nāgasāra* in Day 1891: Plate XV. The *hoṭhi* differed from the *nāgasāra* only in that all the fingerholes were stopped up.

[6] In Mahillon (1893–1912, vol. 1): *tubṛī* (Bengali) or *tiktirī* (Sanskrit). Pictured in Day 1891: Plate XIV. (*pungi*).

[7] In Mahillon (1893–1912, vol. 1): *kara-tāla*. A picture in Day 1891: Plate XIII.

über. Die Tanzbewegungen beschäftigten, wie auch sonst bei Orientalen, in vorzüglicher Weise Arme und Hände der Tänzerinnen, die sich selbst kaum von der Stelle bewegten.

9 B. Eine zweite Gruppe von Phonogrammen verdanken wir einem in Berlin studierenden Parsen, Herrn Dr. M. Davar aus Bombay, der so freundlich war, uns mehrere *Rāgas* auf dem *Dilrubā* vorzuspielen. Dieser ist eine Art Kniegeige mit 4 Stahlsaiten, die auf G, g_0, c_0, und f_0 gestimmt waren; unter den Hauptsaiten befindet sich eine Serie von 15 Resonanzsaiten (ähnlich wie bei den alten Gamben), die, in unsrer (temperierten) Dur-Leiter gestimmt, einen Umfang von zwei Oktaven (c_0–c_2) umfaßten. Eine Reihe von 20 Bünden erleichtert das Auffinden der Leitertöne.[8] Als Spielsaite, auf der die Melodie vorgetragen wird, dient meistens bloß die erste (höchste) Saite (f_0), selten auch die zweite (c_0); die andern werden gelegentlich mit angestrichen zur Unterstützung der Haupttöne der Melodie (vgl. S. 161).

10 Der Spieler bediente sich ausschließlich kurzer Striche an der Spitze des Bogens, den er nach Art unsrer Kontrabassisten hielt, und benutzte zum Niederdrücken der Spielsaite meist den Zeigefinger, oft auch den Mittelfinger der linken Hand; bei Verzierungen (Trillern, Mordenten) ist auch der Ringfinger in Tätigkeit; der kleine Finger wird selten verwendet. Aus dieser Spielweise resultiert ein fortwährendes Glissando, wie es auf unsrer Geige beim Wechsel der „Lage“ zu hören ist. Zu dieser Eigentümlichkeit der Tongebung gesellt sich infolge des Mitklingens der Resonanzsaiten (die für jedes Stück wieder neu gestimmt werden) eine merkwürdig hallende Klangfarbe, die an ein mit aufgehobenem Pedal gespieltes Klavier, mehr noch an das

[8] Auf der (leeren) Saite f^0 ist durch die Bünde folgende Leiter gegeben: fis^0, g, gis, a, b, h, c^1; d^1, dis^1, e^1, f^1, fis^1, g^1; a^1, b^1, h^1, c^2; d^2; e^2, f^2. Die Töne cis^1, gis^1, cis^2, dis^2 werden auch gespielt, geübte Spieler erweitern den Umfang sogar über f^2 hinaus.

mainly in the exquisite arm and hand movements of the otherwise stationary female dancers.

B. For the second group of recordings, we are indebted to a Parsi from Bombay, Mr. M. Davar, who is studying in Berlin and was so kind as to play several rāgas on the *dilrubā* for us. The *dilrubā* is a type of "knee fiddle" with four steel strings tuned to G_3, G_4, C_4, and F_4; under the primary strings is a set of fifteen sympathic strings (similar to those on the old gambas) which, tuned to our tempered major scale, encompasses a range of two octaves (C_3–C_5). A row of twenty frets facilitates location of the pitches.[8] For the most part, the first (highest) string (F_4) serves as the sole playing string on which the melody is executed, although the second (C_4) can also be used; occasionally the others are struck with the melody string for the support of the primary melodic tones. (See p. 161). 9

Mr. Davar used short strokes on the tip of the bow which he held in the manner of our contrabassists, and to stop the playing strings he used the index finger and the middle finger of his left hand; embellishments (trills, mordents) were executed by the ring finger, but the little finger was seldom used. This method of playing results in a continuous glissando, and sounds rather like a violin changing "position." Associated with this characteristic of intonation is a strange reverberating timbre, produced by the simultaneous sounding of the sympathetic strings (they are retuned anew for every piece), which suggests a piano played with sustaining pedal, or even a gypsy's cymbalum. 10

The *dilrubā* ("heart stealer") is an in-

[8] From the (open) string F_3, the following scale is obtained from the frets: $F\sharp_3$, G_3, $G\sharp_3$, A_3, $B\flat_3$, $B\natural_3$, C_4, D_4, $D\sharp_4$, E_4, F_4, $F\sharp_4$, G_4, A_4, $B\flat_4$, $B\natural_4$, C_5, D_5, E_5, F_5. The tones $C\sharp_4$, $G\sharp_4$, $C\sharp_5$, $D\sharp_5$ are also played. Proficient players extend the range even above F_5.

Zymbal der Zigeuner erinnert. Der *Dilrubā* („Herzenräuber“) ist ein in Nordindien, namentlich von Amateuren viel gespieltes Instrument, das auch im Zusammenspiel mit der *Sārangī* (Saiteninstrument, ältere, ursprüngliche Form des *Dilrubā*)[9] und, wohl erst in neuerer Zeit, mit dem Harmonium verwendet wird.

11 C. Endlich stand uns eine Reihe von Platten zur Verfügung, die die Deutsche Grammophon-Gesellschaft in Kalkutta von Musikern des Corinthian Theatre und des Classic Theatre und einem bengalischen Orchester aufgenommen hat. Die Gesänge, Soli und Chöre haben verschiedensprachige Texte (Bengali, Hindustani, Gujarati, Panjabi, Pushto) und sind sämtlich instrumental begleitet. Bei der Wiedergabe auf dem Grammophon tritt indes die Instrumentalbegleitung (Trommeln, Saiten- oder Blasinstrumente) so sehr in den Hintergrund, daß es nur gelegentlich möglich war, auch sie in Noten zu fixieren. –

12 Bei der Verarbeitung unseres phonographischen Materials waren wir gezwungen, auf Messungen der Tonhöhen, wie sie von B. I. Gilman (1892) an phonographierten chinesischen, von uns an japanischen (Abraham u. Hornbostel 1903a) und türkischen (Abraham u. Hornbostel 1904a) Melodien ausgeführt worden sind, zu verzichten. Es ist dies um so bedauerlicher, als exakte akustische Experimentalmethoden der einzige Weg sind, die alte, viel umstrittene Frage nach der Existenz von „Vierteltönen“ in der indischen Musik einer Lösung zuzuführen.[10] Bei der Gruppe der „Malabaren“-Phonogramme verbot sich die Messung durch die in der Unsauberkeit des Unisonos deutlich zutage tretende äußerst schwankende Intonation der Sänger; wir hatten es eben mit musikalisch

[9] Die *Sārangī* hat keine Bünde, ist im übrigen aber dem *Dilrubā* sehr ähnlich; verwandte Saiteninstrumente mit Bünden sind *Esrār* und *Ṭāws* („Pfau“), letzteres persischen Ursprungs (vgl. Mahillon 1893–1912, vol. 1: 130ff.).

[10] Vgl. Fussnote 23.

strument played in North India, principally by amateurs, which is also played in ensemble with the *sārangī* (a stringed instrument, the original form of the *dilrubā*)[9] and, probably only in recent times, the harmonium.

C. Finally, we had at our disposal a series of discs, made by the Deutsche Grammophon-Gesellschaft in Calcutta, of musicians of the Corinthian Theater and the Classic Theater, and of a Bengali orchestra. The texts of the songs, solo and choral, are in different languages (Bengali, Hindustānī, Gujarati, Panjabi, Pushto) and are all accompanied by instruments. In the reproduction on the gramophone, however, the instrumental accompaniment (drums, stringed or wind instruments) recedes so far into the background that it was only occasionally possible to include it in the notation. 11

In working with our recorded materials we were forced to forego measurements of pitch of the kind that B. I. Gilman (1892) made with recorded Chinese melodies and we had made with Japanese (Abraham and Hornbostel 1903a) and Turkish (Abraham and Hornbostel 1904a) melodies. This is the more regrettable as exact acoustical experimental methods provide the only way to a solution of the old, much-disputed question of the existence of "quarter tones" in Indian music.[10] In the recording of the Malabar group the extremely unsteady intonation of the singers, which became clearly obvious in the "muddiness" of the unison, made measurement impossible. We had to make the recording with people of little general or musical education, with untrained ears and voices, from whom 12

[9] The *sārangī* has no frets but is in other respects very similar to the *dilrubā*; related stringed instruments with frets are the *esrār* and *ṭāws* ("peacock"), the latter of Persian origin (see Mahillon 1893–1912, vol. 1: 130ff).

[10] Cf. n. 23.

(und wohl auch sonst) wenig gebildeten Leuten mit ungeschulten Ohren und Kehlen zu tun, von denen man keine technisch und künstlerisch vollendeten Leistungen erwarten durfte. Eher hätte das *Dilrubā*-spiel unsres Parsen größeren Ansprüchen genügen können. Herr Davar, der auch in der europäischen Musik nicht unbewandert ist, muß in Ansicht seines Bildungsgrades und seiner Intelligenz als zuverlässiger Gewährsmann gelten, dem wir auch über die theoretische und praktische Musik seiner Heimat manche wertvolle Aufklärung verdanken. Allein boshafte Schicksalstücke wollte es, daß er von den festen Bünden seines Instrumentes jeden beliebigen zum Grundton derselben Melodie machen konnte; er konnte in unserm europäischen Sinne „transponieren," d.h. mit andern Worten, er musizierte in temperierter Stimmung. Ob die gleichschwebende Temperatur eine Eigentümlichkeit des *Dilrubā* ist, oder ob sie (etwa durch europäischen Einfluß) im heutigen Indien eine größere Verbreitung genießt, müssen wir dahingestellt sein lassen.

13 Der dritte Teil unsres Materials versagte sich unsern Wünschen in erster Linie aus technischen Gründen; es ist bei Grammophonplatten schwer möglich, einzelne Töne zu längerem Erklingen zu bringen (durch Repetierenlassen),[11] ohne daß die Schallkurve dauernden Schaden nimmt. Abgesehen davon handelte es sich auch hier um Gesangstücke, die, wenn auch von Berufsmusikern herrühend, für akustische Untersuchungen nur dann eine einwandfreie Basis abgeben, wenn mehrere Stücke von demselben Sänger dessen Zuverlässigkeit garantieren oder die Intonationsfehler durch Berechnung von Mittelwerten zu eliminieren gestatten.

14 Wir sahen uns also genötigt, unsre Untersuchung auf diejenigen Probleme zu beschränken, die uns die indische Melodik aufgibt, wenn man von den feinsten De-

[11] Oben S. 93f.

technically and artistically finished performances could not be expected.

However, the *dilrubā*-playing of our Parsi would have been able to satisfy greater demands. Mr. Davar, who is not unversed in European music, must, in view of his education and intelligence, be considered a reliable informant, and we are indebted to him for many valuable explanations of the theoretical and practical music of his homeland. But, ironically, the spacing of the fixed frets of his instrument enabled him to make any tone the root of the same melody; he could, in our European sense of the word, transpose. In other words, he played music in tempered tuning. Whether equal tempered tuning is characteristic of the *dilrubā*, or whether it enjoys a greater dissemination in India today than formerly (perhaps owing to European influence), we must leave undecided.

This third part of our material did not fulfill our hopes, primarily for technical reasons; with gramophone records it is very difficult to prolong the sounding of single tones, by replaying them,[11] without severely damaging the grooves. Apart from this, there is the consideration that pieces, even when sung by professional musicians, form a satisfactory basis for acoustical research only if the same singer performs several times, thereby guaranteeing his reliability and permitting the elimination of intonational errors by means of calculating average values. 13

Thus, we realized the necessity of limiting our investigation to those problems which Indian melodies present to us before delving into the finer details of the 14

[11] Above p. 93f.

tails des Tonsystems absieht; sie sind immer noch interessant und zahlreich genug. –

15 Um das Material für kritische Studien verwendbar und gleichzeitig der Publikation zugänglich zu machen, mußte es zunächst in europäische Notenschrift übertragen werden.

16 Die Inder besitzen selbst ein Notationssystem, das die Eigentümlichkeit der indischen Melodik und Vortragsweise einfach und genau genug – wenigstens für die praktischen Bedürfnisse der Einheimischen – wiederzugeben gestattet. Es besteht im wesentlichen in der Bezeichnung der Melodietöne durch die indischen Solmisationssilben (*sa, ri, ga, ma, pa, dha, ni*) in Buchstabenschrift; Versetzungszeichen, die unserm ♯ und ♭ entsprechen, scheinen, obwohl sie existieren, weniger gebräuchlich, sind auch wohl überflüssig, da die „Vorzeichnung" und meist auch die Taktart für jede Melodie schon gewissermaßen durch den Titel bestimmt sind (vgl. S. 163f). Auch für die in der indischen Musik besonders mannigfaltigen Vortragsarten und Verzierungsformen gibt es Symbole,[12] doch ist auch deren Verwendung beschränkt, da die Einzelheiten der musikalischen Ausführung meist dem Vortragenden überlassen bleiben. Wenn diese Ausschmückungen auch ebenso reizvoll wie charakteristisch sein mögen, so kommen sie doch für theoretische Erörterungen nicht so sehr in Betracht, daß ihre völlig adäquate Wiedergabe unerläßlich wäre. Da sich überdies in unsern Phonogrammen Abweichungen von der temperierten Stimmung nur ganz vereinzelt bemerkbar machen (in welchem Falle wir sie durch ein + oder — über der um ein weniges erhöhten oder vertieften Note gekennzeichnet haben), so wird die Übertragung der Melodien in unsere Notenschrift kaum einer weiteren Rechtfertigung bedürfen.

[12] R. Simon (1904a) führt deren 23 verschiedene allein für die *Vīṇā*, ein sehr verbreitetes Saiteninstrument, an. Auch die alte religiöse Musik besaß derartige Notationen (vgl. Burnell 1876: Introd. 4).

tonsystem; such problems are still interesting and numerous enough.

In order to make the material usable for critical study and at the same time accessible for publication, it had first to be transcribed into European notation. 15

The Indians themselves have a notation system which permits simple and sufficiently precise – at least for the practical requirements of the Indians – reproduction of the characteristics of the Indian melodics and manner of delivery. Essentially, it specifies the notes of the melody by the Indian solmization syllables (sa ri ga ma pa dha ni) written in letters; accidental signs that correspond to our ♯ and ♭ appear less commonly, although they do exist. They are usually unnecessary, since the "signature" and often the meter, as well, are to some extent already determined for every melody by the title. (See p. 163f.) There are also symbols[12] for those diverse and particularly Indian forms of rendering and embellishment; the use of these symbols is limited, however, since the details of the musical performance are for the most part left to the performer. Although these embellishments can be just as exciting as they are characteristic, they can not be discussed theoretically to any great extent without being completely and adequately reproduced. Moreover, since deviations from the tempered tuning occur noticeably in our recordings only very sporadically (in which cases we have marked + or — over those notes which are a little raised or lowered), the transcriptions of the melodies in our notation will hardly need further justification. 16

[12] R. Simon (1904a) gives twenty-three different symbols just for the *vīṇā*, a widely known string instrument. The old religious music, too, had such notations (see Burnell 1876: Introd. 4).

17 Es darf indessen nicht unerwähnt bleiben, auf welche Weise wir der oft sehr schwierigen Aufgabe der rhythmischen Gliederung gerecht zu werden suchten. Bei manchen Stücken waren uns durch die Trommelrhythmen oder durch Akzente (Händeklatschen, Becken) erwünschte Anhaltspunkte gegeben, die auf die rhythmische Auffassung der Inder selbst einen Rückschluß gestatten. Meist aber bestimmte einzig unser subjektiver Eindruck die Wahl der Taktart und die Stellung der Taktstriche. Hierbei mußten naturgemäß alle die psychologischen Momente in Wirksamkeit treten, die für den musikalischen Europäer gewohnheitsmäßig als Kriterien rhythmischer Gliederung dienen; sie alle aufzuführen und zu analysieren ist hier nicht der Ort. Es sollte nur betont werden, daß das Notenbild im allgemeinen nur den Rhythmus wiedergeben kann, den wir aus den Melodien heraus-, oder eigentlich in die Melodien hineinhören, die rhythmische Auffassung des Spielers oder Sängers aber gewiß nur in sehr unvolkommener Weise wiederzuspiegeln vermag.

Meanwhile, however, we should mention the ways in which we have tried to do justice to the often very difficult distribution of rhythmic articulation. In several pieces, the drum rhythm, or accents, gave us welcome orientation points and enabled us to reach a conclusion about the rhythmic conception of the Indians themselves. But it was mainly our subjective impression which determined the choice of meter and the placement of bar-lines. In doing it that way, all the psychological moments that for the musical European customarily serve as criteria for rhythmic organization were naturally brought into play. This is not the place to present and to analyze them all, but it should be emphasized that music notation in general can reproduce only the rhythm which our ears can abstract from the melodies, or in reality, project into the melodies; the rhythmic interpretation of the players or singers is certainly reflected only in a very imperfect way. 17

18 Für den Gang der Darstellung schien es uns zweckmäßig, zunächst das Notenmaterial, mit kritischen Analysen versehen, vorzulegen und dann erst eine theoretische Zusammenfassung zu versuchen; diese Reihenfolge entspricht auch unsrer Arbeitsmethode.

In the following presentation it seemed expedient to put the notated material first, to provide critical analyses, and only then to attempt a theoretical summary. This order corresponds to our working methods as well. 18

II. Notenbeispiele und Analysen/Music Examples and Analyses

A. Malabaren/Malabar

1. Tamil. Liebeslied/Love Song

19 Ein in flottem, bis zum Schluß beständig gesteigertem Tempo von zwei Tamilfrauen

A love song sung by two Tamil women in a brisk tempo that increased constantly 19 gesungenes Liebeslied. Die Männer gaben den Rhythmus an, indem sie jedes erste und vierte Achtel durch Händeklatschen betonten. Ohne diese Betonung wäre der uns ganz ungewohnte 7/8-Takt schwer zu erkennen gewesen (vgl. S. 176f.). Auch die Tonalität der Melodie bereitet unserer Auffassung Schwierigkeiten. Nach den Gewohnheiten unsrer harmonischen Musik sind wir zunächst geneigt, *G*-Dur als Tonart anzunehmen, schon wegen des Quartensprungs am Anfang; doch wirkt *h* als Schlußton im zweiten Teil (in dem *g* überhaupt fehlt), noch mehr *fis* als Schlußton im ersten und dritten Teil dieser Auffassung entgegen. Daß wir es mit einem *Si*-Modus zu tun hätten, ist kaum glaublich (er fehlt auch bei Tagore 1884). Bemerkenswert ist die auch in den andern indischen Melodien häufige Verschiebung nach der Oberquarte (Unterquinte) vom 1. zum 2. Teil und die hierdurch erreichte höhere Lage des letzteren. Alle Teile werden nach Art unsres Rondos mehrfach wiederholt, und zwar in folgender Anordnung: A 4 mal hintereinander, dann B 4 mal, C; A 6 mal, B 4 mal, C; A 5 mal, B 4 mal, C; A.

until the end. The men set the rhythm, accenting every first and fourth eighth note by handclapping. Without this accentuation, the 7/8 meter, which is totally unfamiliar to us, would have been difficult to recognize. (See p. 176f.) The tonality of the melody, too, is hard for us to understand. According to the practice of our harmonic music, we are at first inclined to take G major as the tonality, especially on account of the leap to the fourth at the beginning; however, B_4 as the final note in the second part (in which G_4 is missing altogether) and, further, $F\sharp_4$ as the final note in the first and third parts, contradict this interpretation. It is hardly likely that we would have to deal with a Si-mode (it is also absent in Tagore, 1884). Note that the shift to a fourth higher (or a fifth lower) from the first to the second part attains a higher position for the second part; this happens frequently in the other Indian melodies, as well. As in our rondo, all the parts are repeated more than once, in the following specific arrangement: Part A four times in succession, then B four times, C; A six times, B four times, C; A five times, B four times, C; A.

2. Tamil. Liebeslied. (Zwei Frauen)/Love Song (Two Women)

20 Ein andres, ebenfalls von zwei Tamilfrauen gesungenes Liebeslied. Nach unsrer Auffassung *Es*-Dur mit einer Ausweichung nach *As*-Dur. Da aber *es* nur vorübergehend gebraucht wird, *b* (in Teil A, B und B1), und *f* (in D) ein stärkeres melodisches Übergewicht haben, so ist wohl ein *Sol*-Modus auf *b* bzw. ein *Re*-Modus auf *f* anzunehmen. Interessant ist wieder der Rhythmus. Ohne Zweifel liegt hier ein einfacher 4/4-Takt vor, doch werden jedesmal das zweite und vierte Viertel durch Händeklatschen betont, nach unsern Begriffen also die schlechten Taktteile (vgl. S. 173f.). Einmal wird das Unisono durch eine Solostelle unterbrochen; bemerkenswert ist hier der Ansatz zu einem Kontrapunkt: während die eine Sängerin noch den Schlußton ihres Solos aushält, beginnt die zweite ein früheres Thema auf der tieferen Quinte (sic! vgl. Nr. 12, 13, 26 u. S. 155f.).

Another love song, also sung by two Tamil women. According to our interpretation, the key is E♭ major with a modulation to A♭ major. However, since E♭ is used only in passing and B♭ (in Parts A, B, and B1) and F (in D) have a stronger melodic predominance, a Sol-mode on B♭ or a Re-mode on F is to be presumed. Again the rhythm is interesting. A simple 4/4 meter unquestionably applies here, yet every second and fourth quarter note – according to our concept the weak beats – is emphasized with handclapping. (See p. 173f.) The unison singing is interrupted once by a solo section. The tendency to counterpoint is noteworthy here: while one singer sustains the final note of her solo, the second singer begins an earlier theme at a fifth lower [sic]. (see examples 12, 13, 26, and p. 155f.). 20

3. Gujarati. Tanzlied/Dance Song

21 Ein Gujarati-Tanzlied (Hindustanisch?). Für unser Gefühl wechselt die Tonalität zwischen *D*-Dur und *G*-Dur, je nachdem *cis* oder *c* (letzteres stets als Durchgangsnote zu *h*) erscheint; *g* kommt nur einmal als Durchgangsnote vor. Melodischer Schwerpunkt ist durchweg *d*; wir können also einen Wechsel von *Sol*- und *Do*-Modus auf *d* annehmen. – Der Takt wechselt nach

A Gujarati dance song (Hindustānī?). As we perceive it, the tonality fluctuates between D major and G major, according to whether C♯ or C♮ appears (the latter always as a passing tone to B); G appears only once, as a passing tone. The focal point of the melody is D throughout; we could also assume a change from the Sol- to the Do-mode on D. According to our 21

unsrer Auffassung zwischen $\frac{3}{8}$ und $^4/_8$, und zwar regelmäßig so, daß auf je vier $\frac{3}{8}$-Takte ein $^4/_8$-Takt folgt; vielleicht haben wir einen $^{16}/_8$-Takt vor uns (vgl. S. 176f.). Der Aufbau zeigt die übliche Rondoform mit unzähligen Wiederholungen der einzelnen Teile (A 4 mal, B, B_1, B_2; A 5 mal, B, B_1, B_2; A 3 mal usw.). Der zweite Teil (B) bewegt sich wieder in höherer absoluter Lage als der Hauptteil, und wird mit einer Variation wiederholt. Der Chor wird antiphonisch von Solostellen der Vorsängerin abgelöst.

interpretation the meter alternates, very regularly indeed, between $\frac{3}{8}$ and $\frac{4}{8}$, so that for every four $\frac{3}{8}$ measures, a ♭ measure follows; perhaps we have before us a $\frac{16}{8}$ meter (see p. 176f.). The structure manifests the usual rondo form with innumerable repetitions of the individual parts (part A four times, B, B1, B2; A five times, B, B1, B2; A three times, etc.). The second part (B) moves again into a higher pitch area than the principal part, and is repeated with a variation. The chorus is alternated antiphonically with the solo sections of the lead singer.

4. Gujarati. Frauengesang/Women's Song

22 Gujarati-Frauengesang (Solostimme). Besonders interessant dadurch, daß dieselben Themen auf verschiedenen Stufen wiederkehren, also ganz analoge Modulationen, oder besser Transpositionen vorkommen, wie in unsrer Musik. Die Tonika des ersten Teiles, *h*, verschiebt sich sukzessive nach *fis* (in Teil C), *h* (in D und C_1) und *e* (in E, D_1 und C_2), also erst um eine Quarte, dann eine Quinte hinunter, endlich um eine Quarte hinauf; eine Oktaventransposition (in C^1) hält die Melodie in dem durch die Singstimme gegebenen Umfang. Wir haben fast durchweg einen *Mi*-Modus anzunehmen; nach europäischer Auffassung moduliert das Stück von *G*-Dur nach *D*-Dur, hierauf nach *G*-Dur zurück, schließlich nach *C*-Dur. Der Takt, dessen Analyse uns infolge der häufigen Synkopen und rhythmischen Verschiebungen große Schwierigkeit machte, kann als $\frac{4}{4}$-Takt bezeichnet werden; ein eingestreuter $\frac{3}{4}$-Takt stört diese Auffassung nicht, denn er scheint aus dem $\frac{4}{4}$-Takt entstanden zu sein, indem eine lange Note nicht genügend ausgehalten wurde. Der Aufbau des Stückes weicht von dem der vorhergehenden etwas ab, indem nicht der erste (A), sondern der zweite Teil (C), von neuen Nebenteilen unterbrochen, wiederholt wird.

Gujarati women's song (solo voice). This is especially interesting because the same themes return on different degrees, so that completely analogous modulations, or better, transpositions, take place, as in our music. The tonic of the first part, B, shifts successively to F♯ (in part C), to B (in D and C1) and to E (in E, D1 and C2); thus, it moves first a fourth and then a fifth downward, and finally a fourth upward; an octave transposition (in C1) keeps the melody within a range acceptable to the singing voice. We must assume the melody, almost throughout, to be in the Mi-mode; according to European interpretation, the piece modulates from C major to D major, back to G major, and finally to C major. The meter, whose analysis has caused us great difficulty because of the frequent syncopations and rhythmic displacements, can be designated $\frac{4}{4}$; a $\frac{3}{4}$ measure inserted occasionally does not disturb this interpretation because such measures seemed to occur when a note in $\frac{4}{4}$ meter was not held long enough. The structure of this piece departs somewhat from the preceding ones in that not the first (A), but the second part (C), is repeated, interrupted by new secondary parts. 22

5. Gujarati. Tanzgesang/Dance Song

23 Gujarati-Tanzgesang. Man könnte schwanken, ob man die Tonart als einen *Sol*-Modus auf der Tonika *f* oder als einen *Mi*-Modus auf *d* auffassen soll; das *d* kommt aber überaus häufig vor (ganze Teile B und D bestehen nur aus einem rhythmisch gegliederten *d*), so daß wir wohl nicht fehlgehen, wenn wir *d* als Tonika und *f* als Dominante betrachten. Daß wir unsere europäische Tonartenvorstellung nicht für die indische Melodik verwerten können, geht aus diesem Liede besonders klar hervor; denn *B*-Dur, das wir nach der Vorzeichnung *b* und *es* und auch bei etwaigen Harmonisierungsversuchen als die Tonart der Melodie ansprechen würden, ist schon deshalb auszuschließen, weil der Ton *b* nur ganz vereinzelt als Durchgangsnote vorkommt. Interessant ist in diesem Stück der Wechsel des Gesanges mit dem Sprechgesang. Dieser Sprechgesang ersetzt Trommelrhythmen und zeigt auch eine Kompliziertheit wie diese. Das Lied wurde von zwei Frauen, bei den Aufführungen der Truppe aber von Männern zur Begleitung des Bajaderentanzes gesungen.

Gujarati dance song. One might wonder whether to interpret the tonality as a Sol-mode with the tonic F or as a Mi-mode with the tonic D; but the D appears very frequently (the entire phrases, B and D, appear only on a rhythmically articulated D), so that we are not completely in error to consider D as the tonic and F as the dominant. That we cannot utilize our European conception of tonality for the Indian melodics becomes especially clear in this song, because B♭ major, which we would claim as the tonality of the melody according to the signature B♭ and E♭, and also from experimentation with possible harmonization, is out of the question, just because the note B♭ appears only sporadically, as a passing tone. What is interesting in this piece is the alternation of singing and sprechgesang. This sprechgesang takes the place of drum rhythms and exhibits a similar complexity. The song was sung on one occasion by two women, but in the performance by the troup, men sang it, in accompaniment to the Bayadere dance. 23

6. Rāga Bhairava

24 Dieser Melodie soll *Rāga Bhairava* zugrunde liegen. Bei dem geringen Tonumfang ist die Feststellung des *Rāga*typus, den wir von anderen eigenen (vgl. Nr. 17) und Literaturaufzeichnungen kennen, schwierig. Tonika ist *e*, die Tonart erscheint uns als ein *d*-Moll mit der Tonika auf der 2. Stufe; wir haben also eine Art *Re*-Modus. Daß *e* als Tonika anzusprechen ist, geht

This melody should be based on *rāga bhairava*. With its narrow tonal range, the identification of the *rāga* type, which we know from examples of our own (see example 17) and from notations in literature, is difficult. The tonic note is E; the key appears to us as D minor with the tonic note on the second degree of the scale; we thus have a type of Re-mode. We claim E 24 nicht nur aus der Frequenz und Dauer dieses Tones, sondern auch aus seiner melodischen Bevorzugung hervor: er ist von besonders vielen Verzierungen umrankt; nächst ihm ist *g* der wichtigste, auch durch Verzierungen ausgezeichnete Ton. Eigenartig ist der Takt. Wir finden regelmäßig drei $\frac{4}{4}$-Takte, zwischen die sich ein $\frac{2}{4}$-Takt einschiebt. Vielleicht fassen die Inder diese 14 Viertel als eine Einheit zusammen.

as the tonic, not only from the frequency of occurance and duration of this tone, but also from its favored position in the melody: it is entwined with many embellishments. Next to E, the G is most important; it is also a highly embellished tone. The meter is peculiar. We find regular groupings of three $\frac{4}{4}$ measures, with $\frac{2}{4}$ measures inserted between them. Perhaps the Indians conceive of these fourteen beats as one unit.

7. Malabaren/Malabar. Kinderlied/Children's Song

25 Ein Malabaren-Kinderlied in einfachstem $\frac{2}{4}$-Takt und von verhältnismäßig geringem Tonumfang. Wenngleich wir nach Kriterien der harmonischen Musik die Tonart als *F*-Dur ansprechen würden, kann *f* keineswegs Tonika sein, da es nur an einer einzigen Stelle als Durchgangsnote vorkommt. Man kann im 1. Teil den *Sol*-Modus auf *c*, im 2. Teil den *Re*-Modus auf *g*, beide Male mit Schluß auf der Dominante *g* bzw. *d* annehmen, oder den *Re*- bezw. *La*-Modus auf der Schlußnote als Tonika. Jedenfalls transponiert der 2. Teil die Melodie um eine Quarte abwärts.

A Malabar children's song in the simplest $\frac{2}{4}$ meter, with proportionately narrow tonal range. Although according to the criteria of harmonic music we would claim the key as F major, in no way can F be the tonic note since it appears only in one passage, as a passing tone. In the first part, one can accept the Sol-mode on C, in the second part, the Re-mode on G, both times with the final tone on the dominants G or D, respectively; or the Re- or La-mode with the final tone as the tonic note. In any case, the second part transposes the melody a fourth downward. 25

8. Malabaren/Malabar. Kinderlied. Gebet/Children's Song. Prayer

8a. Rektah (Dalberg)

26 Dies Stück ist ein Beweis dafür, daß auch in der allereinfachsten indischen Musik, einem Kinderliede von minimalem Tonumfang (Quarte), eine für uns ganz komplizierte Taktart vorkommt. Das regelmäßige Abwechseln des $\frac{4}{4}$- und $\frac{3}{4}$-Taktes macht es uns wahrscheinlich, daß die sieben Einheiten als eine Gruppe ($\frac{7}{4}$-Takt) aufgefaßt werden. Eine Pikanterie, wie sie in unsrer modernen europäischen Musik oft mit solchen komplizierten Rhythmen erstrebt wird, ist bei diesem indischen Volksliede wohl völlig ausgeschlossen. Diese und die folgende Melodie sind Gebetlieder.

This piece demonstrates the fact that 26
even in the simplest of all Indian music, a child's song of minimum tonal range (a fourth), a type of meter appears which we find very complex. The regular exchange of the $\frac{4}{4}$ and $\frac{3}{4}$ meters makes it plausible to us that the seven units are perceived as one group ($\frac{7}{4}$ meter). A witty turn, such as European music with such complex rhythms often attempts, is completely out of the question in this Indian folksong: it, like the following melody, is a prayer song.

27 Wir fügen eine Melodie aus der Sammlung von Dalberg (Jones 1802) zum Vergleiche bei, die offenbar mit unserm Kinderlied verwandt, wenn nicht identisch ist.

For comparison we add a melody from 27
the collection by Dalberg (Jones 1802) which, although not identical, is obviously related to our children's song.

9. Malabaren/Malabar. Gebet/Prayer

10. Malabaren/Malabar. Kinderlied/Children's Song

28 Zwei einfache Kinderlieder mit ganz geringem Tonumfang, die ganze Melodie besteht nur aus 3 Noten. Nr. 9 gliedert sich in eine 4- und eine 3taktige Phrase (vgl. den Rhythmus von Nr. 8!). In Nr. 10 ist der Übergang zu einem Sprechton bemerkenswert, in dem die Tonhöhe nur mit Mühe zu analysieren ist (während das Parlando im Stück 5 noch deutlich den tonalen Charakter behält; wir haben zum Unterschied in 5 das Parlando in richtigen Noten geschrieben, während wir hier mit

Two simple children's songs with very 28
limited tonal range; the whole melody consists of only three pitches. Example 9 is constructed in one four-measure and one three-measure phrase (compare the rhythm of example 8!). In example 10 it is worth noting the changeover to sprechgesang, in which the pitch can be analyzed only with difficulty. (The parlando in piece 5 clearly maintains its tonal character; for purposes of distinction we have written the parlando in piece 5 in

den kopflosen Noten nur die rhythmische Gliederung andeuten wollten).

precise notes, while here we wanted to indicate, with headless notes, only the rhythmic articulation).

11. Malabaren/Malabar. Kinderlied/Children's Song

29 Noch ein einfaches Kinderlied. Die Tonart ist für uns ein melodisches *a*-Moll, das als Leitton wirkende *gis* und die Schlüsse auf der Tonika *a* machen uns das Stück sehr verständlich, wir könnten es mit Leichtigkeit harmonisieren.

Another simple children's song. The key for us is a melodic A minor; the G♯ acts as leading tone and the endings on the tonic note A make the piece very comprehensible; we could easily harmonize it. 29

12. Muhammedaner/Mohammedan. Zungendoppelpfeife/Double-Reed Pipe

30 Proben aus zwei auf der Schlangenbeschwörungspfeife (*Modig*) geblasenen Stücken. Die Bläser waren Muhammedaner aus Haiderabad. Die Melodie, die sich in geringem Tonumfang (Quarte) bewegt und viele Verzierungen aufweist, wird von einem Orgelpunkt, nach unsrer Auffassung auf der Untersexte begleitet. Da das *e* in der Melodie sehr hervorgehoben ist, müssen wir es als Tonika betrachten (*Re*-Modus auf *e*), obwohl das Sextenverhältnis der Begleitung auffallend erscheint.[13]

Passages from two pieces played on the snake charmer's pipe (*modiq*). The players were Muhammedans from Hyderabad. The melody, which moves in a narrow tonal range (a fourth) and displays many embellishments, is accompanied by a pedal point, according to our interpretation, a sixth below. Since the E in the melody is very prominent, we must regard it as the tonic note (Re-mode on E), although the interval of the sixth in an accompaniment seems extraordinary.[13] 30

[13] Eine ganz ähnliche Melodie hat L. Riemann (1899: 39, Nr. 6) nach dem Gehör aufgezeichnet.

[13] L. Riemann transcribed by ear a very similar melody (1899: 39, no. 6).

13. Gujaratis. Oboenduett/Oboe Duet

31 Probe aus einem Oboenduett (vgl. L. Riemann 1899: 37, Nr. 1). Die Spieler sind Gujaratis. Die erste Oboe (*Nāgasāra*) bläst die Melodie, die einen größeren Tonumfang hat als die vorige Probe (eine Oktave) und vielfach koloriert ist. Die Tonleiter entspricht unserem *a*-Moll, der melodische Schwerpunkt liegt auf der Quinte *e* (*Sol*-Modus in Moll). Diese Tonika *e* wird sehr eindringlich von der zweiten Oboe (*Hoṭhi*) als Orgelpunkt festgehalten, der Baß setzt zwei Takte vor der Melodie ein und zieht dadurch ganz besonders die Aufmerksamkeit auf sich (vgl. Nr. 26 u. S. 154f.).

A sample from an oboe duet (cf. L. Riemann 1899: 37, no. 1). The players are Gujaratis. The first oboe (*nāgasāra*) plays the melody, which has a wider range than the previous example (an octave) and is ornamented in many ways. The scale corresponds to our A minor; the tone center lies on the fifth, E (Sol-mode in minor). This tonic note E is penetratingly sustained as a pedal point by the second oboe (*hoṭhi*); the bass begins two measures before the melody and by this means draws attention especially to itself. (See example 26 and p. 154f.) 31

B. Dilrubāstücke/Dilrubā Pieces

14. Rāga Kalyāṇa

32 *Rāga Kalyāṇa* (?). Das Stück, das uns Herr Davar nicht nur auf dem *Dilrubā* vorspielte, sondern gelegentlich auch vorsang, ist nach seiner eigenen Angabe *Kalyāṇa*; in der mitgeteilten Form wird es mit modernem Text als Loblied auf Indra in der Oper Hariścandra vom Chor (unison) mit Orchesterbegleitung gesungen. Ob wir eine verderbte moderne Form oder eine Mischung von *Kalyāṇa* mit einem andern *Rāga* (vgl. S. 166) oder überhaupt nicht

Rāga kalyāna (?). This piece, which Mr. Davar not only played on the *dilrubā* but also sang for us on occasion, is, according to him, *kalyāna*; in the form imparted to us, it had a modern text in praise of Indra, as sung in the opera *Hariścandra* by a chorus in unison with orchestral accompaniment. Whether what we have before us is a corrupted modern form, or a mixture of *kalyāna* with another *rāga* (see p. 166), or is not *kalyāna* at all, is not within our 32

Kalyāṇa vor uns haben, vermögen wir nicht zu entscheiden. Die Beispiele, die Tagore für *Kalyāṇa* gibt (vgl. 1884: 63) stehen alle im *Fa*-Modus. Unser Stück befolgt in der aufsteigenden Melodie ein anderes Leiterngesetz als in der absteigenden (vgl. S. 163): wir finden aufsteigend *fis* (einmal als Durchgangsnote von *e* zu *g*, sonst stets zwischen *g* und *g* eingeschlossen) und absteigend *f* (stets zwischen *e* und *e*). Unserm Gefühl nach sind *fis* und *f* Leittöne und daher *C*-Dur die Haupttonart, von der (in Teil C und D) nach der „Dominanttonart" *G*-Dur ausgewichen und wieder in die Haupttonart zurückgekehrt wird. Melodische Schwerpunkte sind im ersten Teil (A und B) *e*, daneben *c* und *g* (daher „*Mi*-Modus"); im zweiten Teil (C und D) *g*, daneben *e* und *c*. Die Melodie ist also durchweg auf dem *C*-Dur-Dreiklang aufgebaut. Bemerkenswert ist auch der Wechsel in Umfang und Lage der Melodie: der erste Teil (A) bewegt sich zwischen a^0 und a^1, also vom melodischen Schwerpunkt (e^1) aus um eine Quinte nach unten und eine Quarte nach oben, während der zweite Teil (B, C, D) bis zur höheren Oktave des melodischen Schwerpunktes (e^2) ausgreift; es erinnert dieses Verhältnis der Melodieteile – das übrigens in den meisten *Rāgas* wiederzukehren scheint – an das des „plagalen" Kirchentons zum „authentischen," welche beide sich auch namentlich durch den „ambitus" unterscheiden.

means to decide. The examples that Tagore gives for *kalyāna* (cf. 1884: 63) are all in Fa-mode.

Our piece adheres in the ascending melody to a different basic scale than in the descending (see p. 163): we find in the ascending, F♯ (once as a passing tone from E to G, otherwise always confined between G and G); and in the descending scale, F♮ (always between E and E). According to our way of thinking, F♯ and F♮ are leading tones and therefore C major is the principal tonality, from which (in parts C and D) the melody modulates to the "key of the dominant," G major, and then returns to the principal key. The tone centers are: the pitch E in the first part (A and B) as well as C and G (thus "Mi-mode"); in the second part (C and D) the pitches G, E, and C. The melody is thus based throughout on the C major triad. Also worthy of note is the change in range and placement of the melody; the first part (A) moves between A_3 and A_4, therefore down a fifth and up a fourth from the tone center (E_4), while the second part (B, C, D) reaches the higher octave of the tone center (E_5). This relationship of the sections of the melody – which seems, moreover, to recur in most *rāgas* – brings to mind the relationship of the plagal church tone to the authentic, for both differ in the ambitus.

33 Der Rhythmus ist, auch für unser Gefühl, fast durchweg vierteilig. Wir würden wohl $\frac{4}{4}$ vorzeichnen und mit dem akzentuierten „guten" Taktteil „Eins" beginnen. Allein nach Herrn Davars ausdrücklicher Versicherung hebt das Stück mit „Zwei" an und der erste Teil schließt mit „Eins"; auch faßte Herr Davar doppelt so große Gruppen zusammen als wir, so daß ein $\frac{4}{2}$-Takt herauskam. Im ersten Teil begegnet diese Art der Gliederung auch keiner Schwierigkeit. Um den zweiten Teil aber, analog dem ersten, auf der wiederholten Viertelnote mit „Eins" abzuschließen,

Again according to our perception, the 33
rhythm is quadruple almost throughout. We would designate it entirely as $\frac{4}{4}$ and begin with the accented "strong" beat "1." But according to Mr. Davar's explicit statement, the piece commences with beat 2 and the first part ends with beat 1; also, Mr. Davar combined groups twice as large as ours, so that his yielded a $\frac{4}{2}$ meter. In the first part, this kind of organization encounters very little trouble. However, in order to end the second part analogously to the first, with the repeated quarter note on beat 1, we had to begin it on beat 1, as

mußten wir ihn auch mit „Eins" beginnen lassen. Es folgen also beim Übergang von A zu B zwei gute Taktteile aufeinander. Der Aufbau von C entspricht wieder dem von A; jedoch tritt im 3. und 4. Takt je eine Gruppe von 3 Viertelnoten an die Stelle von 2 Vierteln, gewissermaßen Triolen, aber ohne Verkürzung der einzelnen Viertel; derartige Erweiterungen (hier $\frac{9}{4}$ statt $\frac{8}{4}$) sind in der indischen Melodik häufig; sie entstehen durch Einschiebsel (hier offenbar das *fis*), die den rhythmischen Verlauf für indisches Gefühl nicht stören. Vielleicht hat man auch den merkwürdigen Übergang von A zu B als eine derartige Ausdehnung ($\frac{10}{4}$ statt $\frac{8}{4}$) aufzufassen. – Auch dieses Stück zeigt die beliebte Rondoform.

well. Thus there ensue, at the transition from A to B, two strong beats in succession. The structure of part C corresponds to that of part A; however, in the third and fourth measures a group of three quarter notes, triplets so to speak, takes the place of the two quarter notes. Such expansions (here $\frac{9}{4}$ instead of $\frac{8}{4}$) are frequent in Indian melodics; they result from interpolations (here obviously the F♯) which do not disturb the progress of the rhythm for the Indian sensitivity. Perhaps one also has to interpret the curious transition from A to B as an expansion of this kind ($\frac{10}{4}$ instead of $\frac{8}{4}$). This piece also manifests the favored rondo form.

15. Rāgiṇī Māṇḍ

34 Von Herrn Davar als *Rāgiṇī Māṇḍ* bezeichnet. Als melodische Schwerpunkte erscheinen *b*, daneben *f* und *d*; *a* kommt in der ersten, *c* in der zweiten Spielart nur ganz gelegentlich vor. Beide Stücke bauen

Designated by Mr. Davar as *rāgiṇī māṇḍ*. 34
B♭, then F and D appear as tone centers; A appears only very occasionally in the first performance, and in the second performance the pitch is C. Again both pieces

sich also wieder auf dem Dreiklang auf und stehen nach unserm Gefühl in *B*-Dur (*Do*-Modus auf *b*). Sie unterscheiden sich hauptsächlich rhythmisch: das erste Stück zeigt eine 3 teilige ($\frac{3}{4}$) das zweite eine 2 teilige ($\frac{6}{8}$) Gruppierung; es ist uns nicht möglich, beide unter eine Taktart zu bringen. Der erste Takt der I. Variante erscheint bei den Wiederholungen einmal zu $\frac{5}{4}$, einmal zu $\frac{4}{4}$ erweitert. – Die einzelnen Teile wiederholen sich mit Variationen (Rondo).[14]

are built on the triad and are, according to our feeling, in B♭ major (Do-mode on B♭). They differ primarily in rhythm; the first piece has a three-beat ($\frac{3}{4}$), the second a two-beat ($\frac{6}{8}$), grouping; it is not possible for us to include both under one type of meter. The first measure of the first performance appears expanded, with repetitions one time in $\frac{5}{4}$, one time in $\frac{4}{4}$. The individual parts are repeated with variations (rondo).[14]

16. Rāgiṇī Bhairavī

35 Ein Beispiel der häufig verwendeten *Rāgiṇī Bhairavī*. Nach unserm Gefühl *Es*-Dur mit dem Schwerpunkt auf der 3. Stufe, also *Mi*-Modus auf *g*, das auch als Finalton (ähnlich wie bei Nr. 14 doppelt wiederholt) erscheint. Dieser Befund stimmt mit dem Beispiel überein, das Tagore (1884: 80) von *Bhairavī* gibt; auch zeigen die beiden letz-

An example of the frequently-used *rāgiṇī bhairavī*. We perceive the key to be E♭ major with the focal point on the third degree of the scale, thus Mi-mode on the pitch G, which appears as the final tone as well (repeated once as in example 14) This analysis corresponds to the example of *bhairavī* given by Tagore (1884: 80); also, 35

[14] Day (1891: 90) gibt ein Beispiel für *Rāga Māṇḍ*, das mit unsrer „I. Art" eine gewisse melodische Ähnlichkeit hat.

[14] Day (1891: 90) gives an example for *rāga māṇḍ* that has a certain melodic similarity to our Performance I.

ten Takte des Hauptteils, namentlich bei den Wiederholungen, eine auffallende melodische Ähnlichkeit mit Tagores Teilschlüssen. Am Beginn des 2. Teils (und noch zweimal an den entsprechenden späteren Stellen) erscheint, zwischen zwei *b* eingeschlossen, *a* (als eine Art Leitton) anstatt *as*; hierdurch wird *b* neben der Tonika *g* besonders ausgezeichnet (bei Tagore tritt ebenfalls die Oberterz der Tonika hervor); auch *d* (Quinte der Tonika) hat ein gewisses melodisches Übergewicht. Zweimal kommt *des* absteigend als Durchgangsnote vor, (an den mit * bezeichneten Stellen); es ist, wie uns der Spieler selbst zugestand, einem andern *Rāga* entlehnt: ein Gleiches dürfte von dem *a* gelten. Fast durchweg $\frac{4}{4}$, der Anfangstakt jedes Teiles erweitert (zu $\frac{6}{4}$ oder $\frac{5}{4}$). Ein Takt einmal zu $\frac{3}{4}$ verkürzt, bei der Wiederholung volle $\frac{4}{4}$. Rondoform.

both final measures of the principal part, especially in the repetitions, show a striking melodic similarity to the phrase endings in Tagore. At the beginning of the second part (and two times again later at the corresponding places,) the pitch A (as a type of leading tone) appears instead of A♭, enclosed between two B♭s; by this means B♭ is made especially conspicuous next to the tonic pitch G (in Tagore as well the upper third of the tonic comes to the fore); D (the fifth of the tonic) also has a certain melodic predominance. D♭ appears twice as a descending passing tone (at places marked with an asterisk); it is, as Mr. Davar himself admitted, borrowed from another *rāga*: the same could apply to the A. $\frac{4}{4}$ almost all the way through, the initial measure of every section expands (to $\frac{6}{4}$ or $\frac{5}{4}$). One measure (in D) is shortened once to $\frac{3}{4}$, with the repetition of a full $\frac{4}{4}$. Rondo form.

17a. Rāga Bhairava. Gewöhnliche Form/The Usual Form

17b. Rāga Bhairava. Joḍa

36 *Rāga Bhairava.* Die Leiter enthält zwei übermäßige Sekundschritte (*des-e, as-h*), doch kommt nur der eine tatsächlich vor, da *h* nur in der tieferen Oktave (stets zwischen *c* und *e*), *as* nur in der höheren erscheint. Wir würden *f*-Moll annehmen. Der Frequenz und Dauer nach ist *c* besonders ausgezeichnet, *h* und *des* wirken überdies als Leittöne; auch der absteigende übermäßige Sekundschritt an den Teilschlüssen der ersten Form drängt für unser Gefühl stark gegen *c*. (Über die Schlußformel des *Joḍa* [17b] vgl. S. 176f.) Nach Herrn Davar ist *f* Hauptton, dann – mit abnehmender Gewichtigkeit – *c, as*, und *g*. *As* erscheint durch Mordente hervorgehoben (im *Joḍa* allerdings auch *e*, doch hat es, wohl als Teil des übermäßigen Sekundschrittes, nur den Charakter einer Durchgangsnote, vgl. S. 159).[15] Die „gewöhnliche Form" bewegt sich in einfachem, scharf akzentuierten $\frac{4}{4}$-Takt, der sich an den Teilschlüssen durch eine Überleitungsphrase zu $\frac{6}{4}$ erweitert; das Stück baut sich (wieder im Rondo) aus zwei Teilen auf, von denen der zweite (B) eine melodische Erweiterung des ersten (A) darstellt, mit gleichzeitiger Vergrößerung des Umfangs nach der Höhe zu. – Die *Joḍa*-Form ist ohne erkennbaren Rhythmus, die Taktstriche sollen nur die melodischen Phrasen begrenzen, die im wesentlichen dieselben sind, wie in der gewöhnlichen Form, jedoch häufig durch Einschiebungen und Wiederholungen erweitert; gleich das erste, langausgehaltene *c* erscheint zu einem Motiv (a) ausgesponnen, das dem Hauptteil (A) auch bei allen Wiederholungen gewissermaßen als Ankündigung vorausgeht und vielleicht auch dazu dient, den Hörer gleich anfangs mit der Tonalität des *Rāga*

[15] In dem Beispiel, das Tagore (1879: 58f.) von Bhairava gibt, kommt b vor anstatt h, und zwar in der höheren Oktave. F tritt mehr hervor, c mehr zurück als bei uns. Day (1891 : 72) meint, der beliebige Wechsel von großer und kleiner Septime, sowie ein nie fehlender Mordent auf der vierten Stufe wären für Bhairava charakteristisch.

Rāga bhairava. The scale includes two augmented seconds (D♭–E, A♭–B), yet only the first really occurs, because B appears only in the lower octave (always between C and E), A♭ only in the higher octave. We would assume the key to be F minor. Judging from its frequency of occurance and duration, C is very prominent; moreover, B and D♭ function as leading tones; in addition, as we feel it, the descending augmented second in the closing section of the first performance of the *rāga* (17a) pushes strongly toward C. (Cf. p. 176f. concerning the ending formula of the *joḍa* [17b].) According to Mr. Davar, F is the primary pitch, followed with decreasing importance by C, A♭, and G. A♭ is emphasized by mordents (in *joḍa*, of course, E is also thus emphasized, yet it only has the character of a passing tone, probably as part of the augmented second. Cf. p. 159).[15] The "usual form" moves in simple, sharply accentuated $\frac{4}{4}$ meter, which is expanded in the closing parts by a transition phrase in $\frac{6}{4}$; the piece (again a rondo) is built in two parts, of which the second (B) presents a melodic expansion of the first (A), with simultaneous enlargement of the range toward the upper register. 36

The *joḍa* form is without discernible rhythm; the bar lines should delimit only the melodic phrases, which are essentially the same as in the "usual form" but are expanded copiously by insertions and repetitions; even the first long-held C is spun out into a motif (A) which, with all the repetitions, seems to announce the primary phrase (A) and perhaps also serves to make the listener familiar with the tonality of the *rāga* at the very beginning. The tempo of the *joḍa* is considerably

[15] In the example of *bhairava* that Tagore gives (1879: 58f), b♭ occurs instead of b♮, specifically in the higher octave. F is more prominent, c less so than in our examples. Day (1891 : 72) is of the opinion that the arbitrary exchange of sevenths, as well as a never-failing mordent on the fourth degree of the scale, would be characteristic of *bhairava*.

vertraut zu machen. – Das Tempo des *Joḍa* ist bedeutend langsamer, als das der streng rhythmisierten Variante.

slower than that of the strong rhythmic variant.

18. Rāga Behāg

37 *Rāga Behāg* in drei verschiedenen Spielweisen, denen folgende Eigentümlichkeiten gemeinsam sind: von den Tönen der *C*-Dur-Leiter, die alle vorkommen, erscheint *e* (namentlich in der 1. Art) melodisch und rhythmisch besonders ausgezeichnet; wir haben also, trotzdem *c* An-

Rāga behāg in three different versions. 37
There are similarities in each: of the tones of the C major scale, all of which occur, E seems (especially in Performance I) particularly distinguished, melodically and rhythmically. Thus, in spite of C being the beginning and final tone, we must assume

fangs- und Finalton ist, einen *Mi*-Modus anzunehmen (auch von Herrn Davar bestätigt); als Nebentoniken (Dominanten) erscheinen *c* und *g*; im zweiten Teil, dessen Umfang, abgesehen von der zum Hauptteil zurückleitenden Phrase, zwischen *g* und *d* eingeschränkt ist, erscheint *g* als Tonika, *h* und *c* als Dominanten (*Sol*-Modus). Die Sekunden der dominierenden Tonstufen (*f*, *d* und *a*) treten dagegen als Durchgangsnoten zurück. Das absteigende Motiv *c h g e* (in der 3. Art in seiner einfachsten Gestalt) scheint für den *Rāga* charakteristisch. – Unterscheidend wirkt in den drei Spielweisen vornehmlich der Rhythmus. Wir begegnen zunächst einem $\frac{4}{4}$-Takt, der sich bei der 3. Wiederholung des Hauptteils (A_2) und im Nebensatz (B) klar zu erkennen gibt, häufig aber durch Einschiebsel (durch punktierte Taktstriche gekennzeichnet) und Überleitungstöne zu $\frac{5}{4}$, $\frac{6}{4}$ oder $\frac{9}{8}$ erweitert wird. (Bemerkenswert ist, daß die erweiterten Perioden, als Ganze betrachtet, Multipla von $\frac{5}{8}$ darstellen: A und $A_1 = 8 + 10 + 9 + 8 = 35$; a $= 12 + 8 = 20$; $A_3 = 8 + 9 + 8 = 25$. Vgl. S. 177f).

38 In der zweiten Art wechseln $\frac{4}{4}$ und $\frac{5}{4}$, jeder Teil als Ganzes bildet eine Gruppe von $\frac{13}{4}$; der $\frac{3}{4}$-Takt des 3. Stückes erscheint zweimal zu $\frac{2}{4}$ verkürzt, einmal zu $\frac{4}{4}$ erweitert. Dieses letzte Stück unterschied sich überdies durch die Vortragsweise (durchaus glissando) von den beiden andern und wurde von Herrn Davar als „*Ghazal*" bezeichnet.[16]

a Mi-mode here (as Mr. Davar confirmed); C and G appear as the secondary tonics (dominants). In the second part, whose range is circumscribed by G and D, G appears as tonic, B and C as dominants (Sol-mode), except in the passage leading back to the principal part. The notes F, A and D at the interval of a second from the domineering degrees of the scale, however, recede into the background as passing tones. The descending motif C B G E (heard in the third performance in its simplest form) seems to be characteristic of the *rāga*.

It is mainly the rhythm that creates the different effects in the three ways of playing it. We encounter first a $\frac{4}{4}$ meter, which is clearly discerned with the third repetition of the principal phrase (A2) and in the secondary phrase (B), but which is frequently stretched to $\frac{5}{4}$, $\frac{6}{4}$, or $\frac{9}{8}$ by interpolation (set off by dotted bars) and transition tones. (It is remarkable that the expanded periods, considered as a whole, produce multiples of $\frac{5}{8}$: A and A1 $= 8 + 10 + 9 + 8 = 35$; A $= 12 + 8 = 20$; A3 $= 8 + 9 + 8 = 25$. Cf. p. 177f).

In the second performance of *behag*, $\frac{4}{4}$ 38
and $\frac{5}{4}$ alternate; every section as a whole forms a grouping of $\frac{13}{4}$; the $\frac{3}{4}$ meter of the third example twice appears shortened to $\frac{2}{4}$, once extended to $\frac{4}{4}$. Moreover, this last piece differs from the other two in the rendering (glissando throughout) and was designated *ghazal* by Mr. Davar.[16]

19. Tanzlied/Dance Song

39 Das von Herrn Davar als „Tanzlied" („*Kāhrva*") bezeichnete, streng rhythmisch und in flottem Tempo vorgetragene Stück steht nach unserem Gefühl in *C*-Dur (zumal *h* in der tieferen Oktave wie ein Leit-

The piece, designated by Mr. Davar as 39
a dance song (*kāhrva*, strongly rhythmic and executed in brisk tempo, is, according to our thinking, in C major (especially since B in the lower octave is used as a

[16] Bei Day (1891: 88) finden wir ein „Thungri" notiert, das mit unsrer „I. Art" auffallende Ähnlichkeit hat, dem jedoch die Rāgas Pilu and Deś zugrunde liegen sollen.

[16] In Day (1891: 88) we find notated a *thungri* which has a striking similarity to our Performance I, but it is supposed to be based on *rāgas pilu* and *deś*.

ton gebraucht wird) mit Bevorzugung von *e*. Im 2. Teil erlangt jedoch *g* ein gewisses Übergewicht, gleichzeitig erscheint (als absteigender Leitton) *b*. Nach Herrn Davar ist es nicht möglich, in diesem Stück die Haupttöne zu erkennen, auch der Rāga ist schwer bestimmbar (*Jiñjoti??*). – Der vorherrschende $\frac{4}{4}$-Takt erscheint einmal durch Wiederholung der Tonika (Fermate, vgl. S. 177f) zu $\frac{5}{4}$ erweitert. Interessant sind der akzentuierte Auftakt am Anfang des Hauptteils, der auch bei den Wiederholungen als Einschiebsel erhalten bleibt, sowie die drei dem Hauptteil angehängten Achtel. Die Sechzehntelfiguren erinnern an Stück 14 und 16.

leading tone) with preference for the area above the pitch E. In the second part, however, G attains a certain predominance and simultaneously B♭ appears (as a descending leading tone). According to Mr. Davar, it is not possible to distinguish the primary tones in this piece; the *rāga*, as well, is difficult to ascertain (*jiñjoti??*).

The prevailing $\frac{4}{4}$ meter is once expanded to $\frac{5}{4}$ by repetition of the tonic note (concerning the fermatas, cf. p. 177f.). Note the accented off-beat at the beginning of the primary section, which even in the repetitions is continued as interpolation, as well as the three eighth notes that are attached to the primary phrase. The sixteenth note figures remind us of examples 14 and 16.

C. Grammophonaufnahmen/Gramophone Recordings

20. Hindustani Song from Aladin

40 Hindustanischer Gesang. (Aus der Oper „Aladin"; gesungen von Mr. Pestonji[17] vom Corinthian Theatre, Kalkutta. D.Gr. G. Nr. 12342.)

41 Die Leitern, die dieser Melodie zugrunde liegen, sind im ersten Teil *g as h c d es f g*, im zweiten Teil *g as h c d es fis g*; d.h. harmonische und doppelt harmonische Moll-Leitern, in denen das Charakteristische ein bezw. zwei übermäßige Sekundschritte sind (vgl. S. 157).[18] Die Melodie vermeidet

Hindustānī song. (From the opera *Aladin*, sung by Mr. Pestonji[17] of the Corinthian Theater, Calcutta. Deutsche Gramophon Gesellschaft No. 12342.) 40

The scale on which this melody is based is in the first part G A♭ B C D E♭ F G, in the second part G A♭ B C D E♭ F♯ G – in other words, the harmonic and double harmonic minor scales, in which one or two augmented-seconds are the characteristic feature (see p. 157).[18] The melody 41

[17] Ein Parse; der Titel des Stückes ist auch in persischer Schrift auf der Platte verzeichnet.

[18] Nach Herrn Davar liegt diesem Gesang ein gemischter Rāga zugrunde.

[17] A Parsi. The title of the piece is also given in Persian script on the record.

[18] According to Mr. Davar, this song is based on a mixed *rāga*.

in aufsteigender Skala das *es*. Tonika ist nach unsrer Auffassung im ersten Teile *c*, im zweiten *g*; doch sind auch die Töne *d*, *h*, *as* und *g* im ersten, *es* im zweiten Teile melodisch ausgezeichnet. Bemerkenswert ist die tiefe Intonation des *c* vor dem fünftletzten Takt unsrer Notation (erhöhter Leitton?). Über den höchst merkwürdigen Rhythmus vgl. S. 177.

avoids E♭ in the ascending scale. The tonic in the first part is, according to our interpretation, C; in the second part, G; however, the tones D, B, A♭, and G in the first part, and E♭ in the second part, are melodically distinctive as well. Worthy of note is the low intonation of the C in the fifth from the last measure of our notation (raised leading tone?). Concerning the highly curious rhythm, cf. p. 177.

21. Hindustani Chorus

42 Hindustanischer Chor (aus der Oper „Ḫūdābād," gesungen von Mitgliedern des Corinthian Theatre. D.Gr.G. 14535), melodisch und rhythmisch viel leichter verständlich als der vorige. Im ersten Teil ist *fis* als Tonika aufzufassen, mithin die Tonart ein *La*-Modus auf *fis* (entsprechend unsrer absteigenden *Fis*-Moll-Leiter). Im zweiten Teil ist *cis* der melodische Schwerpunkt, die Tonart entspricht also unsrem *A*-Dur mit einer Betonung der dritten Stufe (*Mi*-Modus auf *cis*). Interessant ist der regelmäßige Wechsel zwischen Chor und Solisten; die Melodie des Solos liegt höher und ist stärker verziert als der Chorsatz, wahrscheinlich spielen auch hier gesangtechnische Gründe mit wie bei uns, oder der Solist hat seinen Part willkürlich ausgeschmückt. Zum Schluß wird das Tempo lebhaft gesteigert.

Hindustānī chorus (from the opera *Kẖūdabad* sung by members of the Corinthian Theater D. Gr. G. 14535), melodically and rhythmically much easier to understand than the preceding piece. In the first part F♯ is to be interpreted as the tonic note; consequently the key is a La-mode on F♯ (corresponding to our descending F♯ minor scale). In the second part C♯ is the tone center; the key thus matches our A major with an emphasis on the third degree of the scale (Mi-mode on C♯). The regular exchange between chorus and solo is interesting; the melody of the solo lies higher and is considerably more fully embellished than the chorus line; fundamentals of singing technique probably come into play here, as they would with us, or else the soloist has ornamented his part arbitrarily. The tempo is increased briskly to the end. 42

22. Hindustani (comic) Song

43 Hindustanischer (komischer) Gesang. (D.Gr.Ges. 12136.) Die Melodie pendelt im ersten Teil zwischen e^1 und a^1; im zweiten zwischen a^1 und d^2, im dritten zwischen a^1 und d^1 hin und her, um endlich auf *e* zurückzukehren; die Tonalität ist nach unserm Gefühl *a*-moll (*Mi*-Modus auf *e*?). Mehrfach finden wir ein *fis* trillerartig alternierend mit *g*; da es aber außer an

Hindustānī (comic) song. (D. Gr. Ges. 12136). The melody in the first section fluctuates between E4 and A4, in the second between A4 and D5, in the third between A4 and D4, to return finally to E4; according to our perception, the tonality is A minor (Mi-mode on E?). Repeatedly we find an F♯ alternating with G in the manner of a trill, but since it occurs only 43 diesen Stellen nirgends vorkommt, können wir es wohl als einen leiterfremden, zum Zwecke der Verzierung eingefügten Ton betrachten. – Die Auffassung des Rhythmus als $\frac{4}{4}$-Takt macht keinerlei Schwierigkeit.

in these passages we can consider it a tone deliberately foreign to the scale, inserted for the purpose of embellishment. The interpretation of the meter as $\frac{4}{4}$ presents no difficulty of any sort.

44 Die Komik dieses Gesanges, die natürlich hauptsächlich im Text liegen wird, ist auch rein musikalisch zu erkennen. Das Tempo ist flott, jede kurze Note entspricht anscheinend einer besonderen Textsilbe, auch wirkt das heulende Glissando an den Teilschlüssen mit seiner sonderbaren Klangfarbe wie ein musikalischer Witz. Ganz ähnliche musikalische Ausdrucksmittel gebrauchen auch wir für das Komische.

The comic element in this song, which will naturally reside principally in the text, can also be recognized purely musically. The tempo is brisk; every short note seems to match a particular syllable of the text; the howling, whining glissando in the half cadences, with its strange timbre, has the effect of a musical joke. We use very similar musical means for expressing the comic. 44

23. Bengalisches Orchesterstück/Bengali Orchestra Piece

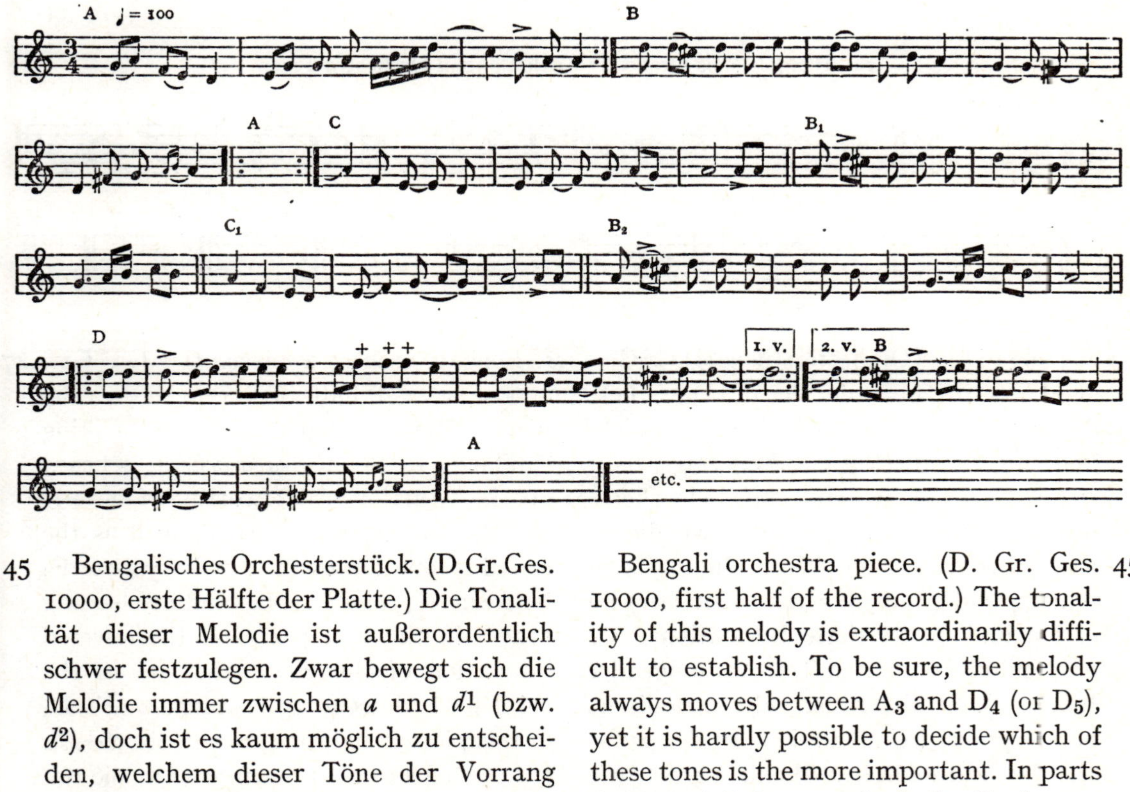

45 Bengalisches Orchesterstück. (D.Gr.Ges. 10000, erste Hälfte der Platte.) Die Tonalität dieser Melodie ist außerordentlich schwer festzulegen. Zwar bewegt sich die Melodie immer zwischen *a* und d^1 (bzw. d^2), doch ist es kaum möglich zu entscheiden, welchem dieser Töne der Vorrang gebührt. In Teil A, B und C ist *a*, in D dagegen *d* Finalton und hat auch sonst das melodische Übergewicht. Wie ein aufsteigender Leitton erscheint *cis*, daneben in absteigender Melodik *c*; einmal (in B) tritt *fis* an die Stelle von *f*. Bemerkenswert ist

Bengali orchestra piece. (D. Gr. Ges. 10000, first half of the record.) The tonality of this melody is extraordinarily difficult to establish. To be sure, the melody always moves between A_3 and D_4 (or D_5), yet it is hardly possible to decide which of these tones is the more important. In parts A, B, and C the note A_4 is the final tone; in part D, on the other hand, D_5 is the final tone and has melodic predominance in other respects as well. Besides the pitch C_5 in the descending melodics, $C\sharp_5$ appears as an ascending leading tone; once (in B) 45 auch die erhöhte Intonation des f^2 in D. Nach europäischer Auffassung wäre *D*-Moll die Haupttonart, mit gelegentlicher Ausweichung nach *D*-Dur und besonderer Hervorhebung der ,,Dominante" *a*.

46 Die rhythmische Auffassung wird sehr erschwert durch Synkopen, dynamische Akzente auf ,,schlechten" Taktteilen, sowie durch die Trommelrhythmen, die allerdings in der Wiedergabe auf dem Grammophon stark zurücktreten. Es war uns daher auch nicht möglich, die Schläge zu notieren. Vielleicht wäre das Stück im $\frac{6}{8}$-Takt zu schreiben gewesen (vgl. S. 177), wofür manche Stellen (z.B. der dritte Takt von B) sprechen würden; doch fügt sich das Ganze besser einer dreiteiligen, als einer zweiteiligen Gliederung. – Rondoform.

$F\sharp_4$ takes the place of $F\natural_5$. Noteworthy, too, is the raised intonation of F_5 in D. According to European interpretation, D minor would be the principal key, with occasional modulation to D major and particular stress on the dominant, A_4.

The rhythmic interpretation is made very difficult by syncopation, dynamic accents on "weak" beats, and by the drum rhythms, which, in the reproduction on the gramophone, recede considerably. For that reason it was not possible for us to notate the strokes. Perhaps the piece could have been notated in $\frac{6}{8}$ meter (see p. 177), as several passages would indicate (for example, the third measure of B), yet the whole is better united as a three-beat than as a two-beat organization. Rondo form. 46

24. Bengalisches Orchesterstück/Bengali Orchestra Piece

47 Bengalisches Orchesterstück. (D.Gr.Ges. 10000, zweite Hälfte der Platte.) Das Stück, dessen Melodik eine auffallende Ähnlichkeit mit Nr. 18 (*Rāga Behāg*) zeigt, baut sich auf der *C*-Dur-Leiter auf; bemerkenswert ist das *b* im dritten Teil, sowie die erhöhte Intonation der Wechselnote *f* zwischen *g* und *g* (aufsteigender Leitton?) im ersten und die vertiefte Intonation des *f* am Schluß des dritten Teils (absteigender Leitton?). In diesem ist *e* der melodische Schwerpunkt (*Si*-Modus??). In der Sprache der harmonischen Musik würden wir von einer Modulation von *C*-Dur (A) nach *G*- (B) und *F*-Dur (C) reden. Synkopen, dynamische Akzente, die bei der Wiederholung variieren, und Trommelrhythmen wie beim vorigen Stück. (Über die zwölfteiligen Gruppen vgl. S. 177.) – Rondoform.

Bengali orchestra piece. (D. Gr. Ges. 10000, second half of the record.) The piece, whose melodics show a striking similarity to No. 18 (*rāga behāg*), is based on the C major scale; worthy of note is the $B\flat_4$ in the third part, as well as the raised intonation of the auxiliary note F_4 between G_4 and G_4 (ascending leading tone?) in the first part and the lowered intonation of the F_4 at the end of the third part (descending leading tone?). E_4 in this piece is the tone center (Si-mode?). In the parlance of harmonic music we would speak of a modulation from C major (part A) to G (part B) and F major (part C). Syncopations, dynamic accents that vary with the repetition, and drum rhythms as in the previous piece. (Concerning the 12-beat grouping see p. 177.) Rondo form. 47

25. Bengali Chorus

48 Bengalischer „Chor“ (eigentlich Duett aus „Bellik Bāzār,“ gesungen von Hira Lal und Uripendra, Classic Theatre, Kalkutta. D.Gr.Ges. 14559). Die Tonart dürfte als *Mi*-Modus auf *g* zu bezeichnen sein; wie ein Leitton wirkt das *a*, das stets zwischen zwei *b* eingeschlossen an Stelle des *as* öfters auftritt. Es bewirkt, daß uns die Melodie streckenweise (namentlich in Teil C) als reines *B*-Dur (*Do*-Modus aus *c*) erscheint. Leittonartig auch das *des* (in D), stets zwischen zwei *c* eingeschlossen.[19] Der Rhythmus schwankt für unser Gefühl, ähnlich wie in Nr. 23, zwischen $\frac{6}{8}$ und $\frac{3}{4}$. (Näheres darüber vgl. S. 177.) Den Hauptteil des Rondos bildet, wie in Nr. 4, nicht die erste, sondern die zweite Periode der Melodie.

Bengali "chorus" (actually a duet from 48
Bellik Bāzār, sung by Hira Lal and Uripendra, Classic Theater, Calcutta. D. Gr. Ges. 14559.) The key may be designated as a Mi-mode on G; the pitch A♭4 functions as a leading tone: it is always flanked by two B♭4s and very often takes the place of the A♭4. As a result, stretches of melody (particularly in part C) seem to us to be pure B♭ major (Do-mode on C). Another leading tone of the same type is the D♭ (in part D), always enclosed between two Cs.[19] As we feel it, the rhythm fluctuates between $\frac{6}{8}$ and $\frac{3}{4}$, similarly to example 23. (For fuller discussion on that point, see p. 177.) Not the first, but the second period of the melody forms the primary phrase of the rondo, as in example 4.

26. Bengali Song

49 Bengalischer Gesang[20] (gesungen von N. C. Chakravarti, Kalkutta. D.Gr.Ges. 12135). Als Tonika der ganzen Melodie ist

Bengali song[20] (sung by N. C. Chakra- 49
varti, Calcutta. D. Gr. Ges. 12135) D4 is considered to be the tonic note of the

[19] Nach Herrn Davar Mischung von Bhairavī mit einem anderen Rāga.

[20] Nach Herrn Davar ein „Ghazal.“

[19] According to Mr. Davar, a mixture of *bhairavī* with another *rāga*.

[20] According to Mr. Davar, a *ghazal*.

d anzusprechen, so daß wir im Hauptteil (A) einen *Re*-Modus auf *d* vor uns haben, in den Nebenteilen (C) in aufsteigender Melodik einen *Sol*-Modus auf *d*, in absteigender Melodik (B) einen *La*-Modus auf *d*. Während des Gesangs ertönt in der (Harmonium-[?]) Begleitung kontinuierlich ein g_0 als Orgelpunkt. An manchen Stellen, besonders wenn in der Melodie ein *fis* (bei C) oder ein *a* (bei B) gesungen wird, wirkt das disharmonische Zusammenklingen sehr befremdend. Trotzdem ist gerade das *g* (und zwar das *g* der tieferen Oktave) derjenige Ton, welcher die größte Klangverwandtschaft zu den Tönen der Melodie, die wenigsten Dissonanzen aufweist. Auch in unsrer Melodik wird ja oft die Unterquinte als Orgelpunkt benutzt (vgl. Nr. 13 und S. 154f.). – Die Feststellung des Rhythmus machte uns viel Schwierigkeit. Wir haben das Stück im $\frac{4}{4}$-Takt notiert und uns

entire melody, so that in the primary part (A) we have before us a Re-mode on D_4; in the secondary section (C) in the ascending melodic a Sol-mode on D_4, in the descending melodic (section B) a La-mode on D_4. During the song G_3 sounds continuously as a pedal point in the (harmonium?) accompaniment. In many passages, especially when an $F\#_4$ (in C) or an A_3 (in B) is sung in the melody, the dissonant harmonizations have a very strange effect. Nevertheless, it is precisely that G_3 (i.e., the G of the lower octave) which shows the greatest tonal relationship to the notes of the melody, and at the same time produces the fewest dissonances. In our melodics, also, the lower fifth is often used as a pedal point. (Cf. example 13 and p. 154f.)

Ascertaining the rhythm gave us much difficulty. We have notated the piece in durch einen eingeschobenen $\frac{2}{4}$-Takt und Fermaten geholfen, finden aber trotzdem noch deutliche Taktverschiebungen (vgl. z.B. die verschiedenen Teile B), die vielleicht intendiert, wahrscheinlich aber durch unsre unzureichende taktliche Gliederung zu erklären sind.

50 Der Hauptteil wird, von kleinen Nebenteilen abgelöst, öfters wiederholt, aber jedesmal mit kleinen Variationen des Rhythmus und der Koloraturen.

$\frac{4}{4}$ meter with the aid of an interpolated $\frac{2}{4}$ measure and fermatas, but we nevertheless found clear displacements of beats (cf. for example, the various sections B), which might have been intended but which can probably be explained by our inadequate organization.

The primary part, alternating with short secondary phrases, is repeated often, each time with minor variations of rhythm and ornamentation. 50

27. Gujarati-Gesang/Gujarati Song

51 Gujarati-Gesang (aus der Oper „Hūluk Jamver," gesungen von Master Shiū, Corinthian Theatre; D.Gr.G. 12189). Der Melodie liegt die harmonische Moll-Leiter *f g as b c des e f* zugrunde; als melodischer Schwerpunkt erschien uns zuerst *g*. Da aber dieser Modus (eine Art *Re*-Modus) weder bei Tagore noch bei Day vorkommt, müssen wir wohl *f* oder *b* als Tonika annehmen (vgl. S. 156f.). Über die interessante, durch den Trommelrhythmus noch komplizierte Rhythmik dieser Melodie vgl. S. 177.

Gujarati song (from the opera *Hūluk Jamver*, sung by Master Shioo, Corinthian Theater; D. Gr. Ges. 12189). The melody is based on the harmonic minor scale F G A♭ B♭ C D♭ E F; at first the note G_4 seemed to us to be the tone center. However, since this mode (a sort of Re-mode) is found in neither Tagore nor Day, we must take F_4 or $B\flat_4$ as the tonic (see p. 156f,). Concerning the interesting rhythm of this melody, which is further complicated by the rhythm of the drum, see p. 177. 51

28. Panjabi Song

52 Panjabi-Gesang (aus der Oper „Ḫudā Dust," gesungen von Mr. Bholaji vom Corinthian Theatre, D.Gr.Ges. 12168).

Panjabi song (from the opera *Ḫudā Dust*, sung by Mr. Shola from the Corinthian Theater, D. Gr. Ges. 12168). An 52

Äußerst einfache, auf dem *C*-Dur-Dreiklang aufgebaute, vielleicht europäisch beeinflußte Melodie; im ersten Teil tritt namentlich *e* melodisch hervor (*Mi*-Modus ?). Der $\frac{6}{8}$-Takt im ersten Teil infolge der Synkopen schwerer zu erkennen.

extremely simple melody, built on the C major triad, perhaps under European influence; in the first part, E_4 in particular stands out melodically (Mi-mode?). The $\frac{6}{8}$ meter in the first part is more difficult to distinguish due to syncopation.

29. Pushto (comic) Song

53 Pushto-Gesang („Comic Song" aus „Ḫudā Dust," gesungen von Mr. Būi, D.Gr.Ges. 12166). *Mi*-Modus auf *g*; in Teil B vielleicht *La*-Modus auf *c*. Ohne den ersten Teil hätten wir das Stück im $\frac{2}{4}$-Takt notiert; der Anfang forderte aber eine dreiteilige Gliederung, die sich auch in den folgenden Teilen beibehalten läßt. Dieses, wie das vorhergehende Stück, werden im Original, nach Art unsrer Couplets, unzählige Male wiederholt.[21]

Pushto song ("Comic Song" from *Ḫudā Dust*, sung by Mr. Būi, D. Gr. Ges. 12166). 53
Mi-mode on G; in part B perhaps the La-mode on C. Without the first part we would have notated the piece in $\frac{2}{4}$ meter; however, the beginning required a three-beat organization which can be retained in the following parts as well. In the original performance, this, like the previous piece, is repeated innumerable times (in the manner of our couplets).[21]

III. Kritische Zusammenfassung

1. Tonleitern

54 Nach der umfangreichen musiktheoretischen Literatur der Inder stellt sich ihr Tonsystem als eine äußerst komplizierte, durch Saitenteilung gewonnene Folge von 21 Intervallen innerhalb einer Oktave dar. Im wesentlichen stimmen die Autoren darin überein, daß nicht diese 21 stufige, sondern eine 7 stufige, unserer diatonischen Dur-Leiter entsprechende Skala (*Gamut*, *Grāma* oder *Sāptaka*) die Grundlage des Systems bildet. Aus dieser leiten sich durch Erhöhung (*Tīvra*) oder Erniedrigung (*Komala*) einzelner oder mehrerer Töne eine Reihe von 32 verschiedenen 7-stufigen Leitern (*Saṃpūrṇa-Ṭhāṭ*) ab. Eine

[21] Ein sehr ähnliches Stück bei Day (1891: 87, „Lavani").

III. Critical Summary

1. Scales

In the extensive literature on the music 54
theory of the Indians, their tonsystem is presented as an extremely complex sequence of twenty-one intervals within an octave, obtained by the division of a string. All authors essentially agree that it is not these twenty-one intervals, but a seven-interval scale corresponding to our diatonic major scale (*gamut*, *grāma* or *sāptaka*) which forms the basis of the system. From this scale a series of 32 different seven-tone scales is derived (*saṃpūrṇa-ṭhāṭ*) by the raising (*tīvra*) or lowering (*komala*) of one or more tones. A further complication arises from the

[21] A very similar piece in Day (1891: 87, *lavani*).

weitere Komplikation tritt durch Ausfall eines oder zweier Töne ein. Tagore (1884) führt 112 verschiedene 6stufige (*Ṣāḍava Ṭhāṭ*) und 160 5stufige Leitern (*Oḍava Ṭhāṭ*) an. Ob diese unheimlich große Anzahl von Skalen tatsächlich in indischen Melodien als Gebrauchsleitern zu finden sind, oder ob sie nur der Permutationsrechnung ihre Entstehung verdanken, vermögen wir nicht zu entscheiden. Day (1891) verzeichnet für das südindische (*Karnātik-*) System 72, für das nordindische (*Hindustānī-*) System 12 7stufige Leitern als gebräuchlich.[22] Die Theorie verlangt außer den einfachen Erhöhungen bzw. Vertiefungen, die unsre chromatische Skala ergeben würden, noch eine Anzahl doppelter, durch die in die Intervalle der diatonischen Leiter zwei (bei Halbtonschritten), drei (bei kleinen Ganztönen) oder vier (bei großen Ganztönen) kleinere Stufen (*Śrutis*) ungefähr von der Größe eines $\frac{1}{3}$- bis $\frac{1}{4}$-Tons eingeschoben werden. Vorläufig ist nicht mit Sicherheit auszumachen, ob diese Zwischentöne, die die erwähnte 21-stufige Leiter ermöglichen, wesentliche Bestandteile der indischen Musik sind. Die *Śruti*-Frage ist schon seit langer Zeit bei indischen und europäischen Forschern Gegenstand lebhaftester Diskussion gewesen. Namentlich hat man sich über die Intervallgröße der *Śrutis* nicht einigen können. Von indischer Seite wird immer hervorgehoben, daß die *Śrutis* in der praktischen Musik nicht nur häufig gebraucht werden, sondern ihr geradezu den charakteristischen Stempel aufdrücken, und daß die europäische Notation zur Wiedergabe der indischen Musik unzureichend wäre. Die europäischen Forscher wurden dadurch zu der Ansicht gebracht, daß die *Śrutis* einen wichtigen Teil des indischen Tonsystems bildeten, als dessen Grundlage die 21stufige Leiter zu betrachten sei. Wäre das wirklich der Fall, dann wäre es kaum zu verstehen, daß Tagore (1884, in der

[22] Die 12 Hinduleitern finden sich alle auch im Karnātik.

omission of one or two tones. Tagore (1884) cites 112 six-tone (*ṣadāva-ṭhāṭ*) and 160 five-tone scales (*oḍava-ṭhāṭ*). Whether this incredibly large number of scales is actually used in Indian melodies as gebrauchsleitern, or whether they owe their origin to the calculation of permutations, we are unable to decide. Day (1891) lists as common for the South Indian (Karnātic) system and the North Indian (Hindustānī) system 72 and 12 seven-tone scales respectively.[22] Beyond the simple raisings or lowerings that would give rise to our chromatic scale, the theory requires a number of double raisings or lowerings, whereby two (semitone steps), three (small whole-steps), or four (large whole-steps) *microtonal* steps (*śrutis*) of approximately the size of a $\frac{1}{3}$–$\frac{1}{4}$ tone are inserted into the intervals of the diatonic scale. For the present, it cannot be established with certainty whether or not these between-tones, which make the aforementioned 21-degree scale possible, are real components of Indian music.

The *śruti* question has for a long time been a subject of lively discussion among Indian and European scholars. They have been unable to agree about the interval size of the *śrutis* in particular. From the Indian side, it has always been argued that the *śrutis* are not only used abundantly in practical music but they actually impress on it its characteristic stamp, and that European notation would be inadequate for the presentation of Indian music. For this reason, European scholars arrived at the view that the *śrutis* constitute an important part of the Indian tonsystem, the basis of which is the 21-degree scale. If that were really the case, it is hard to understand why Tagore (1844, in the previously-mentioned detailed account of Indian scales) does not give scales with between-tones. In Ellis' opinion (1885: 500 ff.), Tagore neglected to state, in his

[22] The twelve Hindustānī scales are all found in the Karnātic system, as well.

erwähnten ausführlichen Aufzeichnung indischer Leitern) Leitern mit Zwischentönen nicht angibt. Nach der Meinung von Ellis (1885: 500 ff.) hat Tagore bei der Aufzeichnung der Leitern verabsäumt, anzugeben, welche Töne als „doppelt erhöht" oder „doppelt vertieft" aufzufassen sind. Doch ist es, wie wir gleich sehen werden, sehr zweifelhaft, ob Tagores Notierungssystem für die tatsächlichen Verhältnisse nicht doch ausreichend ist.

55 Der Widerspruch der verschiedenen Meinungen löst sich nämlich leicht, wenn man die Art und Weise berücksichtigt, in der nach einstimmigen Zeugnis aller Gewährsmänner, auch nach den persönlichen Beobachtungen von Ellis, die *Śrutis* in der praktischen Musik verwendet werden. Wir stehen angesichts der indischen Melodik vor der merkwürdigen Tatsache, daß etwas, was bei uns ornamentales Beiwerk ist, dort als konstituierender Bestandteil auftritt. Eine Änderung oder Weglassung der „Verzierungen" in unserer Musik würde, wie schon das Wort andeutet, das Wesen der Melodie nicht beeinträchtigen. Ganz anders in Indien. Man müßte statt von Verzierungen etwa von Ausdrucksformen sprechen, um die ungeheuer mannigfaltigen Arten der Glissandos, Legatos, Portamentos, Triller, Mordente zu charakterisieren. In diesen Ausdrucksformen liegt für indisches Gefühl etwas ebenso Wesentliches wie in den festen Tonstufen der eigentlichen Melodie. R. Simon (1904a) führt in seinen Vorbemerkungen zu der kritischen Herausgabe der Notationen des Somanātha eine größere Zahl von Schriftzeichen an, welche solche Ausdrucksformen für den Spieler vorschreiben. Auf ihre nähere Beschreibung wollen wir an anderer Stelle zurückkommen. Nur so viel sei bemerkt, daß für fast alle Verzierungen nicht nur die Töne gebraucht werden, die durch Bünde oder Stege auf den Saiteninstrumenten fixiert sind; vielmehr werden diese Haupttöne durch verschiedene Glissandotechnik alteriert. Nur in den Verzierungs-

notation of scales, which tones were to be interpreted as "doubly raised" or "doubly lowered." Yet as we shall see presently, it may be that Tagore's notation system is adequate for the actual situation after all.

55 The conflicting opinions are easily resolved when one considers the manner in which the *śrutis* are used in practical music, according to the unanimous testimony of the authorities and according to the personal observations of Ellis, as well. In Indian melodics we are faced with the remarkable fact that something, which with us is ornamental accessory, is found there as a fundamental component. An alteration or omission of the "embellishment" in our music would not impair the character of the melody, as the word already intimates. This is completely different in India. One would perhaps have to speak of forms of expression instead of embellishments in order to characterize the enormously diverse varieties of glissando, legato, portamento, trill, and mordent. In these forms of expression there is something just as important for Indian sensitivity as the fixed tonal steps of the melody proper. R. Simon (1904a), in his preliminary remarks to the critical edition of the *Notations of Somanātha*, cites a large number of characters that prescribe such forms of expression for the player. We will come back to them for a more detailed description at another place. Let us only note that for almost all the embellishments, the tones that are fixed by frets or bridges on the stringed instruments are not only used, but these basic tones are also altered by the different glissando techniques.

Between-tones are to be found only in the forms of embellishment; the whole formen sind Zwischentöne zu finden; die ganze *Ṣruti*-Theorie scheint eine Theorie der Ausdrucksformen zu sein und die Wichtigkeit, die man ihr zugemessen hat, durch die Bedeutung der Ausdrucksformen bedingt. Da die Verzierungen in den altklassischen musikalischen Formen noch zahlreicher sind als in den neueren einfachen Volksmelodien, so ist es nicht unwahrscheinlich, daß auch den Zwischentönen (*Śrutis*) in alten Zeiten eine wichtige Rolle zukam, und daß wir in den Verzierungsformen einem Residuum von ihnen begegnen. Wenn diese Vermutung richtig ist, dann wäre es müßig, nach der heutigen Intervallgröße der *Śrutis* zu fragen, da diese bei Verzierungsformen in der eigenartigen, noch zu besprechenden Technik stets mehr oder weniger der Willkür des Spielers oder dem Zufall unterliegt.[23]

56 Wir gelangen also zu dem Schluß, daß

[23] Tagore (1874: 17) versichert zwar, daß sogar geübte Sänger auch die $\frac{1}{4}$- und $\frac{1}{3}$-Töne genau intonieren können, uns will aber scheinen, daß hier nur das Experiment entscheiden kann; unmöglich ist die Einschaltung kleinerer Stufen in unser Halbtonintervall jedenfalls nicht (vgl. Stumpf 1883–90, vol. 1: 163). Aber auch nach indischer Anschauung liegen diese kleinen Intervalle an der Grenze der Unterschiedsempfindlichkeit (wohl des Kehlkopfs? Vgl. Grosset 1888: 84). Um die europäischen Forscher mit der genauen Intervallgröße der Śrutis bekanntzumachen, sandte Tagore 1886 an Ellis eine Vīṇā, auf der die vollständige 22stufige Leiter durch feste Bünde fixiert war. Die Teilung der Oktave war in der Weise vorgenommen, daß die Saitenhälfte in zwei Hälften, die so entstehende untere Quarte in 9, die obere Quinte in 13 gleiche Teile zerlegt wurde. Ellis bestimmte die den Bünden der „Śruti-Vīṇā" entsprechenden Tonhöhen und berechnete vom Grundton aus folgende Werte in Cents (Hundertstel des temperierten Halbtons):

	0	45	111	169	222	267	316	389	436
temp.	0		100		200		300	400	
	c		cis		d		dis	e	
	505	534	583	640	712	749	807	855	
temp.	500		600		700		800		
	f		fis		g		gis		
	917	954	1013	1077	1136	1220			
temp.	900		1000	1100		1200			
	a		b	h		c.			

Ellis vermutet, daß eine 22stufige temperierte Leiter intendiert war (s. Day 1891 Appendix).

śruti-theory seems to be a theory of performance manner, and the importance which has been accorded to it depends on the significance of those forms of expression. Since the embellishments are even more numerous in the old classical music forms than in the newer simple folk melodies, it is not improbable that *śrutis* (between-tones), too, played an important role in olden times, and that we meet a vestige of them in the embellishments. If this conjecture is correct, it would be meaningless to ask about the present-day size of the *śruti* intervals, since embellishments, in the peculiar technique that we will speak about later, are usually more or less subject to the whim of the players, or to chance.[23]

Thus we arrive at the conclusion that 56

[23] Tagore (1874: 17), to be sure, affirms that expert singers could intone even the $\frac{1}{4}$ and $\frac{1}{3}$ tones precisely, but it would seem to us that only an experiment can decide the point here; in any case, the interpolation of smaller intervals into our semitone step is not impossible (see Stumpf 1883–90, vol. 1: 163). However, according to the Indian view, these intervals are close to the threshold of the sensitivity to differentiate (perhaps of the larynx? Cf. Grosset 1888: 84). In order to make European scholars familiar with the precise size of the *śruti* intervals, Tagore, in 1886, sent Ellis a *vīṇā* on which the complete 22-degree scale was fixed by secured frets. The division of the octave was undertaken in such a way that the half-string was divided into two halves: the lower fourth thus produced was divided into nine equal parts, the upper fifths into thirteen equal parts.

Ellis ascertained the pitches produced from the frets of the *śruti-vīṇā* and calculated, from the basic pitch, the following values in cents ($^1/_{100}$ part of the tempered semitone):

	0	45	111	169	222	267	316	389	436
temp.	0		100		200		300	400	
	C		C♯		D		D♯	E	
	505	534	583	640	712	749	807	855	
temp.	500		600		700		800		
	F		F♯		G		G♯		
	917	954	1013	1077	1136	1220			
temp.	900		1000	1100		1200			
	A		B♭	B♮		C.			

Ellis surmised that a 22-degree tempered scale was intended. (See Day 1891 Appendix.)

das Material des indischen Tonsystems, soweit es für uns in Betracht kommt, nicht eine 22stufige, sondern identisch mit unserer (temperierten) 12stufigen chromatischen Leiter ist. Auch Ellis (1885: 504), der sich von einem indischen Musiker mehrere Stücke auf der *Vīṇā* vorspielen ließ und die fixierten Tonhöhen sofort bestimmte, fand Stufen, die denen der chromatischen Leiter am nächsten entsprechen, mit der einzigen Ausnahme einer doppelt vertieften Terz, die vermutlich gar nicht intendiert war. Day (1891: 31 Anm.) spielte wohlgeübten indischen Fachmusikern (*Karnātik* und *Hindustānī*) ihre Leitern auf dem temperierten Klavier vor und erhielt die Versicherung, daß sie den *Vīṇā*-Skalen völlig gleich wären. Es ist zu vermuten, daß die Inder, unabhängig von Europa, zu einer ähnlichen Temperatur ihrer Leitern gelangt sind.

57 Die Gebrauchsleitern, worunter wir die der Tonhöhe nach geordneten Töne eines Musikstückes verstehen, entsprechen in unseren Melodien fast ausschließlich der diatonischen Skala. Doch dürfen wir sie weder mit unserer Dur-, noch mit den gewöhnlichen Moll-Leitern identifizieren, da diese Begriffe nur innerhalb unserer harmonischen Musik anwendbar sind.

58 Die indische Musik aber ist im großen und ganzen homophon. Mehrstimmige Gesänge, sowie Gesang und Instrumentalbegleitung sind unisono oder bewegen sich in Oktaven. Daneben finden sich vereinzelt schwache Ansätze zu Polyphonie, indem die tiefere Oktave oder Quinte des Grundtons ausgehalten wird, während die Melodie fortschreitet (vgl. Notenbeispiel 2, 12, 13, 26). Harmonische Musik ist dies aber noch keineswegs. Scharfe unaufgelöste Dissonanzen beweisen, daß die simultanen Konsonanzen nicht um ihrer selbst willen verwendet werden; der Gang der Melodie wird durch den mitausgehaltenen Grundbaß nicht beeinflußt. Wir wollen nur nebenbei daran erinnern, daß wir ganz analogen Musikformen auch in Europa

the material of the Indian tonsystem, insofar as it has importance for us, is not a 22-step scale, but is identical to our (tempered) 12-step chromatic scale. Ellis (1885: 504), too, who heard several pieces played on a *vīṇā* by an Indian musician and immediately ascertained the fixed pitches, found intervals that correspond closely to the chromatic scale, with the one exception of a doubly-lowered third which was very likely not intended at all. In the presence of well-trained professional Indian musicians (Karnatic and Hindustānī), Day (1891: 31 n.) played their scales on the tempered keyboard, and the musicians assured him that these scales were precisely the same as those on the *vīṇā*. One suspects that the Indians, independently of Europeans, arrived at a similar tempering of their scales.

The gebrauchsleitern, that is to say, the tones of a piece of music arranged according to pitch, correspond almost exactly, in the melodies of our examples, to the diatonic scale. Yet we should not identify them with either our major or with the common minor scales, since these concepts are applicable only within our harmonic music. 57

Indian music on the whole, however, is homophonic. Choral songs, as well as songs with instrumental accompaniment, are realized in unison or move in octaves. Besides this, isolated, slight beginnings of polyphony are found, when, for example, the lower octave or fifth of the basic pitch is sustained while the melody proceeds (cf. musical examples 2, 12, 13, 26). But this is still in no way harmonic music. Sharp, unresolved dissonances demonstrate that the consonances which are sounded simultaneously are not used for their own sake; the progress of the melody is not influenced by the simultaneously-held accompanying drone. In passing, we would like to remind the reader that in Europe, too, we encounter completely analogous 58 begegnen (Profanum organum, Bordun, Dudelsack, alte Volkslieder). Allerdings ist es auffallend, daß der Grundbaß zum Hauptton der Melodie stets im Verhältnis der beiden konsonantesten Intervalle, Oktave und Quinte, steht. Man pflegt daher in dieser Begleitungsform die ersten Ansätze unserer harmonischen Musik zu sehen. Wir werden gleich noch andere Eigentümlichkeiten der indischen Melodik zu besprechen haben, die eine ähnliche Tendenz verraten.

59 Die den europäischen Musikern geläufigen Begriffe „Dur und Moll," „Tonika," „Dominante" sind in ihrer psychologischen Bedeutung noch so umstrittene Probleme, daß ihre Übertragung auf die Musik fremder Völker nur mit größter Vorsicht versucht werden darf. Wir wollen deshalb als Tonika ganz allgemein den melodischen Schwerpunkt, d.h. denjenigen Ton einer Melodie verstehen, der durch Frequenz, Dauer, Akzent und Stellung[24] ausgezeichnet ist. Mit „Dominanten" bezeichnen wir entsprechend diejenigen Töne, denen neben der Tonika ein besonderes melodisches Übergewicht zukommt. Wir befinden uns mit diesen Definitionen überdies im Einklang mit den Begriffen der indischen Musiktheorie. Unsere Tonika wird nämlich als *Vādī* (Töne hervorbringend), unsere Dominanten werden als *Saṃvādī* (übereinstimmend, gleichartig) die übrigen Töne der Melodie als *Anuvādī* (wiederholend) bezeichnet. Der *Vādī* wird bildlich als *Rāja* (König) oder *Jān*[25] (Leben, Seele), der *Saṃvādī* als Minister, der *Anuvādī* als

[24] Man darf auf den Faktor der Stellung eines Tons am Anfang oder Ende eines Melodieteils oder einer melodischen Phrase allein nicht allzuviel Gewicht legen. Wenn ein Ton durch Frequenz und Dauer sich zweifellos als Schwerpunkt erweist, so wäre es ungerechtfertigt, um eines anderen Schlußtons willen die Auffassung des ersteren als Tonika aufzugeben (vgl. Musikbeispiel 7, 14, 17, 18). Für indische Ohren kommt noch ein anderes Moment in Betracht, das gewisse Töne melodisch auszeichnet: nämlich Verschleifung mit Nachbartönen und ähnliche Ausdrucksformen (vgl. S. 165).

music forms (secular organum, bourdon, bagpipes, old folk songs). Indeed, it is striking that the drone is always in the relationship of the two most consonant intervals, the octave and the fifth, to the primary tones of the melody. Therefore, one tends to see in this form of accompaniment the first rudiments of our harmonic music. We will come to speak of other characteristics of Indian melodics that evince a similar tendency.

The familiar European musical concepts, "major" and "minor," "tonic" and "dominant," with all their psychological significance, still pose such controversial problems that their transference to the music of foreign peoples may be attempted only with great caution. For that reason we will generally understand as the tonic note, the tone center, that is, the very tone of a melody which is emphasized by frequency of occurrence, duration, accent, and placement.[24] Correspondingly, we designate as dominant those tones which, next to the tonic, have a special melodic predominance. With these definitions we find ourselves in agreement with the concepts of Indian music theory. Our tonic note is denoted as *vādī* (generating tone), our dominant as *samvādī* (of the same kind, consonant), and the remaining tones of the melody as *anuvādī* (repeating). The *vādī* is regarded figuratively as *rāja* (king) or *jān*[25] (life, soul), the *samvādī* as minister, the *anuvādī* as subject. 59

Even if there are differences of opinion

[24] One must not attach too much importance to the single factor of the position of a tone at the beginning or end of a section of a melody or of a melodic phrase. If a tone is proved beyond doubt, by frequency of occurrence and duration, to be the tone center, it would be unjustified, for the sake of another final tone, to give up the interpretation of the former as the tonic note (cf. music examples 7, 14, 17, 18). For Indian ears, another event that distinguishes the particular melodic tones comes into consideration – that is, slurs with neighboring pitches and similar forms of expression (see p. 165).

Untergebener angesehen. Wenn auch über die Bezeichnungen der Haupttöne bei den indischen Autoren Meinungsverschiedenheiten herrschen,[26] so werden sie doch von allen als melodische Schwerpunkte charakterisiert. Tonika und Dominanten brauchen nicht, wie in der europäischen Musik, im Quinten- oder Quartenverhältnis zu stehen; wir finden dieses Verhältnis zwar auch in indischen Melodien, in einer großen Anzahl (etwa in einem Drittel unserer Fälle) aber Terzen (Ober- und Unterterzen). Wenn zwei Dominanten besonders deutlich hervortreten, so bilden sie oft mit der Tonika zusammen einen Dreiklang. Ein ausgebildetes Gefühl für die Terz als konsonantes Intervall (latentes Harmoniegefühl) darf hieraus aber noch nicht gefolgert werden.

60 Wenn man die Tonika als Grundton der Skala annimmt, dann differenziert sich die Gebrauchsleiter, die sonst nur das allgemeine Gesetz der Intervallenfolge angibt, in eine Reihe von (durch das Oktavenintervall begrenzte) Tonfolgen, die den altgriechischen und mittelalterlichen Oktavengattungen (Kirchentönen) entsprechen. So wird aus unserer diatonischen Dur-Leiter (*Do*-Modus), wenn der Schwerpunkt der Melodie auf der dritten Stufe liegt, der *Mi*-Modus, aus der jonischen Tonleiter eine phrygische (nach der Glareanschen Bezeichnung). Es handelt sich hierbei nicht nur um eine theoretische Spekulation, denn Stücke, denen diese Leitern zugrunde liegen, sind auch musikalisch-psychologisch durch verschiedene „Tonalität" ausgezeichnet; weshalb man

[25] Im Hindustānī.

[26] Soweit wir die Interpretation der Sanskritliteratur verstehen, fällt dem durch Frequenz, Dauer und Fülle ausgezeichneten Hauptton, *aṃśa*, eine doppelte Funktion zu: erstens regelt er als *graha* (Anfangsnote?) die zeitliche Folge der anderen Töne (*nyāsa*, [Schlußton], *apanyāsa*, [Mittelton] usw.) in der melodischen Phrase; zweitens bestimmt er als *vādī* die Tonalität und den Charakter der übrigen Töne (*saṃvādī* usw. s. oben) vgl. Grosset 1888: 67f., 89; Simon 1903.

among Indian authors[26] regarding the designations of the principal tones, they will nevertheless be characterized by all as tone centers. Tonic and dominant need not be in the relationship of fifth or fourth as in European music. To be sure, we also find these relationships in Indian melodies, but we find the thirds (upper and lower thirds) in a greater number (in about ⅓ of our cases). When two dominants are clearly prominent, they often build a triad with the tonic note. However, we should not yet draw the conclusion that a developed feeling for the third as a consonant interval (latent sense of harmony) is present.

If one takes the tonic note as the tone on which the gamut is based, then the gebrauchsleiter, which otherwise only specifies the general rule for a sequence of intervals, is differentiated in a row of successive tones (bounded by the octave) corresponding to the ancient Greek and medieval octave-species (church tones). Thus our diatonic scale (Do-mode) changes to the Mi-mode if the focal point of the melody shifts to the third degree; or, to use Glarean's designation, an Ionic scale would change to a Phrygian scale. It is not just a matter here of theoretical speculation, because pieces which are based on these scales are also distinguished musico-psychologically by different "tonalities"; on account of this, and not without justification, they are subsumed under 60

[25] In Hindustānī.

[26] In so far as we understand the interpretation of the Sanskrit literature, a double function falls to the primary tone (*aṃśa*), which is distinguished by frequency of occurrence, duration, and intensity; firstly, as *graha* (beginning note), it determines the sequence of the other tones (*nyāsa* [final tone], *apanyāsa* [middle tone], etc.) in the melodic phrase; secondly, as *vādī*, it determines the tonality and the character of the remaining tones (*saṃvādī*, etc. see above). See Grosset 1888: 67f., 89; Simon 1903.

sie auch, nicht mit Unrecht, verschiedenen „Tonarten" untergeordnet hat. Unsere harmonische Musik hat allerdings das Gefühl für diese Art Tonalität zerstört (wir kennen nur den *Do-* und *La*-Modus); es tritt aber deutlich zutage in alten (z.B. litauischen) Volksliedern und Kirchengesängen und in der japanischen Musik (Abraham u. Hornbostel 1903 [diese Ausg. S. 37ff.]).

61 Die von uns gefundenen indischen Tonleitern sind alle auch von Tagore (1884) und Day[27] angeführt. Am weitaus häufigsten findet sich der *Mi*-Modus, seltener *Sol-*, *Re-* und *La*-Modus, gar nicht der *Fa*-Modus und der *Si*-Modus (letzterer auch weder bei Day noch bei Tagore). Ob wir in den Stücken 15, 24, 25, wirklich den *Do*-Modus nach Art unsres *C*-Dur vor uns haben, ist wegen der Stellung der Dominanten sehr fraglich. Außer dem Gesetz der Intervallenfolge, das unserm diatonischen Dur entspricht, fanden wir noch drei andere. Eins ist mit dem unsrer aufsteigenden melodischen Moll-Leiter identisch (*c d es f g a h c*) [s. Notenbeispiel 11]. Von diesem findet sich auch der entsprechende *Re*-Modus (*c des es f g a b c*) [s. Notenbeispiel 6]. Ein zweites entspricht dem Gesetz unsrer harmonischen Moll-Leiter, das wir in dem *Sol-* (*c des e f g as b c*) [s. Notenbeispiel 20 I] und dem *Do-* (oder *Fa-*?) Modus (*c d es f g as h c* bzw. *c d es fis g a b c*) [s. Notenbeispiel 27] vertreten finden. Die dritte Intervallenfolge enthält zwei übermäßige Sekundenschritte in der Oktave;

[27] 1891: 91 (Hindustānī-Leitern) und Day 1891: 32–35
(Karnātik-Leitern) usw.
Mi-Modus: Hindustānī 7. Bhairavī,
Karnātik 8. Hanumatodi;
Sol-Modus: Hindustānī 9. Jañjuti,
Karnātik 28. Hārikambogi;
Re-Modus: Hindustānī 4. Kāfi,
Karnātik 22. Kāraharapriyā;
La-Modus: Hindustānī 8. Sinda-Bhairavi,
Karnātik 20. Nāṭa-Bhairavi;
(Fa-Modus: Hindustānī 11. Iman-Kalyāṇi,
Karnātik 65. Matsya-Kalyāṇi;)
Do-Modus: Hindustānī 3. Bilāval,
Karnātik 29. Dehraśaṅckār-abharna

modes. It is true that our harmonic music has destroyed our sensitivity to this type of tonality (we know only the Do- and La-modes), but it is still clearly evident in old folk songs (e.g., Lithuanian) and church songs, and in Japanese music (Abraham and Hornbostel 1903 [this ed. p. 37ff.]).

All the Indian scales that we found are also listed by Tagore and Day.[27] The Mi-mode is found by far the most frequently; less often the Sol-, Re-, and La-modes; the Fa-mode and the Si-mode not at all (the latter occurred neither in Day nor Tagore). Because of the placement of the dominants in pieces 15, 24, and 25, it is highly questionable whether we really have before us the Do-mode of the type of our C major. Besides the rule of intervallic succession that corresponds to our diatonic, we found three others. One is identical with that of our ascending melodic minor scale (C D E♭ F G A B C. See example 11). From this, the corresponding Re-mode is found as well (C D♭ E♭ F G A B♭ C. See example 6). A second matches the rule for our harmonic minor scale, which we find represented in the Sol- (C D♭ E F G A♭ B♭ C. See example 20 I) and the Do- (or Fa-?) mode (C D E♭ F G A♭ B C and C D E♭ F♯ G A B♭ C respectively. See example 27). The third interval arrangement includes two augmented second steps in the octave; one could 61

[27] 1891: 91 (Hindustānī scales) and Day 1891: 32–35
(Karnātic scales) etc.
Mi-Mode: Hindustānī 7. *bhairavi*,
Karnātic 8. *hanumatodi*;
Sol-Mode: Hindustānī 9. *jañjuti*,
Karnātic 28. *hārikambogi*;
Re-Mode: Hindustānī 4. *kāfi*,
Karnātic 22. *kārahārapriyā*;
La-Mode: Hindustānī 8. *sinda-Bhairavi*,
Karnātic 20. *nāṭa-Bhairavi*;
(Fa-mode: Hindustānī 11. *iman-Kalyāṇi*,
Karnātic 65. *matsya-Kalyāṇi*;)
Do-mode: Hindustānī 3. *bilāval*,
Karnātic 29. *dehraśaṅckār-abharna*

man könnte sie als doppelt harmonisches Moll bezeichnen, s. l. v. v. Wir finden hiervon den *Do*-Modus (*c des e f g as h c*) [s. Notenbeispiel 20 II] und den *Fa*-Modus (*c d es fis g as h c*) [s. Notenbeispiel 17]. (Beide auch bei Tagore 1884).[28]

62 Sehr auffallend ist es, daß die doppelt harmonische Moll-Leiter (*Majamalavagaula*) bei den Indern als einfachste und elementarste Form gilt, die auch allen Anfängerstücken (*Sāralas*) zugrunde liegt (vgl. Day 1891: 74).

63 Die Gesetze der Intervallenfolge unterscheiden sich 1. durch die Größe der vorkommenden Intervalle (Halbton-, Ganzton-, übermäßige Sekundenschritte), 2. durch die relative Stellung der Intervalle zueinander – während sich die Modi durch die relative Stellung der einzelnen Intervalle zur Tonika unterscheiden, bei gleichbleibendem Gesetz der Intervallenfolge. (Tagore 1884 führt außer den von uns gefundenen vier Intervallfolgegesetzen noch Leitern an, die zwölf andere Gesetze befolgen.) In diesen Verhältnissen (den verschiedenen Stellungen der Intervalle zueinander und zur Tonika) ist die Ursache der verschiedenen Tonalität zu suchen. Unsre ersten beiden Typen enthalten nur Halb- und Ganztonschritte, sind also dia-

[28] Diesen Moll-Leitern entsprechen bei Day 1891:
c d es f g a h c –
Hindustānī: fehlt – Karnātik:
23. Gaurimanuhar;
c des es f g a b c –
Hindustānī: fehlt – Karnātik:
10. Nāṭakapriyā;
c des e f g as b c –
Hindustānī: fehlt – Karnātik:
14. Vakhulabhárna;
c d es f g as h c –
Hindustānī: 6. Pilu – Karnātik:
21. Kiravāni;
c d es fis g a b c –
Hindustānī: fehlt – Karnātik:
58. Hāmo-vasantha;
c des e f g as h c –
Hindustānī: I. Kalindra – Karnātik:
15. Majamalavagaula;
c d es fis g as h c –
Hindustānī: fehlt – Karnātik:
57. Śrībhandra

designate them as double harmonic minor, s. l. v. v. Of this type, we found the Do-mode (C D♭ E F G A♭ B C. See example 20 II) and the Fa-mode (C D E♭ F♯ G A♭ B C. See example 17). (Both also in Tagore, 1884).[28]

It is striking that the double harmonic minor scale (*majamalavagaula*) is thought of by the Indians as the simplest and most elementary form, on which the beginners' pieces (*sāralas*) are based (cf. Day 1891: 74). 62

The rules of intervallic succession are decided: (1) by the size of the previous intervals (semitone, whole tone, augmented second step); (2) by the placement of the intervals relative to each other – while the modes are differentiated by the placement of each interval relative to the tonic note, with the rule for intervallic succession remaining the same. (Besides those four rules which we found governing the sequences of intervals, Tagore (1884) cites scales that adhere to twelve other principles.) In these relationships (the different placements of the intervals in relation to each other and to the tonic) the origin of the different tonalities is to be found. Both of our first types include only semi and whole steps, and are thus diatonic scales, differ- 63

[28] These minor scales correspond with Day 1891:
C D E♭ F G A B C –
Hindustānī: lacking – Karnātic:
23. *gaurimanuhari*;
C D♭ E♭ F G A B♭ C –
Hindustānī: lacking – Karnātic:
10. *nāṭakapriyā*;
C D♭ E F G A♭ B♭ C –
Hindustānī: lacking – Karnātic:
14. *vakhulabhárna*;
C D E♭ F G A♭ B C –
Hindustānī 6. *pilu* – Karnātic:
21. *kiravāni*;
C D E♭ F♯ G A B♭ C –
Hindustānī lacking – Karnātic:
58. *hāmo-vasantha*;
C D♭ E F G A♭ B C –
Hindustānī 1. *kalindra* – Karnātic:
15. *majamalavagaula*;
C D E♭ F♯ G A♭ B C –
Hindustānī: lacking – Karnātic:
57. *śrībhandra*

tonische Leitern und unterscheiden sich nur durch die relative Stellung der Halbtonschritte zueinander; die beiden letzten Typen enthalten übermäßige Sekundenschritte, und zwar Typus III einen übermäßigen Sekundschritt, drei Halbtonschritte, Typus IV zwei übermäßige Sekundschritte und vier Halbtöne.

64 Sowohl aus den von uns gefundenen wie den von Tagore aufgezählten Leitern geht hervor, daß trotz der vielen Kombinationen niemals die Tonika Ausgangspunkt eines übermäßigen Sekundschrittes ist.[29] Die Tonika muß also durch diatonische Intervalle (Ganz- oder Halbtöne) eingeschlossen sein. In unserer Musik charakterisiert die Art des Einschlusses (also die melodische Stellung) die Tonika ebensosehr, wie die oben angegebenen Momente der Frequenz und Dauer usw.; wir empfinden als Tonika denjenigen Ton, von dem nach unten ein Halbton-, nach oben ein Ganztonschritt ausgeht (*h-c-d*), oder vielmehr, um uns psychologisch genauer auszudrücken: zu dem von unten (bzw. oben) ein Halbtonschritt (bzw. Ganztonschritt) leitet, die deshalb auch als „Leittöne" bezeichnet werden. Es ist klar, daß in Melodien, denen Moden nach Art der Kirchentöne zugrunde liegen, also auch in den indischen, die psychologische Wirksamkeit der melodischen Stellung hinter den andern tonalitätbestimmenden Momenten zurücktritt, da es sich ja bei den Oktavengattungen gerade darum handelt, die Stellung der Tonika bei gleichbleibendem Intervallfolgegesetz zu variieren.[30] Trotzdem wird man auch hier von Leittönen sprechen können, nur müssen noch andre

[29] Auch in den Hindustānī-Leitern, die Day (1891) anführt, kommen solche Formen nicht vor, dagegen aber in 12 Karnātik-Leitern.

[30] Max Meyer (1901) hat versucht, ein allgemein geltendes psychologisches Tonikagesetz zu formulieren. Wir können auf seine Theorien in diesem Zusammenhange nicht eingehen und behalten uns vor, sie bei andrer Gelegenheit genauer zu erörtern.

entiated only by the position of the semitone steps. Both of our other types contain augmented second steps: type III has one augmented second and three half-tone steps; type IV has two augmented seconds and four halfsteps.

From those scales that we found, as well as from the scales enumerated by Tagore, it appears that in spite of the many combinations, the tonic is at no time the point of departure for an augmented second.[29] Thus the tonic must be enclosed by diatonic intervals (whole or semitone). In our music, the context (that is, the melodic placement) characterizes the tonic just as much as the previously mentioned factors of frequency of occurrence and duration, and the like; we perceive as the tonic that tone from which a half step procedes down or a whole step procedes up (B C D) or rather, to be psychologically more precise: the note toward which a half step leads from below or a whole step from above, respectively, tones designated for that reason as *leading tones*. It is clear that in melodies whose modes are based on a type like the church tones (thus in Indian melodies, too), the psychological effectiveness of the melodic placement is insignificant compared to the other tonality-determining factors, since it is actually just a question of varying the placement of the tonic note, with the succession of intervals within the octave-species remaining the same.[30] One can nevertheless speak of leading tones here, too, but other factors must enter in by which the attach- 64

[29] In the Hindustānī scales that Day (1891) gives such forms do not appear either; however, they do appear in twelve Karnātic scales.

[30] Max Meyer (1901) has attempted to formulate a universally valid psychological principle for tonics. We cannot consider his theory in this context but put it aside for more detailed discussion at another opportunity.

Faktoren hinzutreten, durch welche die Zugehörigkeit des Leittons zur Tonika deutlich wird (vgl. S. 168f.).

65 Aus dem Tonalitätsgefühl für verschiedene Moden bei gleicher Intervallenfolge kann man von vornherein vermuten, daß einem Wechsel des melodischen Schwerpunktes bei unverändertem Tonmaterial ein Wechsel der Gesamttonalität der Melodie entspricht, also eine Modulation, wie wir sie, außer der Modulation von einer Dur-Tonart in die dazugehörige Moll-Tonart (*C*-Dur nach *A*-Moll, Wechsel von *Do-* und *La*-Modus) nicht kennen. Eine solche finden wir z.B. im Stück 21, in welchem sich ein *La*-Modus auf *fis* verschiebt in einen *Mi*-Modus auf *cis*. Sehr charakteristisch ist auch im Stück 7 die Verschiebung des *Sol*-Modus auf *c* in den *Re*-Modus auf *g*, sowie die analoge Modulation in Nr. 2 (*Sol*-Modus auf *b* – *Re*-Modus auf *f*). Bei all diesen Modulationen verschiebt sich der melodische Schwerpunkt um eine Quarte nach abwärts.

66 Unsre gewöhnliche Modulation ist dagegen eine Transposition, die sich so auffassen läßt, daß bei Beibehaltung des Modus eine Verschiebung des Tonmaterials um ein gegebenes Intervall eintritt. Das Intervall, um welches sich das Tonmaterial verschiebt, pflegt bei uns die Quinte zu sein. Auch diese Art der Transposition ist bei den Indern gebräuchlich; so verschiebt sich im Stück 4 dieselbe Melodie zweimal um eine Quinte nach unten.[31]

[31] Derartige Verschiebungen setzen ein Tonmaterial von relativ großem Umfang und daher bei Instrumentalisten eine gewandtere Beherrschung des Instruments voraus. Man darf vielleicht vermuten, daß der Gebrauch von Saiteninstrumenten mit beweglichen Stegen oder Bünden, vereint mit einem geringen Umfang des Tonmaterials, im Zusammenhang steht mit dem Vorkommen der Oktavengattungen. Wenn man, ohne den Umfang zu vergrößern, die Melodie durch Variationen und Modulationen bereichern will, so ist man auf eine intensive Erweiterung des Melodiematerials angewiesen und gelangt zu kleineren Tonschritten oder neuen Intervallfolgegesetzen deren praktische Anwendung durch die Beweglichkeit der Stege erleichtert wird. (Vgl. Abraham u. Hornbostel 1903).

ment of the leading tone to the tonic becomes clear (see p. 168f.).

From the feeling of tonality one has for different modes with the same interval arrangement, one can surmise that a change of the whole tonality of the melody corresponds to a change of the tone center. Thus, with unaltered tonal material, a modulation occurs which we recognize only in the case of a major key moving into the relative minor key (C major to A minor, a change from the Do- to the La-mode). In piece 21, for example, we find such a modulation, in which a La-mode on F♯ shifts into a Mi-mode on C♯. Very characteristic, too, is the shifting of the Sol-mode on C into the Re-mode on G in piece 7, as well as the analogous modulation in example 2 (Sol-mode on B♭ to Re-mode on F). In all these modulations the tone center shifts down a fourth. 65

Our usual modulation, on the other hand, is a transposition which may be interpreted so that, with retention of the mode, a displacement of the tonal material commences at a given interval. The interval around which the tonal material moves is usually the fifth in our music. This type of transposition is also common with the Indians: thus, in example 4, the same melody shifts twice to a fifth lower.[31] 66

[31] This type of shifting presupposes tonal material of a relatively large range, and accordingly, a dexterous mastery of the instrument by the instrumentalist. One may surmise, perhaps, that the use of stringed instruments with movable bridges or frets, combined with a narrow range of tonal material, is connected with the presence of the octave-species. If one wants to enrich the melody by variations and modulations, without enlarging the range, then one is limited to an extensive expansion of the melodic material and arrives at smaller tonal steps or new principles of interval succession whose practical application is facilitated by the moveability of the bridges. (Cf. Abraham and Hornbostel 1903).

67 Da die Quintenverschiebung bei uns deutlich mit dem Harmoniegefühl zusammenhängt, möchten wir auch hier eine solche Beziehung annehmen, ohne uns allerdings zu entscheiden, ob das Harmoniegefühl die Ursache der Quintenverschiebung ist oder ob letztere aus irgendwelchen andern, vorläufig unbekannten Ursachen entstanden, erst zur Entwicklung eines Harmoniegefühls geführt hat. Auch in der japanischen Musik kommen ähnliche Transpositionen vor.[32]

68 Die schon erwähnte auffallende Bevorzugung des *Mi*-Modus in den hier mitgeteilten Melodien, von denen sich eine große Anzahl auf dem Dur-Dreiklang aufbauen, würde allerdings, wenn nicht etwa europäischer Einfluß hier mitgespielt hat, auf ein Konsonanzgefühl in unserem Sinne hindeuten.

69 Auch die Spielweise des *Dilrubā* ist in dieser Hinsicht interessant. Das c_0 der zweiten leeren Saite wird – in absteigender Häufigkeit – zusammen mit *c*, *g*, *f* oder *e*, (selten) *d* oder *a* angestrichen, nie aber zusammen mit *es*(!), *fis*, *as*(!), *b* oder *h*. Hiernach hätten die Inder wohl ein Gefühl für die Konsonanz der Oktave, Quinte, Quarte, großen Terz (letztere beiden Intervalle stehen angeblich auf einer Rangstufe) und etwa noch der großen Sexte; kleine Terz und Sexte würden aber mit dem Triton und den beiden Septimen[33] zu den Dissonanzen gerechnet. Man wird daran erinnert, daß auch in Europa die kleine Terz sich erst spät einen Platz unter den „Konsonanzen" erkämpft hat. (Die simultane Sekunde freilich gehört auch heute noch für unser Ohr zu den unangenehmsten Dissonanzen.) Jedenfalls ist der Begriff „Moll" auf indische Musik (trotz der „harmonischen Moll-Tonleitern") ebensowenig anwendbar wie etwa auf japanische.

[32] Vgl. oben S. 43.

[33] Vgl. auch die Vermeidung des Si-Modus (Si *contra Fa*).

Since with us the shift of a fifth is clearly connected to the feeling for harmony, we would like to assume such a relationship here, too, without deciding, of course, whether the sense of harmony is the origin of the shifting fifth, or whether the latter originates in some other cause, unknown for the time being, and has only led to the development of the harmonic sense. Similar transpositions occur in Japanese music, as well.[32] 67

The aforementioned striking preference for the Mi-mode in the melodies presented here, many of which are built on the major triad, would of course suggest a feeling for consonance in our sense of the word, unless European influence has been at work here. 68

The technique for playing the *dilrubā* is also interesting in this respect. The C_4 of the second open string is played – in decreasing frequency – together with the pitches C, G, F, or E, (seldom) D or A; but never with E♭(!), F♯, A♭(!), B♭ or B♮. According to this, the Indians would have a feeling for the consonance of the octave, fifth, fourth, major third (the latter two intervals stand ostensibly in equal consonance), and perhaps the major sixth; minor thirds and sixths would be counted among the dissonances, however, along with the tritone and the two sevenths.[33] One will remember that in Europe, as well, the minor third was late in conquering a place for itself among the "consonances." (Indeed, for our ears the simultaneous second still belongs among the most displeasing dissonances.) In any case, the concept "minor" is as little applicable in Indian music (in spite of the "harmonic minor" scales) as it is, for instance, in Japanese music. 69

[32] Cf. above, p. 43.

[33] Cf. also the avoidance of the Si-mode (*Si contra Fa*).

2. Begriff des Rāga

70 Die indische Melodik ist noch durch andere Gesetzmäßigkeiten gebunden als durch die oben erörterten Eigentümlichkeiten des Tonsystems. Wir haben uns nunmehr mit einem Begriff zu beschäftigen, dessen Verständnis dem Europäer die allergrößten Schwierigkeiten bereitet, nämlich dem Begriff des *Rāga*. Die wörtliche Bedeutung läßt sich etwa als „das Stimmungerzeugende" wiedergeben. Jones (1792; 1802) identifiziert *Rāga* mit Tonart, Modus. Pingle (1898) stellt den *Rāga* als vornehm klassische Stilart auf eine Linie mit andern Stilarten. Tagore (1874) sagt, es gäbe kein englisches Wort, das dem *Rāga*begriff adäquat wäre, ja, dieser Begriff fehle der europäischen Musik überhaupt. An andrer Stelle übersetzt Tagore *Rāga* mit „Melody-Type" (Tagore 1879), welcher Interpretation sich auch Day (1891) anschließt. Willard (1834; 1875) betont, daß auch unser Begriff „Melodie" oder „Weise" dem des *Rāga* nicht voll gerecht würde. In den von Tagore mitgeteilten Musikbeispielen finden wir unter andern zwei *Rāgas* – die sich allerdings sehr ähnlich sein sollen – nebeneinander gestellt mit der Bemerkung: „It will be seen from the above, how the two Rāgas differ from each other in essential particulars." Wir konnten selbst bei sorgfältigster Analyse diese „essential particulars" nicht entdecken. Unser Parse spielte uns *Rāga Behāg* vor; gleich darauf denselben *Rāga* noch „auf zwei andere Arten." Zunächst schien es uns, als hätten wir drei völlig verschiedene Melodien gehört. Herr Dr. Simon teilt uns brieflich mit, daß vom *Ragā* in der handschriftlichen Literatur „zwar nirgends explicite, aber oft genug implicite die Rede ist."

71 Man wird zugeben müssen, daß ohne die Kenntnis dieser Literatur einiger Mut dazu gehört, an die Entwirrung dieses Knotens von Widersprüchen sich heranzuwagen. Das letzte Wort in dieser Angelegenheit gebührt sicherlich dem Orientalisten; sie

2. The Concept of Rāga

Indian melodics are bound by yet another set of principles different from those characteristics of the tonsystem discussed above. We have to occupy ourselves henceforth with a concept which the European has great difficulty understanding – namely, the concept of *rāga*. The literal meaning can be rendered as "mood-producing." Jones (1792; 1802) identifies *rāga* with key, mode. Pingle (1898) places the *rāga* as a refined, classic art style on a par with other styles. Tagore (1874) says there is no English word adequate to the concept of *rāga*; indeed, this concept is altogether lacking in European music. In another place Tagore translates *rāga* as "melody type" (Tagore 1879), an interpretation with which Day (1891) concurs. Willard (1834; 1875) emphasizes that our concept "melody," or "tune," would not be completely equitable for *rāga*. Among the musical examples presented by Tagore, we find two *rāgas* – which were said to be very similar – placed next to each other with the remark: "It will be seen from the above, how the two *rāgas* differ from each other in essential details." Even with the most scrupulous analysis, we could not detect these "essential details." Mr. Davar played *rāga behāg* for us, then immediately afterwards, the same *rāga* again "in two different forms." First it seemed to us that we had heard three completely different melodies. Dr. Simon informed us by letter that in the manuscript literature, *rāga* "is indeed never talked about explicitly, but often implicitly." 70

One must concede that without knowledge of the literature, some courage is needed to attempt the disentanglement of the knot of contradictions. The last word in this matter surely belongs to the Orientalist, but to pass over it in silence does not 71 mit Stillschweigen zu übergehen, schien aber bei der bedeutenden Rolle, die der *Rāga*begriff offenbar nicht nur in der theoretischen, sondern auch in der praktischen indischen Musik spielt, nicht angängig.

72 Wir wollen zunächst die Unmöglichkeit nachweisen, den *Rāga*begriff mit einem unsrer europäischen musikalischen Begriffe zu identifizieren. *Rāga* deckt sich nicht mit dem Begriff Tonleiter: denn es gibt verschiedene *Rāgas*, denen dieselbe Leiter zugrunde liegt. Ebensowenig ist *Rāga* mit Modus zu verwechseln, denn derselbe Modus kann sich bei verschiedenen *Rāgas* finden. Als bestimmte Melodie in unsrem Sinne kann man *Rāga* nicht bezeichnen, weil die innerhalb eines und desselben *Rāgas* zulässigen Variationen einen ganz verschiedenen melodischen Eindruck auf uns machen. Allerdings konnten Verwechslungen des *Rāga* mit diesen Begriffen nur vorkommen, weil jeder dieser Begriffe mit zu den Bestimmungsstücken des *Rāga* gehört. Ein und derselbe *Rāga* kann stets nur aus demselben Tonmaterial bestehen; d.h. das Intervallfolgegesetz der Leiter muß gewahrt bleiben. Leiterfremde Töne sind als *rāga*fremde Töne (*Vivādī*) verpönt.[34] Es gibt *Rāgas*, die in der aufsteigenden Melodik ein anderes Leitergesetz (*Ārohaṇa*) befolgen, als in der absteigenden (*Āvarohaṇa*), analog unsrem melodischen Moll. Auch der Modus ist für jeden *Rāga* bestimmt. Denn die melodischen Schwerpunkte, die den Modus charakterisieren (Tonika und Dominanten in unsrem Sinne) kennzeichnen auch den *Rāga* in seiner Tonalität. Dies ist offenbar ein sehr wichtiges Kriterium, auf das wir noch zurückkommen werden.

73 Ursprünglich war der *Rāga* vermutlich eine Melodie in unsrem Sinne, von einem bestimmten Komponisten herrührend. Von diesen teilweise sehr alten Melodien hat

[34] Allerdings ist es, vermutlich aber erst in jüngerer Zeit, bei gewissen Rāgas üblich, einzelne Rāgatöne mit rāgafremden Tönen wechseln zu lassen (vgl. Day 1891: 44).

seem feasible, in view of the important role that the *rāga* concept evidently plays not only in the theoretical but also in the practical Indian music.

We want to point out first of all the impossibility of identifying the concept with one of our European musical ideas. *Rāga* does not coincide with the idea of tonal scale, because there are different *rāgas* based on the same scale. *Rāga* is just as little to be mistaken for mode, because the same mode can be found in different *rāgas*. One cannot designate *rāga* as a definite melody in our sense of the word, because within one and the same *rāga* permissible variations make an entirely different melodic impression on us. Of course, the *rāga* could be mistaken for any of these concepts only because each concept possesses something essential to *rāga*. One and the same *rāga* can only consist of the same tonal material; that is, the interval arrangement of the scale must remain intact. Tones foreign to the scale are tabooed, as tones (*vivādī*) alien to the *rāga*.[34] There are *rāgas* that follow a different scale pattern in the ascending melodic (*ārohana*) than in the descending (*āvarohana*), analogous to our melodic minor. The mode, too, is fixed for every *rāga*, for the tone centers that characterize the mode (our tonic and dominant) also characterize the *rāga* in its tonality. This is evidently a very important criterion, to which we will return. 72

Initially the *rāga* was probably a melody, in our sense of the word, originating with a particular composer. From these melodies, ancient in parts, oral and written 73

[34] Of course, it is customary with certain *rāgas*, but probably only in recent times, to allow the exchange of single *rāga* tones with tones strange to the *rāga* (Day 1891: 44).

sich durch mündliche und schriftliche Tradition dasjenige bis auf den heutigen Tag erhalten, was nach indischen Begriffen das wesentliche an ihnen ist, eine Art Melodieskelett, das für die heutigen Kompositionen nicht nur vorbildlich, sondern normativ geworden ist.[35] Neuere Kompositionen, die die alten Vorbilder nicht berücksichtigen, gelten als stilverletzend und unklassisch. Es gibt daher keine Komponisten in unsrem Sinne, da die Kompositionen eigentlich Variationen eines alten Themas sind. Andrerseits ist jeder reproduzierende gleichzeitig produzierender Künstler, da dem Spieler nie eine voll ausgeführte Komposition übermittelt wird.

tradition has retained a sort of skeletal melody which, according to Indian thinking, is the essential part, and for present-day compositions has become not only ideal, but normative.[35] Newer compositions, which do not take the old model into consideration, are considered contrary to the style and unclassical. For that reason there are no composers in our sense of the word, since the compositions are essentially variations of old themes. On the other hand, every performing artist is simultaneously a creating artist, since a fully worked-out composition is never given to the player.

74 Die Variationen, welche den Gesetzmäßigkeiten keinen Abbruch tun, bestehen, soweit wir beobachten konnten, in folgendem: Töne, die nicht als melodische Schwerpunkte zur Charakteristik des *Rāga* gehören, können ausfallen. Wiederholungen einzelner Töne und melodischer Phrasen sind dem Belieben des Spielers anheimgestellt. Rhythmische Änderungen sind ebenfalls in weitem Maße gestattet. Aus unsren Beispielen[36] müßte man sogar schließen, daß auch die taktliche Einteilung nicht durch den *Rāga* normiert ist. Von andrer kompetenter Seite wird dagegen versichert, daß zu jedem *Rāga* ein bestimmter Takt (*Tāla*) gehöre.

As far as we can tell, certain variations do not depart from the accepted principles: tones that do not belong to the characterization of the *rāga* as tone centers can be omitted; repetitions of single tones and melodic phrases are left to the discretion of the players. Rhythmic changes are likewise permitted within wide bounds; from our examples,[36] one might even conclude that metric division is not regulated by the *rāga*. Other competent sources, however, assert that a certain meter (*tāla*) belongs to every *rāga*. 74

75 Das gänzlich Unveränderliche des *Rāga* sind seine mehrfach erwähnten charakteristischen Haupttöne: Diese sind nicht nur durch Frequenz und Dauer ausgezeichnet, sondern auch durch gewisse melodische Formeln (Verzierungen) z.B.

What is absolutely unchangeable in the *rāga* is its oft-mentioned characteristic primary tones: these are not only distinguished by frequency of occurrence and duration, but also by certain melodic formulas (embellishments). For example: 75

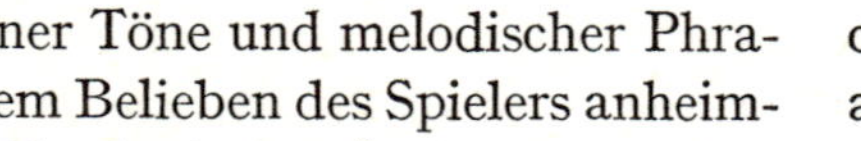

(Aus Nr. 15 unsrer Notenbeispiele/ From music example 15.)

[35] Der Ausdruck *rāga* ist jüngeren Datums; der Begriff deckt sich mit dem älteren der *jāti* (vgl. Grosset 1888: 88; Day 1891: 38).
[36] Vgl. Nr. 15a und 15b; 18a, 18b und 18c.

[35] The expression *rāga* is of recent date; the concept itself is covered by the older term, *jāti*. (Cf. Grosset 1888: 88; Day 1891: 38).
[36] Cf. No. 15a and 15b; 18a, 18b and 18c.

Hierher gehört auch die Schlußformel des *Joḍa* (vgl. S. 168).

76 Zu den Charakteristiken des *Rāga* gehört auch die *Mūrchaṇa*; auch über diesen Begriff herrscht weder in der indischen Originalliteratur noch in den europäischen Interpretationen Einigkeit. Wahrscheinlich bedeutet *Mūrchaṇa*[37] ein Legato, das einen Hauptton des *Rāga* mit andern Tönen verbindet; ob nur eine oder mehrere, benachbarte oder entferntere Tonstufen mit dem Hauptton verbunden werden, ist schwer zu entscheiden; vielleicht handelt es sich um eine Art Pralltriller (Hauptton mit nebenliegendem *Śruti*? [Pingle 1898]), vielleicht um eine im Glissando ausgeführte Leiter (Grosset 1888: 86), vielleicht auch bloß um die Legatotechnik im allgemeinen, durch die gewisse Motive, zu einer Einheit verbunden, andern gegenübergestellt werden.[38] Daß diese Art der Phrasierung eine wesentliche Rolle in der indischen Musik spielt, konnten wir z.B. daraus entnehmen, daß in Nr. 19, wenn statt:

The closing phrase of the *joḍa* also belongs here (see p. 168).

The *mūrchaṇa* also belongs among the characterizations of *rāga*, but here, too, there is agreement in neither the original Indian literature nor in the European interpretation. *Mūrchaṇa*[37] probably means a legato that connects a primary tone of a *rāga* with other tones; whether only one, or several neighboring or distant pitches are joined with the primary tone is difficult to decide; perhaps it is a question of a kind of mordent (primary tone with adjacent *śruti*? Pingle, 1898), perhaps of a scale executed with glissando (Grosset 1888: 86); perhaps merely of the legato technique in general, by which certain motives, united into one, are contrasted with others.[38] We could infer from No. 19, for example, that this type of phrasing plays a vital role in Indian music when, instead of: 76

folgende Strichart verwendet wird:

the following manner of bowing is used:

das Stück nach Herrn Davars Aussage einen ganz andern Charakter erhält.[39] Nicht nur die Legato-, auch die Glissando-

and, according to Mr. Davar's assertion, the piece takes on an entirely different character.[39] The Indians have developed

[37] Day (1891) erklärt *Mūrchaṇa* als die Summe aller Charakteristiken (also die Charakteristik) eines Rāga, gibt aber für diese Interpretation keine Quellen an.

[38] (Anmerkung 1920.) In dem ausführlichen Werk von A. H. Fox Strangways (1914: 106) wird *Mūrchaṇa* erklärt als I. Modus, 2. eine den *Rāga* charakterisierende Verzierung, 3. Heptachord.

[39] Auch in der japanischen Vokal- und Instrumentalmusik unterscheidet die Legatotechnik den vornehmen Musikstil von dem gewöhnlichen.

[37] Day (1891) explains *mūrchaṇa* as the sum of all the characteristics (that is the character) of a *rāga*; however, he quotes no source for this interpretation.

[38] (1920 edition.) In the detailed work by A. H. Fox Strangways (1914: 106) *mūrchaṇa* is explained as (1) mode, (2) an embellishment characterizing the *rāga*, and (3) heptachord.

[39] In Japanese vocal and instrumental music, the legato techniques distinguish the refined style of music from the commonplace.

technik haben die Inder zu großer Vollkommenheit ausgebildet.

77 Im allgemeinen werden zwei Arten des Glissandos unterschieden: Die eine entspricht unserm Geigenglissando, besteht also aus einem Gleiten des Fingers über die Saite (*Gamaka, Ghṛṣṭhaka,* oder *Ghasita*),[40] bei der andern wird der Hauptton, während er erklingt, durch eine Verstärkung des Saitendrucks erhöht (*Miṇḍa*).[41] Mit dieser Glissandotechnik werden nicht nur unmittelbar benachbarte Töne, sondern auch größere Intervalle verbunden, auch wird der Mordent durch Verdoppelung zum Triller ausgebildet. Außer dem einfachen Triller ohne Nachschlag (*Jañjama*) wird oft aus drei nebeneinander liegenden Tönen eine Art Triller (*Murki*) gebildet.

78 Wie wichtig die *Mūrchaṇas* und andre Verzierungsformen sind, ist daraus ersichtlich, daß ihr Fehlen die ganze Stilform verändert; aus dem *Rāga* wird ein *Jīlha,* eine leichtere musikalische Form, die sich minder streng an die *Rāga*gesetze hält.

79 Neue Formen werden auch durch die Vermischung zweier *Rāgas* gebildet (vgl. Notenbeispiel Nr. 14, 25). In derartigen Misch*rāgas,* die hauptsächlich in Nordindien häufig sind, findet man also verschiedene Leitern, Modi usw. vereinigt. Das Erkennen des *Rāga* in einer Melodie setzt schon bei den Indern einen hohen Grad musikalischer Bildung voraus, ist also für den Europäer um so schwieriger.

80 Die Angaben der Autoren über die Zahl der existierenden *Rāgas* ist außerordentlich schwankend. Zur Zeit *Kṛṣṇas* soll es 16000 gegeben haben, *Somā* (um 1600) kennt 960, *Kalinātha* 90 usw.

81 Nach orientalischer Weise entspricht dem *Rāga*begriff eine symbolisch-mythologische Personifikation, die in bildlichen Darstellungen Ausdruck findet. Die männ-

[40] Offenbar identisch mit dem von R. Simon 1904a unter Nr. 10 erwähnten „*Gharṣaṇa.*"

[41] Bei Simon 1904a unter Nr. 6 „*Dolana.*" Dieselbe Saitendrucktechnik spielt eine große Rolle in der Spielweise des japanischen *Koto* (vgl. oben S. 44).

not only the legato but also the glissando technique to great perfection.

In general, two types of glissando can be distinguished: one matches our violin glissando, produced by gliding the fingers over the string (*gamaka, ghṛṣṭhaka,* or *ghasita*);[40] in the other the principal tone is raised, while it sounds by intensified pressure on the string (*miṇḍa*).[41] [The string is pulled to the side to increase the tension. BW]. Not only immediate neighbor tones but also larger intervals are joined with these glissando techniques. In addition, the mordent is developed into the trill by doubling. Besides the simple trill without a grace-note (*jañjama*), a type of trill (*murki*) is often developed from three adjacent notes. 77

How important the *mūrchaṇas* and other forms of embellishments are may be seen from the fact that their absence changes the whole style; the *rāga* turns into a *jīlha,* a lighter musical form which adheres less strictly to the *rāga* principle. 78

New forms are also derived from the mixture of two *rāgas* (cf. musical example nos. 14 and 25). In such mixed *rāgas,* which abound primarily in North India, one finds different scales, modes, and the like combined. The recognition of the *rāga* in a melody already presupposes a high degree of musical education on the part of the Indian, and is therefore all the more difficult for Europeans. 79

Statements by authors as to the existing number of *rāgas* are extraordinarily inconsistent. At the time of *Kṛṣṇa* there were said to be 16,000; Soma (around 1600) knew 960; Kalināthe 90, etc. 80

According to Oriental custom, a symbolic mythological personification which finds expression in graphic representation corresponds to the *rāga* concept. The male 81

[40] Evidently identical with that of R. Simon 1904a, mentioned under No. 10, *gharṣaṇa.*

[41] In Simon 1904a, under No. 6, *dolana.* The same string pressure technique plays a large role in the playing of the Japanese *koto* (cf. above p. 44).

lichen *Rāgas* haben eine Anzahl weiblicher *Rāgiṇīs* im Gefolge. Ein musikalischer Unterschied zwischen *Rāgas* und *Rāgiṇīs* besteht nach den Angaben der Autoren nicht. Dagegen besteht zwischen den einzelnen *Rāgas* oder *Rāgīṇīs* offenbar ein Unterschied des Stimmungsgehaltes, der für den Inder so stark ist, daß jeder *Rāga* nur zu bestimmten Tages- und Jahreszeiten vorgetragen werden darf. Der Unkundige würde daher bei einem indischen Musiker unbedingt eine Fehlbitte tun, wenn er ihn am Vormittag auffordern würde, einen *Rāga* zu spielen, der für den Abend bestimmt ist. Wahrscheinlich ist es nicht sowohl der musikalische Stimmungsgehalt als der des alten Originaltextes, der dieser strengen Ordnung zugrunde liegt. Überhaupt scheinen Text und Melodie in inniger Beziehung zueinander zu stehen; die 29 verschiedenen musikalischen Stilformen, die Tagore (1879) anführt, unterscheiden sich hauptsächlich durch den Text, meist auch durch den Aufbau der Gesänge. Außer wirklichen Textworten werden häufig die indischen Solmisationssilben und Trommelsilben (vgl. S. 176 Anm. 50) verwendet. Befremdend wirkt es, daß auch der Name der Stilart im Text vorkommen muß. Wir greifen von den Stilformen zur näheren Besprechung diejenigen heraus, die sich in unsren Notenbeispielen vertreten finden.

82 Die bemerkenswerteste ist *Ālāpa* oder *Joḍa*, die nach Pingle eine spätere Form des *Dhrupada*[42] darstellt. Sie läßt den *Rāga*charakter deutlich erkennen und soll an dessen Gesetzmäßigkeiten am strengsten festhalten; Tonfolgen und Haupttöne (*Vādī*) dürfen nicht verändert werden, *rāga*fremde Töne (*Vivādī*) sind verpönt,

rāgas are attended by a number of female *rāgiṇīs*. According to authorial statements, there is no musical difference between *rāgas* and *rāgiṇīs*. On the other hand, there is evidently a difference of mood content between individual *rāgas* or *rāgiṇīs*, which is so strong for Indians that every *rāga* may be performed only at certain times of the day and certain times of the year. A person unaware of this would unquestionably meet with refusal by an Indian musician on these grounds, were he to request him to play in the morning a *rāga* that is specified for the evening. It is probably not so much the content of the musical mood as the old original texts that this strict regulation is based on. Text and melody generally seem to be intimately related to each other; the twenty-nine different style forms which Tagore (1879) lists differ mainly in the texts – and usually in the construction of the song, as well. Besides actual textual words, the Indian solmization syllables and drum syllables are frequently used (cf. p. 176, note 50). It seems strange that the name of the style, as well, must appear in the text. We will discuss further those style forms that are represented in our examples.

The most remarkable is *ālāpa* or *joḍa* 82
which, according to Pingle, represents a later form of *dhrupada*.[42] It clearly shows the character of the *rāga* and should adhere very closely to its rules; tonal succession and primary tones (*vādī*) may not be changed; tones foreign to the *rāga* (*vivādī*) are tabooed, and the notes must be of

[42] *Dhrupada* ist seinerseits wieder eine spätere Form der alten originalen *Padas* und *Bhajamas* (Gebete, Psalmen, Liebeslieder an *Kṛṣṇa*); auf den Dhrupada greifen sanskritunkundige indische Musiker bei Streitfragen über Form oder Skelett eines *Rāga* zurück, da er sich von der alten Tradition wenig entfernt. – Vgl. auch Day 1891: 86.

[42] *Dhrupada* is, for its part, a later form of the older, original *padas* and *bhajamas* (prayers, psalms, love songs to *Kṛṣṇa*); Indian musicians who do not know Sanskrit refer to the *dhrupada* when faced with controversial questions about the form or skeleton of a *rāga*, since it departs little from the old tradition. (Cf. also Day 1891: 86).

und die Noten müssen von richtiger Dauer sein. Das ganze Stück wird vorwiegend glissando vorgetragen, mit viel Verzierungen (*Mūrchaṇas*) und in langsamem Tempo, besitzt keine strenge rhythmische Gliederung, keine bestimmte Taktart. Die Melodie wird ohne Text mit Brummstimme oder auf sinnlosen Silben oder Solmisationssilben gesungen; den Abschluß des Liedes bildet eine stereotype Kadenz (*Mukh* [Antlitz]). Z.B.:

correct duration. Almost the entire piece is executed glissando, with many embelbellishments (*mūrchaṇas*) and in slow tempo; it has no strong rhythmic organization, no definite meter. The melody is hummed without text, or sung with senseless syllables or solmization syllables; a stereotype cadence forms the conclusion of the song (*mukh* = face). For example:

(vgl. Stück 17b/cf. example 17b.)

83 Die mit × bezeichneten Töne (*h* und *des*), die man wohl als Leittöne bezeichnen kann, variieren je nach dem *Rāga* zu *b* oder *a* bzw. *d* oder *es*. Diese Kadenz soll dem Hörer den Schluß des Stückes[43] anzeigen und dient wohl gleichzeitig mit zur Charakterisierung der Tonika. Wir werden einerseits an die bekannte Schlußformel der Zigeunermelodien, andrerseits an die „Tropen" erinnert, die für die Unterscheidung der plagalen und authentischen Kirchentöne Bedeutung hatten.

84 Die bisher genannten Formen gehören der vornehmen klassischen Musik an, die Musikbeispiele der Gruppe *A* und *C* stimmen dagegen mit der Beschreibung überein, die in der Literatur von der Stilform *Ṭhumrī*[44] entworfen wird. Danach wären *Ṭhumrī* Tanz- und Liebeslieder, in welchen leichte *Rāgas* und einfache *Tālas* verwendet werden; der Umfang dieser Gesänge beschränkt sich auf eine Oktave; *Miṇḍa* und *Ghasita* sind selten.

85 Dem *Ṭhumrī* ähnlich, aber durch beson-

The tones marked with an × (B and D♭), which one could call leading tones, vary according to the *rāga*: B♭ or A, D or A♭. This cadence should indicate the end of the piece to the listener,[43] and at the same time it should help with the characterization of the tonic. We are reminded on the one hand of the well-known closing formula of the gypsy melodies and on the other hand of the tropes that had significance for the differentiation of the plagal and authentic church tones. 83

The forms mentioned up to this point belong to the refined classical music; the music examples of groups A and C, on the other hand, agree with the description of the *ṭhumrī* form as it is given in the literature.[44] Accordingly, *ṭhumrī* are dance and love songs in which light *rāgas* and simple *tālas* are used; the tonal range of these songs is confined to an octave; *miṇḍa* and *ghasita* are rare. 84

Similar to the *ṭhumrī*, but distinguished 85

[43] Nach Day (1891) bildet der *Ālāpa* gewissermaßen den ersten Satz des *Rāga*, dem regelmäßig ein zweiter, streng rhythmischer Satz, *Madhyamakāla*, folgt. Vielleicht entspricht diesem das, was Herr Davar als „gewöhnliche Form" bezeichnet (vgl. Nr. 17a und b).

[44] Day (1891) schreibt „Thungri."

[43] According to Day (1891), the *ālāpa* constitutes the first movement, so to speak, of the *rāga*, after which usually follows a second, more strongly rhythmic movement, *madhyamakāla*. Perhaps this corresponds to what Mr. Davar designates as "usual form." (cf. examples 17a and b).

[44] Day (1891) writes *thungri*.

ders viel Koloraturen (*Tāna*) und rhythmische Freiheiten ausgezeichnet, ist das ursprünglich persische *Ghazal*. Die Musikbeispiele 18 (3. Art) und 26 repräsentieren diese Form.

3. Rhythmus

86 Die Einteilung einer Melodie in Takte ist lediglich ein Hilfsmittel für die Auffassung des Rhythmus. Die Taktstriche sind dazu da, bestimmte, meist gleichgroße, rhythmische Gruppen den Hauptakzenten (Ikten) entsprechend zu begrenzen. Der psychische Vorgang der rhythmischen Auffassung wird hierdurch nur unvollkommen dargestellt. Über das Tempo sagt die Takteinteilung nichts aus; die Elemente unsres Notierungssystems (Achtel, Viertel) besitzen keinen absoluten Dauerwert; ob ein Komponist ein Stück als Andante im $\frac{3}{8}$- oder als Allegretto im $\frac{3}{4}$-Takt schreibt, ist vollkommen seiner Willkür überlassen. Die feinere rhythmische Gliederung innerhalb des Taktes, der Wechsel längerer oder kürzerer Noten hat mit der Takteinteilung nur insofern zu tun, als Längen neben Kürzen ein psychisches Übergewicht haben und gleichsam akzentuiert erscheinen; da dem Übereinkommen nach der Taktstrich regelmäßig vor den Hauptakzent gesetzt wird, finden wir, wenn wir den Takt als losgelöste Einheit betrachten, gewöhnlich die längere Note am Beginn des Taktes, also einen fallenden Rhythmus. Wollte man mit den Taktstrichen die psychologisch zusammengehörenden Gruppen begrenzen, dann müßte man umgekehrt die Taktstriche vor den weniger betonten (kürzeren oder rhythmisch mehr gegliederten) Teil der Gruppe und hinter den Hauptakzent (den längeren, rhythmisch ungegliederten Teil) setzen. Es würde dann der sogenannte Auftakt, der zum Akzent hindrängt, mit diesem auch graphisch vereint

by many coloratura passages (*tāna*) and rhythmic liberties, is the originally Persian *ghazal*. Music examples 18 (Performance III) and 26 represent this form.

3. Rhythm

The division of a melody into measures is made solely to aid in the understanding of the rhythm. The bars are there to confine rhythmic groups, which are fixed and usually of equal size, according to the primary accents (ictūs). The psychic process of the rhythmic interpretation is only incompletely presented by this means. The metric division says nothing about the tempo; the elements of our notation system (eighth and quarter notes) have no absolute duration values: whether a composer writes a piece as andante in $\frac{3}{8}$ or allegretto in $\frac{3}{4}$ meter is left completely to his own choice. The finer details of the rhythmic organization within the measures, the exchange of longer or shorter notes, has to do with the metric division only insofar as long durations have a psychic predominance over short durations and appear, at the same time, accented. 86

Since the bar line, according to convention, is regularly placed before the main accent, when we examine the measure as a detached unit we usually find the longer notes at the beginning of the measure; thus there is a rhythmic diminution. If one wanted to confine within the bars the groups that belong together psychologically, then one should do the converse and place the bar in front of the less-stressed (shorter or rhythmically more articulated) part of the group and after the primary accent (the longer, rhythmically less-articulated part). Then the so-called upbeat, which pushes toward the accent, would be united with it graphical-

sein.[45] Die Erwartungsspannung, die in diesem hindrängenden Moment liegt, verleiht auch dem Auftakt selbst eine gewisse Betonung, die sich besonders deutlich im $\frac{3}{4}$-Takte  zeigt.[46] Durch den betonten Auftakt unterscheidet sich der echte $\frac{4}{4}$-Takt  von dem aus zwei $\frac{2}{4}$-Takten bestehenden $\frac{2}{2}$-Takt . In letzterem sind das erste und das dritte Viertel als gute Taktteile der beiden $\frac{2}{4}$-Takte betont; doch ist der Ton auf 3 schwächer, weil es der schlechte Taktteil des $\frac{2}{2}$-Taktes ist. Solche Zusammenfassungen kleinerer Takte zu größeren sind auch in unser Musik häufig. Der bekannteste Takt dieser Art ist der $\frac{6}{8}$-Takt, der eine Zusammenfassung von zwei $\frac{3}{8}$-Takten darstellt . Bei dem in Achtel gegliederten $\frac{3}{4}$-Takt dagegen würde der zweite Hauptton auf das 5. Achtel fallen, entsprechend dem obigen Schema 
Entgegen der graphischen Ausdrucksweise fassen wir häufig größere melodische Perioden zu einer psychologischen Einheit zusammen (z.B. in der viertaktigen Passacaglia). Diesem Gefühl für die Zusammengehörigkeit größerer Perioden arbeiten die Taktstriche in gewisser Weise entgegen, indem über den Taktstrich hinweg manchmal ein innigerer Zusammenhang der Melodie besteht als zwischen den Taktstrichen. Es ist wohl möglich, daß wir durch das optische Taktbild uns verführen lassen, eigentlich unselbständige kleinere Gruppen als selbständige Einheiten aufzufassen, und dadurch das Gefühl für die Einheitlichkeit großer Gruppen geschwächt wird. Die Gliederung in kleine Takte, die Anwendung zahlreicher Ikten ist ein Erfordernis der polyphonen Musik, um die einzelnen Stimmen rhythmisch zusammen-

[45] Wir haben hier selbstverständlich nur die einfachsten Verhältnisse im Auge und sehen von allen rhythmischen Pikanterien ab.

[46] Die Betonung des Auftaktes konnte auch experimentell nachgewiesen werden, vgl. E. Meumann 1894; K. Ebhardt 1898.

ly, as well.[45] The tension of anticipation inherent in this pushing factor also lends a certain emphasis to the upbeat itself, as is shown especially clearly in $\frac{3}{4}$ meter .[46] By the stressed upbeat the pure $\frac{4}{4}$ meter  is distinguished from the two $\frac{2}{4}$ measures that are made from the existing $\frac{2}{2}$ meter . In the latter, the first and third quarter notes are stressed like strong beats of both $\frac{2}{4}$ measures; yet the tone on beat three is weaker, because it is the weak accent of the $\frac{2}{2}$ measure. Such digestions of smaller into larger meters are abundant in our music, as well. The best known meter of this type is the $\frac{6}{8}$ meter, which presents a combination of two $\frac{3}{8}$ measures  . With the $\frac{3}{4}$ meter articulated in eighth notes, however, the second primary tone would fall on the fifth eighth note, in accordance with the above-mentioned .

Contrary to the graphic method, we frequently set larger melodic periods into a psychological unit (for instance, in the four-measure passacaglia). In certain ways, the bar lines work against this feeling for the unity of larger periods, as the closer coherence of the melody often carries over the bar rather than between the bar lines. It is quite possible that we let ourselves be misled, by the optical metric construction, to interpret essentially dependent smaller groups as independent units, and that in this way the feeling for the unity of larger groupings is weakened. The organization in small measures and the use of numerous ictūs are necessities in polyphonic music, in order that the individual parts be held together rhythmically; thus the feeling for melodic cohesion gradually decreases

[45] We obviously have in a view here only the simplest situations, disregarding all that is rhythmically piquant.

[46] The accenting of the upbeats has also been proven experimentally, cf. E. Meumann 1894; K. Ebhardt 1898.

zuhalten; so nahm auch, je mehr sich die Aufmerksamkeit dem Zusammenklang zuwandte, das Gefühl für die melodische Zusammengehörigkeit allmählich ab. Die Vertikale in der Partitur ist der Feind der Horizontalen.

87 In der homophonen Musik dagegen ist die Melodie durch keine derartigen Hindernisse eingeschränkt. Es ist anzunehmen, daß, wo die Aufmerksamkeit nicht vom Melodischen abgelenkt wird, sich leichter ein starkes Gefühl für größere melodische und rhythmische Zusammenhänge ausbilden kann.

88 Hieraus ergibt sich unmittelbar, daß ungeradzahlige Taktarten, $\frac{5}{4}$, $\frac{7}{4}$ usw., die wir unwillkürlich durch Ikten in zwei oder mehr Teile zerlegen, homophon musizierenden Völkern viel natürlicher erscheinen und daher bei ihnen häufiger sind als bei uns. Auch ist in einer längeren, nicht durch Ikten unterbrochenen Periode eine abwechslungsreichere rhythmische Gliederung möglich; offenbar ist die Variationsmöglichkeit nach Anzahl, relativer Dauer und Verteilung der Längen und Kürzen um so größer, je länger die iktenfreie Periode. Erweiterungen und Verkürzungen eines Taktes bei seinen Wiederholungen bedeuten eine um so geringfügigere Veränderung, je kleiner sie sind im Verhältnis zur absoluten Länge des Taktes. Ein $\frac{5}{4}$-Takt zwischen $\frac{4}{4}$-Takten wird natürlich stärker als Unregelmäßigkeit empfunden als ein $\frac{13}{4}$-Takt zwischen $\frac{12}{4}$-Takten.

89 Wir haben bisher versucht, in aller Kürze die rhythmischen Verhältnisse zu deduzieren, die sich in homophoner Musik im Gegensatz zur polyphonen und harmonischen Musik ergeben können; bevor wir aber an ihre induktive Bestätigung durch unsre indischen Melodien gehen, wollen wir noch die Kriterien erörtern, nach welchen wir, wie Musik überhaupt, so auch die fremder Völker rhythmisch auffassen: Neben den bereits erwähnten Kriterien der dynamischen Akzentuierung (Intensitätsunterschiede) und der relativen Tondauer

as attention focuses more on harmony. Verticality in the score is the enemy of horizontality.

In homophonic music, however, the melody is curbed by no such obstacles. It may be assumed that where attention is not diverted from the melody, a strong feeling for greater melodic and rhythmic unity can more easily be cultivated. 87

It follows directly from this that uneven numbered meters, $\frac{5}{4}$, $\frac{7}{4}$, etc., which we automatically split up into two or more parts by ictūs, seem much more natural to peoples with homophonic music, and hence are used more frequently by them than by us. Also, in a longer period uninterrupted by ictūs, a richer rhythmic variety is possible; obviously, the longer the ictūs-free phrase, the greater will be the possibilities for variation in number, relative duration, and division of the long and short notes. Expansions and contractions of a measure, as it is repeated, make it clear that the smaller such changes are, in proportion to the absolute length of the measure, the less significant they will be. A $\frac{5}{4}$ measure between $\frac{4}{4}$ measures is naturally felt to be more irregular than a $\frac{13}{4}$ measure between $\frac{12}{4}$ measures. 88

Up to this point, we have tried succinctly to deduce the rhythmic situations that can emerge from homophonic as opposed to polyphonic and harmonic music; however, before we proceed to inductive confirmation in our Indian melodies, we want to mention the criteria according to which we interpret, rhythmically, music in general as well as the music of foreign peoples. In addition to the aforementioned criteria of dynamic accentuation (differences in intensity) and the relative duration of tones (temporal differences), our rhythmic 89 (temporale Unterschiede) wird unsre rhythmische Auffassung (Gruppierung durch Verteilung subjektiver Akzente) noch durch eine Reihe qualitativer Faktoren geleitet. Ein Ton mag sich ceteris paribus durch Tonhöhe und Klangfarbe oder was immer von einer Reihe andrer Töne unterscheiden, immer wird die Aufmerksamkeit durch die Abweichung in Anspruch genommen und der betreffende Ton erhält so ein psychisches Übergewicht (Psychologischer Akzent). In der Melodie, wo wir es immer mit einer Reihe verschiedener Tonhöhen zu tun haben, kommen außer dem rein tonalen Element (relative und absolute Tonhöhe)[47] gewisse melodische Momente in Betracht. Das häufige Wiederkehren einzelner Töne und ganzer Phrasen stattet sie mit einer gewissen Bekanntheitsqualität aus und hebt sie so vor andern hervor. Gewisse stereotype Wendungen, die zu einer Wiederholung überleiten oder zu einem Abschluß führen, lassen den Eintritt der bekannten oder abschließenden Töne auf dem guten Taktteil erwarten. In der harmonischen Musik kommen noch eine Anzahl von Momenten hinzu, die sich aus den psychologischen Eigentümlichkeiten simultan erklingender Töne (Konsonanz, Distanz usw.) ergeben, von denen wir aber hier füglich absehen können.

90 Wir dürfen wohl annehmen, daß mit dieser Aufzählung die psychologischen Momente, die für die Rhythmisierung in Betracht kommen, auch für exotische Musik erschöpft sind, ob aber und in welchem Sinne eine Abstufung der Wertigkeit unter ihnen statthat, ist schon in unsrer Musik nicht leicht zu entscheiden, um so schwieriger in fremdländischer. Analogieschlüsse nach unsrer Musik sind jedenfalls zu verwerfen.

91 Alle erwähnten Momente können vikariierend für einander eintreten, können vereint sich unterstützen oder, miteinander

[47] Höhere Töne sind bekanntlich durch größere Empfindungsstärke, tiefere Töne durch ein größeres Volumen ausgezeichnet.

interpretation (grouping by division of subjective accents) is governed by a series of qualitative factors. All things being equal, a tone may differ from a row of other tones in pitch and timbre or in any other aspect, while other factors remain the same: attention will always be caught by the deviation, and the tone in question will thus maintain a psychological predominance (psychological accent).

In the melody, where we always deal with a series of different pitches, certain melodic events outside the purely tonal element (relative and absolute pitch)[47] come into consideration. The frequent recurrence of single tones and whole phrases endows them with a certain familiar quality which makes them more prominent than others. Certain stereotyped turns, which lead to a repetition or proceed to a conclusion, make us anticipate the entrance of the familiar or concluding tones on the strong beat. In harmonic music, this is increased by a number of events which arise from the psychological characteristics of simultaneously-sounding tones (consonance, dissonance, etc.), but we can disregard these here.

We may assume that this enumeration of the psychological events attending rhythmization is exhaustive for foreign music as well as for our own, but whether and in what sense a gradation of the effect has a place among those events is not easy to decide in Western, let alone foreign, music. In any case, conclusions based on analogies to our music are to be rejected. 90

All the events mentioned can be substituted for one another, can be combined for support, or, in competition with each 91

[47] It is well known that higher-pitched tones are distinguished by greater intensity, lower-pitched tones by greater volume.

konkurrierend, sich gegenseitig abschwächen. Unsere Melodik ist derart, daß die einzelnen Momente sich meist wechselseitig unterstützen, während ihr Gegeneinanderarbeiten nur gelegentlich als rhythmische Pikanterie vorkommt.

other, can be mutually weakened. In our theory of melody the individual events are usually mutually supporting, and their working-against-each-other appears only occasionally, as a rhythmic joke.

92 Es ist sehr wohl möglich, daß in homophoner Musik gerade in dem Gegeneinanderarbeiten der einzelnen Faktoren ein Ausdrucksmittel von besonderem Reiz liegt, das, ähnlich wie bei uns der harmonische Zusammenklang, im Laufe der Jahrhunderte zu einer Stileigentümlichkeit geworden ist, deren Beherrschung durch phylogenetische Einübung Allgemeingut des Volkes geworden ist. Eine andre Möglichkeit wäre die, daß einem oder dem andern der rhythmusbestimmenden Faktoren ein solches Übergewicht zukommt, daß das Gegenspiel der andern im Hintergrunde des Bewußtseins bleibt und die durch den einen Faktor bedingte Auffassung nicht stört.

It is quite possible that a special appeal of homophonic musical expression is precisely the working-against-each-other of the single factors which, like harmonic accord in our own music, has become a characteristic of style over the centuries, and its mastery has become the common heritage of the people through phylogenetic training. Another possibility is that one or the other of the rhythm-determining factors has become so prominent that the counterplay of the others remains in the background of consciousness and does not disturb an interpretation contingent on the one factor. 92

93 Unsre indischen Melodien zeigen uns eine treffliche Illustration der erörterten Verhältnisse. Zunächst möge ein Beispiel zeigen, wie wir zu einer Art der Rhythmisierung gelangen, die der indischen, wenigstens dem dynamischen Akzent nach, entgegenläuft. Den Anfang der Melodie Nr. 2

Our Indian melodies provide an excellent illustration of the relationship just discussed. First, an example may show how we arrive at a type of rhythmization that runs counter to the Indian type, at least with regard to dynamic accent. We comprehend the beginning of the melody of example 2, 93

in der wir durch die dynamischen Akzente (Handschlag) einen zweiteiligen Rhythmus erkennen, fassen wir folgendermaßen: Die Achtelfiguren[48] (1, 2, 3 und 7, 8) scheinen uns infolge ihrer reicheren Gliederung als Auftakte zu den schwereren ungegliederten Vierteln hinzuleiten; letztere (4 und

in which the dynamic accents (handclapping) enable us to discern a duple rhythm, as follows: as a result of their richer articulation as upbeats, the eighth note figures[48] (1, 2, 3, and 7, 8) appear to us to lead to the heavier unarticulated quarter notes; the latter (4 and 9) are therefore the strong

48 Die Sechzehntel bei 4 und 6 wirken nur als Mordente und geben als solche den verzierten Tönen einen melodischen Akzent. Die Wirkung wird durch die hier gewählte vereinfachte Schreiweise nicht geändert.

48 The sixteenth notes in 4 and 6 function only as mordents, and as such they give the embellished tones a melodic accent. The effect is not changed by the simplified notation chosen here.

9) sind daher für uns die guten Taktteile. Diese psychologischen Motive sind so stark für uns, daß wir die synkopierte Wirkung von 10 mit in Kauf nehmen; isoliert hätten wir 9 als Auftakt zu einem guten Taktteil 10 gefaßt. Unsre Taktauffassung wird durch den weiteren Verlauf der Melodie (s. S. 126) noch gefestigt und durch den konträren dynamischen Akzent nicht gestört. Diesen Sinn hat es, wenn wir sagen, die Inder betonen die „schlechten" Taktteile. Es liegen also zwei Möglichkeiten vor: Entweder unsre schlechten Taktteile entsprechen den guten Taktteilen der Inder (nach nichtdynamischen Kriterien) – dann entspricht der aufgesetzte dynamische Akzent zwar unsrer Art der dynamischen Akzentuierung auf dem guten Taktteil, die melodische Rhythmisierung müßte aber andern Kriterien folgen als bei uns. Oder unsre schlechten Taktteile sind auch für die Inder schlechte Taktteile, dann stimmen wir in der melodischen Rhythmisierung mit ihnen überein, aber der aufgesetzte dynamische Akzent ist unserm entgegengesetzt. Diese uns ungewohnte Art der Rhythmisierung tritt in den indischen Melodien auch sonst vielfach zutage (Synkopen, rhythmische Verschiebungen). Sie ist auch bei Siamesen (Stumpf 1922b: 54), Javanern (Land 1889), Japanern (vgl. Abraham u. Hornbostel 1903 [diese Ausg. S. 54]) und verschiedenen nordamerikanischen Indianerstämmen (vgl. Stumpf 1922 c: 91f; 1922a: 119) beobachtet worden. Schon hieraus geht hervor, daß es sich im vorliegenden Fall nicht um eine vereinzelte Pikanterie handeln kann, ganz abgesehen von der Volkstümlichkeit des Liedes und dem Bildungsmangel der Sängerinnen. Nach dem oben Gesagten läßt sich die Gegenrhythmisierung vielleicht so interpretieren, daß die subjektive Eindringlichkeit der melodischen Rhythmisierung die

beats for us. These psychological motives are so strong that we put up with the syncopated effect of 10; isolated, we would have interpreted 9 as an upbeat to a strong beat 10. Our metric interpretation is confirmed by the further progress of the melody (p. 126) and is not disturbed by the contrary dynamic accents. It is in this sense that we say that Indians emphasize the "weak" beats.

Thus there are two possibilities: either our weak beats correspond to the strong beats of the Indians (according to non-dynamic criteria); in that case, of course, the superimposed dynamic accent corresponds to our dynamic accentuation on the strong beat, but the melodic rhythmization must follow criteria other than ours; or, our weak beats are also weak beats for the Indians, in which case we concur with them in melodic rhythmization, but the noted dynamic accent is at variance with ours. This type of rhythmization, unfamiliar to us, frequently occurs in Indian melodies in other forms as well (syncopation, rhythmic displacement). It has also been observed among the Siamese (Stumpf 1922b: 54), Javanese (Land 1889), Japanese (cf. Abraham and Hornbostel 1903 [this ed. p. 54]) and different North American Indian tribes (Stumpf 1922c: 91f.; 1922a: 119). From this fact alone it follows that there can be no question of an isolated musical joke in our example, quite apart from the folk level of the song and the lack of formal training of the singers.

According to the above statements, the counter-rhythmization may perhaps be interpreted as the subjective force of the melodic rhythmization setting off the strong beats (in our sense of the term) so emphatically that a dynamic accent, in addition to the melodic one, is unnecessary; rather, a second, opposing accent is put in unserm Sinne guten Taktteile so stark hervorhebt, daß eine Addition dynamischer Akzente zu den melodischen unnötig ist, vielmehr über den Melodierhythmus ein zweiter, entgegengesetzter, gelegt werden kann;[49] wir hätten hier eine Art rhythmischen Kontrapunkts.

94 Vielleicht hat auch die Akzentuierung der schlechten Taktteile eine ähnliche psychologische Ursache, wie bei uns die Betonung des Auftaktes (s. oben). Auch in den andern Melodien, in denen wir die Trommelbegleitung festlegen konnten, fanden wir rhythmische Kontrapunkte. In Nr. 27 ist nach unsrer Auffassung der Trommelrhythmus dem Melodierhythmus

over the melodic rhythm,[49] thereby giving us a kind of rhythmic counterpoint.

Perhaps the accentuation of the weak beats has a similar psychological cause as our stressing of the upbeats (see above). We also found rhythmic counterpoint in the other melodies for which we could determine the drum accompaniment. According to our interpretation, in No. 27 the drum rhythm is in total contrast to the melodic rhythm. While in this $\frac{5}{4}$ meter 94

[49] Für diese Interpretation spricht vielleicht auch das Verhältnis von Text und Melodie in altindischen Gesängen, über das wir allerdings nicht nach eigener Erfahrung urteilen können. Nach Burnell (1876: Einleitung) wird in der frühesten Literatur zwar schon zwischen Gesang (*sāman*) und Text (*ṛk*) unterschieden, ersterer aber für wichtiger gehalten. Textakzent und Melodietöne werden in früher Zeit identifiziert (Burnell 1877: VIII) und bei der Rezitation des *Sāmaveda* mit den Fingern markiert (Burnell 1878: XIVff., woselbst eine Art Guidonischer Hand, die sich merkwürdigerweise auch in China findet, vgl. Gilman 1892). Der Sinn der vedischen Texte war schon unverständlich geworden, lange bevor sie schriftlich fixiert wurden (Burnell 1879). Zweifellos ist der vedische Akzent ein rein tonaler: man unterscheidet einen Tiefton (*anudātta*), Hochton (*udātta*) und Höchstton (*svarita*). Der eigentliche dynamische Sprechakzent ist von dem tonalen unabhängig (ähnlich im Chinesischen, den indochinesischen Sprachen, den Bantu-Sprachen, dem Ewe [Togo] und wahrscheinlich auch in der altgriechischen Rezitation; vgl. M. Haug 1863; 1873; J. Wackernagel 1896: 244ff.; O. Fleischer 1895–1904, vol. 1). Aus all diesem darf man wohl schließen, daß der Melodierhythmus auch für die indische Metrik von höherer Bedeutung ist als der dynamische Akzent. Dasselbe meint offenbar H. Jacobi (1891), wenn er die (dynamischen) Trommelrhythmen für sekundär hält und aus der paradox klingenden Behauptung: „Indian music is not rhythmical," folgert, der Iktus könne zur Erklärung der indischen Metrik nicht herangezogen werden. Übrigens braucht, was der Liturgie des Somaopfers eigentümlich war (vgl. auch Chrysander 1885) nicht auch für profane moderne Musik zu gelten. Wir wollen uns daher mit diesem kurzen Hinweis begnügen, ohne uns auf weittragende theoretische Verallgemeinerungen einzulassen.

[49] Perhaps the relationship between text and melody in old Indian songs also supports this interpretation; of course, we can not judge of such matters from our own experience. Indeed, according to Burnell (1876: Introduction), the earliest literature already distinguished between song (*sāman*) and text (*ṛk*), but the former was considered more important. Text accent and melody tones were identical in olden times (Burnell 1877: VIII) and in the recitation of the *Sāmaveda* they were marked out with the fingers (Burnell 1878: XIVff., wherein is given a type of Guidonian hand which, strangely enough, is also found in China, see Gilman 1892). The meaning of the Vedic texts had already become incomprehensible long before they were fixed in writing (Burnell 1879). Without a doubt, the Vedic accent is purely tonal: a low tone (*anudātta*), a high tone (*udātta*) and highest tone (*svarita*) were differentiated. The actual dynamic speech accent is independent of the tonal accent; it is the same in the Chinese language, the Indonesian and Bantu languages, in Ewe [Togo] and probably also in ancient Greek recitation (see M. Haug 1863; 1873; J. Wackernagel 1896: 244ff.; O. Fleischer 1895–1904, vol. 1).

From all this one may surely conclude that the melodic rhythm is of greater significance for the Indian metric theory than is dynamic accent. Jacobi (1891) evidently means the same when he holds the dynamic drum rhythm to be secondary and infers from the paradoxical-sounding assertion: "Indian music is not rhythmical," that the ictūs cannot be called upon for an elucidation of the Indian metric theory. Besides, that which was characteristic of the liturgy of the *soma* sacrifice (cf. also Chrysander, 1885) is not necessarily valid for secular modern music. Hence, we will be satisfied with this brief reference, without venturing into far-reaching theoretical generalizations.

total entgegengesetzt. Während in diesem $\frac{5}{4}$-Takt (nach unsrer Schreibweise) 1 und 3 und allenfalls 5 betont sind, fallen die Trommelschläge auf das erste, zweite und vierte Achtel. Ähnlich in Nr. 19, 20, 23, 24.[50]

95 Auch wir kennen in unsrer Musik ein Gegeneinanderarbeiten der rhythmusbestimmenden Elemente, wenn auch nur selten und gelegentlich während weniger Takte oder kurzer Teile. Schon nach wenigen Takten einer Melodie sind wir in eine bestimmte Auffassung hineingezwungen, die wir auch im Bewußtsein festhalten, wenn uns durch die rhythmische oder melodische Betonung eine Taktverschiebung oder Taktänderung mitaufgedrängt wird. Die hierbei nötige Teilung der Aufmerksamkeit fällt uns schwer. Der Anfänger pflegt sich dadurch zu helfen, daß er das innerliche Festhalten des alten Rhythmus auch äußerlich durch Betonung markiert. Wendet man die Aufmerksamkeit zu sehr der neuen rhythmischen Gruppierung zu, so kann man die alte Rhythmisierung ganz aus dem Bewußtsein verlieren; dann hört allerdings auch der Reiz der Gegenrhythmisierung auf und das Einsetzen und Aufhören des neuen Rhythmus erscheint, da die logische Verbindung fehlt, sprunghaft. Bei den Indern finden wir so häufig Synkopen und rhythmische Verschiebungen, daß wir oft gar keinen durchgehenden Hauptrhythmus bestimmen können, son-

(according to our way of writing it) beats one, three, and possibly five are stressed, the drum strokes fall on the first, second, and fourth eighth notes. Similarly in Nos. 19, 20, 23, and 24.[50]

Although it occurs but seldom during a few measures or short sections, we do find in our music a working-against-each-other of the elements that determine the rhythm. After a few measures of a melody, we are already compelled to a definite interpretation, which we retain in our consciousness even when displacement of a beat or change of meter is pressed on us by rhythmic or melodic stress. The division of attention this necessitates is difficult for us. The beginner is wont to help himself mentally retain the old rhythm by beating it out externally, for emphasis. If one turns one's attention too much to the new rhythmic grouping, one loses all awareness of the old rhythm and then, of course, the charm of the counter-rhythm ceases and the entrance and exit of the new rhythm seems abrupt, since the logical connection is missing. 95

We so frequently find syncopations and rhythmic displacements in Indian music that we can often determine no pervading rhythm at all, but are forced to assume a continuous shifting of meter. In No. 23, for example, we are compelled to assume a $\frac{3}{4}$ meter in A, whereas we would interpret

[50] Die Inder besitzen für ihre Trommelschläge eine Art Solmisation, mit der Längen und Kürzen und technische Arten des Anschlags bezeichnet werden. Nach Pingle's Darstellung werden die Rāgas „in einen Tāla" (Rhythmus) gesetzt. Die Rhythmisierung wäre danach etwas Sekundäres und dem Spieler überlassen. Angeblich soll in neuerer Zeit die Trommelbegleitung durch komplizierte Rhythmik der Melodik Eintrag tun.

[50] The Indians have for their drumstrokes a type of solmization by which the long and short durations and techniques of striking are designated. According to Pingle's description, the *rāgas* are put to a *tāla* (rhythm). Thereafter the rhythmization would be a secondary consideration, left up to the player. In recent times the drum accompaniment is said to harm the melodic by its complicated rhythm.

dern gezwungen sind, fortwährende Taktverschiebungen anzunehmen. In Nr. 23 z.B. sind wir bei A gezwungen, einen $\frac{3}{4}$-Takt anzunehmen, würden B aber isoliert als $\frac{6}{8}$-Takt auffassen. Ähnlich hatten wir Nr. 25 zuerst als $\frac{3}{4}$-Takt bezeichnet, doch wurde unsre Auffassung durch einzelne Takte, namentlich die Stelle bei E und E[1] umgestimmt; allerdings ist es auch möglich den Anfang als $\frac{6}{8}$-Takt zu fassen.[51]

96 In Nr. 29 täuschen die dynamischen Akzente uns einen $\frac{2}{4}$-Takt vor, dem sich indes der erste Teil in keiner Weise fügen will; nach $\frac{3}{4}$ (oder $\frac{6}{8}$?) dagegen läßt sich das ganze Stück einheitlich gliedern. Rhythmische Verschiebungen, die in regelmäßiger Folge miteinander wechseln, lassen sich wohl besser als komplizierte Gliederung einer großen Periode darstellen. So zeigt der Trommelrhythmus in Nr. 20 eine dreigliedrige steigende, in regelmäßigem Wechsel mit einer zweigliedrigen fallenden Periode, und statt einen $\frac{3}{2}$-Takt mit einem $\frac{6}{4}$-Takt abwechseln zu lassen, wird man wohl besser eine zwölfgliedrige Gruppe annehmen: ‖ ⏑ –́ ⏑ –́ ⏑ –́ –́ ⏑⏑ –́ ⏑⏑ ‖. In analoger Weise ordnen sich in Nr. 24 drei $\frac{4}{4}$-Takte zwanglos zu einer zwölfteiligen Gruppe, denn wir können die Melodie ebensogut in vier dreiteilige Gruppen zerlegen. Weiter finden wir einen $\frac{5}{8}$-Takt (Melodierhythmus $2 + 3$, Trommelrhythmus $3 + 2$) in Nr. 27, siebenteilige Takte in Nr. 1 $(3 + 4)$ und Nr. 8 $(4 + 3)$, einen dreizehnteiligen Takt $(4 + 4 + 5)$ in Nr. 18b, einen vierzehnteiligen ($3 \times 4 + 2$ in Nr. 5), einen sechzehnteiligen $(4 \times 3 + 4)$ in Nr. 3.[52]

[51] Wir wissen nicht, wie die Inder selbst diese Lieder rhythmisieren, immerhin mag die auffallende Tatsache, daß weder bei Pingle noch bei Tagore ein $\frac{3}{4}$-Rhythmus erwähnt wird, einen Fingerzeig geben. Dagegen bringt letzterer Beispiele für drei verschiedene ($^6/_8$?)-Takte: *Khemta* = viermal die Gruppe ♪ 𝅘𝅥𝅯; *Ekatāla* = zwei $\frac{3}{8}$-Gruppen (beide in Tagore 1879) und *Čautāla* = $= {}^2/_8 + {}^2/_8 + \frac{1}{8} + \frac{1}{8}$ (?, in Tagore 1878b).

[52] Bei Tagore (1879) auch Beispiele für 10- und 15-teilige Rhythmen. Außer dem gewöhnlichen $\frac{5}{8}$-Takt („*Surphakta*") find et sich daselbst auch ein aus zwei Gruppen von ♪ ♪ 𝅘𝅥𝅯 bestehender („*Kāhārbā*").

B, in isolation, as $\frac{6}{8}$ meter.[51] Similarly, individual measures, particularly the position at E and E[1], made us change our interpretation; nevertheless it is also possible to conceive the beginning in a $\frac{6}{8}$ meter.

In No. 29 the dynamic accents simulate a $\frac{2}{4}$ meter for us which, however, will be in no way suitable for the first part; the whole piece, on the other hand, organizes itself uniformly into $\frac{3}{4}$ (or $\frac{6}{8}$?). Rhythmic displacements that alternate in regular succession can be treated most easily as elements of a larger and more complex unit. Thus, the drum rhythm in No. 20 shows a three-unit rising passage in regular exchange with a two-unit falling passage, and instead of alternating a $\frac{3}{2}$ meter with a $\frac{6}{4}$ meter, it is better to assume a twelve-unit group: ‖ ⏑ –́ ⏑ –́ ⏑ –́ –́ ⏑ ⏑ –́ ⏑ ⏑ ‖. In analogous fashion, in No. 24 three $\frac{4}{4}$ measures are easily organized into a twelve-beat group, because we can just as well split the melody up into four three-beat groups. Further, we find a $\frac{5}{8}$ meter (melodic rhythm $2 + 3$, drum rhythm $3 + 2$) in No. 27; a seven-beat meter in No. 1 $(3 + 4)$ and No. 8 $(4 + 3)$; a thirteen-beat meter $(4 + 4 + 5)$ in No. 18b; a fourteen-beat $(3 \times 4 + 2)$ in No. 5; and a sixteen-beat meter $(4 \times 3 + 4)$ in No. 3.[52] 96

[51] We do not know how the Indians themselves perform the rhythm in these songs, but the striking fact that neither Pingle nor Tagore mention a $\frac{3}{4}$ rhythm may give a hint. On the other hand, the latter gives examples for three different $^6/_8$ (?) meters: *khemta* is four times the figure ♪ 𝅘𝅥𝅯; *ekatāla* is two $\frac{3}{8}$ groups (both in Tagore 1879) and *Čautāla* is ${}^2/_8 + {}^2/_8 + \frac{1}{8} + \frac{1}{8}$ (?, in Tagore 1878b).

[52] Tagore (1879) gives examples of 10-beat and 15-beat rhythms as well. Apart from the usual $\frac{5}{8}$ meter (*surphakta*), there is one which consists of two groups of ♪ ♪ 𝅘𝅥𝅯 (*kāhārbā*).

97 Die Annahme größerer Perioden[53] erklärt in einfacher Weise die häufigen Erweiterungen und Verkürzungen einzelner Takte oder Taktteile (vgl. namentlich Nr. 14 bis 19 und Analysen). Hyperkatalektische Schlüsse, wie wir sie in Nr. 14, 16 und 19 finden, entsprechen vollkommen unsern Schlußfermaten. Auch die Erweiterungen im Innern eines Taktes können Fermaten verglichen werden, weil sie meistens durch Wiederholung oder leichte Umspielung einzelner Töne entstehen (vgl. die $\frac{5}{4}$-Takte in Nr. 14, den $\frac{6}{4}$-Takt in Nr. 16 bei C usw.). Ein weiterer Beweis für die Möglichkeit, größere Gruppen rein nach dem melodischen Rhythmus aufzufassen und im Gedächtnis zu behalten, scheint uns darin zu liegen, daß man eine Melodie sehr wohl auswendig singen oder spielen kann, ohne sie (zählend) oder taktierend rhythmisch gliedern zu können. Es ging uns bei mehreren Stücken mit ungewohnten Rhythmen (z.B. Nr. 1, 19) so, daß wir die Melodie (auch rhythmisch) richtig singen konnten,

[53] Wir fanden nachträglich bei Day (1891) unsre Vermutung, daß die Inder größere Perioden zu einer Einheit zusammenfassen, bestätigt. Im *Karnātik* wird als *Tāla* ein Schema bezeichnet, nach dem die einzelnen größeren Melodieteile (Perioden) sich aufbauen. Die einzelnen Teile der Periode sind am besten als Taktgruppen zu bezeichnen, in denen die Zahl der Ikten (Takte) variieren kann. Es entstehen dadurch zu den 7 *Tālas* je 5 Varianten (*Jātis*), so daß im ganzen 35 verschiedene Perioden möglich sind. Wir geben hier die von Day mitgeteilte Tabelle in vereinfachter Form wieder, indem wir die Taktgruppen als a (mit variabler Taktzahl), b (stets zwei Takte) und c (ein Takt) bezeichnen.

Tāla	Periode
Dhruva	a, b, a, a
Matsya	a, b, a
Rupaka	a, b
Jhampa	a, c, b
Tripuṭa	a, b, b
Atatāla	a, a, b, b
Ekatāla	a

Je nach der Taktzahl von a unterscheidet man folgende Varietäten:

Jāti	a=
Čaturuśra	4
Tiśra	3
Miśra	7
Cundha	5
Saṃkīrṇa	9

Besonders häufig ist Čaturuśra jāti von Triputa tāla: 4, 2, 2 unter dem speziellen Namen Āditāla.

The assumption of larger periods[53] ex- 97
plains in a simple way the frequent expansions and contractions of particular measures or parts of measures. (Cf. in particular, Nos. 14–19 and Analyses.) The hypercatalectic endings which we find in examples 14, 16, and 19 correspond exactly to our ending fermatas. The expansions within a measure can also be compared to fermatas, because they are largely the result of repetition or playful ornamentation around particular tones (cf. the $\frac{5}{4}$ measures in No. 14, the $\frac{6}{4}$ meter in section C of No. 16, etc.).

A further argument for the possibility of interpreting larger groups purely according to the melodic rhythm and retaining them in the memory, seems to us to lie in the fact that one can play or sing a melody from memory very well without being able to organize it (counting) or beat it rhythmically. We found in several pieces with unusual rhythm (for example, Nos. 1 and 19) that we could sing the melody (and the

[53] We subsequently found our conjecture, that the Indians put larger periods together into a unit, confirmed in Day (1891). In Karnātic music a scheme according to which the particular larger melodic phrases (periods) are constructed is designated as *tāla*. The particular phrases of the period are best designated as beat-groups, in which the number of ictūs (measures) can vary. In this way, five variations (*jatis*) are formed for each of the seven *tālas*, so that thirty-five different periods in all are possible. We reproduce here in simplified form the table given by Day, in which we label the beat-groups as a (with variable number of beats), b (always two beats) and c (one beat).

Tāla	Period
Dhruva	a, b, a, a
Matsya	a, b, a
Rupaka	a, b
Jhampa	a, c, b
Triputa	a, b, b
Atatāla	a, a, b, b
Ekatāla	a

Depending on the number of beats for a, one distinguishes the following variations:

Jāti	a=
Čaturuśra	4
Tiśra	3
Miśra	7
Cundha	5
Saṃkīrṇa	9

Čaturuśra jāti of *Triputa tāla* (4 + 2 + 2 under the special name *Adi Tāla*) is especially frequent.

ohne noch zu wissen, um welche Taktart es sich handelte. Herr Davar spielte seine Stücke, wie man aus den untereinander übereinstimmenden Wiederholungen sehen kann, genau rhythmisch, konnte aber weder seine eigenen noch andre indische Melodien taktieren (mit Ausnahme des ersten Teils von Nr. 14).

4. Schlußbemerkungen

98 Der Aufbau unsrer indischen Melodien ist sehr einfach; fast überall finden wir eine Rondoform, bei der ein Hauptteil von einem oder mehreren Nebenteilen abgelöst wird, um meistens in etwas veränderter Form wiederzukehren.[54] In Nr. 2, 3 und 21 werden die Nebenteile von einer Solostimme, der Hauptteil vom Chor antiphonisch gesungen.[55] Gesangstücken geht oft eine kurze instrumentale Einleitung, die das Hauptthema schon andeutet, voraus (vgl. Nr. 20, 21, 22, 27); auch pflegen sie mit einer kurzen (von uns nicht notierten) instrumentalen Koda abzuschließen. Da die meisten unsrer indischen Melodien auf dem Dreiklang aufgebaut sind, mit häufigen Quartensprüngen und Quintenverschiebungen, ferner einem großen Teil unzweifelhaft unsre temperierte Stimmung zugrunde liegt, so stehen wir ihnen weniger fremd gegenüber als vielen andern asiatischen Weisen. Auch die Klangfarbe der Vokalmusik entspricht unserm Geschmack mehr, als beispielsweise die gequetschte Stimmgebung der Japaner oder das Falsett der Chinesen. Ob die durch den Text gegebene Stimmung in den Melodien nach unserm Gefühl getroffen ist, können wir

[54] Nach Day (1891) besteht der typische Aufbau indischer Melodien aus zwei streng rhythmischen Teilen: I. *Pallevi* (Karnātik) oder *Asthāyi* (Hindustānī) und 2. *Anupallevi* (K.) oder *Antāra* (H.), denen als dritter Teil eine Reihe freierer Variationen: *Čaraṇam* (K.) oder *Abhōg* (H.) folgt.

[55] Auch die alten vedischen Liturgien hatten eine ähnliche Form, vgl. Burnell (1876) and Chrysander (1885: 31f.).

rhythm) correctly without yet knowing which sort of meter it was. Mr. Davar played his pieces in precise rhythm, as one can see from the repetitions which correspond with each other, but he could beat out neither his own nor the other Indian melodies (with the exception of the first part of No. 14).

4. Concluding Remarks

The construction of our Indian melodies is very simple; almost throughout we find a rondo form, in which a primary section is alternated with one or several secondary parts, usually to return in a somewhat changed form.[54] In Nos. 2, 3, and 21, the primary part and the secondary parts are sung antiphonally, by choir and solo voice respectively.[55] A short instrumental introduction, which already suggests the primary theme, often precedes the sung pieces (see Nos. 20, 21, 22, 27); it is also customary to conclude with a short instrumental coda (not notated by us). Since most of our Indian melodies are built on a triad, with frequent leaps of a fourth and shifts of a fifth, and furthermore, since a large number are undoubtedly based on our tempered tuning, they appear less strange to us than many other Asiastic melodies. The timbre of the vocal music also corresponds more to our taste than, for example, the pinched vocal quality of the Japanese or the falsetto of the Chinese. 98

We cannot decide whether the mood of the text is reflected in the melody, as we would judge it, because the text is unknown to us. We have already mentioned

[54] According to Day (1891) the typical structure of an Indian melody is in two strict rhythmic parts: (1) *pallavi* (Karnātic) or *asthāyi* (Hindustānī) and (2) *anupallevi* (K.) or *antāra* (H.), which a series of free variations follows as the third part: *Čaraṇam* (K.) or *abhōg* (H.).

[55] The old Vedic liturgies also had a similar form; cf. Burnell (1876) and Chrysander (1885: 31f.).

deshalb nicht entscheiden, weil uns die Texte unbekannt sind. Wir erwähnten bereits, daß in Nr. 22 die musikalischen Mittel, das Komische auszudrücken, ähnliche sind, wie auch wir sie anwenden würden. Die fortwährenden Verschleifungen, die in der indischen Musik so beliebt sind, würden bei unsern Spielern eher gerügt werden; auch die vielen Verzierungen, eine Stileigentümlichkeit, die, nebenbei bemerkt, Instrumenten mit kurz dauerndem Klange fast immer anhaftet, sind nicht ganz nach unserm Geschmack; allerdings zeigen das Tremolo des Klavichords, der stark verzierte Klavierstil zu Händels Zeiten, die italienischen Koloraturarien, daß auch in Europa der Geschmack in dieser Beziehung nicht immer dem heutigen gleich war.

99 Schließlich wollen wir noch eine im Orient ebenso verbreitete wie uns schwer verständliche soziologische Merkwürdigkeit erwähnen. Der Musikunterricht ist durch die Eifersucht arg beschränkt, mit der die Meister den Schatz der ihnen überlieferten Traditionen hüten. Dem Schüler wird das Studium sehr erschwert durch das Verbot, einen vorgespielten *Rāga* schriftlich zu fixieren. Ja, das Geheimnis der *Rāgas* wird zumal in muhammedanischen Familien so streng gehütet, daß der Künstler im Spiel vor Fremden absichtlich leichte Veränderungen und Fehler macht, um die wahre Gestalt des Melodieskeletts zu verschleiern.

100 Mit dem Überhandnehmen europäischer Kultur wird trotz heiliggehaltener Tradition auch die indische Musik immer mehr von fremden Elementen durchsetzt. So erfreut sich namentlich unser Harmonium großer Beliebtheit als Begleitungsinstrument für Gesang und im Zusammenspiel mit einheimischen Instrumenten. Wenn die musikwissenschaftliche Forschung aus der musikalischen Praxis der Inder noch Belehrung empfangen und sich nicht auf die philologische Analyse der musiktheoretischen Literatur beschränkt sehen will,

that in No. 22 the musical means of expressing the comic are similar to those we would use. The continuous slurs, so popular in Indian music, would be censured by our players; and the many embellishments – a characteristic of style, by the way, that is almost always associated with instruments of short tone duration – are not entirely to our taste; of course, the tremolo of the clavichord, the strongly embellished clavier style of Handel's time, and the Italian coloratura arias all show that in Europe as well, taste in this respect has not always been the same as it is today.

Finally we want to mention a sociological peculiarity which is widespread in the Orient but is difficult for Westerners to understand: the teaching of music is severely circumscribed by the jealousy with which the masters guard the treasure of the tradition passed down to them. For the pupil, studies are greatly impeded by the prohibition against putting into writing any *rāga* that has been played for him. Indeed, the secret of the *rāgas* is so strictly protected, particularly in Mohammedan families, that in playing before strangers the artist deliberately makes small changes and omissions in order to conceal the true form of the melodic skeleton. 99

With the spread of European culture, however, Indian music, in spite of its revered tradition, has been permeated more and more by foreign elements. Thus, for instance, our harmonium enjoys wide popularity, both as an accompanying instrument for the voice and in ensemble with indigenous instruments. If we, in our musicological research, want to learn more from the musical practice of the Indians and do not want to be limited by the philological analysis of music theory literature, then we must not delay in the collection of 100 dann darf sie mit der Sammlung umfangreichen, womöglich phonographisch fixierten Materials nicht zögern.

101 Zum Schlusse erfüllen wir die angenehme Pflicht, allen denen, die unsre Arbeit durch Rat und Tat gefördert haben, insbesondere den Herren Geheimrat Stumpf (Berlin), Prof. Pischel (Berlin), Prof. Jolly (Würzburg), Dr. Simon (München), Dr. Davar (Bombay), D. F. Scheurleer (Haag) unsern herzlichsten Dank auszusprechen.

extensive, and wherever possible, phonographically-fixed materials.

In conclusion, we fulfill the pleasurable 101
duty of expressing our heartfelt thanks to all those who have helped and advised us in our work; especially, Geheimrat Stumpf (Berlin), Professor Pischel (Berlin), Professor Jolly (Würzburg), Dr. Simon (Munich), Mr. Davar (Bombay), and D. F. Scheurleer (The Hague).

Verzeichnis orthographischer Korrekturen / List of orthographic revisions

new	*original*	*new*	*original*
ābhōg	Ābhog	jañjama	Janjama
Ārṣeyabrāhmaṇa	Ārsheyabrāhmaṇa	jañjuti	Janjuti
āsthāyī	Asthayi	jiñjoti (jhiñjoti)	Jinjoti
Bāzār	Bazar	kārahārapriyā	Kārahārapriya
bhairavī	Bhairavi	kīravāni	Kyravāni
Bhāratiyanāṭya-śāstra	Bhāratiyanātya-çāstra	Kṛṣṇa	Krishṇa
		majamalavagaula	Májamalavagaula
Būi	Booi	matsya	Mătsya
caraṇam	Charanam	matsya-kalyāṇi	Mătsya-Kaliāni
cāotāla	Chautāla	miśra	Mishra
caturuśra	Chaturŭshra	nāṭa-bhairavi	Nāta-Bhairavi
Chakravarti	Chakrabarty	nāṭakapriyā	Nātakapriya
cundha	Cúnd	oḍava ṭhāṭ	Oḍava Thāt
dehraśaṅkārabharna	Děhrasiankārab-hărna	Ṛktantravyākaraṇa	Riktantravyā-karaṇa
deś	Desh	rūpaka	Rúpaka
gharṣaṇa	Gharshana	ṣāḍava ṭhāṭ	Shāḍava Thāt
ghṛṣṭaka	Ghṛshṭaka	Saṃhitopaniṣad-brāhmaṇa	Samhitopanishad-brāhmaṇa
hāmo-vasantha	Hāmovasăntha		
hanumatodī	Hanumatedi	saṃkīrṇa	Sankirna
hārikambogi	Hārikambôgi	saṃpūrṇa-ṭhāṭ	Sampūrna-Thāt
hindustānī	Hindustani	śrībhandra	S'rimhandra
hoṭhi	Hothi	ṭāus	Tāus
Ḫūdābād	Khoodabad	ṭhumrī	Thumri
Ḫudā Dust	Khoda Dost	tiśra	Tiskra
Hūluk	Hooluk	tripuṭa	Triputa
iman-kalyāṇi	Iman-Kalyāni	vakhulabharna	Vakhulabhărna

OTTO ABRAHAM UND E. M. VON HORNBOSTEL

Über die Bedeutung des Phonographen für die vergleichende Musikwissenschaft[1]

1904

On the Significance of the Phonograph for Comparative Musicology[1]

English translation by

Ray Giles

aus/from: *Zeitschrift für Ethnologie* 36, 1904: 222–233.

1 Wie die Philologie zuerst die einzelnen Sprachen in ihrem Wortschatz, ihren Flexionsgesetzen und ihrer Syntax jede für sich getrennt erforschte, so hat sich die Musikwissenschaft bis in die jüngste Zeit ausschliesslich mit der Geschichte unseres europäischen Tonsystems und der europäischen Kompositionsformen beschäftigt. Während aber die vergleichende Methode sich die Sprachwissenschaft binnen kurzem vollständig eroberte, hat die Musikwissenschaft auf dem neuen Wege erst ein paar schüchterne Schritte gewagt, und es wäre verfrüht, von einer vergleichenden Musikwissenschaft als einem gesicherten Kulturbesitz zu sprechen. Zwar findet sich in den Gesamtdarstellungen der Musikgeschichte wohl meist auch eine flüchtige Skizzierung exotischer Musikverhältnisse; doch stellt sich die Betrachtung vorwiegend auf einen künstlerischen, subjektiv-ästhetischen Standpunkt und das Streben nach wissenschaftlicher Objektivität gehört der allerjüngsten Zeit an.

2 Die Probleme, die von einer vergleichenden Musikwissenschaft in Angriff zu nehmen wären, sind, wie bei allen Grenzwissenschaften, mannigfacher Art. Die Musikpflege nimmt innerhalb der Kultur eines Volkes einen Raum ein, dessen Breite nicht leicht überschätzt werden kann. Musikalische Äusserungen sind als Ausdruck des Volkscharakters nicht geringer zu bewerten als andere Kunstformen. Wo wir uns aus dem gesamten Kulturbild bereits den Begriff eines speziellen Stammes- oder Rassentypus abstrahiert haben, da empfinden wir auch die Übereinstimmung desselben mit den Volksweisen und den

[1] Nach den in der Sitzung vom 20. Juni 1903 gehaltenen Vorträgen.

In the same way that philology initially researched individual languages with respect to the separate categories of vocabulary, laws of inflection, and syntax, so, until recently, musicology has involved itself exclusively with the history of our European musical system and European forms of composition. But whereas philology had completely adopted the comparative method within a short time, musicology has ventured only a few tentative steps in the new direction, and it would be premature to speak of comparative musicology as an established cultural discipline. In fact, surveys of music history usually do contain a fleeting sketch of the circumstances of foreign music; however, the consideration is advanced primarily from an artistic, subjective-aesthetic point of view, and the struggle toward scientific objectivity is a phenomenon of most recent times. 1

The problems which may be taken on by a comparative musicology are, as in all peripheral sciences, of a manifold nature. The cultivation of music assumes within the culture of a people a dimension whose extent may not easily be overestimated. Musical manifestations as expressions of a people's character should not be valued lower than other art forms. Where we have already abstracted the idea of a special tribal or racial type, we also sense its congruence with the folk melodies and musical art forms of the country. To cite the names of Bizet, Grieg, or Mascagni is enough to indicate what is meant by 2

[1] Based on the lectures held at the meeting of June 20, 1903.

musikalischen Kunstformen des Landes. Es genügt, die Namen Bizet, Grieg oder Mascagni zu nennen, um anzudeuten, was unter französischer, skandinavischer oder italienischer Musik zu verstehen sei, wenn wir auch weit davon entfernt sind, die einzelnen Charakteristika genau angeben zu können. Immerhin besitzen wir für Europa ein genügendes Induktionsmaterial, um der heiklen Frage nach den kulturellen und psychologischen Rassenmerkmalen auch auf musikwissenschaftlichem Gebiet näher treten zu können. Ein hinreichendes Material an exotischer Musik würde uns aber nicht nur einen Rückschluss auf das Temperament eines Volkes gestatten; denn da die Musikpflege, wie jede künstlerische Äusserung, auch zu den wirtschaftlichen Verhältnissen in funktionaler Abhängigkeit steht, könnte aus der Art des Musizierens, sowie namentlich aus der Ausbreitung und Höhe des musikalischen Dilettantismus auch auf die Kulturstufe eines Volkes geschlossen werden; allerdings nur mit grösster Vorsicht.

French, Scandinavian, or Italian music, even if we are far from being able to give the exact characteristics in detail. Still, we possess for Europe enough inductive material to permit, even in musicological study, a closer approach to the sensitive question of cultural and psychological racial traits. But sufficient material on exotic music would not merely permit us a conclusion with respect to the temperament of a people; because the cultivation of music is functionally dependent upon economic circumstances – as is every artistic manifestation – the cultural level of a people can be inferred from the manner of music-making, particularly from the prevalence and degree of musical dilettantism, but only with the utmost caution.

3 Die Musik ist mit den anderen Kulturäusserungen aufs Innigste verwebt, und ihr Studium vermag zahlreiche Probleme anderer spezieller Forschungsgebiete in ein neues Licht zu rücken. Die Verknüpfung der Musik mit der Sprache ist eine so enge, dass die Frage nach dem Ursprunge der einen wie der anderen stets von dieser Wechselbeziehung ausgegangen ist. Man hat bald, wie Spencer in seiner Speech-theory, den Gesang als ein durch Emphase gehobenes Sprechen erklärt, bald umgekehrt, die durch Gebärden unterstützte Verständigung in musikalischen Tönen dem gewöhnlichen Sprechton vorangehen lassen (Darwin). Endlich suchte man im Sprechgesang die gemeinsame Wurzel sprachlicher und musikalischer Äusserungen (Rich. Wagner). Wie immer sich die Wissenschaft zu diesen Hypothesen stellen mag, an der Untrennbarkeit der Dicht- und Gesangskunst in primitiven Kulturen wird sie unbedingt festhalten müssen. Die

Music is most intimately interconnected with other cultural expressions, and the study of music can shed new light upon numerous problems in other special research areas. The connection between music and speech is so close that the question of the origin of one or the other invariably proceeds from this interrelation. Sometimes it is asserted that song is speech enhanced by emphasis, for example, by Spencer in his speech theory; conversely, it is also argued (as by Darwin) that communication by means of musical sounds, supported by gestures, preceded the normal speaking voice. Finally, the common roots of linguistic and musical utterances have been sought in the sprechgesang (Richard Wagner). Regardless of the stance adopted by science vis-à-vis these hypotheses, it must subscribe to the inseparability of the arts of speech and song in primitive cultures. The significance of sprechgesang as a primitive art 3

Bedeutung des Sprechgesanges als primitive Kunstform wird uns an vielen exotischen Weisen klar; und wer einmal dem Singsang unserer Kinder Aufmerksamkeit geschenkt hat, dem werden die eigentümlichen Übergänge von voller Tongebung zu blossem rhythmischen Sprechen nicht entgangen sein. Ein merkwürdiges Verhältnis scheint bei türkischen und arabischen Liedern zwischen Text und Musik zu bestehen. Der Rhythmus der Melodie nimmt anscheinend auf das Metrum der Dichtung keine Rücksicht.[2] Beispielsweise erscheint die Anfangszeile eines türkischen Liedes in folgender Akzentverschiebung:

attention to the sing-song of our children will not have failed to notice strange transitions from full tone-production to mere rhythmic speech. A curious relationship between text and music seems to exist in Turkish and Arabic songs. The rhythm of the melody apparently does form becomes clear to us in many exotic melodies; and whoever has once paid close not follow the meter of the poetry.[2] For example the opening line of a Turkish song appears with the following accent displacement:

gesprochen/spoken: ˘ ´ ˘ ´ ˘ ´ ˘ ´ ´ ˘ ´ ˘ ´
Üsküdara gider iken | bir mendil(i) buldum
gesungen/sung: ´ ˘ ´ ˘ ´ ˘ ´ ˘ ´ ˘ ´ ˘ ´

4 Aufs engste verwachsen mit Musik- und Dichtkunst sind auch die primitiven mimischen Äusserungen: der Tanz. Hier liegt für die vereinigte Forschung des Ethnologen und Musikers noch ein weites Feld offen. Es sei uns gestattet, nebenbei auf ein Hilfsmittel der modernen Technik hinzuweisen, das den Forschungsreisenden hier gute Dienste leisten könnte, den Kinematographen. Simultane kinematographische und phonographische Aufnahmen würden ein vollkommenes und bequemes Studium der Kindheit des Dramas ermöglichen; doch sind dies vorderhand Zukunftsträume, deren Ausführbarkeit die weitere Vervollkommnung und Verbilligung der Apparate zur Voraussetzung hat.[3]

Most closely associated with the arts of music and poetry are the primitive mimic expressions: the dance. Here is fertile ground for the combined research of ethnologists and musicians. Permit us to refer incidentally to one resource of modern technology which could prove most useful to the traveling researcher – the motion-picture camera. Synchronized cinematographic and phonographic recordings would make possible a thorough and convenient study of the drama's infancy; but for the time being this is a futuristic fantasy whose realization will require further development and cost reduction of the equipment.[3] 4

5 Auch das der Tanz-, Dicht- und Gesangskunst gemeinsame Element, der Rhythmus, ist vielfach als Wurzel aller musikalischen Kunst erklärt worden. Hans v. Bülows geflügeltes Wort: „Im Anfang war

Rhythm, that element common to the arts of dance, poetry, and song, has been cited repeatedly as the root of all musical art. Hans v. Bülow's famous quotation, "In the beginning was rhythm," is also 5

[2] Vgl. M. Hartmann 1896.

[3] Immerhin sind einige Versuche schon gemacht worden: Prof. Haddon (Edinbourgh) nahm einen Kinematographen auf seine Expedition nach den Inseln der Torresstraße mit; die erwähnte akustisch-optische Kombination wurde auf einigen Variétébühnen vorgeführt.

[2] Cf. M. Hartmann 1896.

[3] Nonetheless a few attempts have been made already: Professor Haddon (Edinburgh) took a motion-picture camera on his expedition to the islands of the Torres Strait; the aural-visional combination mentioned above has been presented in several variety theaters.

der Rhythmus" ist auch das Leitmotiv von Billroths Studie über das Wesen der musikalischen Begabung (Th. Billroth 1898). Karl Bücher (1902) stellt in seinem auf vergleichend-ethnologischer Untersuchung ruhenden Werk über „Arbeit und Rhythmus" die Dreieinigkeit von rhythmischer Körperbewegung, Ton und Wort an den Anfang der Entwicklung. Es ist hier nicht der Ort, auf die vielen interessanten Detailfragen einzugehen, die sich für die Völkerkunde, Psychologie und Physiologie, für die Ästhetik, Sprachwissenschaft und Soziologie an das Rhythmusproblem knüpfen. Es liegt hier eines der Hauptarbeitsgebiete für die vergleichende Musikwissenschaft.

the leitmotive of Billroth's study on the nature of musical talent (Th. Billroth 1898). Karl Bücher (1902), in his work on *Arbeit und Rhythmus* based on comparative-ethnological studies, places the trinity of body movement, tone, and word at the beginning of the development. This is not the place to go into the many interesting and detailed questions of the rhythm problem as it relates to ethnology, psychology, and physiology, to aesthetics, linguistics, and sociology. Herein lies one of the principal areas of endeavor for comparative musicology.

6 Die starke Gefühlsbetonung, die aller Musik anhaftet, erklärt die bedeutende Rolle, die sie in allen, auch primitiven Kultgebräuchen spielt. Eine wissenschaftliche Fixierung und Untersuchung der religiösen Musik, die, nebenbei bemerkt, mit grosser Zähigkeit älteste Formen bewahrt, ist nicht nur für die genaue Beschreibung der Kultzeremonien unerlässlich, sondern wird auch vielfach wertvolle Fingerzeige zu deren Erklärung geben können.

The strong emotional feeling connected 6
with all music explains the significant role it plays in the practices of all cults, primitive included. A scientific formulation and investigation of religious music, which incidentally retains the oldest of forms with great tenacity, is not only indispensable for the precise description of cult ceremonies but often may give valuable clues toward their interpretation.

7 Die wissenschaftliche (metaphysische, astronomische und mathematische) Spekulation, die von religiösen Anschauungsformen ihren Ausgang nimmt und von diesen lange Zeit ihren Nachdruck erhält, bemächtigt sich bei fortschreitender Kultur bald auch der musikalischen Formenwelt und wirkt später wieder auf diese zurück. Wie in Europa können wir bei den orientalischen Kulturvölkern die Beobachtung machen, wie die Theorie als Privilegium auserwählter Geister die Fühlung mit der Praxis verliert, um später ihre unabhängig von der kontrollierenden Empfindung gewonnenen Ergebnisse dem Ohr aufzunötigen.

Scientific (metaphysical, astronomical, 7
and mathematical) speculation which uses religious doctrine as its point of departure and derives its energy from this source for a long period of time also soon seizes upon the world of musical forms in an advancing culture and ultimately exerts influence upon it. In oriental civilizations, as in Europe, we may observe how theory, as the privilege of a chosen elite, loses contact with practice and later forces upon the ear the results achieved by theory, independently of a governing sensitivity.

8 Als Beispiel für diesen Vorgang, der zuweilen die wunderlichsten Gebilde zeitigt, erwähnen wir ein in China und Japan gebräuchliches Saiteninstrument, das *Chin*.

As an example of this process, which 8
sometimes results in most peculiar systems, we cite a string instrument from China and Japan, the *chin*. When the strings of

Wenn wir die Saiten dieser Zither an den durch Marken vorgezeichneten Punkten niederdrücken, gelangen wir zu Intervallen, die keine psychologische oder physiologische Akustik zu erklären vermöchte. Den Schlüssel zum Verständnis dieser rätselhaften Tabulatur vermag uns nur der Zollstab zu geben: Die Tastknöpfe sind vom Halbierungspunkt der Saite aus nach beiden Seiten symmetrisch angeordnet und die Grösse und Reihenfolge der Distanzen ist vielleicht zum Teil in der chinesischen Zahlenmystik begründet.

9 Das *Chin* kann uns gleichzeitig als Beispiel dafür dienen, wie mit den Instrumenten auch Intervalle und musikalische Gepflogenheiten überhaupt von Land zu Land wandern. Man kann fast alle japanischen Musikinstrumente auf chinesische und koreanische Formen zurückführen und auch in Theorie und Praxis der japanischen Musik ist der chinesische Ursprung unverkennbar, wenn auch die weitere Fortentwicklung zu ganz neuen, von den chinesischen abweichenden, Formen geführt hat.

10 Wenn man die Musik exotischer Völker insofern als primitiv auffassen darf, dass man sie mit früheren Entwicklungsstufen der europäischen in Parallele stellt, so würde sie uns Anhaltspunkte dafür geben, wie wir uns die praktische Musik in der Antike vorzustellen haben. Immerhin ist es fraglich, ob ein solcher Anschluss der vergleichenden Musikwissenschaft an die Musikgeschichte im engeren Sinn zulässig ist, da erst die Gleichheit der Keimzellen und die Analogie der Entwicklungsbedingungen sicher gestellt werden müsste. Es sei uns gestattet, auf eine sehr auffallende, sozusagen wörtliche, Übereinstimmung hinzuweisen, die eine in der japanischen Melodik besonders häufig wiederkehrende Phrase mit Stellen aus altgriechischen Gesängen aufweist.

11 *Die vergleichende Musikwissenschaft hätte aus dem gesammelten und kritisch gesichteten Material die Gemeinsamkeiten und Zusammenhänge der Musikentwicklung in*

this zither are depressed at those points indicated by inlaid dots, intervals are sounded which no psychological or physiological theory of acoustics can explain. The key to understanding this enigmatic tablature lies with the yardstick: the dots are arranged symmetrically from the midpoint of the strings outward toward each end and the span and succession of their spacing is perhaps rooted in Chinese numerology.

The *chin* may likewise serve as an example of the way in which intervals, and musical practices in general, also travel with instruments from country to country. Almost all Japanese musical instruments can be traced back to Chinese and Korean forms, and in theory and practice Japanese music is unmistakebly of Chinese origin, even though further development has led to entirely new forms which deviate from those of the Chinese. 9

If the music of foreign peoples could be interpreted as primitive insofar as it is compared to earlier stages in the development of European music, then it would provide us with criteria for a way of looking at the music practice of antiquity. Yet it is questionable whether such an alliance of comparative musicology with music history in the narrower sense is admissible, inasmuch as a similarity of elementary principles and analogous conditions for development should first of all be securely established. We take the liberty of mentioning a very conspicuous, even literal, correspondence of a particularly frequently-recurring phrase in Japanese melodic style to passages from ancient Greek songs. 10

Comparative musicology should unearth from collected and critically classified material the common factors and the context of musical development in all parts of the world, 11 *allen Teilen der Erde bloszulegen, die Unterschiede aus den besonderen Kulturverhältnissen zu erklären, schliesslich durch Extrapolation auf die Ursprünge zurückzuschliessen.*

12 Wir haben in aller Kürze die Aufgaben anzudeuten versucht, die sich eine vergleichende Musikwissenschaft zu stellen hätte. Sie stehen mit den allgemeinsten Fragen der Musikgeschichte, der Ethnographie und Psychologie in engstem Zusammenhang und ihre Lösung kann nur durch das Zusammenwirken dieser Wissenschaften angebahnt werden. Die Geschichte dessen, was bisher in dieser Richtung geleistet worden, ist kurz und greift selbst in ihren bescheidensten Anfängen kaum zwei Dezennien zurück. Was der Einführung moderner Methoden voranging, beschränkte sich einerseits auf rein historische Studien, andererseits auf ethnographische Beschreibung.

13 Die Kenntnis der Musik der orientalischen Kulturvölker fusste bis auf unsere Tage auf der Wiedergabe und Interpretation altehrwürdiger theoretischer Traktate, an denen namentlich die chinesische, indische und arabisch-persische Literatur reich ist. Die chinesische Musiktheorie hat 1780 P. Amiot in der grossen Encyklopädie der Pekinger französischen Mission ausführlich dargestellt (Amiot 1780); schon 10 Jahre früher hatte der gelehrte Abbé Roussier in seinem Werk über die altgriechische Musik auf die Parallele des pythagoräischen und altchinesischen Systems aufmerksam gemacht (Roussier 1770). 1842 veröffentlichte der Wiener Musikhistoriker Kiesewetter seine „Musik der Araber," nachdem er mit Hammer-Purgstall 18 arabische und persische Originale studiert hatte (Kiesewetter 1842). Aus dieser Quelle schöpfte noch Helmholtz; seither hat der Leydener Orientalist Land uns eine wertvolle Studie zur arabischen Musik geschenkt (Land 1885), während wir über indische Musik bis vor kurzem nichts Zusammenhängendes besassen ausser der

clarify differences on the basis of particular cultural relationships, and finally, by extrapolation, draw conclusions regarding origins.

We have tried to indicate briefly the problems which should be taken up by comparative musicology. They are quite closely related to the most general questions of music history, ethnography, and psychology, and their solution can be approached only through collaboration among these sciences. The history of what has been accomplished in this direction to date is brief, and even its most modest beginnings are scarcely two decades old. That which preceded the introduction of modern methods limited itself on the one hand to purely historical studies and on the other hand to ethnographic description. 12

Up to the present, knowledge of the music of oriental civilizations rested upon the reproduction and interpretation of time-honored treatises, which are found in abundance, particularly in Chinese, Indian, and Arabic-Persian literature. In 1780 P. Amiot gave a full account of Chinese musical theory in the great encyclopedia of the Peking French mission (Amiot 1780); as much as 10 years earlier Abbé Roussier, in his work on ancient Greek music, brought to the scholar's attention relationships between the Pythagorean and ancient Chinese systems (Roussier 1770). In 1842 the Viennese music historian Kiesewetter published his *Musik der Araber* after having studied 18 Arabic and Persian original treatises with Hammer-Purgstall (Kiesewetter 1842). Helmholtz still worked from this source; since then Land, the Leiden oriental specialist (Land 1885), has given us a valuable study on Arabic music, but until recently we possessed nothing on the context of Indian music except the monograph by Jones (1792, 1802). These philological and music- 13

Monographie von Jones (1792, 1802). Auch diese philologischen und musikhistorischen Forschungen werden zu ihrem Rechte kommen, sobald ein genügendes Vergleichsmaterial an moderner orientalischer Musik vorhanden sein wird. Ohne dieses letztere wird vielfach die Übertragung alter Notationen und die Deutung der termini technici sehr unsicher bleiben.

14 In den ethnographischen Berichten der Reisenden und Missionare ist ein grosses Material von Beschreibungen der Instrumentalformen, Aufzeichnungen von Gesängen nach dem Gehör, Skizzierungen des allgemeinen Gefühlseindruckes bei fremder Musik aufgespeichert. Auch dieses bedarf sehr der kritischen Sichtung, wird aber mit der nötigen Vorsicht oft heranzuziehen sein.

15 Besonders beachtenswert sind noch die Aufzeichnungen von intelligenten Eingeborenen oder Leuten, die sich lange Zeit im Land aufgehalten haben. Zu ersteren gehört der bekannte Radjah Tagore (1875b, 1884, etc.), der fast alle europäischen Museen mit wertvollen Sammlungen indischer Instrumente beschenkt und als hochgebildeter Amateur mehrere musikwissenschaftliche Arbeiten veröffentlicht hat, deren Zuverlässigkeit noch durch genauere Untersuchungen zu kontrollieren sein wird; dem Leibarzt des Mikado, Dr. Müller war es vergönnt, die sonst unzugängliche japanische Hofmusik, die sogenannte *Ga-gaku*, eingehend zu studieren (Müller 1874–75).

16 Auch die rein ethnographische Bearbeitung des Museumsmaterials an Musikinstrumenten, wie sie Ankermann (1901) für die afrikanische Sammlung dieses Hauses durchgeführt hat, bildet eine wertvolle Vorarbeit für die vergleichende Musikwissenschaft. Endlich wird diese auch die Erforschung der prähistorischen Funde zu berücksichtigen haben. Wir erinnern an die in den dänischen Torfmooren und auf Kullen gefundenen Luren (A. Hammerich 1894; K. Kroman 1902), sowie an die gro-

history inquiries will also come into their own when sufficient comparative material on modern oriental music becomes available. Lacking this, the transcription of old notations and the significance of the technical terms will remain largely quite uncertain.

Ethnographic reports of travelers and missionaries contain a large amount of material on descriptions of instrumental forms, records of songs taken down by ear, and sketches of general emotional impressions obtained from an alien music. This too is in dire need of critical classification but with proper caution may be drawn upon frequently. 14

Particularly noteworthy are reports by intelligent natives or people who have lived in the country for a long time. Among the former is the well-known Radjah Tagore (1875b, 1884, etc.), who has donated valuable collections of Indian instruments to nearly every European museum and as a highly trained amateur has published several musicological studies whose reliability will have to be verified through closer investigation; the personal physician of the Mikado, Dr. Müller, was permitted to make a thorough study of the otherwise inaccessible Japanese court music, the so-called *ga-gaku* (Müller 1874–75). 15

The purely ethnographic study of museum materials on musical instruments, such as Ankermann (1901) carried out with the African collection of this institution, constitutes a valuable preliminary work for comparative musicology. In the final analysis this discipline must also take into consideration investigation of prehistoric finds. One is reminded of the *lurer* (A. Hammerich 1894; K. Kroman 1902), found in Danish peat bogs and at Cullen, also of the grotesque clay flutes from Peru, 16 tesken Tonpfeifen aus Peru, Mexiko und Costarica, denen Wead (1902) eine eigene Monographie gewidmet hat.

Mexico, and Costa Rica to which Wead (1902) devoted an entire monograph.

17 Mit der Einführung physikalisch-akustischer Methoden ist die vergleichende Musikwissenschaft in eine neue Aera eingetreten. Das frühere Verfahren, auf den Forschungsreisen Musik zu hören, den Gefühlseindruck zu schildern und über Rhythmus und Tonhöhe Aussagen zu machen, die rein auf dem Gehöreindruck basieren, hat den Übelstand, dass die Objektivität in der Untersuchung fehlt. Gerade der Musik gegenüber kommt man aus konventionellen Schranken nicht heraus, und man verfällt leicht in den Fehler, die Grundlagen unserer europäischen Musik als Grundlagen der Musik überhaupt anzunehmen, und so mit einem falschen Masstab zu messen. Unsere Begriffe, „Dur" und „Moll" und andere haben sich so stark in uns festgesetzt, unser ganzes musikalisches Denken basiert derartig auf ihnen, dass man nur mit grosser Mühe sich von ihnen frei machen kann. Zu allen Melodien denken wir uns bewusst oder halb bewusst entsprechende Harmonien. Erst nach monatelangem Studium der japanischen Musik ist es uns gelungen, uns wenigstens von der harmonischen Vorstellung frei zu machen. Noch schwerer gelingt das Aufgeben unserer musikalischen Gewohnheiten bei Intervallen; wir messen alle Intervalle nach den uns gewohnten Tonschritten, nach halben und ganzen Tönen, Terzen usw. Andere Stimmungen halten wir oft für Verstimmungen, während sie wirklich von dem Volke intendiert sind.

With the introduction of physical- 17
acoustical methods comparative musicology has entered a new era. The earlier process of listening to music on field trips, describing the emotional impression, and making assertions about rhythm and pitch based purely on aural impressions has the disadvantage of lacking objectivity. It is not easy to transcend the limitations of convention, particularly with respect to music; one easily makes the mistake of assuming that the basis of our European music is the basis of music in general, and consequently one often measures other music by false standards. Our concepts "major" and "minor," and others, are so firmly entrenched within us, our whole musical thinking is based upon them so much, that only with the greatest difficulty can we free ourselves of them. We envision, consciously or half-consciously, appropriate harmonies to all melodies. Only after months of studying Japanese music did we succeed in at least freeing ourselves of the harmonic idea. It is even more difficult to surrender our musical habits regarding intervals; we measure all intervals according to the scale steps we are accustomed to, according to half and whole tones, thirds, etc. We often hold other tunings to be mistunings, in error, whereas in fact they are intended to be as they are.

18 Da hat nun die exakte Messungsmethode eingegriffen und uns auf einen objektiveren Standpunkt gestellt. Wir haben jetzt Apparate, mit welchen wir Töne, deren Schwingungszahlen minimale Unterschiede aufweisen, herstellen, und sie in Vergleich zu anderen Tonhöhen bringen können. Ein solcher ist der Appunnsche Tonmesser, ein Apparat, dessen Töne durch angeblasene Zungen von zwei bezw. vier

Now, precise methods of measurement 18
have intervened and have given us a more objective outlook. We now have devices with which we are able to produce pitches whose cps-count shows minimal variances, and we can compare them with other pitches. One such is Appunn's tonometer (a pitch pipe), a device whose pitches can, by means of vibrating metal tongues, display variances of two or four cycles per

Schwingungen Differenz hervorgebracht werden. Noch feinere Unterschiede kann man mit dem Sternschen Tonvariator erreichen, dessen Prinzip darin besteht, dass eine angeblasene Flasche ihre Tonhöhe mit minimaler Abstufung verändert, wenn der Boden der Flasche mit mikrometrischer Einstellung gehoben oder gesenkt wird.

19 Leider sind diese Apparate noch nicht handlich genug, dass man sie auf Reisen mitnehmen und an Ort und Stelle die Töne der Instrumente messen kann, es wäre sehr zu wünschen, dass solch kompendiöser Tonmesser konstruiert würde; denn die Messung der im Gebrauch befindlichen Instrumente gibt sicherlich weit bessere Resultate, als die Messung der Museuminstrumente. Diese leiden häufig durch den Transport und trocknen während der langen Zeit des Lagerns aus. Häufig haben auch die Instrumente durch ihren primitiven Bau bedingte Fehler, die die Eingeborenen, welche ihr Tonsystem im Kopfe haben, bei der Handhabung zu verbessern trachten. Manche Flötentöne werden leiser angeblasen als andere, weil das gleiche Anblasen nicht die gewünschte Tonhöhe ergäbe. Wenn wir nun solche Flöten prüfen und danach erst das Tonsystem bestimmen wollen und von der Ungleichartigkeit des Anblasens nichts wissen, dann können wir völlig verkehrte Resultate bekommen. So haben wir hier im Museum etwa 30–40 chinesische und japanische Flöten geprüft und so widersprechende Ergebnisse erzielt, dass wir ganz darauf verzichtet haben, dieselben zu veröffentlichen oder gar eine Theorie aus ihnen zu bilden.

20 Die Benutzung experimentell akustischer Methoden beim Studium der Musik wurde zuerst von Ellis (1885) mit Erfolg versucht. Seine Messungen von Musikinstrumenten vieler Völker sind Muster von Genauigkeit und Kritik. Jedenfalls ist die Prüfung der Museumsinstrumente eine ausgezeichnete Methode, die Musik eines fremden Volkes kennen zu lernen, wenn man sie in Verbindung mit dem Studium der praktischen

second. Still finer distinctions are made by Stern's tone varier, whose principle is that of "blowing" a bottle which produces pitches that can be changed by minimal steps as the bottom of the bottle is raised or lowered in micrometric adjustment.

Unfortunately these devices are not yet portable enough to take on trips so that one can measure the pitches of instruments right on the spot. It would be highly desirable to make such an efficient tonometer, because the evaluation of musical instruments in use certainly gives far better results than the evaluation of museum instruments. These often suffer in transport and dry out during long periods of storage. Furthermore, because of their primitive construction the instruments often have flaws, which natives who know their musical system endeavor to correct in operation. Some flute tones are blown more softly than others because the same amount of wind would not give the desired pitch. If we examine such flutes and then immediately try to determine the tonsystem using only our findings and knowing nothing of the dissimilarity of tone production, we may arrive at totally false conclusions. For example, we have tested here in the museum some 30 to 40 Chinese and Japanese flutes and have gotten such contradictory results that we have given up all thought of publishing our findings or even formulating a theory based upon them. 19

The employment of experimental acoustical methods in the study of music was first attempted successfully by Ellis (1885). His measurements of the musical instruments of many cultures are models of precision and critical evaluation. In any case the examination of museum instruments is an excellent method for getting acquainted with the music of an exotic people if one takes care to do it in con- 20

Musik pflegt und nicht mehr von ihr erwartet, als sie leisten kann. Denn was ist eigentlich aus den Tönen eines Instruments zu schliessen? Bläst man beispielsweise alle Töne einer Flöte hintereinander an, so bekommt man eine Skala, Tonleiter. Diese Tonleiter ist aber keineswegs identisch mit der Tonleiter, welche in der praktischen Musik verwendet wird. Wenn wir bei unserem Klavier die sämtlichen Töne der Klaviatur als Reihe betrachten, dann erhalten wir die sogen. chromatische Tonleiter, welche ja wesentlich verschieden von der bei uns gebrauchten Dur- und Mollskala ist. Die Instrumentalleiter gibt oft nur das Material, aus welcher die Gebrauchsleiter ihre Töne auswählt. L. Riemann (1899) und Wallaschek (1899) hatten den Fehler gemacht, dass sie aus den Tönen der Musikinstrumente allein auf die verwendeten Intervalle weitgehende Schlüsse zogen.

21 Berücksichtigt man aber diesen Umstand, dann erleichtert die Messungsmethode das Studium der exakten Musik gewaltig; denn Ohr und Auge kontrollieren sich hier fortwährend und korrigieren die gegenseitigen Fehler. Saiteninstrumente mit Bünden werden akustisch mit dem Tonmesser, optisch mit dem Millimetermass gemessen. Da die Saitenlänge umgekehrt proportional der Schwingungsanzahl des entsprechenden Tones ist, muss die optische und akustische Messung parallele Resultate erzielen. Die Messungsmethode findet Anwendung auf alle Instrumente mit fester Abstimmung: Flöten, Guitarren, Glockenspiele, Metall- und Holzplatteninstrumente. Bei Geigen, bei denen die Tonhöhe durch Fingerdruck, ohne Hilfe von Saitenbünden hervorgebracht wird, versagt die Messungsmethode gänzlich; da muss man auf die Untersuchung der praktischen Musik eingehen, welche auch stets herangezogen werden muss, wenn man das Tonsystem eines Volkes völlig verstehen will.

22 Zwischen den beiden Methoden der Messung und des Studiums der praktischen

junction with the study of musical practice and expects no more of it than it can deliver. For what actually is to be learned from the sounds of an instrument? By way of example, if one blows all the notes of a flute one after the other, one produces a scale. But this scale is in no way identical with the scale used in the performance of music. If we were to regard the pitches on the keyboard of our piano as a series, we would get the so-called chromatic scale, which is obviously essentially different from the major and minor scale which we use. The instrumentalleiter often gives only the material from which the gebrauchsleiter derives its pitches. L. Riemann (1899) and Wallaschek (1899) made the mistake of drawing far-reaching conclusions about the intervals employed, exclusively on the basis of the pitches of musical instruments.

But if this fact is taken into account, then the measurement method greatly facilitates the exactitude of musical study; the eye and the ear constantly check one another in this matter and correct their respective mistakes. Stringed instruments with frets are measured acoustically with the tonometer, visually with a millimeter rule. Because string length is inversely proportional to the number of cycles per second of the respective pitch, visual and acoustical measurement must achieve parallel results. The measurement method may be used on all instruments with fixed tuning: flutes, guitars, bell chimes, metal- and wooden-keyed instruments. With violins, on which pitch is produced by finger pressure without the aid of frets, the measurement method is of no use whatsoever. At this point one must turn to musical performance, which indeed must always be referred to if one wants to understand completely the tonsystem of a culture. 21

Between the two methods, measurement and the study of musical perfor- 22

Musik liegt noch eine Untersuchungsart, welche ich die psychologische Methode nennen möchte. Wir haben öfter Gelegenheit, exotische Musiker bei uns zu sehen; wenn wir uns nun nicht darauf beschränken, deren Musik zu hören und zu studieren, sondern auch akustische Versuche mit ihnen anstellen, dann bekommen wir sowohl über ihr Tonsystem wie ihre musikalischen Eigenschaften interessante Aufschlüsse. Sehr zweckmässig ist es, den exotischen Musiker selbst Instrumente abstimmen zu lassen; man kann so die Stimmung der Museumsinstrumente kontrollieren und auf den Intervallsinn des Musikers und sein Tongedächtnis schliessen. Hieran hätten sich dann noch zur Ergänzung Versuche anzuschliessen, wie sich das Gefühl des exotischen Musikers unseren Intervall- und Musikformen gegenüber verhält.

23 Die praktische Musik kann in doppelter Weise exakt studiert werden. Man kann sie nach dem Gehör notieren, mit allen Abweichungen, welche die Stimmung von den uns gewohnten Intervallen zeigt; dies ist äusserst mühsam. Vielemale muss man sich dasselbe Tonstück vorspielen lassen und mit angestrengtester Aufmerksamkeit seine Notationen machen. Auch erfordert eine solche Untersuchung ein vorzügliches musikalisches Gehör. Stumpf (1886b) hat Lieder der Bellakula-Indianer in solcher Weise studiert. Weitere Beiträge zur Indianermusik lieferten F. Boas (1888), Miss Fletcher (1893) und Fillmore (1893).[4]

24 In neuerer Zeit ist uns die Erfindung des Phonographen zu Hilfe gekommen. Mit dem Phonographen kann man die Musik fixieren und mit Musse im Arbeitzsimmer, wo die Aufmerksamkeit nicht soviel auf optische Nebendinge gerichtet ist, wie bei den Vorführungen fremder Völkerschaften, studieren. Der Phonograph hat noch besondere Vorzüge. Man kann ihn nach Belieben langsam und schnell laufen lassen und kann so Musikstücke, deren Tempo im

[4] Siehe Stumpf 1898b: 63ff.

mance, lies still another kind of investigation which I prefer to call the psychological method. We frequently have the opportunity to see foreign musicians here; if we do not confine ourselves to studying and listening to their music but also undertake acoustical experiments with them, then we arrive at interesting explanations of their musical peculiarities as well as their tonsystem. It is very useful to let the exotic musician tune instruments himself; in this way one can check the tuning of museum instruments and gauge the musician's intervallic sense and his tonal memory. This should then be followed by additional tests as to how the exotic musician's perception relates to our intervallic and musical usage.

Musical performance can be studied accurately in a two-fold manner. One can transcribe it by ear with all its deviations from the intonation of our accustomed intervals; this is extremely troublesome. One must have the same piece of music played many times and make one's notations with most strained attentiveness. In addition such an analysis requires first-rate musical hearing. Stumpf (1886b) studied songs of the Bella/Coola Indians in this manner. Further contributions relating to Indian music were made by F. Boas (1888), Miss Fletcher (1893), and Fillmore (1893).[4] 23

Recently the invention of the phonograph has come to our aid. With the phonograph one can record a piece of music and study it at leisure in the studio, where attention is not so much distracted visually as it is at performances by exotic peoples. Moreover, the phonograph has special advantages. It can be adjusted to run fast or slow at will, and thus one can bring within the ear's comprehension pieces of music whose tempo was too quick 24

[4] See Stumpf 1898b: 63ff.

Original zu schnell war, um sie analysieren zu können, in ruhigem Zeitmass, in entsprechender Transposition, zu Gehör bringen.

25 Weiterhin kann man das Musikstück in kleine Bruchstücke zerlegen, kann einzelne Takte, ja einzelne Töne allein erklingen lassen und genaue Notation und Messungen daran anschliessen. Schliesslich hat man in der Phonographenwalze ein dauerndes Dokument, immer bereit zur Vorführung und Vergleichung. Der Phonograph wurde zuerst von Gilman beim Studium von Zuñi-Gesängen und chinesischer Musik verwendet (B. I. Gilman 1891, 1892; vgl. Stumpf 1892).

26 Wir haben die orientalische Musik in zwei ihrer Hauptrepräsentanten, der siamesischen und japanischen, näher kennen gelernt. Der Eine von uns (A.) war Mitarbeiter bei den Untersuchungen, welche Herr Geheimrat Stumpf während der Anwesenheit einer siamesischen Hoftheatertruppe in Berlin (1900) anstellte (Stumpf 1901a).

27 Mit Hilfe des Appunnschen Tonmessers bestimmten wir die einzelnen Töne aller siamesischen Instrumente und fanden zunächst, dass sämtliche Instrumente ganz wunderbar untereinander übereinstimmten und die Oktaven ebenfalls. Die Schwingungszahlen derselben ergaben durchwegs genau dasselbe Verhältnis 1:2. Sämtliche anderen Intervalle aber erschienen uns ganz unrein. Sie stimmten weder mit physikalisch reinen noch mit temperierten Intervallen überein.

28 Innerhalb der Oktave fanden wir 7 Tonstufen. Die Schwingungszahlen der einzelnen Töne sind an folgender Reihe ersichtlich: 423, 467, 516, 570, 629, 695, 767. Die Differenz wächst von Ton zu Ton; betrachtet man aber nicht die Differenz, sondern die Verhältnisse der Schwingungszahlen, so findet man, dass zwischen zwei benachbarten Tonstufen genau dasselbe Schwingungsverhältnis besteht. Die Oktave ist also in sieben geometrisch gleiche Stufen geteilt, d.h. wir haben eine gleichschweben-

to be analyzed at its original speed, by playing them at a slower tempo, in corresponding transposition.

Furthermore one can split up the piece of music into small fragments, play back single measures, even single notes, and make precise annotations and measurements in conjunction with them. Finally, we have in the phonograph cylinder a lasting document, always available for performance and comparison. The phonograph was first used by Gilman in the study of Zuñi melodies and Chinese music (B. I. Gilman 1891, 1892; cf. Stumpf 1892). 25

We have become more closely acquainted with oriental music through two of its chief representatives, the Siamese and the Japanese. One of us (A.) collaborated in experiments which were undertaken by Geheimrat Stumpf during the stay of a Siamese court theater troupe in Berlin (1900) (Stumpf 1901a). 26

With the aid of Appunn's tonometer we determined the individual pitches of all the Siamese instruments and learned first of all that all the instruments conformed to one another to a quite marvelous degree, also with regard to the octaves. The number of cycles per second of the latter always evinced the same ratio of 1:2. But all the other intervals seemed quite impure to us. They correspond neither to physically pure nor to tempered intervals. 27

Within the octave we found 7 scale steps. The cycles per second of the individual pitches may be seen in the following series: 423, 467, 516, 570, 629, 695, 767. The difference increases from tone to tone; however, if one regards not the differences but rather the ratios of the frequencies, one finds that exactly the same relationship exists between any two neighboring scale steps. Thus the octave is divided into seven geometrically equal steps, i.e., we have a proportionally balanced, tempered 28 de, temperierte siebenstufige Leiter. Keine Halbtöne, keine Ganztöne sind vorhanden, eine mittlere Stufe, etwa $\frac{3}{4}$ Ton ist an deren Stelle getreten, kleine und grosse Terz, beide Sexten und Septimen sind zu einer neutralen Terz, Sexte und Septime geworden. Die Quarte ist gegen unsere zu hoch, die Quinte zu tief.

29 Man erhält die Leiter mathematisch, wenn man die Schwingungszahlen jedes vorhergehenden Tones mit $\sqrt[7]{2}$ multipliziert. Die Abstimmung der Töne auf allen Instrumenten erweist sich als so genau, dass die Differenz zwischen ihnen und den berechneten nur gelegentlich wenige Schwingungen beträgt, und es ist absolut kein Zweifel, dass diese Stimmung intendiert ist. Hier erheben sich zwei fundamentale Fragen:

1. Weshalb teilen die Siamesen ihre Oktave gerade in sieben Tonstufen?
2. Wie kommen sie zu den geometrisch gleichen Tonstufen?

30 Stumpf vermutet, dass die Wahl der Siebenzahl nicht auf musikalischen, sondern auf allgemeinen, in der allverbreiteten Zahlenmystik liegenden Gründen beruht. Die Siebenzahl gilt dem Buddhismus als heilig, die Siamesen sind Buddhisten. Dass die Annahme einer heiligen Zahl nichts Auffälliges an sich hat, sieht man bei Betrachtung der chinesischen Musik, bei welcher die Theoretiker die Fünfstufigkeit ihrer Leiter auf metaphysisch-mystische Gründe stützen.

31 Die Siamesen haben sicherlich ihre Leiter nicht durch Logarithmen, Wurzelausziehung und Tonmesser hergestellt. Sie müssen die geometrisch gleichen Stufen durch die Empfindung oder das Gefühl kontrolliert haben, und es ist die nächstliegende und wohl einzig mögliche Annahme die, dass die aufeinanderfolgenden, geometrisch gleichen Tonstufen sich für die Siamesen in der Empfindung als gleiche Tonabstände darstellen. Ein Analogon zu

seven-note scale. No half-steps and no whole steps are present, but an intermediate step, approximately $\frac{3}{4}$ of a tone, is present instead; the minor and major thirds and both of the sixths and sevenths appear as neutral thirds, sixths, and sevenths respectively. The fourth is too large in comparison to ours, the fifth too small.

The scale may be constructed mathe- 29
matically by multiplying the frequency of each preceding note by $\sqrt[7]{2}$. The tuning of the notes on all the instruments is so precise that the difference between the actual and the calculated frequencies is only occasionally a few cycles per second, and there can be absolutely no doubt that this tuning is intentional. At this point two fundamental questions arise:

1. Why did the Siamese divide their octave into seven scale-steps?
2. How did they manage to arrive at geometrically equal scale-steps?

Stumpf suspects that the choice of the 30
number seven does not have its basis in music, but rather in the more general, omnipresent mystique of numerology. The number seven is sacred in Buddhism, and the Siamese are Buddhists. The fact that adoption of a sacred number is not extraordinary is evident when one looks at Chinese music, where theorists assign metaphysical and mystical motives for the pentatonic character of its scale.

Certainly the Siamese did not construct 31
their scale by means of logarithms, squareroot derivations, and pitch-measuring devices. They must have controlled the geometrically equal steps either by sensitivity or intuition; the most plausible assumption, and probably the only one possible, is that the successive, geometrically equal steps appear as equidistant tones to Siamese perception. An analogue of the seventone Siamese scale is the quite similarly

der 7stufigen siamesischen Leiter bildet die auf Java gebräuchliche, ganz ähnlich gebaute 5stufige *Salendro*leiter.

32 Bei den Japanern, deren Musik wir (1903) bei Gelegenheit des Gastspiels der Sada Yakko in Berlin studierten, finden sich vorwiegend Intervalle der physikalisch reinen Stimmung, wie sie durch die Einfachheit der Schwingungsverhältnisse gegeben sind. Nebenbei kommen auch gelegentlich neutrale Terzen und Sexten vor, sowie einige merkwürdige Intervalle auf Instrumenten, die aussermusikalischen Prinzipien ihre Entstehung verdanken. Die Musik ist einstimmig und der Japaner kennt ebenso wenig wie die anderen orientalischen Völker Harmonie. Das einstimmige Musizieren gestattet weite Freiheiten in den Intonationen und im Rhythmus. –

33 In neuerer Zeit hat die phonographische Technik grosse Fortschritte gemacht. Dem Phonographen ist das Grammophon gefolgt und beide Apparate wetteifern miteinander, denn jeder hat seine Vorzüge und seine Mängel. Bei beiden Apparaten werden Membran-Schwingungen durch Hebelwirkung auf einen Stift übertragen, welcher seine Bewegungen in eine wachsartige Masse einschreibt. Beim Phonographen arbeitet der Stift senkrecht gegen die Oberfläche einer rotierenden und sich seitwärts verschiebenden Wachswalze; es entsteht also eine schraubenförmige Linie auf der Walze, in welcher die einzelnen Tonschwingungen als Stiche senkrecht in die Walzenoberfläche hineinpunktiert sind. Das Grammophon verwendet an Stelle von Walzen Platten; der Stift zeichnet die Wellenform der Tonschwingungen in der Ebene der Platte auf. Leider ist die genauere Aufnahmetechnik des Grammophons noch Geheimnis, sodass es für den Privatmann nicht möglich ist, Aufnahmen zu machen.

34 In Anbetracht dessen, dass für die Konservierung Platten viel geeigneter sind als Walzen, ist in Wien ein Apparat konstruiert worden, der die Mitte hält zwischen

constructed five-tone *slendro* scale used in Java.

With the Japanese, whose music we 32 (1903) studied on the occasion of a guest appearance of Sada Yakko in Berlin, one finds predominantly intervals of physically pure tuning resulting from the simple ratios of vibration rates. Occasionally neutral thirds and sixths also occur in an incidental way, as well as a few curious intervals on instruments which owe their existence to extramusical factors. The music is monophonic; harmony is as little known to the Japanese as to other oriental peoples. Monophonic music is tolerant of great liberties in intonation and rhythm.

In recent times audio technology has 33 made considerable advances. The phonograph has been followed by the gramophone, and both machines compete with one another because each has its advantages and its shortcomings. In both machines the vibrations of a diaphragm are transmitted by means of leverage acting upon a stylus which inscribes its movements onto a waxlike substance. In the phonograph the stylus operates vertically against the surface of a rotating and laterally moving wax cylinder; thus lines are formed like the threads of a screw upon the cylinder, onto which the individual sound vibrations are vertically engraved as pricks in the surface of the cylinder. The gramophone uses discs instead of cylinders; the stylus records the wave form of the sound vibrations on the level surface of the disc. Unfortunately the more specific recording technology of the gramophone is still a secret, so that it is not possible for the private individual to make recordings.

With the fact in mind that discs are 34 much easier to preserve than cylinders, a machine which strikes a compromise between the phonograph and the gramo-

Phonograph und Grammophon. Es ist ein Phonograph, welcher in Platten statt in Walzen seine Schwingungen eingraviert, aber, wie beim gewöhnlichen Phonographen, senkrecht zur Oberfläche arbeitet; es ist dies der Wiener Archiv-Phonograph, mit welchem Prof. S. Exner den Grund gelegt hat für die Errichtung eines wissenschaftlich-phonographischen Museums. Auch dieser Apparat hat noch einen Nachteil: sein grosses Gewicht erschwert den Transport. Deshalb lässt man jetzt die Metallteile des Apparates in Magnalium ausführen und hofft damit eine grössere Handlichkeit zu erzielen.

35 Das Wiener Phonogrammarchiv hat bereits in Brasilien und auf griechischen Inseln Material gesammelt und neuerdings zahlreiche Proben arabischer Dialekte und Lieder aufgenommen. In Paris hat Hr. Azoulay gelegentlich der Weltausstellung 1900 von den auf dem Trocadero versammelten fremden Volksstämmen phonographische Aufnahmen gemacht, und die Société anthropologique in Paris besitzt ebenfalls ein phonographisches Museum. In Amerika, der Heimat des Phonographen, hat Prof. Franz Boas all seine Expeditionen mit Phonographen ausgerüstet und ein stattliches Material gesammelt.

36 Aus Walzen und Platten können auf galvanoplastischem Wege Metallnegative, in letzter Zeit auch Metallpositive hergestellt werden, so dass nichts mehr fehlt, ein Archiv dauerhafter musikalischer Dokumente exotischer Musik zu begründen und diesen bisher so arg vernachlässigten Zweig der Ethnologie zu pflegen. Es wäre zu wünschen, dass die wissenschaftlichen Institute sich dieser Aufgabe bald annähmen, da die rapide Ausbreitung der europäischen Kultur die Ursprünglichkeit der exotischen Musik zu verwischen droht.

phone was built in Vienna. It is a phonograph which engraves its vibrations onto discs rather than cylinders but, as with the ordinary phonograph, operates vertically to the surface; it is this – the Vienna Archive phonograph – with which Professor S. Exner laid the foundation for the establishment of a scientific phonographic museum. This machine also has a disadvantage: its great weight makes transport difficult. For this reason the metal parts of the machine are now being constructed of magnalium and it is hoped that this will make it easier to handle.

The Vienna Phonogram Archive has already collected material in Brazil and on Greek Islands and recently recorded numerous samples of Arab dialects and songs. In Paris, on the occasion of the 1900 World Fair, Mr. Azoulay made phonographic recordings of unfamiliar native tribes gathered on the Trocadero, and the Société anthropologique in Paris also has a phonographic museum. In America, the home of the phonograph, Professor Franz Boas has equipped all his expeditions with phonographs and has collected an imposing body of material. 35

By electroplating processes, metal negatives, and recently metal positives as well, can be made of cylinders and discs, so that nothing else is wanting for the establishment of an archive of lasting musical documents of exotic music and for the nurturing of this branch of ethnology, which has been thus far so seriously neglected. It would be ideal if the scientific institute would assume this responsibility soon, because the rapid expansion of European culture threatens to erase the primordial character of exotic music. 36

Anhang

Anleitung zur Handhabung des Phonographen für Forschungsreisende und Missionare.

A. Ausrüstung.

1. Phonograph oder Graphophon mit Aufnahme- und Wiedergabemembran, Schalltrichter, Schlüssel.
2. Reservemembranen oder Reparaturausrüstung.
3. Ölkanne, Staubpinsel, Lederlappen, Schraubenzieher.
4. Walzen, tunlichst vor Erschütterung, grosser Hitze, Nässe zu schützen.
5. Stimmpfeife (Normal-a = 435).

B. Aufnahme.

1. Uhrwerk vor jeder Aufnahme ganz aufziehen.
2. Uhrwerk gewöhnlich mit mittlerer Geschwindigkeit laufen lassen; bei sehr hoher, sehr leiser oder sehr schneller Musik grosse Geschwindigkeit.
3. Der Apparat ist festzustellen und während der Aufnahme nicht zu verrücken.
4. Jede Aufnahme hat damit zu beginnen, dass das a des Stimmpfeifchens in den Apparat hineingeblasen, dann die Journalnummer und der Titel der Aufnahme hineingesprochen wird.
5. Schallkörper des Instrumentes, Mund des Sprechers oder Sängers möglichst dicht an den Schalltrichter bringen, ohne diesen zu berühren.
6. Der Spieler (Sänger) möge, wenn angängig, den Takt durch Händeklatschen markieren (möglichst nahe der Schallöffnung des Trichters).
7. Nach Gesangsaufnahmen ist der tiefste und höchste Stimmton des Sängers aufzunehmen (Stimmumfang).

Appendix

Instructions for the operation of the Phonograph for Field Researchers and Missionaries.

A. Equipment

1. Phonograph or gramophone with recording and playback diaphragm, megaphone, hand-crank.
2. Spare diaphragms or repair kit.
3. Oilcan, dusting brush, chamois cloth, screwdriver.
4. Cylinders, protected as much as possible from shock, high temperatures, dampness.
5. Pitch pipe (standard *A* = 435).

B. Recording

1. Wind the mechanism completely before every recording.
2. Normally set the mechanism to run at an intermediate speed; with very high-pitched, very soft, or very fast music, run at high speed.
3. Put the machine solidly in place and do not move it while recording.
4. Begin every recording by sounding the *A* of the pitch pipe into the machine and then speaking into it the log number and title of the recording.
5. Bring the resonator of the musical instrument, the speaker's or singer's mouth as close as possible to the megaphone without touching it.
6. The player (singer) may, if practicable, mark the beat by handclapping (as close as possible to the bell of the megaphone).
7. After recording songs, record the lowest and highest note of the singer (vocal range).

Instrumental musicians should be allowed to play into the phonograph

Instrumentalmusiker mögen die vollständige Skala ihres Instrumentes in der bei ihnen üblichen Reihenfolge in den Phonographen hineinspielen; bei Saiteninstrumenten sind die leeren Saiten besonders aufzunehmen.

8. Jede Aufnahme ist sofort probeweise ganz zu reproduzieren.
9. Notierung der Journalnummer, des Orts und Titels der Aufnahme auf der Walzenschachtel.
10. Möglichst sorgfältiges Ausfüllen des Journals.
11. Es empfiehlt sich, gelegentlich von einem Musikstück zwei Aufnahmen zu machen (auch von verschiedenen Musikern).

C. Journal.

1. Fortlaufende Nummer der Aufnahme:
2. Datum und Ort der Aufnahme:
3. Person des Sprechers oder Musikers:
   a) Volksstamm:
   b) Name:
   c) Alter:
   d) Geschlecht:
   e) Beruf:
4. Gegenstand der Aufnahme:
   a) Sprache (Konversation, Deklamation)?
      Gesang (Solo, Zwiegesang, Chor, Instrumentalbegleitung)?
      Instrumentalmusik (Name, Beschreibung, Zeichnung oder Photographie des Instrumentes)?
   b) Titel des Stückes:
   c) Gattung des Stückes (Tanzgesang, religiöser Gesang, Volkslied usw.)?
   d) Einheimischer Name der Tonart:
5. Text des Liedes oder der Sprachprobe in möglichst sorgfältiger Transskription, event. mit Übersetzung (auf der rechten Seite zu notieren):
6. Existiert eine einheimische musikali-

the complete scale of their instrument in the succession to which they are accustomed; in the case of stringed instruments, record the open strings separately.

8. Test every recording immediately by playing it back in its entirety.
9. Enter the log number, location, and title of the recording on the cylinder container.
10. Fill out the log as carefully as possible.
11. Occasionally it is advisable to make two recordings of the same piece of music (also by different musicians).

C. Log

1. Consecutive number of the recording:
2. Date and location of the recording:
3. Particulars of the speaker or musician:
   a) Tribe:
   b) Name:
   c) Age:
   d) Sex:
   e) Profession:
4. Object of the recording:
   a) Speech (conversation, declamation)?
      Singing (solo, duet, chorus, instrumental accompainment)?
      Instrumental music (name, description, drawing or photograph of the instrument)?
   b) Title of the piece:
   c) Category of the piece (dancing song, religious song, folksong, etc.)?
   d) Indigenous name of the mode:
5. Text of the song or speech sample in as careful a transcription as possible, perhaps with translation (to be written on the righthand side):
6. Does an indigenous musical notation of the recorded piece exist? (if possi-

sche Notation des aufgenommenen Stückes? (event. Notierung in derselben auf der rechten Seite).

7. Bemerkenswerte Nebenumstände (Haltung, Ausdruck des Vortragenden; Gebärden, Tanz, Zeremonien):

Fakultativ:

8. Einheimische Theorie? Leitern (5 stufig, 7 stufig? Wie motivieren die Einheimischen die Stufenzahl?) Mehrstimmigkeit in Gesang und Instrumentalmusik?
9. a) Berufsmusiker (Organisation, soziale Stellung usw.)?
   b) Liebhabermusik (Ausbreitung, Unterricht usw.)?
10. Verhältnis der Einheimischen zur europäischen Musik?
11. Einheimische Ursprungsmythen und Geschichte der Musik?

ble, write down in same on righthand side).

7. Noteworthy circumstances (bearing, expression of the executant; gestures, dance, ceremonies):

Optional

8. Indigenous theory? Scales (five-tone, seven-tone? How do the locals arrive at the number of scale steps?) Multipart texture in singing and instrumental music?
9. a) Professional musicians (organization, social standing, etc.)?
   b) Amateur music (prevalence, instruction, etc.)?
10. Attitude of the indigenous musician to European music?
11. Indigenous myths of origin and history of music?

E. M. VON HORNBOSTEL

Melodischer Tanz. Eine musikpsychologische Studie

1904

Melodic Dance. A Musico-psychological Study

English translation by

Juana de Laban

aus/from: *Zeitschrift der Internationalen Musikgesellschaft* 5 (12), 1904: 482-488.

1 So oft in einer Kunstgattung ein neues oder lange vergessenes Prinzip auftaucht, entbrennt unter Ästhetikern von Fach oder unter genießenden Laien ein lebhafter Kampf. Begeisterte Zustimmung, schroffe Ablehnung, alle möglichen Vermittlungsversuche sind meist früher da, als eine tiefergehende Untersuchung der strittigen Punkte. Durch die kühnen Reformbestrebungen einer jungen Amerikanerin ist das Stiefkind der darstellenden Kunst: der Tanz, in letzter Zeit wieder mehr in den Vordergrund des Interesses gerückt worden. Miss Duncan's Tänze, namentlich die zu Chopin'scher und Beethoven'scher Musik, gaben den Anstoß zu zahllosen kritischen Erörterungen in der Tagespresse, die aber, soweit mir bekannt, stets nur auf ästhetischer Grundlage ruhten. Dennoch, will mir scheinen, liegt hier auch für den Psychologen ein Problem vor, das wert ist, angeschnitten zu werden. Dies wollen die folgenden Zeilen versuchen.

2 Wir sind gewohnt, einzig den Rhythmus als das verbindende, gemeinsame Element zwischen Musik und Körperbewegung anzusehen, und diese Ansicht scheint auf den ersten Blick den Tatsachen vollkommen angemessen. In unseren landläufigen Balletten und Gesellschaftstänzen entsprechen die einzelnen Tanzschritte den „Taktschlägen" der Musik, während das Melodische für die Bewegung irrelevant bleibt. Wir tanzen denselben Walzerschritt zu jeder Melodie, wenn nur der Rhythmus der rechte ist; ja die Melodie könnte sogar ganz fehlen: der Walzer kann noch getanzt werden, wo man vom Ballorchester nur die Pauke und das Gebrumme des Kontrabasses vernimmt; besteht doch die Tanzmusik primitiver Völker häufig allein aus

Whenever a new principle appears – or a long forgotten one reappears – in an art form, a lively battle ensues among the professional aesthetes and the interested laymen. Enthusiastic acceptance, rude rejection, and all kinds of compromises are usually in the offing before a critical investigation is undertaken, in depth, of the points at issue. Through the daring reform work of a young American woman, the step-child of the interpretive arts – the dance – has moved more and more into the foreground in recent times. Miss Duncan's dances, especially those set to works of Chopin and Beethoven, stimulated countless critical articles in the press, which were, however (to my knowledge), always based solely on aesthetical arguments. It appears to me that this presents a problem worth examining by the psychologist. The following is an attempt at such an examination. 1

We are accustomed to look upon rhythm as the sole connecting, common element between music and body movement, and at first glance this view appears to be in complete accord with the facts. In our normal ballet and ballroom dancing, the individual dance steps coincide with the "beat" of the music, while the melodic element is irrelevant to the movement. We dance the same waltz step to every melody, provided the rhythm is right; the melody could, in fact, be left out altogether: the waltz can be danced when the ballroom orchestra confines itself solely to the beat of the drums and the growls of the double bass. So too, the dance music of primitive peoples frequently consists solely of percussion instruments: drums, tam- 2

Schlaginstrumenten: Trommeln, Tambourins, Rasseln, Cymbeln, Kastagnetten – oder gar nur aus einfachem Händeklatschen. Auch das Marschieren des Militärs zum Schlage der Trommel beweist, daß das rhythmische Geräusch genügt, die Körperbewegung zu regeln.

3 Der psychologische Vorgang ist hier relativ einfach. Der musikalische Rhythmus äußert sich im wesentlichen in einer durch dynamische Hervorhebung einzelner Töne („Akzent," „guter Taktteil") erleichterten Unterteilung der Melodie in kleinere, meist gleichlange Gruppen (Takte und Taktteile), die als gesonderte Einheiten aufgefaßt werden. Die Betonungen lösen Bewegungsimpulse aus, deren Stärke dem dynamischen Wert des Akzents entspricht. Physiologisch gesprochen, findet eine Übertragung einer Erregung von einem Sinneszentrum (dem akustischen) auf ein Bewegungszentrum, mit geringer Beteiligung höherer Zentren, statt: wir können also den Vorgang der Einfachheit halber als Reflex-Bewegung betrachten. Wahrscheinlich wird durch die akustische Erregung nur ein allgemeiner Bewegungsimpuls ausgelöst; die Art der Bewegung wäre demnach nicht durch die Art der Erregung determiniert, wie bei den bekannten (meist zweckmäßigen) Reflexen des gewöhnlichen Lebens. Nur der zeitliche Abstand und der Stärkegrad der motorischen Impulse entspricht natürlich dem der Akzente, d.h. der Bewegungsrhythmus ist derselbe, wie der Melodierhythmus; der Tänzer bewegt sich „im Takte der Musik."

4 Da in unseren Tänzen der Rhythmus in der Regel nicht wechselt, dieselbe Akzentperiode in beständiger Wiederholung wiederkehrt, stellt sich beim Tänzer alsbald ein regelmäßiger, automatischer Ablauf der Bewegungen ein, die der akustischen Impulse kaum mehr bedürften. Diese dienen dann lediglich dazu, die einzelnen (zentralen) Erregungen zu verstärken, der Bewegung gewissermaßen jedesmal einen neuen Elan zu erteilen. Hiermit ist eine

bourines, rattles, cymbals, castanets – or, quite simply, of clapping. The marching of soldiers to drum beats also offers proof that rhythm alone is sufficient to regulate body movement.

The psychological process involved here is relatively simple. The musical rhythm is expressed, in the main, by the dynamic stressing of individual pitches (accents, strong beats) resulting in the easier subdivision of the melody into smaller, usually uniformly long groups (bars and parts of bars), which are perceived as separate units. The stresses provide movement impulses whose strength matches the dynamic value of the accent. Physiologically speaking, a transference of a stimulus takes place from a sensory center (the acoustic center) to a movement center, with little participation of higher centers: thus, for simplicity's sake, we can regard the process as a reflex movement. The acoustic stimulus probably only sets off a general movement impulse; the kind of movement would therefore not be determined by the kind of stimulus, as is the case with the familiar – and mostly "practical" – reflexes of normal life. Only the temporal spacing and the strength of the motor impulse naturally coincide with the accents, that is, the rhythm of the movement is the same as the rhythm of the melody; the dance moves "in the rhythm of the music." 3

As the rhythm does not change, generally speaking, in our dances, and the same accent period is continuously repeated, a regular, automatic succession of movements soon takes over and the dancer scarcely requires the acoustic impulses any longer. These then serve solely to intensify the individual (central) impulses, to give the movements renewed élan every time, as it were. This results in a considerable conservation of energy: we are "in the 4 wesentliche Kraftersparnis verbunden: wir fühlen uns durch den Tonrhythmus „gepackt," werden von ihm „getragen," während ein Tanz oder Marsch ohne musikalische Begleitung uns alsbald ermüden würde. Freilich muß der akustische Impuls stets genau gleichzeitig mit dem zentralen eintreten, sonst würde er stören, statt zu helfen. Rhythmisch zum Tanze spielen heißt deshalb nichts anderes, als das gegebene Tempo (und die Reihenfolge der Betonungsstärken) streng festhalten. Umgekehrt ist bei unseren Tänzen derjenige der beste Tänzer, der dem Rhythmus der Musik mit seinen Bewegungen am genauesten folgt. Auch die choreographischen Evolutionen der Balletkorps werden vorwiegend, wo nicht ausschließlich, durch den Rhythmus geregelt.

5 In Miss Duncan's Tänzen dagegen gibt es keine Pas. Der Rhythmus spielt eine ganz sekundäre Rolle; er bildet nicht die Grundlage der Bewegung, er lagert sich vielmehr über die Bewegung, etwa wie in einem kontrapunktischen Gefüge eine Nebenmelodie über den Cantus firmus.

6 Vielfach sind die Tänze der Amerikanerin geradezu als unrhythmisch bezeichnet worden. Dennoch zeigen Musik und Körperbewegungen gerade in diesen Tänzen den engsten Zusammenhang; ja sie scheinen enger verknüpft als sonst, oft zu vollkommener Einheit verschmolzen. Es muß also in der Musik außer dem Rhythmus noch ein anderes Moment geben, das geeignet ist Bewegungen auszulösen. Dieses müssen wir nunmehr aufsuchen.

7 Es ist bekannt, daß Töne, die im Oktavenintervall zueinander stehen, sich so ähnlich sind, daß sie leicht verwechselt, oft sogar als „derselbe Ton" bezeichnet werden. Niemand aber wird das Fortschreiten von einem Ton zu seiner höheren Oktave mit dem Übergang zu seiner tieferen Oktave verwechseln; das Spiegelbild einer Melodie, auch wenn sie aus denselben Intervallenschritten sich zusammensetzt, ist

grip" of the musical rhythm, "carried along" by it, while a dance or march without musical accompaniment would soon tire us. Certainly, the acoustic impulse must always occur simultaneously with the central impulse, otherwise it would disturb rather than help. Thus, to play rhythmically for dancing simply means to adhere very strictly to the given tempo (and to the correct succession of stressed pitches). Conversely, in our form of dancing, the best dancer is the one who most precisely follows the rhythm of the music with his movements. The choreographic evolutions of the *corps de ballet* are primarily, if not exclusively, dominated by rhythm.

In Miss Duncan's dance, however, there are no *pas*. The rhythm plays a very secondary part; it does not form the basis of the movement, but rather, it overlays the music the way a secondary melody overlays the cantus firmus in a contrapuntal work. 5

Miss Duncan's dances have even frequently been called unrhythmic. And yet it is precisely in these dances that the music and the body movements are most intimately fused: they seem even more closely related than in other forms of dance, often merging into a perfect unit. Thus there must be an element in music other than rhythm which can stimulate movement. This is what we shall now try to identify. 6

It is well known that pitches which are an octave apart resemble one another so closely that they are often confused and even taken to be the "same note." But no one will mistake the progression from one pitch to the pitch an octave above, with the opposite movement, namely to the octave below; the mirror image of a melody, even though it consists of the same intervals, is a completely new melo- 7 eine vollkommen neue Melodie, deren Ähnlichkeit mit dem Vorbild der Ungeübte nur schwer wird erkennen können. Die Richtung der Melodie erzeugt hier die Verschiedenheit der Wirkung, und wir können nicht nur metaphorisch in diesem Sinne von Melodiebewegung reden. Ein Aufsteigen der Tonhöhe empfinden wir als Steigerung, ein Absteigen als Absinken. Musikalische pflegen diesen ,,Ausdruck" durch einen analogen dynamischen zu unterstützen; gegensätzlicher melodischer und dynamischer Ausdruck, wie ein Crescendo bei absteigender Melodiebewegung erzeugt einen eigentümlichen, komplexen Eindruck, der von manchen Tonsetzern zu besonderer Wirkung verwendet wird. Abgesehen von allen Intervallverhältnissen hat jede absteigende Tonfolge etwas Beruhigendes, was der aufsteigenden fehlt, wenn der Eindruck auch wohl gelegentlich durch konkurrierende Momente abgeschwächt, sogar aufgehoben wird.

8 Die Melodiebewegung löst in viel unmittelbarerer Weise, als der Rhythmus, Bewegungsimpulse und Bewegungsvorstellungen aus. Wir pflegen diesen Impulsen für gewöhnlich, durch Kleidung und Sitte gehemmt, nicht nachzugeben; auch sind sie wohl meist nicht stark genug, um nicht mit Leichtigkeit unterdrückt zu werden. Dennoch wird auch der aufmerksame Konzertbesucher zuweilen leichte Hand- und Kopfbewegungen, Dehnen des Thorax usw. an sich beobachten können, die durchaus nicht vom Rhythmus des Musikstückes ausgelöst sind. Auch die Orchesterdirigenten pflegen sich nicht mit maschinenmäßigem Taktschlagen zu begnügen, sondern folgen mit ihrem Stabe der Melodiebewegung; diese charakteristischen malenden Arm- und Handbewegungen, erleichtern oft dem Hörer das Auffassen der Musik wesentlich.

9 Der psychologische Vorgang hierbei ist demjenigen, in dem wir oben das Wesen unseres Tanzes erkannten, insofern analog, als wir es auch mit einer Erregungsüber-

dy, whose similarity to the original is not easily recognized by the layman.

The different effect here is caused by the direction of the melody, and we can therefore speak – not only metaphorically – of a melodic movement. Ascending pitches are felt by us as intensification, descending pitches as relaxation. Musical people tend to reinforce this "expression" by an analogous dynamic expression: contradictory melodic and dynamic expressions (as, for instance, a crescendo in a falling melodic line) create a strange, complex impression, which is employed by some composers to achieve special effects. Quite apart from interval relationships, however, any falling melodic line has a soothing effect – a characteristic which is lacking in rising lines, even though this impression is sometimes weakened or even cancelled out by other elements.

Melodic movement produces far more 8
direct movement impulses and impressions than does rhythm. Inhibited by our clothing and by custom, we generally refrain from giving in to these impulses; and, furthermore, they are usually not so powerful that they cannot be easily suppressed. Nevertheless, the observant concertgoer will occasionally notice in himself slight movements of the hands and head and a tendency for his thorax to expand, etc., which are certainly not caused by the rhythm of the music. Neither are orchestral conductors satisfied with a mechanical beating of time, but trace the melodic line with their baton; these characteristic, interpretative arm and hand movements are often of considerable help to the listener in his understanding of the music.

This psychological phenomenon is ana- 9
logous to the one mentioned above, in which we recognized the essence of our dance, in so far as here, too, we are con-

tragung vom akustischen zum motorischen Zentrum, einer Art Reflex zu tun haben. Der Unterschied ist erstens der, daß hier und dort ein anderes Moment der Sinnesempfindung erregend wirkt; zweitens ist die Art der Bewegung nicht mehr völlig unabhängig von der Eigentümlichkeit des erregenden Momentes. Die Richtung der Körperbewegung fällt stets mit der Bewegungsrichtung der Melodie zusammen: bei steigender Melodie haben wir die Tendenz, Kopf, Arm, Bein und Thorax zu heben, bei fallender Melodie, die Gliedmaßen sinken zu lassen und auszuatmen. Daß hier eine physiologische Korrelation und nicht ein bloßes Spiel von Assoziationen vorliegt, geht schon daraus hervor, daß ganz analoge Bewegungen zu allen Zeiten und bei den verschiedensten Völkern die musikalischen Äußerungen begleitet haben. Offenbar ist eine einheitliche akustisch-motorische Bewegung als gemeinsame Wurzel anzunehmen, die erst im Laufe der Entwicklung sich in zwei getrennte Bewegungen differenzierte, ohne daß der innige Zusammenhang beider verloren gegangen wäre. Diese Annahme führt a priori zu der Vermutung, es müsse eine steigende bzw. fallende Bewegung auf akustischem Gebiet ebenso der adäquate Ausdruck der entsprechenden motorischen Bewegung sein, wie umgekehrt. Und dies ist in der Tat der Fall. Die Melodiebewegung ist eines der elementarsten und wirksamsten musikalischen Ausdrucksmittel, das geeignet ist, im Hörer die Vorstellung realer Bewegungen mit besonders suggestiver Kraft zu erwecken.[1]

10 Hierin – als Ausdrucksmittel – steht die Melodiebewegung dem Rhythmus in keiner Weise nach, vermutlich ist sie ihm sogar überlegen. Ja, wenn ein paradox klingender Ausdruck gestattet ist, könnte

[1] Auf die Bedeutung der Melodiebewegung für die beabsichtigte Schilderung realer Bewegung hat meines Wissens zuerst ein französischer Forscher aufmerksam gemacht, vgl. Edmond Goblot 1901.

cerned with a transfer of stimulus from the acoustic to the motor center, i.e., with a kind of reflex. The difference is firstly that another type of sensual perception causes the stimulus, and secondly, that the kind of movement is no longer completely independent of the character of the stimulus. The direction in which the body moves always matches the direction taken by the melody: in the case of a rising melody we tend to lift head, arms, legs and thorax, while in the case of a falling melody, the tendency is to lower them and to breathe out.

That this is a case of physiological correlation and not a mere play of associations is proved, if by nothing else, by the fact that musical stimuli have brought forth completely analogous movements in the most widely differing peoples throughout history. We may clearly assume the existence of unified acoustico-motor movement as a common root, which was differentiated into two separate movements only in the course of time, without, however, the inherent close relationship being lost. This hypothesis leads us a priori to the assumption that an ascending or a descending acoustic movement must be just as adequate an expression of its corresponding motor movement as vice versa. And this is indeed the case. Melodic movement is one of the most elementary and most effective media of musical expression, and it is particularly potent in suggesting to the listener the illusion of physical movement.[1]

From this point of view – as a means of expression – melodic movement is in no way secondary to rhythm, and can even be presumed to be superior to it. And, paradoxically, it could even be said that 10

[1] To the best of my knowledge, it was a French scientist who first drew attention to the importance of melodic movement for the purpose of describing actual movement: cf. Edmond Goblot 1901.

man sogar sagen, die Melodiebewegung sei älter und ursprünglicher, als die Melodie. Im Gesang wenigstens gehört ein durch den Text determiniertes Heben und Senken der Stimme, das an keine bestimmten Tonschritte gebunden ist, zu den ältesten Formen, die uns überliefert sind. Es soll hier nicht über die Frage entschieden werden, ob der Sprechgesang, der den altindischen (vedischen) Gesängen eigentümlich ist und auf den vielleicht auch die altgriechische Rezitation und später der gregorianische Gesang zurückzuführen ist, ob der Sprechgesang das Übergangsglied von der dichterischen Sprache zum wirklichen Gesang bilde. Es sollte nur daran erinnert werden, daß die Melodiebewegung ein viel weiteres Gebiet beherrscht, als das rein musikalische. Was wir „Tonfall" oder „Sprachmelodie" nennen, ist nichts anderes als Melodiebewegung.

11 Das Verhältnis von Rhythmus und Melodiebewegung ist so wechselnd und vielfach so kompliziert, daß es einer speziellen Untersuchung bedürfte, um es vollkommen klarzulegen. Wir müssen uns hier mit einem kurzen Überblick über die in Frage kommenden Tatsachen begnügen. Einmal gehört die Melodie selbst zu den rhythmusbestimmenden Momenten. Ein Ton kann sich nicht nur, wie oben erwähnt, durch dynamische Hervorhebung unserer Aufmerksamkeit aufdrängen, sondern auch durch eine auffallende Stellung in der Melodie akzentuiert erscheinen. Wenn beispielsweise in einer Reihe gleichstarker und gleichlanger Töne jeder vierte von anderer Tonhöhe ist, als die drei anderen, so werden wir gezwungen, die Reihe als $\frac{4}{4}$-Takt und den aus der Reihe herausfallenden Ton jedesmal als guten Taktteil aufzufassen. In der praktischen Musik kompliziert sich das Verhältnis natürlich ungemein, da die anderen rhythmusbestimmenden Momente den melodischen Akzent bald unterstützen, bald ihm entgegenarbeiten. Auch sind die melodischen Folgen fast nie so einfach gebaut, wie in dem gewähl-

melodic movement is older and more primordial than the melody as such. In singing, at least, a raising and lowering of the voice, which is determined by the text and which is not bound to any definite intervals, is one of the oldest forms we know. There is no need to discuss in this context whether the sprechgesang, which is employed in the ancient Indian (Vedic) songs and on which classical Greek recitation and, later on, Gregorian chant may have been based, forms the connecting link between poetic language and true singing. The intention is simply to remind the reader that melodic movement dominates a much wider sphere than the purely musical. What we call "inflection" or "speech melody" is nothing but melodic movement.

The relationship between rhythm and melodic movement is so variable, and in many instances so complicated, that it could only be dealt with adequately in a separate study. We must here content ourselves with a short survey of the relevant facts. For one thing, melody is itself one of the elements which determines rhythm. A pitch is not only capable, as mentioned above, of attracting our attention by means of dynamic emphasis, but it can also appear emphasized if it occupies a conspicuous place within the melody. If, for instance, in a row of equally loud notes of equal duration each fourth pitch differs from the other three, we cannot help but interpret the row of notes as written in $\frac{4}{4}$ time, with the pitch that stands out marking the strong beat. 11

In practical music this relationship is, of course, vastly complicated by the fact that other elements, which also determine rhythm, at times underline and at other times contradict the melodic accent. Furthermore, the melodic sequences are hardly ever constructed as simply as in our example; tonal accents arise, for example, at points where a melodic line ten Beispiel; tonale Akzente treten an Umkehrpunkten der Melodierichtung, bei sprunghafter Melodiebewegung usw. auf. Immerhin sind der dynamische und melodische Akzent in weitem Maße voneinander unabhängig, und auch ihre psychologische Bedeutsamkeit ist je nach den Umständen verschieden. Auch darf nicht vergessen werden, daß die Melodiebewegung nicht bloß ein System von tonalen Akzenten darstellt; ein langsam ausgeführter Triller z.B. wird als Pendelbewegung empfunden, ohne daß einer der beiden Töne als akzentuiert erscheinen müßte. Man kann sich graphisch die Melodiebewegung gut versinnlichen, indem man die Notenköpfe durch Linien verbindet. (Die Möglichkeit dieser Darstellung ist übrigens kein Zufall, sondern liegt in der psychologischen Entstehungsgeschichte des europäischen Notationssystems begründet.) Man wird dann eine Kurve erhalten, die sich für das Auge ebenso gliedert, wie die Melodie für das Ohr. Diese Gliederung braucht mit der (durch die Taktstriche markierten) rhythmischen durchaus nicht zusammenzufallen, ein Beispiel mag dies erläutern. In Chopin's bekanntem Des-dur-Walzer (op. 64, Nr. 1) würde sich Takt 5–12 folgendermaßen darstellen:[2]

reverses its direction, or when the melodic movement procedes in leaps. In any case the dynamic and the melodic accent are to a large degree independent of one another, and their psychological significance, too, differs according to circumstances.

Nor should it be forgotten that melodic movement is not just a system of tonal accents; a slowly executed trill, for instance, is felt as a pendulum movement, without either of the two notes necessarily seeming accentuated. The melodic movement can easily be visualized graphically by joining the heads of the notes by lines. (The fact that this graphic possibility exists is, by the way, no coincidence, but derives from the psychological history behind the European system of notation.) The resultant graphic curve will be articulated visually in the same way that the melody is articulated aurally. This articulation need by no means coincide with the rhythmic one (as marked by the bars), as can be illustrated by an example. In Chopin's well-known Waltz in D flat major (op. 64 No. 1) bars 5–12 would appear thus:[2]

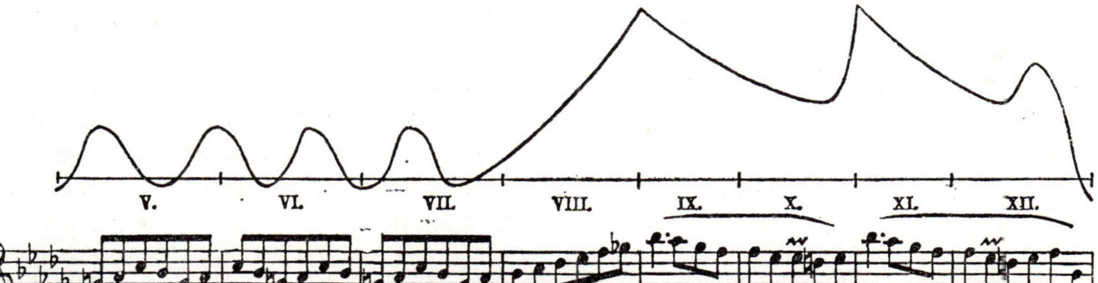

Melodisch zerfallen diese acht Takte in vier Gruppen: die erste reicht bis zum dritten

Analyzed melodically, these eight bars break down into four groups: the first

[2] Es ist nur die Melodie (rechte Hand) in Betracht gezogen; bei einer genaueren Analyse müßte natürlich auch die Begleitung berücksichtigt werden.

[2] Here only the melody (right hand) is considered; in a more detailed analysis the accompaniment would, of course, have to be taken into consideration as well.

Viertel von VII,[3] umfaßt somit beinahe drei Takte, die zweite dagegen nur einen Takt (VIII), die untereinander fast gleichen Gruppen drei und vier je zwei Takte. (Eigentlich beginnt die erste Gruppe bereits im ersten Takte des ganzen Stückes, erstreckt sich also über sieben Takte.) Die Melodiebewegung hat in der ersten Gruppe – infolge der regelmäßigen Wiederholung derselben Phrase von geringem Umfang – etwas Drehendes, Rollendes, steigt in der zweiten Gruppe allmählich an bis zum b^2, das als höchster Ton und Umkehrpunkt der Bewegung als starker melodischer Akzent wirkt, der überdies mit dem stärksten rhythmischen Akzent der ganzen Periode zusammenfällt. Als solcher erscheint das b^2, da es als längste Note (♩.) gewissermaßen ein Haltepunkt ist, auf den die vorausgehende Achtelbewegung zuläuft, und da es auf den guten Taktteil fällt. Die vorgeschriebene Dynamik (crescendo in der zweiten, diminuendo in der dritten Gruppe) läuft der Melodiebewegung vollkommen parallel.

12 All dies wird jedem Musikalischen selbstverständlich erscheinen. Auch ist es nunmehr leicht zu erkennen, was melodischen von rhythmischem Tanz unterscheidet. Der Tänzer, der seine Aufmerksamkeit der Melodiebewegung zuwendet, verstärkt die von dieser ausgelösten motorischen Impulse; die dynamischen Akzente, die rhythmische (taktliche) Gliederung treten in den Hintergrund. Aus dem Gesagten ergeben sich für die melodische Körperbewegung mancherlei Eigentümlichleiten, die ihr einige Vorzüge vor der rhythmischen ver-

[3] Bezüglich der inneren Gliederung dieser Gruppe sind zwei Auffassungen möglich: entweder viermalige Wiederholung der Gruppe *g, as, c, b* oder das erste *g – as* als Auftakt und die Gruppe *c, b, g, as* viermal wiederholt; für letzteres spräche, daß *c* als höchster Ton der Gruppe und als Umkehrungspunkt der Melodiebewegung wie ein (schwacher) melodischer Akzent wirkt; die zweite Gruppe würde dann in die erste übergreifen, da das letzte *g, as* beiden gemeinsam wäre.

group extends to the third quarter beat of VII,[3] and comprises almost three bars; the second group, on the other hand, consists of only one bar (VIII); the other two groups, with two bars each (IX–X and XI–XII), are almost identical. (Actually, the first group already begins in the first bar of the whole piece and thus comprises seven bars.) In the first group – due to the regular repetition of identical phrases of only small range – the melodic movement has a somewhat rotatory or rolling character; then in the second group it gradually climbs up to B^{b}_{5}, which forms a strong melodic peak toward which the preceding eighth notes seem to run and which also has the longest duration (♩.) and falls on the strong beat. The dynamic prescriptions (crescendo in the second group and diminuendo in the third) run completely parallel to the melodic movement.

None of this will be new to any musical person, but now at least the clear distinction between melodic and rhythmic dance can be seen. The dancer who focuses his attention on the melodic movement emphasises the motor impulses stimulated by it; the dynamic accents, the rhythmic (barred) construction are relegated to the background. 12

From what we have said it is clear that melodic body movement possesses a number of characteristics which make it superior to rhythmic body movement. In

[3] Two interpretations are possible with regard to the internal structure of this group: it can be viewed either as four repetitions of the group G, A♭, C, B♭, or the first G–A♭ can be treated as an upbeat, followed by four repetitions of the group C, B♭, G, A♭; the latter interpretation is strengthened by the fact that C, as the highest note of the group and the turning point of the melodic movement, has the effect of a (weak) melodic accent; in this case, the second group would overlap the first one, as the last G–A♭ would be common to both.

schaffen. Erstlich erscheint die melodische Bewegung geschlossener. An die Stelle einer kurzen, den einzelnen Takten korrespondierenden Bewegungsform, die sich, den Hauptakzenten entsprechend, in kleinen, stets gleich bleibenden Intervallen beständig wiederholt, einer Gliederkette vergleichbar, tritt eine Bewegungsreihe, die sich wie ein Faden weiterspinnt, mit der Melodie dahingleitet, steigt, fällt, kreist und springt. Hiermit ist schon ein zweiter Vorzug des melodischen Tanzes angedeutet: er ist abwechlungsreicher als der rhythmische. Endlich, und dies scheint mir das Wesentlichste zu sein, schmiegt sich die Tanzbewegung, die der Melodiebewegung folgt, inniger an das musikalische Vorbild an. Schon die physiologische Verknüpfung von akustischem Impuls und motorischer Reaktion ist eine engere. Aber die Melodiebewegung scheint mir für das musikalische Gesamtbild auch charakteristischer zu sein als der Rhythmus. Es mag unendlich viele Melodien von derselben rhythmischen Gestalt geben, alle melodisch durchaus verschieden voneinander. Die Ähnlichkeit zweier Melodien von gleicher Melodiebewegung, aber verschiedenem Rhythmus, würde dagegen sofort in die Augen springen – man denke z.B. an einen zum Militärmarsch umgebildeten Walzer. Vermutlich ist die Melodiebewegung auch dasjenige, was sich dem Gedächtnis des Hörers zuerst und am eindringlichsten einprägt. Wir haben oft nach erstmaligem Hören eines Musikstückes ein mehr oder minder verschwommenes Bild der Melodie, das wir auch (singend oder pfeifend) wiederzugeben vermögen, in dem aber die genaue rhythmische Gliederung und tonale Gestaltung noch fehlt. Bei Unmusikalischen pflegt das Erinnerungsbild in diesem Stadium stehen zu bleiben: sie singen das Gehörte mit unrichtigem oder unpräzisem Rhythmus, mit falschen Intervallen oder unreiner Intonation – aber mit richtiger Melodiebewegung nach.

13 Die melodische Körperbewegung ist

the first place, melodic movement appears to be more integrated. In place of the short form of movement corresponding to the individual bars and repeated again and again in small and always identical intervals of time, similar to a chain, we have a flowing line of movement which is spun on and on like a thread, gliding along with the melody, rising, falling, rotating, and leaping. This brings us to the second advantage of the melodic dance: it is more varied than rhythmic dance.

Finally, and this seems to me to be the most important point, dance movement which follows the melodic movement is more intimately aligned with the music. The physiological connection between the acoustic impulse and the motor reaction is itself a much closer one. And to my mind, the melodic movement is more characteristic for the overall musical picture than is the rhythm. There may be an infinite number of melodies, all cast in the same rhythmic form, but melodically all completely different from one another. On the other hand, the similarity between two melodies having the same melodic movements, but different rhythms, would be quite obvious – it is only necessary to think of a waltz made into a military march.

Presumably it is also the melodic movement which makes the most immediate and lasting impression on the listener's memory. Often, after hearing a piece of music for the first time, we have a more or less vague picture of the melody, which we could reproduce (whistling or singing), but which still lacks exact rhythmic construction and tonal form. In the case of unmusical people, the memory blocks at this stage: they sing what they have heard with incorrect or unclear rhythm, with wrong intervals or out of tune – but with the right melodic movement.

The melodic body movement is there- 13

daher der Ausdruck, der die Musik völlig eindeutig wiederspiegelt. Die akustische Bewegung wird in der vollkommensten Weise in sichtbare umgesetzt. Wie beim Tänzer die Elemente des akustischen und motorischen, so sind beim Zuschauer die Elemente des akustischen und optischen Bewegungsbildes einander aufs engste zugeordnet. Man könnte bei melodischem Tanz mit verschlossenen Ohren, bloß nach dem Gesichtseindruck, sehr wohl bestimmen, um welches Musikstück es sich handelt und an welcher Stelle es angelangt ist – natürlich die Kenntnis des Stückes vorausgesetzt. Ähnliches vermöchten wir bei unserer bloß rhythmischen Tanzweise nie. Die Tanzbewegungen bilden eine optische Empfindungsreihe, welche vermutlich ebenso wie die akustische, wenn auch schwächer, eine Reihe von Bewegungsimpulsen im Zuschauer erweckt; ein Vorgang, der wohl teilweise in einer allgemeinen psychischen Tendenz, dem Nachahmungstrieb, wurzelt. Wir haben hier abermals eine Kette von Reflexen; die Art der Bewegung (die freilich im Keim stecken bleibt), ist aber in noch höherem Grade von der Eigentümlichkeit des erregenden Momentes abhängig, als bei den oben besprochenen akustisch-motorischen Reihen. Das Wesentliche für den Eindruck, den der Zuschauer empfängt, ist nun, daß die vom akustischen und die vom optischen Zentrum aus erregten Impulse gleicher Art sind; diese Gleichheit ist selbst dann noch im psychologischen Gesamtvorgang wirksam, wenn die Impulse zu schwach sind, um über die Schwelle des Bewußtseins zu treten. Dadurch, daß dasjenige, was beiden Empfindungsreihen gemeinsam ist, im Unbewußten bleibt, dadurch scheint uns gerade die Verknüpfung notwendig, selbstverständlich, ursprünglich, natürlich. Die melodische Körperbewegung ist ebenso der adäquate Ausdruck der musikalischen Bewegung, wie die Melodiebewegung einen realen Bewegungsvorgang auszudrücken vermag. Gegen die Pantomime, die Hand-

fore the one means of expression which reflects the music unambiguously. The acoustic movement is perfectly translated into visible movement. And just as the acoustic and motor elements very closely correspond to one another in the dancer, in the spectator it is the acoustic and optical elements which correspond. In the case of a melodic dance it would be quite possible to determine, without hearing the music and guided only by the optical impression, which piece of music was being played and how far it had progressed – assuming, of course, that the spectator already knew the piece of music as such. This would be completely out of the question in the case of merely rhythmic dance.

The dance movements form a continuous line of optical sensations which, if not quite as pronounced as the acoustic sensations, nevertheless presumably awaken a number of motor impulses in the spectator; this phenomenon may well have its roots in a general psychic tendency: the urge to imitate. Here we again have a chain of reflexes; but the particular kind of movement (which, of course, remains only incipient) is dependent on the character of the stimulus to an even higher degree than in the case of the acoustic-motor reflexes discussed above. The essential thing for the impression the spectator receives, however, is that the impulses stimulated by the acoustic and the optical centers be identical; this identity has its effect in the total psychological process even in cases where the impulses are too weak to emerge from the subconscious. It is the very fact that the elements common to both chains of sensations remain in the subconscious which makes this identity appear to us to be a necessary, normal, spontaneous, and natural phenomenon.

The melodic body movement is just as much an adequate expression of the musical movement, as the melodic movement is the expression of a physical movement.

lungen und Gefühle durch Ausdrucksbewegungen darstellen will, sind mit Recht ganz analoge Bedenken geltend gemacht worden, wie gegen die Programmusik. Getanzter Zorn kann mißverstanden werden als Eifersucht, eine musikalische Eifersuchtsszene kann mißverstanden werden als Seeschlacht. Der melodische Tanz ist aber ebensosehr ganz Tanz, wie die absolute Musik ganz Musik ist. Der Zusammenhang beider liegt nicht in einem Spiel von Assoziationen, die von Individuum zu Individuum wechseln können, sondern in der Bewegung, die beiden, Musik und Tanz, wirklich gemeinsam ist. Es ist darum auch nicht einzusehen, warum sich melodischer Tanz auf die traditionelle „Tanzmusik" beschränken sollte. Für rhythmische Tänze freilich wäre Beethoven'sche Musik völlig ungeeignet. Melodischer Tanz vermag sich auch mit der erhabensten Musik zu einem vollkommenen Gesamtkunstwerk zu verschmelzen, dem man seine Daseinsberechtigung nicht absprechen können wird.

14 Von dem Spezialfall aus, dessen psychologische Analyse wir versuchten, mag sich uns schließlich ein Ausblick auf eine allgemeine Bedingung künstlerischer Wirksamkeit eröffnen: Jedes Kunstwerk will im Genießenden etwas erwecken, was der Schaffende mehr oder minder bewußt erlebte. Als Überträger muß ein Komplex von Sinnesempfindungen (oder wenigstens Reproduktionen von solchen) dienen. Aber nur, wenn beide psychischen Tatsachen so enge verknüpft sind, daß ihre Verbindung notwendig erscheint, kommt die Übertragung jenes meist undefinierbaren Etwas – mag man es nun „Stimmung" oder sonst wie nennen – von Seele zu Seele zustande.

Mime, which tries to express actions and feelings through expressive movements, has quite justifiably been criticized – as much as programme music and for analogous reasons. Danced fury can easily be mistaken for jealousy; a musical picture of jealousy might be mistaken for a sea battle. But melodic dance is just as much pure dance as absolute music is pure music. The relationship between the two phenomena does not lie in a play of associations, which may vary from one individual to the next, but in movement, which music and dance really have in common. There is thus no valid reason why melodic dance should limit itself to traditional "dance music." Beethoven's music would, of course, be completely unsuitable for the purposes of rhythmic dance. Melodic dance, however, is capable of fusing with even the most noble kind of music to form a perfect *Gesamtkunstwerk* that has a claim to exist in its own right.

The special case, whose psychological analysis we have attempted, may be said 14
to give us an insight into a condition common to every kind of artistic activity: every work of art aims at awakening in the beholder the same sensation which its creator experienced more or less consciously. The medium to this end must be a complex of sense perceptions (or at least reproductions of them). But only if both psychic facts are linked so closely with one another that their combination appears essential, does the transference take place of this usually undefinable something – "atmosphere," or whatever we want to call it – from one soul to another.

E. M. VON HORNBOSTEL

Besprechung von/Review of

Georg Capellen. op. 26 Shogaku Shoka Japanische Volksmelodien

1904

English translation by

Willem Adriaansz

aus/from: *Zeitschrift der Internationalen Musikgesellschaft* 5 (11), 1903–04: 469.

Capellen hat eine Reihe japanischer Kinderlieder als zweihändige Klavierstücke bearbeitet; die Melodien, von Isawa, dem Direktor des Lehrerseminars in Tokyo, gesammelt, sind dem Europäer durch die (philologisch-kritische) Arbeit R. Lange's (1900a, 1900b) zugänglich geworden. Die leicht spielbaren, zum größeren Teil recht wohlklingenden Stücke werden vielen Musikfreunden willkommen sein. Es würde genügen, dies zu konstatieren, wenn nicht Capellen in einer kurzen Vorbemerkung durch den Hinweis auf mehrere wissenschaftliche Arbeiten über japanische Musik den Anschein erweckte, als wolle er das europäische Publikum mit dem Wesen ostasiatischer Musik bekannt machen. Es kann nicht genug betont werden, daß Harmonisierungsversuche hierzu nicht nur ungeeignet sind, sondern das gerade Gegenteil des Beabsichtigten bewirken. Harmonie ist der ostasiatischen – wie fast aller außereuropäischen – Musik ebenso fremd, wie sie in unserem musikalischen Bewußtsein vorherrscht. Alle einzelnen Eigentümlichkeiten der japanischen Musik – pentatonische Leitern, intermediäre Intonation von Terzen und Sexten, Mangel von Tonika, Leitton und Tonalität in unserem Sinne, Teilschlüsse auf der zweiten Stufe usw. – wurzeln in der Homophonie und werden durch Harmonisierung unrettbar verwischt. Die Kluft ist unüberbrückbar, Kompromisse von vornherein aussichtslos. C.'s Bearbeitungen bestätigen diese Ansicht. Verhältnismäßig am wenigsten spröde verhalten sich noch die von Isawa selbst komponierten Melodien. Wer eine größere Zahl alter japanischer Melodien einerseits, die Reformbestrebungen der heutigen Japaner andererseits kennt, wird sich des

Capellen has arranged a series of Japanese children's songs for piano; the melodies as such, collected by Isawa, director of the teachers' seminary in Tokyo, were made accessible to Europeans through the (philological-critical) work of R. Lange (1900a, 1900b). The arrangements are easily playable and are, for the most part, well-sounding; they will be welcome to many music lovers. It might have been sufficient to have noted this fact, if it were not that Capellen has, by referring in the preface to several scholarly works on Japanese music, given the impression that he wished to introduce a European public to the very substance of East Asian music. It cannot be sufficiently stressed that attempts at harmonization are not only unsuitable for this purpose, but produce results directly opposite to those intended. Harmony is as foreign to East Asiatic – as almost all non-European – music, as it is dominant in our own musical attitudes. All of the specifically Japanese musical characteristics – pentatonic scales, intermediary intonations of thirds and sixths, the absence of tonic, leading tone, and tonality as we know them, half cadences on the 2nd degree, etc. – are rooted in homophony and are blurred beyond redemption by harmonization. The gap is unbridgeable. Compromise is a priori doomed to failure, and Capellen's arrangements confirm this view. The least awkward melodies seem to be those that Isawa composed himself. Anyone who on the one hand knows a great number of old Japanese melodies and on the other hand is familiar with the striving for reform in contemporary Japan can hardly help suspecting that Isawa's melodies are already under strong European

Verdachtes kaum erwehren können, daß Isawa's Melodien schon stark unter europäischem Einfluß stehen (vgl. namentlich Nr. VI, XI. – dessen Bearbeitung an Humperdinck anklingt – ,XII). C. sah sich genötigt, mit dem Dominantakkord zu schließen (I, IX) Vorzeichen (VIII) und Leittöne (III) einzuführen, die der Melodie fremd sind, selten vorkommende Durchgangstöne zur Tonika zu erheben (VII) usw. Seltsame Harmonien und unerwartete Wendungen der Modulation vermögen wohl den Eindruck des Fremdartigen zu erzeugen, man wird sich aber hüten müssen, die Stimmung als „japanisch" mißzuverstehen.

influence (compare especially Numbers VI, XI – the arrangement of which sounds like Humperdinck – and XII). Capellen felt the need to close with a chord on the dominant (I, IX), to introduce accidentals (VIII) and leading tones (III) which are foreign to the melody, to elevate infrequently occurring passing tones to the position of tonic (VIII), etc. Strange harmonies and unexpected modulatory twists may well produce an outlandish impression; however, one must be on one's guard against mistaking this mood for "Japanese "music.

E. M. VON HORNBOSTEL

Besprechung von/Review of

Franz Exner: Über die Grundempfindungen im Young-Helmholtzschen Farbensystem.

Sitzungsber. d. k. Akad. d. Wiss. in Wien, math.-naturw. Klasse 111, Abt. II A. Juni 1902. 21 S.

Ders. Zur Charakteristik der schönen und hässlichen Farben.

Ebda Juli 1902. 22 S.

1904

English translation by

Richard Campbell

aus/from: *Zeitschrift für Psychologie und Physiologie der Sinnesorgane* 36, 1904: 113–114.

1 1. Gemäß der Young-Helmholtzschen Theorie entstehen die meisten Farbentöne im Spektrum durch gleichzeitige, aber ungleich starke Erregung der drei Grundempfindungen; bei Herabminderung der objektiven Helligkeit muß sich daher der Farbenton mehr und mehr dem Tone des stärksten seiner Komponenten nähern, da die schwächeren Komponenten früher unter die Schwelle sinken. Die Durchschnittspunkte der bekannten Königschen Kurven stellen in gewissem Sinne Umkehrpunkte dar: der Schnittpunkt der Rot- und Grünkurve z.B. bezeichnet diejenige Wellenlänge im Spektrum, bei welcher die *R*- und *G*-Komponente gleich stark sind; an diesem Punkte wird eine Helligkeitsverminderung den Farbenton ungeändert lassen, während an einem etwas mehr gegen das langwellige Ende zu liegenden Punkte der Farbenton bei verminderter Helligkeit rötlicher, an einem mehr gegen das kurzwellige Ende liegenden Punkt grünlicher wird.

1. According to the Young-Helmholtz theory, most of the hues in the spectrum originate from simultaneous but unequally strong stimulation of the three basic sensations; with decreasing objective intensity the hues must therefore approximate more and more closely the hue of the strongest of its components, since the weaker components sink below the threshold sooner. The points of equipollence of the well known curves of König in a certain sense represent points of inflection: the intersection of the red and green curves, for instance, indicates the wavelength in the spectrum at which the R- and G-components are equally strong; at this point a decrease in intensity will leave the hue unchanged, while at a point closer to the long waves the hue becomes more reddish with diminished intensity, and at a point close to the short waves, more greenish. 1

2 Auf diese Überlegung gründet Verf. eine experimentelle Methode, die keine andere Hypothese zur Voraussetzung hat, als die Young-Helmholtzsche Theorie. Ein meterlanges Spektrum von mittlerer Lichtstärke wurde in seinen verschiedenen Punkten durch eine dichroskopische Lupe und einen Nikol betrachtet, dessen Drehung die beiden von der gleichen Spektralfarbe erleuchteten Lupenbilder in ihrer Helligkeit beliebig variiert. Man findet nun leicht im Spektrum diejenigen Punkte, von denen aus beiderseits das dunkle Feld seinen Farbenton gegenüber dem hellen in entgegengesetztem Sinn ändert, während zwischen zweien der betreffenden Punkte dieser Sinn ungeändert bleibt. Diese Punk-

It is on this thesis, which is founded on the Young-Helmholtz theory, that the author bases his experimental method. A one meter long spectrum of medium light intensity was observed at various points through a dichroscopic lens and a Nikol prism whose revolution varies, ad libitum, the brightness of the two lens images that are illuminated by the same spectral color. Thus, one can easily find those points in the spectrum at which the dark field changes its hue in either direction in an opposite sense to that of the light field, while the sense of direction remains unchanged between any two of the points. These points are: the aforementioned point of intersection of the R- 2 te sind der oben erwähnte Schnittpunkt der *R*- und *G*-Kurve (Komplement des Grundblau, *a*), der Schnittpunkt der *R*- und *B*-Kurve (Grundgrün, *b*), und der zweite Schnittpunkt der *R*- und *G*-Kurve im Blau (Grundblau, *d*). Der zwischen den beiden letzten liegende Schnittpunkt der *G*- und *B*-Kurve (Komplement des Grundrot, *c*) ist wegen der großen Nähe aller 3 Kurven schwieriger und nur ungenau bestimmbar. Es ergaben sich im Mittel: $a = 577\mu\mu$, $b = 508\mu\mu$, $d = 475\mu\mu$. Für *c* wurde aus den Kurven der Wert $494\mu\mu$ abgeleitet und auch durch Beobachtung bestätigt. Die Werte befinden sich in guter Übereinstimmung mit den von v. Kries, König, Dieterici und Frey nach anderen Methoden gefundenen. Ein Deuteranop, den Verf. untersuchte, fand nur einen Punkt bei 506.3 (im Mittel), von dem aus blauwärts der Ton des dunkleren Feldes ins Bläuliche überging, während rotwärts nur ein Intensitätsunterschied des Feldes bemerkbar war.

and G-curves (complement of basic blue, a), the point of intersection of R- and B-curves (basic green, b), and the second point of intersection of the R- and G-curves in blue (basic blue, d). The point of intersection of the G- and B-curves (complement of basic red, c) that lies between the last two is more difficult to define because of the close proximity of the three curves. The following means resulted: a = $577\mu\mu$, b = $508\mu\mu$, d = $475\mu\mu$. For c the value of 494 was deduced from the curves and confirmed through observation. The values found are in close agreement with those obtained by other methods by von Kries, König, Dieterici, and Frey. A deuteranop examined by the author revealed only one point, near 506.3 (means), from which the darker field merged into blue while moving towards blue, but when moving towards red there was a noticeable difference in the intensity of the field.

3 Verf. rechnete die Ordinaten seiner Grundempfindungskurven in die von König und Dieterici gewählten willkürlichen Einheiten um und gibt dieselben in tabellarischer Form, indem er, wo sich keine Abweichungen zeigten, die alten Werte bestehen ließ.

The author expressed the ordinates for his basic sensation curves in the arbitrary units chosen by König and Dieterici and presents them in tabular form, retaining the old values where they do not deviate. 3

4 2. Die Tatsache, daß in der Malerei, der Textilindustrie, der Emailtechnik usw. bestimmten Farben immer bevorzugt worden sind, legt die Vermutung nahe, daß es Farben gibt, die ohne Rücksicht auf einen Nebenzweck schön oder häßlich gefunden werden. Eine statistische Untersuchung an 200 Personen, denen verschieden gefärbte Papiere (14 Rot, 9 Gelb, 14 Grün, 8 Blau, 7 Violett) zur Wahl vorgelegt wurden, ergab, daß sich ausgesprochene Majoritäten für und gegen (18) bestimmte Nuancen entschieden. Das Intensitätsverhältnis der Pigmentfarben zum weißen Licht wurde für verschiedene Wellenlängen spektrometrisch bestimmt und mit Hilfe der Ordinaten der Empfindungskurven im weißen

2. The fact that certain colors have always been preferred in painting, the textile industry, enamel technique, etc., suggests that colors exist which, regardless of any other considerations, are found to be either beautiful or ugly. A statistical study of 200 persons who were tested with a selection of various colored papers (fourteen red, nine yellow, eight blue, seven violet) showed that definite majorities decided for and against (eighteen) particular nuances. The intensity relation between pigments and white light was determined spectrometrically for different wavelengths and the basic sensation curves for the pigments were constructed with the help of the ordinates of the sensation curves in white light. 4

Licht die Grundempfindungskurven für die Pigmentfarben konstruiert. Eine planimetrische Ausmessung ergab dann den Anteil jeder der drei Grundempfindungen an der Gesamtempfindung. Es ergab sich, daß als „schön“ diejenigen Nuancen bezeichnet worden waren, die den Grundempfindungen am nächsten kamen. Verf. untersuchte nach derselben Methode einige vorzügliche orientalische Teppiche (indirekt an Reproduktionen und Aquarellkopien), besonders farbenklare Edelsteine, altjapanisches Email, das Gewandrot einer Raffael'schen Madonna und das Blau des Himmels. Alle untersuchten Nuancen kamen den Grundfarben sehr nahe, viele erwiesen sich auch teils untereinander, teils mit den gewählten Pigmenten der Statistik identisch.

Planometric calculation then indicated for each of the three basic sensations its share in the total sensation. It showed that those nuances that came closest to the basic sensations were defined as beautiful. Using the same method, the author investigated some exquisite oriental carpets (indirectly, on reproductions and aquarelle copies), colored gems of particular clearness, antique Japanese enamels, the red apparel of a madonna by Raphael and the blue sky. All of the nuances studied came very close to the primary hues; many proved to be identical either among themselves or to those colors that had been selected statistically.

E. M. VON HORNBOSTEL

Besprechung von/Review of

Charles S. Myers: (Sinnesphysiologischer und psychologischer Teil der) Reports of the Cambridge Anthropological Expedition to Torres Straits. Vol. II. Part II. (II. Hearing, III. Smell, IV. Taste, VIII. Reaction-Times).

67 S. S.-A.

1904

English translation by

Richard Campbell

aus/from: *Zeitschrift für Psychologie und Physiologie der Sinnesorgane* 36, 1904: 237–239.

1 Während bisher in der anthropologisch-ethnographischen Literatur sich nur wenige Angaben über den allgemeinen Charakter der physiologischen und psychophysischen Eigentümlichkeiten primitiver Rassen finden, Messungen nur gelegentlich und meist an einer unzureichenden Individuenzahl gemacht worden sind, hat die anthropologische Expedition, die (von Cambridge aus) 1898 die Inseln der Torres-Straße besuchte, umfassende Untersuchungen zur vergleichenden Physiologie und Psychologie in ihren Aufgabenkreis einbezogen. Obwohl die gewonnenen Resultate in mancher Hinsicht zu wünschen übrig lassen – was Verf. freimütig bekennt – so zeugt doch der vorliegende Bericht von strenger Wissenschaftlichkeit und ist insbesondere methodologisch von hohem Interesse. Die Schwierigkeiten, die sich dem Experimentator entgegenstellen, wo es sich um ein ambulantes Laboratorium mit möglichst einfachem Instrumentarium handelt und „Wilde" als Versuchspersonen dienen, liegen auf der Hand. Verf. mußte für viele Versuchsreihen die brauchbarste Methode erst an Ort und Stelle ausprobieren, und, um eine sichere Vergleichsbasis zu gewinnen, einen großen Teil der Versuche unter analogen Umständen in Europa wiederholen. Glücklicherweise kamen auf der Murray-Insel, auf die sich sein Arbeitsgebiet beschränkte, hohe Intelligenz, guter Wille und sichtliches Interesse der Eingeborenen seinen Bestrebungen entgegen.

Hitherto very few data have been published in the anthropological and ethnological literature on the general nature of the physiological and psychophysical characteristics of primitive races, as measurements have been made only occasionally and, for the most part, on an insufficient number of individuals. However, the Cambridge Anthropological Expedition, which visited the Torres Straits in 1898, has included comprehensive investigations in comparative physiology and psychology among its tasks. Even though their results leave something to be desired, in several respects – which the author freely admits – the reports under review nonetheless testify to a rigid scientific discipline and are of considerable interest, particularly in the field of methodology. The difficulties confronting the experimenter with a mobile laboratory, the simplest possible equipment, and unsophisticated test subjects, are obvious. The author had to work out the best methods for conducting numerous tests in the field, and, in order to obtain a reliable basis for comparison, to repeat a large part of the tests under analogous conditions in Europe. Fortunately, on the Murray Islands, to which his work was limited, his endeavours were met with high intelligence, good will, and open interest. 1

2 Der erste Teil der Untersuchungen bezog sich auf das Gehör. Der größte Teil der erwachsenen Murray-Insulaner, die als Perlfischer oftmals in große Tiefen tauchen, leidet an Schwerhörigkeit, die offenbar auf

The first section of his investigations was concerned with hearing. The greater portion of the adult population of the Murray Islands – who, as pearl divers, often dive to great depths – suffer from a partial 2 (verheilte) Rupturen des Trommelfells zurükzeuführen ist. Die Hörschärfe wurde mit einem Politzerschen Hörmesser oder einer Stoppuhr gemessen, die Hörschwelle durch die Entfernung der Schallquelle vom Ohr (in Metern) ausgedrückt. Da außer der auffallend geringen Hörschärfe der Erwachsenen, die durch pathologische Ursachen erklärbar ist, auch Kinder vermindcrte Hörschärfe zeigten, so ist der Schluß berechtigt, daß die Torres-Insulaner im allgemeinen weniger scharf hören, als Europäer.

3 Zur Bestimmung der oberen Hörgrenze diente eine Galtonpfeife. Verf. hat in einer früheren Arbeit die Abhängigkeit der Tonhöhe vom Winddruck (bei konstanter Pfeifenlänge) nachgewiesen, sich aber im Anblasen des Galtons mit einem Gummiball so große Übung erworben, daß diese Fehlerquelle als ausgeschlossen erscheint, zumal da wiederholte Untersuchungen derselben Individuen stets gleiche Resultate lieferten. Die Hörgrenzen sind überdies nicht in Schwingungszahlen, sondern in Pfeifenlängen (Millimetern) ausgedrückt, und die Messungen mit demselben Instrument an Murray-Insulanern und Einwohnern von Aberdeenshire (Schottland) ausgeführt. Die obere Hörgrenze beider Rassen differiert nicht wesentlich; hier wie dort nimmt sie mit zunehmendem Alter ab.

4 Zur Feststellung der Unterschiedsempfindlichkeit für Töne bediente sich Verf. eines Verfahrens, das gewissermaßen die Methode der Minimaländerungen mit der Methode der richtigen und falschen Fälle kombiniert. Eine sanft angeschlagene Stimmgabel von 256 Schwingungen und eine etwas tiefere, veränderliche Gabel wurden in willkürlich wechselnder Folge dargeboten und gefragt „welche höher?" Nach je 5 Urteilen wurde die Tondistanz verändert, Distanzen mit mehr als einem Fehlurteil als unterschwellig betrachtet. Der Vergleich mit schottischen Versuchspersonen ergab eine geringere Unter-

deafness that is obviously due to (healed) ruptures of the tympanic membrane. Auditory acuity was measured with a Politzer auditometer, or with a stopwatch: the auditory threshold was expressed by distance (in meters) of the sound source from the ear. The fact that children also showed limited auditory acuity, apart from the strikingly poor auditory acuity of the adults (which is explained by pathological causes), permits the conclusion that the general auditory acuity of the Torres Straits Islanders is inferior to that of Europeans.

A Galton whistle served to determine 3
the upper limits of hearing. The author had proved in an earlier study how dependent pitch is on air pressure (at constant pipe length) but he had acquired such considerable skill in blowing the Galton whistle with a rubber ball that this source of error can be excluded, especially since repeated tests with the same individuals always produced the same results. Moreover, the auditory limits are not expressed in cps but in pipe-lengths (millimeters) and the measurements on the Murray Islanders and the inhabitants of Aberdeenshire, Scotland, were performed with the same instrument. The upper limit of hearing of both races did not differ significantly; it decreased in both with an increase in age.

The author employed a method for the 4
determination of perception of pitch differences which to some extent combines the method of minimal deviation with the right and wrong cases method. A gently struck tuning fork of 256 cps and a variable tuning fork a little lower in pitch were presented in an arbitrarily changing sequence, together with the question "which is higher?" The pitch distance was changed after every five judgments; distances with more than one wrong answer were considered to be below the threshold. The comparison with Scottish test subjects produced a weaker sense of discrimination

schiedsempfindlichkeit der Papuas: der mittlere Schwellenwert lag für die Erwachsenen von Murray-Island und von Aberdeenshire 15,4 resp. 7,6, für die Kinder 12,5 resp. 4,7 Schwingungen unter 256; die Verbesserung der U.-E. durch Übung war größer bei den Insulanern, als bei den Schotten. (Erstere kennen fast nur einheimische Lieder und kein Musikinstrument, außer der Trommel; die Kinder dagegen sangen auch europäische Lieder mit auffallend reiner Intonation.)

5 Die Untersuchung der Riechschärfe, mit der sich eine zweite Studie beschäftigt, stieß auf große experimentelle Schwierigkeiten (Mangel an geruchlosem Wasser usw.) Als beste Methode empfiehlt es sich, Gefäße mit verdünnten, wässerigen Kampferlösungen zwischen solchen mit reinem Wasser heraussuchen zu lassen. Das Resultat, daß die Riechschärfe der Torres-Straits-Insulaner diejenige von Europäern um ein Geringes übertrifft, versieht Verf. selbst mit einem Fragezeichen. Verschiedene dargebotene Geruchsproben wurden von den Insulanern mit großer Schlagfertigkeit mit ihnen bekannten Gerüchen verglichen; die Urteile waren durch Suggestivfragen nicht beeinflußbar, und die Vergleiche, soweit eine Kontrolle möglich, sehr treffend. Diese Tatsachen weisen darauf hin, daß die fabelhaften Geruchsleistungen primitiver Menschen, von denen Reisende oft berichten, weniger auf sensorielle Hyperästhesie als auf Überlegenheit der Apperzeption zurückzuführen sind: die hohe biologische Bedeutung, die dem Geruchssinn bei Naturvölkern zukommt, erzieht das Gedächtnis und das Unterscheidungsvermögen für Gerüche.

6 Während die Gerüche von den Murray-Insulanern nie mit einem allgemeinen Namen, sondern stets mit dem speziellen des secundum comparationis belegt wurden, war das Gegenteil bei den Geschmacksqualitäten der Fall. Das Wort für „süß" bedeutet eigentlich „guter Geschmack" (vgl. ἡδύς – ἥδομαι, suavis – suadeo usw.);

than with the Papuans: the average difference for the adults from the Murray Islands and from Aberdeenshire lay near 15.4 and 7.6 cps below 256 cps respectively; for the children near 12.5 and 4.7 cps. The improvement in the perception of differences through practice was greater among the islanders than among the Scots. (The former know only indigenous songs and no musical instruments except the drum; the children, however, sang European songs with remarkably good intonation.)

The investigation of the acuity of smell, with which the second study is concerned, 5
met with great experimental difficulties (e.g., lack of odorless water). The best and recommended method is for containers of a diluted camphor solution to be selected from other containers filled with pure water. The author himself questions the result that the acuity of smell of the Torres Straits Islanders slightly surpasses that of Europeans. With great aplomb, the islanders compared various olfactory samples with odors familiar to them: the judgments were not influenced by suggestive questions, and the comparisons, in so far as they could be checked, were very exact. These facts indicate that the legendary olfactory accomplishments of primitive peoples, so often reported by travellers, are attributable less to sensorial hyperacuity than to superior identification. The great biological significance that attaches to the sense of smell among primitive peoples is responsible for the development of olfactory memory and the capacity for the differentiation among smells.

Whereas the Murray Islanders never 6
identified smells by a general name but always by the special name of the *secundum comparationis*, the opposite was the case with the qualities of taste. The word for *sweet* actually means *good taste* (compare *ἡδύς–ἥδομαι, suavis–suadeo*, etc.); the expressions for *salty* and *sour* were apt to be

die Ausdrücke für „salzig“ und „sauer“ zeigten Verwechslungstendenz; für „bitter“ konnte eine besondere Bezeichnung nur schwer erhalten werden (ähnlich auch anderwärts, sogar in Europa). Dem Annehmlichkeitsgrad nach stand der süße Geschmack allgemein an erster, der bittere an letzter Stelle; über den Vorzug von sauer oder salzig waren die Meinungen geteilt.

mistaken for each other. It was difficult to obtain a word for *bitter* (as elsewhere, even in Europe). As for acceptability, sweet taste was generally placed first, bitter taste last; as to a preference for sour over salty, opinion was divided.

7 Die an letzter Stelle mitgeteilten Beobachtungen beziehen sich auf Reaktionszeiten bei einfachen akustischen (Hammer) und optischen Reizen (Auftauchen einer weißen Tafel in schwarzem Felde), sowie „optischen Wahlzeiten“ (blaue oder rote Tafel). Zur Messung diente in Ermangelung eines Chronoskops ein Kymographion. Vergleichsbestimmungen mit derselben Versuchsanordnung wurden in Sarawak (Borneo) und in England gemacht. Die Auswertung der Messungen, bei solchen Versuchen immer eine sehr heikle Aufgabe, besorgte Verf. mit großer Vorsicht. Er legt mit Recht mehr Wert auf die Zahlen, die bei Ordnung der Daten nach der Größe in der Mitte der Serien stehen, als auf die arithmetischen Mittel; er zieht den „Variationskoeffizienten,“ d.i. das Verhältnis der mittleren Abweichung zum Mittel, in die Diskussion; er berechnet die Mittelwerte auf verschiedene Arten und sowohl unter Einschluß wie unter Ausschluß der extremen Reaktionszeiten. Bei allen Schlußfolgerungen werden die psychologischen und sonstigen Nebenumstände, die die Zahlen mitbeeinflussen konnten, in Betracht gezogen.

Observations in the final communication 7
are concerned with reaction-time to simple acoustic (hammer) and optical (appearance of a white card on a black field) stimuli, as well as with "choice visual reaction-times" (blue or red cards). A kymograph was used for measuring instead of a chronoscope. Comparative investigations, using the same test series, were made in Sarawak (Borneo) and in England. The evaluation of the measurements – always a touchy problem with such tests – were made with the greatest caution. In the arrangement of the data according to magnitude, the author justifiably attached more value to those figures that occupy the center of the series than to the arithmetic mean; he introduced into the discussion the "variation-coefficient," that is, the ratio between the average digression and the mean variation. He calculated the average values in different ways, both including and excluding the extreme reaction-times. In all of the findings, psychological and other circumstances that could have influenced the figures are taken into consideration.

8 Während die Reaktionszeiten bei akustischem Reiz für Murrayinsulaner und Engländer gleich waren, blieben erstere bei optischem Reiz und (optischen) Wahlreaktionen hinter letzteren um 20σ resp. 60σ zurück, wohl infolge der komplizierten psychologischen Bedingungen dieser Versuche, bei denen die Aufmerksamkeit auch mehr auf den erwarteten Reiz als auf die vorgeschriebene Be-

While the reaction-times to auditory 8
stimuli for the Murray-Islanders and the English were identical, the former took distinctly longer with visual stimuli and choice-visual reaction-times (about 20σ and 60σ respectively), doubtless as a result of the complicated psychological conditions attending these tests, in which the attention appears to have been directed more to the expected sensation than to the

wegungsreaktion gerichtet gewesen zu sein scheint. Die jungen Erwachsenen von Sarawak reagierten schneller als die Engländer (um 20σ). Ein Unterschied in der Zahl der Leute, die brauchbare Reaktionen lieferten, war nicht bemerkbar. Die jungen erwachsenen Insulaner reagierten schneller als die Kinder, schneller und regelmäßiger als die alten Leute; nicht so in England, wo allerdings wirklich betagte Versuchspersonen nicht verwendet wurden. Extreme Reaktionen kamen bei Kindern selten vor. Der Unterschied des Temperaments spiegelte sich in der individuellen Reaktionsweise der Insulaner deutlich wieder.

9 Am Schlusse gibt Verf. einen Überblick über die bisher unternommenen Versuche, Reaktionszeiten als Rassenmerkmale in die Anthropologie einzuführen; doch sind die Methoden noch zu ungenau und die Resultate zu unsicher, um als solide Vergleichsbasis dienen zu können.

prescribed mode of reaction. The young adults from Sarawak reacted more quickly than did the English (about 20σ). A difference in the number of persons who produced usable reactions was not noticeable. The young adult islanders reacted faster than the children, faster and more regularily than the older people; this was not so in England where really aged test subjects were not used. Extreme reaction-times seldom occurred among the children. Differences in temperament were clearly reflected in the individual manner of reaction of the islanders.

In closing, the author presents a survey of the tests previously undertaken to introduce reaction-time as racial criteria into anthropology; however, the methods are still too inexact and the results too uncertain to serve as a solid basis for comparison. 9

E. M. VON HORNBOSTEL

Besprechung von/Review of

Robert Lach: Über einen interessanten Spezialfall von „Audition colorée".

Sammelbände der internationalen Musikgesellschaft IV, 589–607, 1903.

1904

English translation by

Richard Campbell

aus/from: *Zeitschrift für Psychologie und Physiologie der Sinnesorgane* 37, 1904: 462–463.

1 Der an einem Musiker (Komponisten) beobachtete Fall von Farbenhören ist dadurch besonders bemerkenswert, daß die Koordination der Photismen und Töne auf Grund von absolutem Tonbewußtsein erfolgt. Die Intensität der Photismen wechselt mit der Lebhaftigkeit des absoluten Tonbewußtseins; bei verstimmtem Klavier erscheint die der absoluten Tonhöhe, nicht die dem Tastenbilde entsprechende Farbe; Transponieren ist dadurch erschwert, daß die durch das Notenbild ausgelösten Photismen die durch die Töne hervorgerufenen Farbenreihen stören. Die den einzelnen Tönen entsprechenden Farben werden durch Oktaventransposition nach der Höhe zu heller und ungesättigter, nach der Tiefe zu dunkler und gesättigter (was auch den sonst beobachteten Fällen von audition colorée entspricht). Chromatische Erhöhung (♯) der Töne erzeugt Glanz (Glitzern), der sich über die Farbe des alterierten Tones lagert; chromatische Vertiefung (♭) macht den Farbenton schmutzig-verwaschen. Gleichzeitig nähert sich die Farbennuance derjenigen des nächsten Tones der diatonischen Folge.

This case of color audition observed in a musician (composer) is worthy of special notice since the coordination of photisms and pitches is based on absolute pitch. The intensity of the photisms corresponds to the alertness of the absolute tonal consciousness; with an out-of-tune piano, the color that appears is the one that corresponds to the absolute pitch of the note and not one suggested by the keyboard. Transposition is impeded when the photisms produced by the notation interrupt the color series produced by the pitches. The colors that correspond to individual tones become brighter and shallower when transposed upward by an octave, darker and deeper in a downward transposition (which agrees with observations of other cases of *audition colorée*). Chromatic raisings (♯) of pitch produce a brilliance (glitter) that overlays the color of the altered pitch; chromatic lowerings (♭) produce a dirty, washed-out *hue*. At the same time the color nuance approaches that of the next tone in the diatonic sequence. 1

2 Bei Intervallen, sowohl sukzessiven als simultanen, erzeugt der psychologisch ausgezeichnetere Ton die Grundfarbe, deren Nuance durch die Farbe des anderen Tones modifiziert wird. Zuweilen verschmelzen beide Farben zu einer Mischfarbe: z.B. *f* (hellblau) und *h* (gesättigtes Rot) zu violett. Ähnlich erscheinen bei Akkorden auf der Farbe des Haupttones als Hintergrund die anderen Töne als andersfarbig nuancierte Stellen. Bei sukzessive erklingenden Tönen (Melodien, arpeggierten Akkorde) tritt ebenfalls die durch die Tonalität bestimmte Farbe als Hintergrund auf, von dem

With both successive and simultaneous intervals the psychologically predominant tone produces the primary color, but its nuance is modified by the color of the other tone. At times both colors blend into a color mixture: e.g., F (light blue) and B (deep red) become violet. Similarly, with chords, the tones appear in vari-colored nuances as patches against the background of the color of the main tone. With successive tones (melodies, broken chords) the color that is determined by the tonality appears as a background against which the colors of the individual tones of the 2 sich aber die Farben der einzelnen Melodietöne als einzelne, vorbeiziehende Flecke scharf abheben.

3 Beim Komponieren beeinflußt die auftauchende Farbenvorstellung die Wahl der Tonart. Die Klangfarbe der Instrumente beeinflußt die Helligkeit, Sättigung und namentlich den Glanz der Farben. Obwohl auch bei Vokalen und Diphtongen Photismen auftreten, ist doch die Assoziationshypothese zur Erklärung des Falles nicht brauchbar, da der Zusammenhang der Vokal- und Tonfarben nur sehr lose ist.

4 Der Fall, der noch zahlreiche interessante Einzelheiten aufweist, darf als besonders zuverlässig gelten, da Verf. von früher Jugend an in ununterbrochenem, intimen Verkehr mit seiner Versuchsperson stand und den Befund immer wieder kontrollieren konnte. Auf eingehendere theoretische Erörterungen sich einzulassen, lehnt Verf. als Nicht-Fachmann in bescheidener Weise ab.

melody stand out sharply as single, passing patches.

In composing, the intrusion of color 3
imagination influences the choice of key. The tone quality of musical instruments influences the brightness, saturation, and in particular, the lustre of the colors. Although photism also occurs with vowels and dipthongs, the association hypothesis cannot be used as an explanation because the connection between vowel- and pitch-colors is only very loose.

This case, which also exhibits many 4
other interesting details, can be considered particularly reliable since the author was in close and uninterrupted contact with the test subject from early childhood and could repeatedly check the data. The author, a non-expert, modestly declined to enter into detailed theoretical discussions.

E. M. VON HORNBOSTEL

Besprechung von/Review of

Max Meyer: Experimental Studies in the Psychology of Music.

Am. Journal of Psych. 14, 192–214, 1903.

1904

English translation by

Richard Campbell

aus/from: *Zeitschrift für Psychologie und Physiologie der Sinnesorgane* 37, 1904: 463–465.

I. The Aesthetic Effects of Final Tones

1 Die abschließende Wirkung des Überganges von einem Ton, der (in Meyers bekannter Terminologie) nicht durch eine Potenz von 2 dargestellt wird, zu einem – vorher schon gehörten oder vorgestellten – verwandten Ton, der eine Potenz von 2 ist, – die sogenannte „Tonika-Wirkung," hat M. in seinen früheren Arbeiten ausführlich behandelt. Außer dieser „Tonika-Wirkung" kommt jeder fallenden Melodiebewegung ein abschließendes Moment zu. Beide Momente werden sich offenbar zu der psychologischen Gesamtwirkung, die das Urteil bestimmt, kombinieren. Um diese Kombination näher zu untersuchen, gab M. drei Orgeltöne in regelloser Folge wiederholt an, bei jedem Versuch auf einem anderen Ton schließend, und ließ eine Anzahl (größtenteils minder musikalischer) Versuchspersonen urteilen,welcher Abschluß am befriedigendsten erscheine. In den Versuchen ohne „Tonika" entschied sich die Majorität für den tiefsten Ton, in den Versuchen mit „Tonika," wenn letztere in der Mitte oder Höhe lag, beide Male für den mittleren Ton.

2 Zeigt schon der letzte Fall – Majorität der Urteile für den mittleren Ton, während der höchste Tonika ist, – den M. durch neue Hilfshypothesen zu interpretieren sucht, wie kompliziert der psychologische Vorgang ist, der zu dem verlangten Urteil führt, so erheben sich gegen M.s Versuchsanordnung überhaupt naheliegende Bedenken. Zunächst scheint es sehr fraglich, ob das Intervall des letzten Tonschrittes, wenn die drei Töne auch keine „Tonika" enthalten, ganz irrelevant ist.

I. The Aesthetic Effect of Final Tones

The effect of finality in the transition from one tone, which is not presented through a power of 2 (in Meyer's well-known terminology) to a related tone, previously heard or imagined, which is presented through a power of 2 – the so-called tonic effect – has been extensively covered by Meyer in his earlier studies. Apart from this tonic effect, an element of finality is invested in every descending melodic movement. Both factors obviously combine in the total psychological effect that determines the judgment. In order to investigate this combination more closely, Meyer played three organ pitches in irregular sequence, ending each test on a different pitch, and he had a number of (mostly not so musical) test subjects determine which ending appeared to be most satisfactory. In the tests without a *tonic*, the majority decided in favor of the lowest tone; in the tests with a tonic, when it was placed high, or in the middle, they decided each time in favor of the middle tone. 1

While the latter case – a majority of decisions for the middle tone while the highest tone is the tonic (which Meyer seeks to interpret with new secondary hypotheses) – shows how complex the psychological process is that leads to the required judgment, obvious objections arise against Meyer's test procedure. First of all, it is very questionable whether the interval leading to the last tonal step, when the three tones do not contain a tonic, is really entirely irrelevant. In 2

In M.s erstem Versuch z.B. bildete der tiefste (*L*) mit dem mittleren Ton (*M*) das Intervall 5:6, der mittlere mit dem höchsten Ton (*H*) das ungebräuchliche Intervall 6:7; *L-H* war demnach 5:7 (eine Art Tritonus). Ob ich am Schluß der „regellosen" Tonfolge das Intervall *M-L* oder *H-L*, eine reine kleine Terz oder einen (für unser Ohr) verstimmten Tritonus höre, kann für mein Urteil unmöglich gleichgültig sein. Ähnliches gilt für den Fall, daß der höchste Ton Schlußton ist: die beiden möglichen Abschlüsse sind dann *M-H* und *L-H*. Liegt der Schlußton in der Mitte, so sind eine aufsteigende (*L-M*) oder eine absteigende Tonfolge (*H-M*) als Abschluß möglich. Hier würde also M.s „effect of the falling inflection" einmal eintreten, ein andermal nicht. Offenbar sollten diese gegensätzlichen Wirkungen dadurch ausgeglichen werden, daß dem Schlußintervall eine regellose Tonfolge voranging, und jeder Versuch wiederholt wurde, bis alle Versuchspersonen ihr Urteil mit Bestimmtheit niederschreiben konnten. Der Anteil der Einzelversuche, die, wie gezeigt, untereinander nicht gleichartig sein müssen, für die Urteilsbildung ist daher nicht ersichtlich.

3 Um zu eindeutigen Resultaten zu gelangen, wäre es aber im Gegenteil notwendig gewesen, alle Fälle möglichst scharf zu trennen, alle urteilbestimmenden Variablen (Intervalle, Zeitlage usw.) gesondert zu prüfen, an Stelle der Statistik die genaue Selbstbeobachtung geschulter Versuchspersonen treten zu lassen. Selbst die Fragestellung „which of these three endings was the most satisfactory" scheint Ref. nicht völlig einwandfrei, da sie leicht zur Vermengung des emotionellen Momentes („befriedigend") mit einem intellektuellen („abschließend") führen kann, Momente, die sich bei manchen Tonfolgen bei besonders darauf gerichteter Aufmerksamkeit auseinander halten lassen.

Meyer's first test, for example, the lowest tone (L) and the middle tone (M) formed the interval 5:6, the middle tone and the highest tone (H) the unusual interval 6:7; L-H was accordingly 5:7 (a type of tritone). Whether I hear the interval M-L or H-L at the close of the "irregular" tone sequence as a pure minor third or an out-of-tune (for our ears) tritone can hardly be irrelevant, in my opinion. The same applies when the highest tone is the final tone: the two possible closes are then M-H and L-H. If the final tone lies in the middle, then an ascending (L-M) or a descending (H-M) tone sequence is possible as a close. Meyer's "effect of the falling inflection" would occur here in one case, but not in the other. Obviously these contradictory effects were to be balanced by letting an irregular tone sequence precede the closing interval and by repeating each test until all test subjects could write down their verdicts with certainty. The effect of the individual test on the formation of judgments, which, as has been shown, need not have been homogeneous, is thus not evident.

In order to obtain unambiguous results 3
it would have been necessary to separate all cases as sharply as possible, to examine all of the determining variables (intervals, time factors, etc.) separately and to replace the statistics by the exact self-observation of trained test subjects. Even the method of questioning that asked which of these three endings was the most satisfactory appears to the reviewer not entirely beyond reproof, since it could easily lead to confusion of the emotional factor ("satisfactory") with the intellectual factor ("closing"), aspects which can be kept apart in many tonal sequences by drawing attention to this point.

II. The Intonation of Musical Intervals

4 Die folgenden Versuche wurden zur Ergänzung der „Maßbestimmungen über die Reinheit konsonanter Intervalle" unternommen, die Verf. s. Z. mit Stumpf ausgeführt hat (C. Stumpf u. M. Meyer 1898a). Es hatte sich gezeigt, daß anstatt der reinen Intervallfolgen die Oktave, Quinte und große Terz etwas vergrößert, die kleine Terz etwas verkleinert vorgezogen werden. Es fragt sich nun, ob eine weitere Vergrößerung z.B. der Oktave über das subjektive Optimum hinaus weniger störend ist, als eine Verkleinerung unter das Optimum. Verf. entscheidet diese Frage auf Grund neuer, an sehr musikalischen Personen unternommener Versuche negativ. Unter zwei vorgelegten aufsteigenden Quinten oder Oktaven wird stets diejenige vorgezogen, welche dem subjektiven Optimum näher liegt, gleichgültig ob darüber oder darunter.

5 Ein zweites Problem ist dieses: warum wird die kleine Terz verkleinert, die anderen Intervalle vergrößert vorgezogen? Stumpf hatte den in unseren musikalischen Gewohnheiten wurzelnden Gefühlskontrast der kleinen und großen Terz, der die Tendenz erweckt, die beiden Intervalle durch Übertreibung schärfer auseinander zu halten, zur Erklärung herangezogen. Verf. legte nun seinen Versuchspersonen aus drei Tönen bestehende Intervallfolgen vor, und zwar eine absteigende Quint, resp. kleine Sext oder Oktave, gefolgt von einer aufsteigenden kleinen Terz, deren Größe variiert wurde. M. meint, daß bei Musikalischen durch die kleine Sexte eine lebhafte Erwartung der kleinen Terz, niemals der großen Terz, ausgelöst würde, nicht so durch die Oktave oder Quinte. Danach müßte bei der Kombination mit der kleinen Sexte, da kein Kontrast in Frage kommt, die von Stumpf konstatierte allgemeine Vergrößerungstendenz auftreten. Die Versuche zeigen nichts davon: das

II. The Intonation of Musical Intervals

The following tests were supplementary to the "Massbestimmungen über die Reinheit konsonanter Intervalle" which the author had previously conducted with Stumpf (C. Stumpf and M. Meyer 1898a). It had been found that larger octaves, fifths, and major thirds, and smaller minor thirds, were preferred to the pure interval sequences. The question now arises whether a further augmentation of the octave, for example, beyond the subjective optimum, is less disturbing than a diminution below the optimum. The author answers this question negatively on the basis of more recent tests performed with highly musical persons. Among the ascending fifths or octaves presented, the one nearest to the subjective optimum was always preferred, whether it fell above or below. 4

A second problem is this: Why is the minor third preferred when it is diminished, the other intervals preferred when they are augmented? Stumpf had sought an explanation in the feeling for the contrast between major and minor thirds – firmly rooted in our musical habits – that is responsible for the tendency to differentiate the two intervals more sharply through exaggeration. The author presented his test subjects with interval sequences made up of three pitches: a descending fifth, a minor sixth, or an octave, respectively, followed by an ascending minor third whose size was varied. Meyer feels that in musical persons a strong anticipation of the minor third, but never the major third, would be released through the minor sixth, but not through the octave or fifth. Logically, in view of the combination with the minor sixth – since the aspect of contrast does not apply here – the general tendency to augment, as it was stated by Stumpf, should have come into play. The 5 subjektive Optimum liegt in allen drei Fällen unter der reinen kleinen Terz. Aus weiteren Versuchen mit (aufsteigenden) Halbtönen, Quarten und großen Sexten ergab sich dagegen als allgemeines Gesetz: aufsteigende kleine Intervalle werden verkleinert, große Intervalle vergrößert vorgezogen und zwar nimmt die gewünschte Verkleinerung resp. Vergrößerung mit der Kleinheit resp. Größe der Intervalle zu; zwischen der kleinen und großen Terz muß ein neutraler Punkt liegen. Das Gesetz gilt aber nur für aufsteigende Intervalle; Verf. fand die Verkleinerungstendenz bei absteigenden Halbtönen verschwindend gegenüber aufsteigenden.

III. Quartertone-Music

6 Die dritte Studie beschäftigt sich mit der ästhetischen Wirkung von Tonschritten, die kleiner sind, als ein Halbton. Es wurde eine Melodie, die außer gewöhnlichen Intervallen (in reiner Stimmung) auch einige von der Größe ungefähr eines Vierteltons enthielt, mit begleitenden Harmonien einem Zuhörerkreis wiederholt auf einer Orgel vorgespielt; nach zwei und vier Wochen wurde der Versuch wiederholt, das letzte Mal jedoch die Melodie allein oder von einem einzigen, orgelpunktartigen Ton begleitet, vorgelegt. Fast alle Hörer gewöhnten sich allmählich an die zuerst befremdende Wirkung und zogen die Melodie mit Begleitung vor. Verf. gelangt zu dem Schluß, daß Vierteltonmusik, wie sie sich bei asiatischen Völkern findet, auf denselben psychologischen Voraussetzungen beruht, wie unsere europäische.

7 Diese Behauptung erscheint Ref. durch M.s Versuche keineswegs erhärtet. Bei kleinen Tonschritten tritt auch bei uns das Konsonanzgefühl in den Hintergrund und das Distanzgefühl an seine Stelle. Dies trifft aller Wahrscheinlichkeit nach für außereuropäische Musik, die zum größten Teil nicht harmonisch (homophon oder

tests show none of this: the subjective optimum lies in all three cases below the pure minor third. However, further tests with (ascending) semitones, fourths, and major sixths resulted in a general rule: ascending small intervals are preferred diminished, large intervals are preferred enlarged, and the desired diminishing or enlarging increases with the smallness or largeness of the interval. Between minor and major third there must be a neutral third. This rule is only applicable to ascending intervals; the author discovered that the tendency to diminish was negligible for descending semitones in comparison to ascending semitones.

III. Quarter Tone Music

The third study is concerned with the aesthetic effect of degrees that are smaller than a semitone. A melody that contained some intervals of about a quarter tone, in addition to the normal intervals of pure tuning, was played repeatedly, with accompanying harmonies on an organ, to a group of listeners. The test was repeated after two and four weeks; at the final test, however, the melody was presented unaccompanied, or accompanied only by a single organpoint-like tone. Almost all listeners gradually became accustomed to the initially strange effect and preferred the accompanied melody. The author arrived at the conclusion that quarter tone music, as it is found among Asiatic peoples, is based on the same psychological conditions as our own music. 6

To the reviewer this assertion hardly 7
seems to be substantiated by Meyer's tests. Even with us the feeling for consonance recedes into the background in the case of small tonal steps and is replaced by a feeling for distance. This is probably true in a larger measure for non-European music which is, in the main, non-harmonic

heterophon) ist, in erhöhtem Maße zu und vermag sehr wohl den Gebrauch kleinerer Tonschritte, als Halbtöne, zu erklären. Die zugefügten Harmonien komplizieren die Versuchsbedingungen unnötigerweise. Wieviel z.B. von der ,,Fremdartigkeit" des Eindrucks mag wohl die schlechte Stimmführung (Quintenparallelen etc. – M. selbst versichert: ,,the music was made up entirely by theoretical means, without the use of the ear"!) verschuldet haben? Daß unser Ohr sich an alles Mögliche gewöhnt, daß ,,familiarity" uns mit vielem versöhnen kann, ist nichts Neues: mit Geduld und gutem Willen lassen sich wohl alle ästhetischen Gewohnheiten siegreich überwinden.

(homophonic or heterophonic), and it may well explain the use of tonal steps smaller than semitones. The added harmonies unnecessarily complicate the conditions of the tests. For example, how much of the "strangeness" of impression may have been caused by bad voicing (parallel fifths, etc. – Meyer himself asserts that "the music was made up entirely by theoretical means, without the use of the ear"!)? That our ears become accustomed to everything, that "familiarity" can reconcile us to many things, is nothing new. With patience and goodwill almost all aesthetic habits can be triumphantly overcome.

E. M. VON HORNBOSTEL

Die Probleme der vergleichenden Musikwissenschaft[1]

1905

The Problems of Comparative Musicology[1]

English translation by

Richard Campbell

aus/from: *Zeitschrift der Internationalen Musikgesellschaft* 7 (3), 1905: 85–97.

1 Einem jungen Spezialgebiet einer Wissenschaft fällt die Aufgabe zu, seine Daseinsberechtigung zu erweisen. Da dies auf neuen Forschungsgebieten kaum durch den Hinweis auf bereits errungene Resultate geschehen kann, so müssen zunächst die Ziele ins Auge gefaßt werden, deren Erreichung erstrebt wird, und der Nutzen, den der mütterliche Stock der Wissenschaft von dem jungen Sprößling zu erwarten hat. Gerade die Arbeit des Spezialisten scheint auf den ersten Blick außer allem Zusammenhang mit allgemeineren Fragen der Wissenschaft. Was soll dabei herauskommen, so wird vielleicht mancher fragen, wenn man einen Hottentotten in den Phonographen singen läßt und dann dieses zweifelhafte Kunstprodukt mit Tonmesser und Metronom in seine Atome zergliedert?

2 Ich möchte darum heute, vor einem Kreise von Musikforschern und Musikfreunden, zu zeigen versuchen, wie gerade die Probleme der vergleichenden Musikwissenschaft auf die allgemeinsten Fragen: nach dem Ursprung und der Entwicklung der Musik und dem Wesen des Musikalisch-Schönen hinführen.

3 Vorher seien mir noch ein paar Worte darüber erlaubt, was die Bezeichnung „vergleichende" Musikwissenschaft besagen will.

4 Das vornehmste Mittel wissenschaftlicher Erkenntnis ist die Vergleichung. Sie ermöglicht die Analyse und genaue Beschreibung der Einzelerscheinung, indem diese anderen Erscheinungen gegenüber-

[1] Vortrag, gehalten in der Ortsgruppe Wien der IMG. am 24. März 1905. Der Vortrag war durch Demonstrationen auf dem Phonographen und dem Grammophon illustriert.

A new, specialized area of study faces the need to justify its existence. Since such a field can hardly be expected to do this by presenting new findings, it must bring into focus the goals to be reached and point out the benefits which the scientific establishment can expect from its young offspring. The work of the specialist, particularly, seems at first glance to be entirely out of touch with the general problems of science. What good will it do – someone will undoubtedly ask – to make a Hottentot sing into a phonograph and then minutely analyse this questionable work of art with tonometer and metronome? 1

I would like to try today, before this group of scholars and music lovers, to show just how the problems of comparative musicology lead directly to the most general questions, namely, the origin and growth of music and the nature of the musically beautiful. 2

Let me first of all indicate briefly what the term *comparative musicology* is meant to signify. 3

Comparison is the principal means by which the quest for knowledge is pursued. Comparison makes possible the analysis and the exact description of an individual phenomenon by comparing it with other 4

[1] Lecture before the local branch of the IMS in Vienna on March 24, 1905. The lecture was illustrated by demonstrations on the phonograph and gramophone.

gestellt und ihre unterscheidenden Eigentümlichkeiten hervorgehoben werden; andererseits charakterisiert die Vergleichung die Einzelerscheinungen als Spezialfälle, indem die Ähnlichkeiten erfaßt und als „Gesetze“ formuliert werden. Systematik und Theorie sind gleichermaßen auf die Vergleichung angewiesen. Somit wäre alle Wissenschaft vergleichend und die Vergleichung keine besondere, sondern eine allgemeine Methode. Dennoch redet man allgemein von „vergleichender Anatomie,“ „vergleichender Sprachwissenschaft“ usw. Es muß hiermit doch die Einführung einer bestimmten Betrachtungsweise gemeint sein. Die medizinische Anatomie befaßte sich fast ausschließlich mit dem Bau des menschlichen Körpers; während die Zoologie, zunächst an der traditionellen Systematik festhaltend, die Anatomie der einzelnen Tierspezies jede für sich behandelte; es gab also eine Anatomie der Affen, der Fledermäuse, der Nager usw. Die vergleichende Anatomie nun legt sozusagen Querschnitte durch das ganze Gebäude: sie verfolgt die einzelnen Organe durch das ganze Reich der Lebewesen und erkennt so z.B. in den Kopfknochen des Menschen Wirbel, in der oberen Epidermis des Laubblattes eine Art Auge (G. Haberlandt 1904: 506–43). Die neuen Erkenntnisse, die so gewonnen werden, ergeben für die Systematik neue Einteilungsgründe und regen andererseits auch zu neuen Spezialuntersuchungen an.

phenomena and by emphasing its distinctive qualities. But comparison also characterizes individual phenomena as special cases in which the similarities are defined and formulated as "laws." Systematization and theory depend on comparison. In this sense all learning is comparative, and comparison is a general and not a special method. Yet one generally speaks of *comparative anatomy*, *comparative linguistics*, etc. This surely infers the application of a particular approach. Medical anatomy is almost exclusively concerned with the structure of the human body; zoology, while initially adhering to traditional classifications, treats the anatomy of the individual animal species separately; accordingly there is an anatomy of apes, bats, rodents, etc. Now comparative anatomy presents cross-sections, so-to-speak, of the entire complex: it traces the individual organs through the entire realm of living beings and thus recognizes, for instance, vertebrae in the cephallic bones of man and a sort of eye in the outer epidermis of a leaf (G. Haberlandt 1904: 506–43). The knowledge thus acquired yields new principles of classification and at the same time stimulates new and specialized investigations.

5 Einen ähnlichen Verlauf nahm die Entwicklung der Sprachwissenschaft. Erst studierte die Philologie die einzelnen Sprachen gesondert, bis die vergleichende Sprachwissenschaft die verknüpfenden Fäden spann. Auch hier mußte sich der Entwicklungsgedanke sozusagen von selber einstellen, als Pfadfinder dienen und zu neuen Gruppierungen führen.

The development of linguistics followed 5 a similar course. Initially, philology examined the individual languages separately, until comparative linguistics began to tie connecting threads. Here again the concept of evolution presented itself: it pointed to new paths and led to new groupings.

6 Die bis dahin wenig beachteten Sprachen der sog. Naturvölker gewannen mit einemmal ein besonderes Interesse; innerhalb der bekannten Sprachgebiete der

The languages of the so-called primitive 6 peoples, relatively unheeded until then, suddenly acquired a special interest; the dialects within the known language areas

Kulturländer wurden die Dialekte sorgfältiger studiert und so der Vergleichung ein immer reicheres Material zugeführt.

7 Verhältnismäßig spät ist die vergleichende Methode in die Musikwissenschaft eingedrungen. Dies liegt in erster Linie daran, daß für alle anderen Gebiete die Sammelarbeit des reisenden Ethnologen leichter war. Die Erzeugnisse der bildenden Kunst und der Technik können im Original mitgenommen und in den Museen konserviert werden; auch konnte hier das Skizzenbuch und später die Kamera nachhelfen; die physische Anthropologie verfügt ebenfalls über die photographische Aufnahme und unschwer erlernbare Meßmethoden. Der Sprachforscher, der über ein feines Ohr gebietet, kommt meistens mit dem Notizbuch gut aus, auch ist der Reisende aus praktischen Gründen gezwungen, die Sprache selbst zu lernen.

8 Der Musikwissenschaftler, der sich nach Unterstützung von ethnologischer Seite umsah, war bis vor kurzem übel dran; die Musikinstrumente der Museen allein konnten ihm wenig bieten; die Berichte der Reisenden begnügten sich meist mit einigen Bemerkungen über „Katzenmusik der Eingeborenen,“ „Höllenlärm bei Tanz und Fest“ oder „die melancholische Stimmung einer eigenartigen Weise.“ Einzelne Reisende und Missionare versuchten auch, Melodien nach dem Gehör aufzuzeichnen.[2] Die Schwierigkeiten dieses Verfahrens steigen aber – auch für musikalisch sehr Geübte – ins Ungemessene, wenn eine Musik sich ganz ungewohnter Tonstufen und Rhythmen bedient. Und Schwierigkeiten sind hier gleichbedeutend mit Fehlerquellen. Denn wir haben eine schwer zu überwindende Tendenz, das Ungewohnte den geläufigen Vorstellungen anzupassen und exotische Musik europäisch zu hören.

[2] Dieses ziemlich reiche Material wird, kritisch gesichtet, der neueren Forschung vielleicht teilweise noch nutzbar gemacht werden können. Vorderhand, solange genügend exaktes Vergleichsmaterial noch fehlt, ist es unbrauchbar.

of the civilized world were more carefully studied and increasingly abundant material became available for comparison.

The comparative method came relatively late to musicology. The primary reason for this is that in all other areas of study, the ethnologist's task of collecting was easier. The products of the visual arts and of technology can be removed and preserved in museums in their original form. The sketchbook and the camera can also be of help; physical anthropology makes use of photography and has at its command methods of measurement that are not difficult to master. The linguist who possesses a sensitive ear manages to get along with a notebook, and the traveler is forced by practical considerations to learn the language himself. 7

Until a short time ago, the musicologist who looked for assistance from the ethnologist was badly off; musical instruments by themselves, in museums, could offer him little; travelers' reports were mostly content with some remarks on the "discordant music of the natives," "the hellish din during dances and feasts," or "the melancholic mood of a strange tune." Some travelers and missionaries attempted to write down melodies by ear.[2] However, the difficulties of this method increase infinitely, even for the experienced musician, when the music employs unaccustomed intervals and rhythms. And difficulties here are equal to sources of error. In this regard, we have a hardly surmountable tendency to adjust everything that is unusual to fit our concepts and to hear exotic music with European ears. 8

[2] When critically examined, this rather rich material can perhaps be utilized in new research. It is presently unusuable, and will be, as long as sufficiently precise comparative material is unavailable.

9 Mit der Erfindung des Phonographen ist nun auch der Musikwissenschaft ein Hilfsmittel geboten, um die musikalischen Äußerungen aller Völker der Erde in unanfechtbar exakter Weise zu fixieren und eine streng wissenschaftliche Bearbeitung zu ermöglichen. Freilich setzte die Verwendbarkeit des Phonographen als Reiseapparat die Verbesserung und Verbilligung der ursprünglich recht primitiven und dabei sehr kostspieligen Maschinen voraus. In beiden Beziehungen können wir heute schon ganz zufrieden sein. Ein kleiner, leichter, dabei sehr solider und verläßlicher Apparat ist schon für 50 Mk. erhältlich; die Handhabung ist so einfach, daß sie jeder in einer Viertelstunde erlernen kann, und die Aufnahmen lassen nichts zu wünschen übrig. Von den Wachszylindern oder -platten können galvanoplastische Metallkopien angefertigt werden, die unverwüstlich sind (S. Exner 1902; M. L. Azoulay 1902). Es sind also alle Bedingungen gegeben, um Musik- und Sprachproben in großem Maßstabe zu sammeln und in phonographischen Museen oder Archiven aufzubewahren. Das Wichtigste ist freilich, daß sich möglichst viele Sammler finden, die die kleine Mühe phonographischer Aufnahmen nicht scheuen, auch wenn sie selbst nicht unmittelbar daran interessiert sind. Amerika ist uns in dieser Hinsicht vorausgegangen: schon lange zieht drüben keine wissenschaftliche Expedition ohne Phonographen aus. Auch das Wiener, auf Anregung der Akademie der Wissenschaften gegründete Phonogramm-Archiv, hat seit drei Jahren eine vielversprechende Sammeltätigkeit entwickelt. Eine schöne Sammlung besitzt auch die Société d'Anthropologie in Paris, in England hat Cambridge den Anfang gemacht, in Deutschland das Berliner psychologische Institut.[3] Außer den Forschungsreisenden hätten die

[3] Auch die Deutsche Grammophongesellschaft hat im Orient eine große Zahl von Platten aufgenommen, die, mit einiger Vorsicht, auch wissenschaftlich verwendbar sind.

With the invention of the phonograph, musicology was presented with a device that can record the musical utterances of all the world's peoples in an irrefutably accurate manner, thereby allowing for a rigidly scientific approach. The usefulness of the phonograph as a portable machine certainly presupposed the improvement, and the reduction in price, of the originally rather primitive and very expensive machines. We can be quite satisfied today in both regards. A small, light, yet very solid and dependable apparatus is available for as little as 50 Marks; its manipulation is so simple that anyone can learn it in a quarter of an hour and the recordings leave nothing to be desired. Indestructable electroplated metal copies can be made from the wax-cylinders or discs (S. Exner 1902; M. L. Azoulay 1902). Thus, all the conditions are now met for the collecting of musical and linguistic specimens on a large scale and for their preservation in phonographic museums or archives. 9

The most important thing, certainly, is to find enough collectors who are not afraid of the modest effort needed for making phonographic recordings, even if they themselves are not interested in them. America is ahead of us in this respect: for some time past, no scientific expedition has left for the field without a phonograph. The Viennese Phonogramm Archiv, which was founded at the suggestion of the Academy of Sciences, has developed a promising collecting activity during the last three years. The Société d'Anthropologie in Paris also possesses a fine collection; in England, Cambridge has begun collecting, and in Germany the Psychological Institute in Berlin.[3]

Apart from the researcher in the field, the Christian missions would also have excellent opportunities to collect valuable

[3] Deutsche Grammophon has also made a large number of recordings in the Orient, which, used with some caution, are of scientific value.

Missionen vorzüglich Gelegenheit, in Ruhe ein wertvolles phonographisches Material zustande zu bringen. Auch die ethnographischen Schaustellungen in den großen Städten und namentlich auf großen Ausstellungen ergeben oft eine interessante Ausbeute. (Aufnahmen von Dr. Azoulay auf der Pariser Weltausstellung 1900; auf Anregung von Prof. Boas in St. Louis 1904). Endlich wäre es sehr dankenswert, wenn auch Privatpersonen, die Vergnügungsreisen nach dem Orient usw. machen, sich entschließen würden, anstatt oder neben dem unvermeidlichen Kodak einen kleinen Phonographen mitzunehmen. Namentlich die vielbereisten Mittelmeerländer sind ein sehr ergiebiges Fundgebiet für nicht nur wissenschaftlich reizvolle Volksmelodien.

10 Sie ersehen schon aus diesen wenigen Bemerkungen, daß selbst mit den ersten Vorarbeiten für eine vergleichende Musikwissenschaft, der Sammlung eines einwandfreien Materials, erst bescheidene Anfänge gemacht sind. Eine Vergleichung im großen Maßstabe, die uns gestattet, an die Lösung der allgemeinsten Fragen heranzutreten, wird erst dann möglich sein, wenn wir von allen Punkten der Erde wenigstens Stichproben musikalischer Äußerungen zur Verfügung haben. Einstweilen müssen wir uns damit begnügen, das Material in der ungeordneten Folge, wie es zusammenkommt, monographisch zu bearbeiten.[4] Es ist klar, daß, je weiter unsere positiven Kenntnisse dringen, auch immer mehr neue Fragen auftauchen. An der Hand des bescheidenen Materials, das uns heute zu

[4] Von musikologischen Publikationen auf Grund phonographischen Materials sind bisher m.W. erschienen: Über nordamerikanische Indianer von W. Fewkes (1890), F. Boas (1897), A. Fletcher (1893), Fillmore (1893), B. J. Gilman (1891), über Eskimos von F. Boas (1888); China: Gilman (1892); Siam: C. Stumpf (1901a); Japan, Indien, Nordsyrien: O. Abraham u. E. v. Hornbostel (1903, 1904a, 1904b); Arabien: G. Adler (1903); Faröer-Inseln: H. Thuren (1901, 1901–02); Rumänien: G. Weigand (1904).

phonographic material at their leisure. The ethnographic collections in the larger cities and, in particular, the larger exhibitions, often yield interesting material. (Recordings by Dr. Azoulay at the Paris World's Fair in 1900; at the suggestion of Professor Boas in St. Louis in 1904).

Finally, one would be grateful if private individuals who go on pleasure tours to the Orient, etc., could be persuaded to take a small phonograph along with them, instead of or as well as the inevitable Kodak. The frequently visited Mediterranean countries are a particularly rich source for folk melodies that have fascination not only for scientists.

You will already have noted from these few remarks that, even with the initial preparatory work for a comparative musicology, i.e., the collecting of authentic material, only modest beginnings have been made. A comparison on a large scale, which would permit us to approach a solution of the most general questions, will only be possible when we possess at least test samples of music from all parts of the world. Meanwhile, we must be content to work monographically on the material brought together in such haphazard fashion.[4] It is clear that as our positive knowledge increases other new questions will arise. Now, with the help of the modest material that is available to us today, I would like to present you with an outline of the complex of problems 10

[4] As far as I know, the following musicological publications based on phonographic material have been published: North American Indians: W. Fewkes (1890), F. Boas (1897), A. Fletcher (1893), Fillmore (1893), B. J. Gilman (1891); Eskimos: F. Boas (1888); China: Gilman (1892); Siam: C. Stumpf (1901a); Japan, India, Northern Syria: O. Abraham and E. v. Hornbostel (1903, 1904a, 1904b); Arabia: G. Adler (1903); Faeroe-Islands: H. Thuren (1901, 1901–02); Rumania: G. Weigand (1904).

Gebote steht, möchte ich versuchen, Ihnen einen Überblick über den Kreis der Probleme zu verschaffen, mit denen eine künftige vergleichende Musikwissenschaft sich zu beschäftigen haben wird.

11 Die nächstliegenden Fragen knüpfen sich an das Baumaterial aller Musik, die Töne. Nur wo wir festen, gesonderten Tonstufen begegnen, werden wir im allgemeinen von Musik reden. Aber schon diese einfache Begriffsbestimmung kann nicht ohne Einschränkung gelten. Einmal wird man auch rhythmische Geräusche (Trommelsoli, Beckenschlagen, Klappern) nicht ausschließen dürfen; zweitens ist die Stärke der Tongebung beim Gesang sehr variabel und daher der Übergang vom Singen zum Sprechen kein sprunghafter, sondern ein kontinuierlicher. Wir kennen in Europa den Sprechgesang von den Auszählversen und Spielliedchen der Kinder, vom Parlando unserer Coupletsänger, vom Melodram usw. Bei den Orientalen ist das Parlando sehr häufig, und bei Völkern, deren Sprache einen tonalen Akzent hat, wie den Chinesen, Indochinesen und mehreren Bantu-Völkern, weist der gesungene Text kaum eine stärkere Tongebung auf, als der gesprochene. Endlich werden bei orientalischen Kulturvölkern die Tonstufen mit Vorliebe kontinuierlich ineinander übergeführt; das Glissando und Portamento, das bei uns nur gelegentlich als Vortragsnuance verwendet wird, gehört in China, Japan und Indien zum vornehmen Kunststil und wird besonders geübt. Wir kennen also musikalisches Geklapper, musikalisches Sprechen, musikalisches Geheul, und als erstes Problem tritt uns die Frage entgegen: Was ist Musik?

12 Bei der Betrachtung eines Tonsystems werden wir zunächst nach seiner äußeren Begrenzung, dem Tonumfang fragen. In der Vokalmusik ist er schon durch den Stimmumfang eingeschränkt, in der Instrumentalmusik ist er abhängig von der Technik des Instrumentenbaues und auch von der menschlichen Anatomie, der die

which comparative musicology will have to face in the future.

The most obvious questions are concerned with the fundamental material of all music, the tones. We normally speak of music only where we encounter firm, differentiated tonal degrees. However, even this simple definition cannot be unrestrictedly valid. First of all, one cannot exclude rhythmical noises (drum solos, cymbal beating, clappers); secondly, the intensity of intonation in singing is very variable and, therefore, the transition from singing to speaking is not step-wise but continuous. In Europe we are familiar with the sprechgesang of children's counting verses and games, with the parlando of our cabaret singers, with melodrama, etc. Parlando occurs very often in the Orient and among those peoples whose language has a tonal accent, such as the Chinese, Indo-Chinese and many Bantu tribes, where the sung text shows an intonation hardly stronger than the spoken text. Finally, in Oriental cultures the tonal degrees are linked, preferably, by a gliding melodic line; glissando and portamento – with us used only occasionally as a nuance in performance – belong to the elegant artistic style and are acquired for deliberate practice in China, Japan, and India. Thus we are aware of musical clattering, musical diction, musical wailing; and so, as the initial problem, we are confronted with the question: What is music? 11

In the study of a tonsystem, we will first inquire into its limitations, the ambitus. In vocal music the limitation is given by the range of the voice; in instrumental music it is dependent on the manner of construction of the instrument and also on the human anatomy to which the instrument is adapted. The extension 12

Instrumente angepaßt sind. Die Erweiterung des Tonumfanges der Instrumente wird auf die Vokalmusik zurückwirken. Vielleicht dürfen wir in gewissem Sinne den Umfang der Melodik als Kriterium für die Höhe der musikalischen Kultur benutzen. Die Melodien primitiver Völker bewegen sich meist in engen Grenzen, wie ja unsere Kinderlieder auch; sie erzeugen daher leicht den Eindruck des ,,Monotonen.'' Gelegentlich finden sich aber auch Volksmelodien von sehr bedeutendem Umfang, z.B. bei den sibirischen Kosaken. Eine gesetzmäßige Regelung des Umfanges von seiten des Staates oder der Schulen, die dem heutigen europäischen Musiker verwunderlich erscheint, finden wir bei den orientalischen Kulturvölkern. In Japan z.B. gilt es als besondere Auszeichnung, wenn einem Spieler des *Koto* (japanische Harfe*) gestattet wird, die erste Saite seines Instrumentes eine Oktave tiefer zu stimmen. Der Ursprung solcher Gebräuche ist wohl in dem Einfluß der Zahlenmystik auf die Musiktheorie zu suchen. Dies Beispiel zeigt uns, daß wir beim Studium fremdländischer Musik auch Momente, die uns nebensächlich scheinen, wie den Tonumfang, nicht außer acht lassen dürfen.

13 Bedeutungsvoller als die Entwicklung des Tonsystems nach außen ist die innere Differenzierung, die Stufenzahl. Wir bestimmen für gewöhnlich die Stufenzahl innerhalb einer Oktave, indem wir auf Grund ihrer Ähnlichkeit die Oktave als Wiederholung des Grundtons in einer höheren Lage auffassen. Die bisherigen Erfahrungen berechtigen uns, das Phänomen der Oktavenähnlichkeit für eine psychophysische Grundtatsache zu halten. Wir finden allenthalben, daß Frauen und Jünglinge im Chor mit erwachsenen Männern in höherer Oktavlage singen, ohne sich des Unterschieds vom Unisono bewußt zu sein. Ebenso liegt die Instrumentalbegleitung häufig eine Oktave unter der

* [lies: Zither.-ED.]

of the ambitus of the instrument can affect vocal music. In a sense, we may perhaps use the melodic range as a criterion for the quality of a musical culture. The melodies of primitive peoples mostly move within narrow limits – like our children's songs; thus, they easily create the impression of being "monotonous." However, one occasionally finds folk melodies with a very wide range, for example, among the Siberian Cossaks.

A regulation of the ambitus by law, by state or school, which strikes European musicians as strange, is found in Oriental civilizations. In Japan, for instance, it is considered a special distinction when a performer on the *koto* (Japanese harp)* is permitted to lower the pitch of the first string of his instrument by an octave. The origin of such a practice might be sought in the influence of the mysticism of numbers on music theory. This example shows us that when we study foreign music even factors which we consider to be irrelevant, such as tonal range, should not be neglected.

Even more significant than the expansion of the overall range of a tonsystem is the internal differentiation, i.e., the increase in the number of steps within the range. We usually determine the number of degrees within an octave on the assumption that the octave, on the basis of its similarity, repeats the keynote in a higher position. So far, experience allows us to consider the phenomenon of octave similarity to be a psychophysical axiom. We find everywhere that women and young boys sing an octave higher than adult males in a chorus without being conscious of this difference in unison. Similarly, instrumental accompaniment often lies an octave below the vocal line. (Occasionally 13

* [Read zither instead of harp. RC].

Singstimme. (Gelegentlich mag es sich für eine klarere theoretische Darstellung empfehlen, das Tonmaterial nach kleineren Intervallen zu gliedern, etwa nach Quarten, wie es in der altgriechischen Tetrachordlehre gebräuchlich war.) Das System aller Stufen innerhalb einer Oktave pflegen wir als Leiter zu bezeichnen. Abgesehen von den Intervallen zwischen den einzelnen Stufen können wir die Tonleitern nach der bloßen Stufenzahl gruppieren. Die Leitern, die einzelnen Musikstücken zugrunde liegen, stellen meist nur eine Auswahl aus dem gesamten Tonmaterial eines Systems dar. Letzteres erhalten wir, wenn wir eine größere Anzahl jener stufenärmeren „Gebrauchsleitern" zusammenfassen. Dieses Verhältnis ist Ihnen allen bekannt und geläufig. Unsere siebenstufige diatonische Gebrauchsleiter liegt allen einfachen Melodien, die in einer Tonart bleiben, zugrunde. Die Materialleiter dagegen, der sie entnommen ist, ist die 12stufige chromatische. Die stufenärmsten Gebrauchsleitern, die uns bekannt sind, sind die pentatonischen (wenn wir nicht etwa die älteste griechische Oktaventeilung, das Tetrachord des Olympos (c f g c) als vierstufige Leiter fassen wollen). Wir finden fünfstufige Melodien z.B. in China, Japan, Java, Siam, bei nordamerikanischen Indianern und auch noch vielfach auf europäischem Boden, z.B. in Schottland, Wales, Litauen. Die Fünfstufigkeit ist oftmals nicht streng festgehalten; eine oder mehrere weitere Stufen kommen als Durchgangs- oder Wechselnoten neben den fünf Hauptstufen vor, oder es finden sich am gleichen Ort außer den pentatonischen auch mehrstufige Melodien. Auch die Existenz von sechsstufigen Leitern wird (für Sumatra z.B.) behauptet, bedarf aber noch der Bestätigung.

14 Unter allen Gebrauchsleitern sind die siebenstufigen wohl die verbreitesten. Leitern mit mehr als sieben Stufen: die 12-stufige chromatische (Europa, China, Japan usw.), die 17stufige arabische, die 21-

it may be desirable, for the sake of theoretical presentation, to arrange the tonal material in smaller intervals, such as fourths, as was the practice in ancient Greek tetrachordal theory).

We are in the habit of defining a scale as the system of intervals within an octave. Apart from the intervals between individual degrees, we can arrange the scales according to the number of degrees. The scales which form the basis of individual musical pieces for the most part present only a selection of the complete tonal material of the musical system. We obtain the latter when we combine a large number of these gebrauchsleiter, which contain only a few steps. You are all familiar with the relationship (between these two kinds of scales). Our heptatonic, diatonic gebrauchsleiter is the basis for all simple melodies which remain in the same key. The materialleiter, however, from which it is taken, is the 12-tone chromatic scale.

The gebrauchsleiter with the least number of intervals known to us are the pentatonic scales (unless we regard the oldest division of the octave in Ancient Greece, the tetrachord of Olympos [c f g c] as a fourtone scale). We find pentatonic melodies in China, Japan, Java, and Siam; among North American Indians; and, still frequently, in Europe, for instance, in Scotland, Wales and Lithuania. Pentatonicism is often not strictly adhered to; one or more additional degrees occur as passing or auxiliary tones in addition to the five basic tones, or else one finds, in one and the same place, melodies with more steps alongside pentatonic tunes. Even the existence of hexatonic scales is claimed (for instance, in Sumatra) but has still to be proven.

The heptatonic scale is probably the 14
most common of all gebrauchsleitern. Scales with more than seven tones (the 12-tone chromatic [Europe, China, Japan, etc.], the 17-tone Arabic, the 21-tone Indian)

stufige indische sind fast immer bloß als Materialleitern anzusehen, aus denen eine kleinere Stufenzahl zur Konstruktion der Gebrauchsleitern ausgewählt wird.

15 An die Stufenzahl knüpfen sich einige bedeutsame Probleme. Sind die stufenärmeren Leitern die Vorläufer der stufenreicheren in der Entwicklung des Tonsystems? Gegen diese Annahme scheint schon die Koexistenz pentatonischer und heptatonischer Leitern zu sprechen. Wie erklärt sich dann aber die Bevorzugung gewisser Stufen vor anderen?

16 Diese Frage führt uns unmittelbar zur Betrachtung der Stufenart, der Intervalle.

17 Mit der Bestimmung der Intervallgröße hat sich die Musiktheorie von altersher mit Vorliebe beschäftigt, und sie bildet auch eine der wichtigsten Aufgaben der vergleichenden Musikwissenschaft. Die modernen akustischen Messungsmethoden ermöglichen eine sehr genaue Tonhöhenbestimmung nicht nur an Instrumenten mit fester Abstimmung, sondern auch an phonographisch festgehaltenen Tonstücken selbst.

18 Die Messung an Musikinstrumenten, die von A. J. Ellis[5] zuerst in größerem Maßstabe ausgeführt wurde, bietet mancherlei Fehlerquellen und darf daher niemals allein zur Festlegung eines Tonsystems dienen – ganz abgesehen davon, daß sie immer nur Instrumentalleitern liefert, die durchaus nicht immer mit den Gebrauchsleitern identisch sind. Am zuverlässigsten wird es sein, die Messung unmittelbar vor oder nach dem Gebrauch des Instrumentes durch einen einheimischen Musiker vorzunehmen. Der Reisende, dem heute noch keine handlichen, leicht transportablen Tonmesser zur Verfügung stehen, kann auch die Instrumentalleitern phonogra-

[5] Ellis ist mit seiner grundlegenden Arbeit: On the musical scales of various nations (1885) als der Vater der vergleichenden Musikwissenschaft zu betrachten; seine Methode wurde später auch von J. P. N. Land, C. Stumpf u.a. benützt.

are almost always to be regarded as materialleitern from which a smaller number of tones is selected for the construction of gebrauchsleitern.

A number of important problems is associated with the number of degrees. Are the scales with fewer steps the predecessors of those with more steps within the development of the tonsystem? The coexistence of pentatonic and heptatonic scales would itself speak against this supposition, if nothing else did. What then is the explanation for the preference for certain steps over others? 15

This question leads us directly to the investigation of the degree types, the intervals. 16

Since ancient times, music theory has tended to be concerned with the determination of the size of the interval, and this is also one of the most important tasks of comparative musicology. Modern methods of acoustical measurement permit a very exact determination of pitches, not only on instruments with constant pitch but also in music recorded with a phonograph. 17

Measurement on musical instruments, which A. J. Ellis[5] was the first to attempt on a large scale, harbours sources of error of all kinds and should therefore never be used by itself for determining a musical system – leaving aside that it only yields instrumental scales which definitely are not always identical with the gebrauchsleiter. 18

It would be most reliable to take measurements directly before or after the use of an instrument by a native musician. The traveler, for whom we do not as yet have a small, handly, easily transportable tonometer, can record the instrumental scales on a phonograph. The instruments in

[5] Ellis is regarded as the father of comparative musicology on the basis of his fundamental work: "On the musical scales of various nations" (1885); his methods were also later used by J. P. N. Land, C. Stumpf and others.

phisch aufnehmen. Die Museumsinstrumente, auf die der Forscher sonst angewiesen ist, sind durch den Transport, das Austrocknen beim langen Lagern usw. vielfachen Schädigungen unterworfen. Flöten und Pfeifen erweisen sich meist zu akustischen Untersuchungen überhaupt unbrauchbar; primitive Instrumentenbauer lassen sich vielfach durch außermusikalische Prinzipien leiten: die Bohrlöcher werden äquidistant oder nach symmetrischen Gruppen oder ungefähr in der Mitte der natürlichen Internodien der Bambusrohre angebracht. Auch auf den altperuanischen und -mexikanischen Tonpfeifen sind die Löcher nach dekorativen Gesichtspunkten verteilt (cf. Ch. K. Wead 1902). Die unregelmäßigen Tonreihen solcher Blasinstrumente werden vom Spieler durch seine Anblasekunst ausgeglichen. – Bei Gitarren und Lauten mit festen Bünden können ebenfalls manche Unvollkommenheiten des Baues durch stärkeres oder schwächeres Niederdrücken der Saiten ausgeglichen werden. Auch hier kommen bei der Verteilung der Bünde manchmal außermusikalische Prinzipien in Betracht.[6] Die akustische Messung wird hier vorteilhaft durch Längenmessung mit dem Bandmaß unterstützt und kontrolliert.

19 Am zuverlässigsten sind noch die abgestimmten Schlaginstrumente – Holzklaviere, Glockenspiele usw. –, obwohl auch diese mit einer gewissen Vorsicht gemessen werden müssen.

20 Methodologisch einwandfrei und technisch meist ohne allzu große Schwierigkeit ist die Messung der Phonographentöne,[7] die sich auch nicht auf Instrumentalmusik zu beschränken braucht. Nur muß bei gesungenen Melodien mit den oftmals beträchtlichen Schwankungen der Intonation gerechnet werden, die durch Vergleichung einer größeren Zahl von Stücken derselben oder verschiedener Sänger ausgeglichen

[6] So bei der chinesisch-japanischen *chin*, cf. Abraham u. v. Hornbostel (1903).

[7] Zuerst von Gilman (1892).

museums, on which the researcher would normally depend, have frequently suffered damage in transit, through dessication from extended storage, and the like.

Flutes and pipes have largely proven to be useless for acoustical study; primitive instrument makers are generally guided by non-musical principles; the finger holes are spaced equidistantly, or in symmetrical groupings, or approximately halfway between the natural modes of a bamboo tube. On the ancient Peruvian and Mexican clay flutes, the holes are also placed according to decorative principles (cf. Ch. K. Wead 1902). The irregular scales of such wind instruments are corrected by the player's skill in blowing.

On guitars and lutes with stationary frets, flaws in the construction can also be compensated for by an increase or decrease of pressure on the strings. Here again, non-musical principles are taken into consideration in the placing of the frets.[6] Acoustical measurements can be backed up and controlled to good advantage by linear measurement with a tape measure.

The most reliable instruments are, after 19
all, the tuned percussion instruments – xylophones, chimes, etc. – although even these instruments must be measured with some caution.

The measurement of recorded pitches, 20
which does not necessarily have to be limited to instrumental music, is methodologically incontestable and is most often not too technically difficult.[7] However, with vocal melodies, one must take into account the often considerable fluctuations in intonation, which must be corrected through comparison of a larger number of pieces by the same or various other singers.

[6] Thus on the Sino-Japanese *chin*, cf. Abraham and v. Hornbostel (1903).

[7] Initially by Gilman (1892).

werden müssen. Noch genauer als durch Tonhöhenvergleichung können die Phonogramme ausgewertet werden, indem man durch eine mechanische oder optische Übertragung die Schallkurve graphisch reproduziert und die so erhaltenen Kurven ausmißt. Doch ist dieses umständliche, sehr subtile Verfahren, das von Scripture (1902) u.a. für die Phonetik bereits mit Erfolg angewendet wurde, für musikalische Untersuchungen wohl meist überflüssig.

21 Das Resultat der Tonmessung sind Schwingungszahlen, die, der Tonhöhe nach geordnet, die Leitern ergeben. Die Intervalle ergeben sich durch Berechnung der Verhältnisse je zweier Schwingungszahlen. Außer den Intervallen zwischen benachbarten Stufen der Leiter kommen für die Vergleichung zunächst jene größeren Schritte in Betracht, die sich in den betreffenden Melodien – als Sprünge – tatsächlich vorfinden. Außer diesen empirischen Intervallen sind aber noch jene von Interesse, die durch Beziehung aller Tonstufen einer Leiter auf einen „Grundton" gewonnen werden. Die Wahl dieses Grundtons muß mit Vorsicht geschehen, da wir nicht ohne weiteres unseren Tonikabegriff in fremdländische Musik hineintragen dürfen. Andererseits rechtfertigt sich die Annahme eines Grundtons doch durch die psychologische Tatsache, daß jede Melodie nicht nur mehr ist als ein Konglomerat von Tönen, sondern auch mehr als eine bloße Kette von Intervallen. Wir werden auf dieses wichtige Problem noch zurückkommen. (Hier wäre noch zu erwähnen, daß die Darstellung der Intervalle als Verhältnisse für die Vergleichung unbequem ist; es empfiehlt sich mehr, ein Standard-Intervall zu wählen und alle übrigen als Bruchteile oder Multipla desselben darzustellen. Die von Ellis vorgeschlagene Berechnung in Cents, d.i. Hundertstel des temperierten Halbtons, hat sich als sehr einfach und zweckmäßig herausgestellt.)

22 Aus der Fülle der Intervalle, die uns die Tonmessung liefert, heben sich einige durch

Even more exactly than by pitch comparison, phonograms can be evaluated by reproducing the sound wave, either by mechanical or optical means, in the form of a graph from which one can measure it. However, this complicated and very subtle method is probably largely unnecessary in musical study, although it has been successfully used in phonetics by Scripture (1902) and others.

The results of pitch measurement are the 21
frequencies of vibrations which, if arranged according to pitch, yield scales. Intervals are produced by the calculation of the ratios between two frequencies. Apart from intervals between neighboring degrees of the scale, those larger steps that are found – actually as leaps – in a melody are brought into consideration for comparison. In addition to these empirical intervals, those which are produced through the relationship of all degrees of a scale to its "root" are also of interest. This keynote must be selected with caution since we should not introduce, indiscriminately, our concept of tonic into a foreign music. On the other hand, the supposition of a keynote is justified by the psychological fact that a melody is not only more than a conglomerate of tones but also more than a simple chain of intervals. We shall return to this important problem later. (It should be mentioned here that the expression of intervals as ratios is inconvenient for comparison; rather, it is advisable to select a standard interval and to present other intervals as fractions or multiples of it. Ellis' proposed calculation in cents, i.e., $\frac{1}{100}$th of a tempered semitone, has proven itself to be very simple and practical.)

Among the abundant intervals we ob- 22
tain from pitch measurement, there are

besondere Auszeichnung heraus. Es sind die sog. physikalisch reinen oder natürlichen Intervalle, deren Schwingungsverhältnisse sich in kleinen ganzen Zahlen ausdrücken lassen. Hand in Hand mit dieser physikalischen geht bekanntlich eine psychologische Eigentümlichkeit: die Konsonanz. Ich kann mich hier nicht auf eine Erörterung der verschiedenen Konsonanztheorien einlassen, will aber betonen, daß jede Konsonanztheorie, die Anspruch auf allgemeine Gültigkeit erhebt, die Ergebnisse der vergleichenden Musikwissenschaft mitberücksichtigen muß. Es geht durchaus nicht an, die Erlebnisse innerhalb unserer simultanharmonischen Musik als letzte psychische Tatsachen anzusprechen und ohne weiteres auf die ganze Menschheit zu verallgemeinern. Schon die weitverbreitete Ansicht, daß die Intervalle reiner Stimmung nicht nur in dem Sinne „natürlich“ sind, daß sie z.B. in Klängen als Obertöne auftreten (bei Blasinstrumenten als „Naturtöne“) – sondern daß sie auch der menschlichen Natur besonders angepaßt wären, bedarf der Revision. Wir brauchen gar nicht außer Landes zu gehen, um bedenklich zu werden. Wir musizieren ganz allgemein in temperierter Stimmung, ohne daß unsere Natur sich dagegen aufbäumt; ja, manche reinen Intervalle wollen uns gar nicht munden, wenigstens in der Sukzession (cf. C. Stumpf u. M. Meyer 1898b). Es ist auch sehr fraglich, ob Natursänger, Sologeiger, a-cappella-Chöre usw. reine Intervalle intonieren. Unser musikalisches Gewissen ist hinsichtlich der Intervallgrößen sehr dehnbar, und auch hier nennen wir die Gewohnheit unsere Amme.

23 Zudem kommt außer der Konsonanz noch ein zweites Prinzip für die Leiterbildung in Betracht – eben dasjenige, das auch unserer temperierten Leiter zugrunde liegt –: die Gleichheit der Stufen oder der Distanzen. Nicht auf möglichst einfache, sondern auf lauter gleiche Schwingungszahlenverhältnisse kommt es dabei an. Auch psychologisch handelt es sich hier

some which seem to have a special quality. These are the so-called pure (in the physical sense) or natural intervals, whose frequency ratios can be expressed in small whole numbers. As is well known, combined with the physical quality is a psychological characteristic: namely, consonance. I am unable to engage here in a discussion of the various theories of consonance, but I would like to stress that every consonance theory which claims universal validity must take into consideration the findings of comparative musicology. It will not suffice to declare the musical experience derived from our system of simultaneous harmony to be the final psychological truth and immediately to generalize from it for all humanity. We must revise the widely held opinion that the pure intervals are not only "natural" in the sense that they (for instance) appear as overtones in sounds (in wind instruments as "harmonics") – but that they were also particularly adapted to human nature.

We do not have to go outside this country to become doubtful. We commonly perform music in tempered tuning without our nature rebelling against it; indeed, there are even some pure intervals which we do not enjoy, at least when they occur in succession (cf. C. Stumpf and M. Meyer 1898b). It is also questionable whether natural singers, solo violinists, a cappella choirs, etc., intone pure intervals. Our musical conscience is very flexible in matters of interval size, and even here habit is our wet nurse.

In addition to this, a second principle is involved in the construction of scales, apart from consonance – namely, that which forms the basis of our tempered scale: the equality of the steps or their distances. In this context what matters is not just the simplicity of the ratios, but that all ratios be equal. Psychologically, too, this is something quite different from 23 um etwas ganz anderes als bei der Konsonanz. Es dürfte schwer sein, einen Halbton und eine große Septe hinsichtlich ihres Konsonanzgrades zu unterscheiden. Über den Distanzunterschied sind wir uns dagegen keinen Moment im Unklaren. Wir müssen damit rechnen, daß unter Umständen, namentlich in Musik, die keine Harmonie kennt, das Distanzprinzip eine größere Rolle spielt als das Konsonanzprinzip. Und mit dieser Annahme könnten wir gleichstufige Leitern, wie die siebenstufige siamesische und die fünfstufige javanische *Salendro*leiter erklären. Auch neutrale Terzen sind vielleicht als Halbierungsprodukte von Quinten zu verstehen. Es ergibt sich also ein Problem, das für die Musikwissenschaft ebenso wie für die Psychologie sehr interessant ist: in welchem Verhältnis beherrschen das Konsonanz- und das Distanzprinzip die Musik der verschiedenen Völker, wie greifen sie ineinander, unterstützen oder verdrängen sie sich?

consonance. It would be rather difficult to differentiate between a semitone and major seventh in respect to its degree of consonance; but as to the difference in distance, we are never at any time in doubt. We must reckon with the possibility that under certain conditions, especially in music that does not know harmony, the principle of distance plays a greater role than the principle of consonance.

This hypothesis enables us to explain equal-stepped scales, such as the heptatonic Siamese and the pentatonic Javanese *slendro* scale. It is also possible that the neutral third can be understood as the product of the fifth divided in half. This presents a problem which is just as interesting for musicology as it is for psychology: to what extent does the consonance and/or the distance principle dominate the music of various peoples, and how do the two principles act upon each other; do they support or exclude one another?

24 Endlich verdanken viele Intervalle ihr Dasein außermusikalischen Prinzipien: der mathematischen Berechnung (z.B. Temperatur zum Zweck leichterer Transposition), die sich oft mit Zahlenmystik verquickt (pythagor. Quintenzirkel); dann den Eigentümlichkeiten der Instrumente (vgl. oben); endlich der persönlichen Eigenart oder dem Affekt (Indianer) der Spieler oder Sänger, mangelhafter Technik und dem Zufall.

Many intervals owe their existence to extra-musical principles: to mathematical calculation (for example, temperament for the purpose of easier transposition) which is often embedded in the mysticism of numbers (Pythagorean circle of fifths); then to the characteristics of instruments (see above); finally, to the personality or the affect of the player or singer (Indians), or to imperfect technique, or to chance. 24

25 Daß so vielerlei und darunter auch irrationale Intervalle nebeneinander bestehen können, das ist nur in einer Musik möglich, die keinen harmonischen Zusammenklang kennt. Und allem Anschein nach ist simultane Harmonie ein Privilegium der neueren europäischen Musik. Es ist dies einer der wichtigsten und auch strittigsten Punkte der Musiktheorie; hier liegt auch eine der gefährlichsten Fehlerquellen. Wir sind von Jugend auf ausschließlich in harmonischer Musik erzogen, unser ganzes musikalisches Denken ist von harmonischen Tonvorstel-

That such diverse and even irrational intervals can exist side by side is only possible in music that does not know harmonic concord. Simultaneous harmony is, to all appearances, a privilege of more recent European music. This is one of the most important and also most disputed aspects of music theory; it is also one of the most dangerous sources of error. We have been raised since childhood on exclusively harmonic music, and our whole musical being is filled with harmonic tonal perception. As soon as we hear a melody 25 lungen erfüllt. Sobald wir eine Melodie hören, denken wir uns unwillkürlich eine Harmonisierung hinzu; sobald ein Intervall erklingt, fassen wir es als eines unserer gewohnten Intervalle auf. Es ist ganz falsch, zu glauben, daß musikalisch Begabte und Geübte von diesem Fehler frei sind: im Gegenteil, gerade der Musikalische bringt eine besonders reiche und durch die Übung besonders gefestigte Menge gewohnter Vorstellungen an die fremden Eindrücke heran. Um sich von diesen Gewohnheiten zu befreien, bedarf es wieder spezieller Übung, eines Training ad hoc; wobei freilich ein feines Intervallgedächtnis oder absolutes Tonbewußtsein unentbehrlich sind. Diese Umstände müssen uns erstens skeptisch machen gegen die Berichte und Melodienaufzeichnungen von Reisenden; dann aber auch gegen jene Theorien, die für alle Musik, woher immer sie kommen mag, eine harmonische Basis verlangen. Was diesen Theorien einen Schein von Berechtigung verleiht, ist, daß sie sich, von rein spekulativen, deduktiven Argumenten abgesehen, auch auf eine Reihe durch die vergleichende Musikwissenschaft sichergestellte Tatsachen stützen. Einmal ist durchaus nicht alle exotische Musik streng homophon. Namentlich in den ostasiatischen Kulturländern findet sich Orchestermusik von recht komplizierter Struktur; auch die Gesangsbegleitungen bewegen sich nicht immer unison oder in Oktavenparallelen zur Singstimme; in Indien und den Ländern arabischer Kultur ist die Sackpfeife im Gebrauch, die bekanntlich zur Melodie eine Grundbaßnote ertönen läßt, und eine ähnliche orgelpunktartige Begleitung ist auch sonst weit verbreitet. Aber alle diese Formen der Mehrstimmigkeit sind – dies kann nie oft und scharf genug betont werden – offenbar prinzipiell verschieden von unserer Harmonie, die auf die Konsonanz des Zusammenklanges gegründet ist. In den Orchesterpartituren aus Japan, Siam und Java, die wir besitzen, sieht man

we unconsciously harmonize it in our minds; as soon as an interval is sounded, we perceive it to be one of our common intervals. It is absolutely incorrect to believe that musically talented and experienced persons are immune from this failing: on the contrary, the musical person is precisely the one who brings to bear, upon strange impressions, an especially rich and profound store of acquired concepts, reinforced through practice. It again requires special practice and ad hoc training to be able to free oneself from these habits, for which a sensitive interval memory or absolute tonal consciousness is certainly indispensible.

These circumstances must make us skeptical not only of the reports and notations of tunes by travelers but also of those theories that claim a harmonic basis for all music, no matter where it comes from. What gives these theories an appearance of validity is that they are supported by a series of facts which have been ascertained by comparative musicology – apart from purely speculative and deductive arguments. For one thing, not all exotic music is strictly homophonic. Especially in the East Asiatic cultures, one can find orchestral music of a very complicated structure; and vocal accompaniments do not always move in unison or in parallel octaves with the vocal line; as we know, the bagpipe that is used in India and the Arabian countries plays a drone to the melody, and a similar type of pedal point accompaniment is also widely known elsewhere.

However, all these forms of multi-part music – and this cannot be stressed often or sharply enough – are clearly different in principle from our harmony, which is based on the consonance of simultaneously sounded tones. In the orchestral scores from Japan, Siam, and Java, one observes, apart from the main, voice-carrying melody, nothing but free paraphrasing of the melody, and among the other forms of neben der melodieführenden Prinzipalstimme nur freie Umspielungen der Melodie, und auch bei den anderen erwähnten polyphonen Begleitungsformen ist offenbar nicht konsonanter Zusammenklang, sondern nur Erhöhung der Klangfülle angestrebt. Gewichtiger ist eine andere Reihe von Tatsachen: wir finden bei den verschiedensten Völkerstämmen, namentlich bei nordamerikanischen Indianern, Melodien, die sich auf den Tönen des Dreiklangs aufbauen; andererseits zeigen viele Melodien eine Wiederholung einer melodischen Phrase auf einer neuen Tonstufe, die meist eine Quarte oder Quinte ober- oder unterhalb der ursprünglichen liegt, die also gewissermaßen von der Haupttonart in die Dominant- oder Subdominant-Tonart modulieren. Allein auch diese Befunde berechtigen uns nicht, unsere europäischen musikalischen Begriffe einfach auf andere Verhältnisse zu übertragen. Vor allem müssen wir uns vor dem Lapsus hüten, eine importierte europäische Melodie für eine echte einheimische zu halten. Eine sichere Entscheidung ist da oft sehr schwer. Primitive Völker verfügen oft über ein großes Nachahmungstalent und ein bedeutendes Assimilationsvermögen; dazu kommt die Art der Tradition, der Mangel an historischem Sinn und das geringe Kausalbedürfnis: schon in der nächsten Generation ist der Ursprung der Überlieferung vergessen, und was vor kurzem erworben, wird bereits als uralt ausgegeben. Zudem wird der europäische Ursprung durch die Angleichung an heimatliche Gewohnheit noch verdunkelt. Auch diese Umformungen sind natürlich von Interesse. Aber es ist höchste Zeit, daß die echten Erzeugnisse fremder Kulturen auch auf musikalischem Gebiet gesammelt werden, bevor sie durch Europäismen unrettbar verdorben sind.

polyphonic accompaniment mentioned here it is not consonant harmony but only an increase in sonority that the musicians strive for.

Another set of facts is more important: we can find melodies which are constructed triadically among the most varied peoples, especially among the North American Indians; on the other hand, many melodies show a repetition of a melodic phrase on a new pitch, which usually lies a fourth or fifth above or below the original pitch, and which can therefore be said to modulate from the main key to the dominant or subdominant. However, these circumstances still do not permit us to transfer our European musical terminology to other cultures.

We must also be on our guard against the error of mistaking an imported European melody for a genuinely indigenous one. In these cases a clear decision is often difficult. Primitive peoples often possess a great gift for imitation and considerable capability for assimilation; in addition to this there is the local attitude toward tradition, the lack of a sense of history, and a limited need to account for origins: even during the next generation the origin of a tradition will be forgotten and what was acquired only recently will be presented as ancient. The European origin will be further obscured by accommodation to local habit. Naturally these transformations are also of interest. It is high time, however, that the genuine musical products of foreign cultures be collected, before they become irretrievably spoiled by Europeanisms.

26 Ferner finden wir in den Dreiklangmelodien die Quinte häufig durch eine neutrale Terz geteilt, können also weder von Dur noch von Moll sprechen. Über-

Moreover, we find that the fifth is often divided in triadic melodies by a neutral third, and thus we cannot speak of either major or minor. It is advisable to avoid 26 haupt dürfte es sich empfehlen, diese Kategorien, die ja auch in Europa verhältnismäßig jungen Datums sind, bei der Beurteilung nicht-harmonischer Musik völlig zu vermeiden. Vollends dürfen wir nicht aus dem Eindruck, den wir von einer fremdländischen Musik empfangen, auf die assoziierte Gefühlsbetonung schließen. Schon innerhalb unserer einheimischen Musik ist die Verknüpfung von Tonempfindung und Gefühl ein ungelöstes Problem. Ob es uns jemals gelingen wird, dasselbe für exotische Musik aufzuklären, ist sehr fraglich.

altogether, in the evaluation of non-harmonic music, the use of categories which are in any case of relatively recent date in Europe. Finally, we should not draw conclusions from our own impressions of a foreign music as to what affect should be associated with it. The correlation between sensation and affect is an unsolved problem even in our own music, and it is highly questionable whether we shall ever succeed in clarifying this issue in exotic music.

27 Doch legen Erwägungen allgemeiner Art die Annahme nahe, daß auch jede einstimmige Melodie oder melodische Phrase ihren Schwerpunkt hat, d.h. einen Ton, der sich vor den übrigen durch Frequenz, Dauer, Stellung, dynamischen Akzent oder sonstwie auszeichnet und auf den dann alle Melodietöne bezogen werden. Nur wird es im Einzelfalle oft sehr schwer sein, diese psychologische Tonika zu bestimmen, um so mehr, als wir auch hier leicht dadurch gestört werden, daß sich uns unsere harmonische Tonika unwillkürlich aufdrängt.

Nevertheless, reflections of a general kind suggest that even a monophonic melody or a melodic phrase has its center of gravity, i.e., a tone which stands out against the others through its frequency of occurrence, duration, position, dynamic accent, or in some other manner, and to which all other pitches of the melody relate. In some cases it will be very difficult to identify such a psychological tonic; more so, since here too we are easily confused by the intrusion of our harmonic tonic upon our perception. 27

28 Wenn wir immer wieder betonen, daß wir uns beim Studium reinmelodischer Musik von unseren harmonischen Auffassungsgewohnheiten emanzipieren müssen, so scheint es zunächst, als ob dies ein Verlust wäre. Und in der Tat werden immer wieder Versuche gemacht, uns exotische Melodien durch Klavierbegleitungen usw. mundgerechter zu machen. Aber das Verständnis wird uns dadurch nicht erleichtert, sondern ganz unmöglich gemacht. Gerade die einfache Melodie genießt Freiheiten und Vorzüge, die undenkbar sind, wo fortwährend auf den Zusammenklang mehrerer Stimmen Rücksicht genommen werden muß.

When we continually stress that we must emancipate ourselves from our habits of harmonic perception in studying purely melodic music, it must appear at first glance as if this would be a loss. And indeed, attempts are being made again and again to make exotic melodies more palatable for us through piano accompaniments and the like. Yet our appreciation will not be made any easier by this, but will rather become absolutely impossible. These simple melodies enjoy liberties and advantages that are unthinkable where the concord of several parts must be increasingly attended to. 28

29 Zweifellos hat die nichtharmonische Musik ihre eigenen Reize. Die melodische Linie tritt klarer hervor und kann sorgfältiger gezogen werden: das Chroma, die feinere Nuancierung der Intervalle hat

Non-harmonic music has its own decided fascination to be sure. The melodic line stands out more distinctly and can be more carefully traced; the "chroma," the finer nuances of the intervals, have more free- 29 freieren Spielraum; der Phrasierung wird erhöhte Aufmerksamkeit geschenkt; neben der Konsonanz der Intervalle wird ihre Distanz von Bedeutung; die verschiedenen Vortragsweisen (legato, glissando, portamento, staccato, parlando usw.) gewinnen einen wesentlichen Wert, ebenso zahllose Verzierungsformen, Melismen und Fiorituren. Und bei aller Freiheit entwickeln sich feste, strenge Kunstregeln, freilich ganz anderer Art als bei uns.[8]

Und nicht zuletzt wendet sich die Aufmerksamkeit dem Rhythmus zu, der ohne Rücksicht auf das Zusammentreffen mehrerer Stimmen sich ungebunden entwickeln kann. Hier liegt für die vergleichende Musikwissenschaft noch ein ungeheuer weites Feld. Schon eine flüchtige Betrachtung exotischer Musikproben zeigt uns eine erstaunliche Fülle neuer, ungewohnter Erscheinungen. Das psychologische Experiment hat uns darüber belehrt, daß nicht nur Stärke und Dauer (dynamischer und temporaler Akzent) rhythmisierend wirken. Jede Eigentümlichkeit, die einen Ton von anderen unterscheidet, also auch Tonhöhe, Klangfarbe usw., vermag die Aufmerksamkeit gefangen zu nehmen und dem betreffenden Ton einen (subjektiven) Akzent zu verleihen (psychologischer Akzent). Diese verschiedenen Betonungsmöglichkeiten können nun sehr verschiedene Grade der Wirksamkeit haben, je nachdem wir gewöhnt sind, auf dieses oder jenes Moment der Gesamtempfindung besonders zu achten. Wir müssen also bei fremdländischen Musikern nicht nur mit einer größeren Übung der rhythmischen Auffassung, sondern eventuell mit einer ganz anderen Art dieser Auffassung rechnen. Um nur einige Beispiele herauszugreifen, so finden wir eine Gewohnheit, die uns ganz paradox scheint, weit verbreitet: die dynamische Betonung des sog. schlechten Taktteils (Japan, Java, Siam, Indien, Nordamerika); auch sonst arbeitet die

[8] Vgl. z.B. den indischen Rāga-Begriff, oben S. 162 ff.

dom; the phrasing is given increased attention; aside from the consonance of the interval, the distance it realizes becomes important; performance manner (legato, glissando, portamento, staccato, parlando, etc.) acquires an essential value, and so do innumerable forms of embellishment, melisma and ornamentation. Firm and strict artistic laws evolve from all this freedom, but certainly of another type than with us.[8]

Then our attention turns to the rhythm which can develop, free from a concern for the meeting of many voices. An immensely wide field for comparative musicology is found here. A superficial study of examples of exotic music already shows a remarkable wealth of new and unaccustomed phenomena. Psychological experiment has taught us that it is not only intensity and duration (dynamic and temporal accent) which make for rhythm. Any quality that differentiates one tone from another, including pitch, tone quality, etc., may capture attention and endow the respective pitch with an (subjective) accent (psychological accent). These diverse possibilities of accentuation can be effective in many different degrees, depending on how we are accustomed to regard this or that element of an overall experience.

In the case of foreign musicians, we must therefore reckon not only with an extensive practice of rhythmical concepts, but possibly with a completely different manner of rhythmical concept. To select a few examples: we find a widespread habit, which appears quite paradoxical to us, in the dynamic stress of the so-called weak beats (Japan, Java, Siam, India, North America); in other respects, too, the drum accompaniment at times moves against the melodic rhythm. (Rhythmical counterpoint, cf. vocal polyphony in sixteenth and seventeenth century Europe.) Strict measures cannot be imposed on purely

[8] Compare, for example, the Indian *rāga* concept, above p. 162 ff.

Trommelbegleitung zuweilen dem Melodierhythmus direkt entgegen. (Rhythmischer Kontrapunkt; vgl. den polyphonen Vokalsatz in Europa im 16. und 17. Jahrhundert.) Ein strenges Taktschema ist auf reinmelodische Musik häufig überhaupt nicht anwendbar. Erweiterungen und Verkürzungen melodischer Phrasen, Fermaten und Kadenzen erschweren die taktliche Gliederung oder erzeugen einen häufigen Wechsel der Taktart in der Auffassung; auch irrationale Taktarten, $\frac{5}{4}$-, $\frac{7}{8}$-Takte usw. erschweren für uns oft die rhythmische Einteilung. Wenn wir auch zuweilen eine sehr ausgedehnte Anwendung des tempo rubato finden (Japan), so ist es doch nicht angängig, Melodien, deren rhythmische Gliederung uns nicht gelingen will, als rhythmisch amorph anzusehen; oft erscheint eine scheinbar ganz rezitativisch gehaltene Melodie ganz identisch bei der Wiederholung und belehrt uns, daß die scheinbare Freiheit durch eine strenge Regel gebunden ist, eine Regel freilich, die uns nicht immer festzulegen gelingt.

31 Man hat des öfteren versucht, die Gesetze des musikalischen Rhythmus aus denen der sprachlichen Metrik abzuleiten.[9] Die Zulässigkeit solcher Versuche müßte durch vergleichende Untersuchungen erwiesen werden. Allein schon in der Vokalmusik sehen wir Melodie und Text häufig verschiedene Wege gehen. Der melodische und sprachliche Akzent fallen zuweilen auf gerade entgegengesetzte Taktteile; sprachlich bedeutende Silben werden musikalisch unterdrückt, tonlose Silben und einzelne Vokale, auch tönende Konsonanten (m, l, r) werden gedehnt (Balkan, Türkei, Ägypten; cf. G. Weigand 1904; Abraham u. v. Hornbostel 1904a; E. W. Lane 1836, 1852). Einen anderen, engeren Zusammenhang zwischen Wort und Ton wird man in den Sprachen erwarten, in denen (wie im Chinesischen, den indochinesischen und mehreren afrikanischen Sprachen) die relativen

[9] Vor allem Westphal (1872).

melodic music in many cases. Augmentations and diminutions of melodic phrases, fermatas, and cadences complicate metrical division or produce frequent changes in the perception of time signature; irrational meters, too, $\frac{5}{4}$, $\frac{7}{8}$, etc., often make the rhythmical arrangement difficult for us. If we find at times an extensive use of tempo rubato (Japan), it is nevertheless not feasible to label those melodies whose rhythmical shape escapes us as rhythmically amorphous; often a melody that is apparently rhythmically free proves to be fully identical in recapitulation and shows us that the apparent freedom is bound by a strict rule: a rule, indeed, which we do not always manage to pinpoint.

People have from time to time attempted to derive the laws of musical rhythm from those of speech meter.[9] The validity of these attempts ought to be proven through comparative studies. Yet we can already see, in vocal music alone, that melody and text frequently go different ways. Melodic and speech accents sometimes fall on the exactly opposite parts of a measure; linguistically important syllables are musically suppressed, unstressed syllables and single vowels, and continuant consonants (m, l, r) are lengthened (Balkans, Turkey, Egypt; cf. G. Weigand 1904; Abraham and Hornbostel 1904a; E. W. Lane 1836, 1852). A different and closer connection between word and tone can be expected in those languages in which the relative pitches, the so-called *sprachmelodie* or tonal accent, is decisive for the meaning of the word (as in Chinese, 31

[9] Mainly Westphal (1872).

Tonhöhen, die sog. Sprachmelodie oder der tonische Akzent für die Wortbedeutung ausschlaggebend ist. Hier scheint die Tonweise, und mittelbar auch der Rhythmus, bis zu einem gewissen Grade schon in der Melodie der Sprache gegeben zu sein. – Der Zusammenhang von Rhythmus und Metrum bietet also keinen Schlüssel zum Rhythmusproblem, sondern ist selbst wieder Problem.

32 Von Bedeutung für die musikalische Ästhetik ist der motivische Aufbau der Melodie und die Periodengliederung. Primitivere Kulturen kennen meist nur die Strophenform: ein kurzes Motiv wird unzählige Male, gelegentlich mit kleinen Varianten, wiederholt. In den außereuropäischen Kulturländern treffen wir dagegen auch auf kompliziertere Formen (Rondo: Indien, Suite: Japan), und gelegentlich können wir die Erfahrung machen, daß es keineswegs der Polyphonie bedarf, um die raffinierteste motivische Baukunst zu zeitigen (Tunis). –

33 Zur Ergänzung und Aufklärung mancher musikwissenschaftlicher Fragen, namentlich historischer, können auch die theoretischen Systeme, die wir in allen Kulturgebieten finden, dienen. So hat namentlich Indien, China und der persisch-arabische Kulturkreis umfangreiche musiktheoretische Abhandlungen hervorgebracht, von denen die chinesischen schon lange von abendländischen Forschern wegen der merkwürdigen Parallelen zur Theorie der Pythagoräer beachtet worden sind. Die orientalische Musikwissenschaft ist vielfach verwoben mit metaphysischer Spekulation, und trotz der starken Pietät für die Tradition ist die Praxis, wenigstens in jüngerer Zeit, oft ihre eigenen Wege gegangen. Immerhin wird in der praktischen Musik jener Länder auch heute noch genug zu finden sein, was geeignet ist, manchen dunklen Weisheitsspruch aufzuhellen.

34 Wir haben bisher eine kurze Übersicht über die musiktheoretischen Fragen zu gewinnen versucht, die bei vergleichenden

Indo-Chinese, and numerous African languages). Here the melodic movement, and indirectly the rhythm also, appears to be dictated, to a certain degree, by the melody of the language. – The connection between rhythm and meter consequently does not offer a solution to the problem of rhythm but is another problem in itself.

Motivic structure of melody and the structuring of periods are important for musical aesthetics. Primitive cultures mostly know only strophic form: a short motive is repeated over and over again, occasionally with minor variations. However, we also find more complex forms in non-European cultures (rondo, in India; suite, in Japan), and occasionally we realize that polyphony is not absolutely necessary in order to create the most elaborate motivic construction (Tunis). 32

Theoretical systems can also serve to supplement and clarify many musicological (primarily historical) questions which we find in all cultural areas. Primarily India, China, and the Perso-Arabian cultural areas have produced such extensive theoretical studies. Of these, Chinese theory has been studied by Occidental scholars for a long time because of the curious parallels with Pythagorean theory. Oriental musicology is frequently interwoven with metaphysical speculation, but in spite of the strong reverence for tradition, the practice, at least in more recent times, has often gone its own way. Nevertheless, enough can still be found in the musical practice of these countries to illuminate numerous obscure old sayings. 33

So far we have attempted to outline a brief survey of music – theoretical questions which should be taken into consider- 34

Studien in Betracht kommen; wir wollen nun einen Blick auf die Probleme werfen, die sich bei der Vergleichung der praktischen Musik verschiedener Völker ergeben; die Sammlung und Verarbeitung des Materials fällt hier zum Teil mehr in die Kompetenz des Ethnologen als des Musikforschers.

35 Zunächst wäre eine genaue Beschreibung der klangerzeugenden Mittel zu fordern, die schon auf Grund des Materials größerer ethnographischer Sammlungen Wertvolles leisten kann.[10] Aus dem Verbreitungsgebiet der einzelnen Instrumentenformen können wir über deren Wanderung und Entwicklung Schlüsse ziehen und damit auch über Wanderung und Entwicklung der Arten des Musizierens überhaupt. Einer theoretisch sehr wichtigen Frage, nämlich nach der Priorität von Instrumental- oder Vokalmusik, ließe sich so vielleicht näher treten.

36 Eine vergleichende Betrachtung verdienen ferner nicht nur die speziellen Gebrauchszwecke einzelner Instrumente, sondern die Gelegenheiten, bei denen musiziert wird, überhaupt. Eine Ethnographie des Arbeitsliedes hat uns K. Bücher (1902) geschenkt, für die Kultmusik, die Musik bei weltlichen Festen, die Theater- und namentlich die Tanzmusik wären monographische Zusammenfassungen von berufener ethnologischer Seite sehr zu wünschen. Die Tänze selbst müßten, gleichzeitig mit der phonographischen Aufnahme der begleitenden Musik, durch den Kinematographen festgehalten werden; von amerikanischen und englischen Forschungsreisenden ist diese Kombination schon erfolgreich versucht worden.

37 Die vergleichende Untersuchung hätte sich ferner auf die musizierenden Personen zu erstrecken. Man hat bereits begonnen, neben anthropologischen Körpermessungen auch systematische physiologische und selbst psychologische Prüfungen an ver-

[10] Vgl. z.B. Ankermann (1901).

ation in comparative studies; we will now view the problems that arise from comparisons of the musical practices of the various peoples: here at least part of the collection and the digest of the material falls more under the competence of the ethnologist than the musicologist.

Initially, an exact description of the means of sound production would be required. Valuable work could be done in this sphere on the basis of the material in the larger ethnological collections.[10] We can draw conclusions from the patterns of distribution of instrument types regarding their migration and evolution and consequently also regarding the migration and development of the forms of music-making altogether. A very important theoretical question, namely, the priority of instrumental or vocal music, might be approached in this way. 35

Not only the special use of individual instruments but also the occasion for which music is performed deserves comparative study. K. Bücher (1902) has presented us with an ethnography of work songs; monographic studies by capable ethnologists on cult music, music of secular feasts, theatre, and in particular, dance music would be most desirable. The dances themselves should be retained synchronously with phonographic recordings by a cinematograph; this combination has already been tried with success by American and English field workers. 36

Moreover, comparative study should also extend to the performing musicians. Apart from anthropometric studies, scientists have already begun to perform systematic physiological and even psychological examinations of various peoples (W. Rivers 37

[10] Compare, for example, Ankermann (1901).

schiedenen Völkerstämmen auszuführen (W. Rivers 1901; C. Myers 1903a, 1903b). Es wäre ein Leichtes, dieselben auch auf das musikalische Gebiet auszudehnen und neben der Hörschärfe und der Unterschiedsempfindlichkeit für Töne auch das absolute Tonbewußtsein, das Intervallbewußtsein usw. zu prüfen. Ferner wäre die soziale Stellung der Berufsmusiker und Virtuosen, die Ausbreitung des Dilettantismus und das Unterrichtswesen zu beachten, da ja auch die Musikpflege nicht nur allgemein kulturell, sondern auch wirtschaftlich von Bedeutung ist. Die Art der mündlichen Überlieferung ist zuweilen sehr charakteristisch für den Volkscharakter, und wo eine musikalische Notation besteht, läßt sich manches für die Entwicklungsgeschichte der Notenschrift lernen.

1901; C. Myers 1903a, 1903b). It would be very easy to extend these to the field of music and to examine not only acuity of hearing and sensitivity to pitch differentiation but also absolute pitch and interval consciousness, etc. Furthermore, the social status of the professional musician and virtuoso, and the extent of dillettantism and instruction must be considered, since the cultivation of music is not only of cultural but also of economical importance. The manner of oral transmission is at times quite peculiar to the national character and where a musical notation exists one can learn a great deal about the historical development of notation.

38 Wenn wir den Kreis spezieller Probleme, die durch die Beschäftigung mit fremder Musik angeregt oder gefördert werden, überblicken, so ragen wohl einzelne von weitertragender Bedeutung hervor, wie das Konsonanzproblem oder das Rhythmusproblem. Aber unsere Wünsche fliegen noch höher: wir möchten die fernste, dunkelste Vergangenheit entschleiern und möchten aus der Fülle des Gegenwärtigen das Zeitlose, Allgemeine herausschälen; mit anderen Worten: wir wollen die entwicklungsgeschichtlichen und die allgemein-ästhetischen Grundlagen der Tonkunst kennen lernen.

In a survey of the special issues that are 38
stimulated or advanced through the study of a foreign music, some, such as the problems of consonance and rhythm, rank higher in importance than others. However, our ambitions aim higher still: we would like to uncover the remotest, darkest past and unveil, in the wealth of the present, the ageless universal in music; in other words: we want to understand the evolution and common aesthetic foundation of the art of music.

39 Wir dürfen, wenn auch mit einiger Vorsicht, den Zustand „primitiver" Völker mit früheren Stufen unserer eigenen Kultur in Parallele setzen. Dann würden wir auch in primitiver Musik Analogien zu suchen haben zu der Tonkunst unserer Vorfahren. Es finden sich nun solche Analogien in der Tat, z.B. zwischen orientalischer und altgriechischer Musik. Wir dürfen aber niemals vergessen, daß auch die primitivste heutige Kultur auf eine lange Entwicklung zurückblickt, und wenn man sieht, oder besser – hört, wie raffiniert in seiner Einstimmigkeit ein japanisches, in-

We may draw parallels – if with some 39
caution – between the condition of "primitive" peoples and earlier stages of our own culture. We would then have to seek analogies in primitive music to the music of our ancestors. Such analogies can actually be found, for instance, between Oriental and ancient Greek music. However, we should never forget that even the most primitive of today's cultures can look back on a long development, and when one sees, or rather, hears, how sophisticated in its monophony a Japanese, Indian, or Arabic musical composition is, one has to acknow-

disches oder arabisches Musikstück ist, wird man sich sagen, daß – vielleicht aus gleichen Anfängen entsprungen – hier eine sehr hochentwickelte Kunst vorliegt, freilich unter anderem Himmel und nach ganz anderen Richtungen gewachsen als unsere.

40 Je umfangreicher das Tatsachenmaterial wird, das wir der Vergleichung unterwerfen, um so eher dürfen wir hoffen, aus dem Entwicklungsgang auch auf die Uranfänge der Musik zurückschließen zu können. Denn vom grünen Tisch aus ist diese Frage natürlich überhaupt nicht zu entscheiden. Der enge Zusammenhang zwischen Sprache, Musik und Tanz hat schon ältere Theoretiker beschäftigt. Spencer (1857) faßte den Gesang als affektvoll gesteigertes Sprechen auf; für Darwin (1871) war er der vererbte und abgeklärte Rest brünstiger Liebeswerbung unserer tierischen Vorfahren, aus dem sich später auch die Sprache differenzierte; Richard Wagner (1852) ließ Sprache und Musik aus einem gemeinsamen Ursprung, der Sprachmusik hervorgehen. War im Anfang der Rhythmus? Die rhythmische Körperbewegung bei der Arbeit? Der Reigentanz mit Chor? Und was bleibt, wenn wir von allen nationalen Liebhabereien absehen? Rhythmus? Konsonanz? Gefühlsausdruck? –

41 Doch es ist Zeit, auf den festen Boden der Wirklichkeit zurückzukehren, sonst geht es uns wie der Frau mit dem Milchtopf im Märchen. Die Gefahr ist groß, daß die rapide Ausbreitung der europäischen Kultur auch die letzten Spuren fremden Singens und Sagens vertilgt. Wir müssen retten, was zu retten ist, noch ehe zum Automobil und zur elektrischen Schnellbahn das lenkbare Luftschiff hinzugekommen ist, und ehe wir in ganz Afrika Tararabum-diäh und in der Südsee das schöne Lied vom kleinen Kohn hören.

ledge the presence of a highly developed art, which, although perhaps originating from the same source, has undoubtedly grown in climates and directions different from our own.

The more extensive the data that we submit for comparison, the sooner we may hope to be able to explain a posteriori the archetypal beginnings of music from the course of its development. These problems absolutely can not be resolved at a round table. The close correlation between language, music, and dance has already occupied the attention of earlier theoreticians. Spencer (1857) considered singing to be emotionally intensified speaking; for Darwin (1871), it was the inherited and mellowed remnant of the courting periods of our animal ancestors, from which language derived at a later stage; Richard Wagner (1852) believed that language and music issued from a common source, that of speech-music. Was rhythm there first? The rhythmic movements of the body at work? The chain-dance with chorus? And what remains when we discount all national fancy? Rhythm? Consonance? Expression of feeling? 40

It is certainly time to return to the solid ground of reality, otherwise the same thing will happen with us that happened to the woman with the milk pail in the fairy tale. [Aesop.-ED.] The danger is great that the rapid dissemination of European culture will destroy the remaining traces of ethnic singing and saying. We must save whatever can be saved before the airship is added to the automobile and the electric express train, and before we hear "tararabumdieh" in all of Africa and, in the South Seas, that quaint song about little Kohn. 41

OTTO ABRAHAM UND E. M. VON HORNBOSTEL

Über die Harmonisierbarkeit exotischer Melodien

1905

On the Question of Harmonization of Exotic Melodies

English translation by
Alexander Ringer

aus/from: *Sammelbände der Internationalen Musikgesellschaft* 7, 1905–06: 138–141.

Im Auslegen seid frisch und munter!
Legt ihr's nicht aus, so legt was unter.

1 In einer umfangreichen Arbeit hat Herr A. J. Polak unsere Publikationen über exotische Musik (Abraham u. Hornbostel 1903, 1904a, 1904b) einer Kritik unterzogen und die meisten der von uns mitgeteilten Melodien harmonisiert. Er stellte sich die Aufgabe, „nicht eine beliebige harmonische Bearbeitung eines gegebenen *Cantus firmus* herzustellen, sondern den *Cantus firmus* so auf sich einwirken zu lassen, daß die Harmonie, die ihm zugrunde liegt und auf welcher er entstanden ist, sich ihm selber offenbarte" (Polak 1905: 64).

2 Um Mißverständnissen vorzubeugen, glauben wir unsern Standpunkt in der Frage gegenüber dem des Herrn Polak präzisieren zu müssen; auf die Einzelheiten seiner Ausführungen einzugehen, erübrigt sich aber deshalb, weil die prinzipiellen Gegensätze unserer Meinungen sich auf wenige Punkte reduzieren lassen.

3 1. Wir halten es für unbedingt erforderlich, daß der kritische Bearbeiter eines wissenschaftlichen Materials mit peinlichster Genauigkeit an dem gegebenen Text festhält. Selbst „in einigen untergeordneten Punkten vom Originale abzuweichen," halten wir für unzulässig. Unsre indische Melodie Nr. 20 trägt die Vorzeichnung

. Zum Überfluß bemerkten wir dazu (s. 142f.): „Die Leitern, die dieser Melodie zu Grunde liegen, sind im ersten Teil *g as h c d es f g*, im zweiten Teil *g as h c d es fis g*, d.h. harmonisch und doppelt harmonische Molleitern, in denen das Characteristische ein resp. zwei übermäßige Sekundschritte sind." Für Herrn Polak, der die Vorzeichnung und die Be-

In an extensive essay Mr. A. J. Polak has criticized our publications concerning exotic music (Abraham and Hornbostel 1903, 1904a, 1904b) and has harmonized most of the melodies communicated by us. The task he set himself was "not to produce just any sort of harmonic arrangement of a given *cantus firmus*, but to assimilate the *cantus firmus* to such a degree that its underlying harmony, the harmony on which it is founded, revealed itself to him directly" (Polak 1905: 64). 1

In order to prevent any misunderstandings, we believe we should clarify our point of view in this matter and compare it with Mr. Polak's; but there is no need to enter into the details of his presentation since our opposing views affect matters of principle and can be reduced to a few essentials. 2

(1) We believe it is imperative that the critical editor of scientific materials follow the given text with minutest precision. We even regard as impermissible "deviation from the original in some minor instances." Our Indian melody no. 20 has the signature 3

. To make absolutely sure we added (p. 142f.): "The scales underlying this melody are in the first part G3, A♭3, B3, C4, D4, E♭4, F4, G4, in the second part G3, A♭3, B3, C4, D4, E♭4, F♯4, G4; that is, harmonic and double harmonic minor scales characterized by one or two augmented seconds." For Mr. Polak, who overlooks both the signature and the commentary, "the song is simply and naturally in B-flat major with a deviation to G minor" (p. 24).

merkung übersieht, „steht das Lied einfach und natürlich in B-dur mit Ausweichung nach g-moll." (p. 24.) Bei der Melodie Nr. 27 passiert ihm ein analoger Lapsus, und obwohl er ihn nachträglich bemerkt, publiziert er die entstellte Melodie als „Variante," die ihm „durchaus charakteristisch" und als „eine typisch-exotische Tonkombination" erscheint (p. 33). Ferner bemerkt Herr Polak zu Nr. 7: „Die zwei h im ersten Teil stehen im Original als b; sie werden zweifellos zu tief eingesetzt und als h intentioniert sein." (p. 20). Daß dies zweifellos nicht der Fall ist, muß jeder Hörer des Phonogramms sofort bemerken. Nebenbei bemerkt verändert Herr Polak mehrfach auch den Rhythmus (am gewaltsamsten in Nr. 15 und Nr. 18), um dessen genaue Feststellung wir uns besonders bemüht hatten.

4 2. Wir halten es für erforderlich, daß die wissenschaftliche Erforschung eines neuen Gebietes sich zunächst ausschließlich an den empirischen Befund hält und alle subjektiven Zutaten vermeidet. Tatsächlich ist bisher außerhalb der europäischen Kultur nicht ein einziges Beispiel von harmonischer Musik authentisch nachgewiesen worden.[1] Wenn man „ein unbewußtes Gefühl für Harmonie ... als eine allgemein menschliche Veranlagung" (p. 14), also auch bei Nichteuropäern annimmt, so kann dieses Gefühl sich entweder darin äußern, daß mit der erklingenden einstimmigen Melodie Simultanharmonien mit vorgestellt werden, oder die Melodie sukzessiv-harmonisch, d.h. gewissermaßen als zeitlich auseinandergelegte Simultanharmonie, aufgefaßt wird. Die Annahme eines Harmoniegefühls bei den Exoten stützt sich also nicht auf einen empirischen Befund, sondern auf eine subjektive Interpretation. Es ist nun nicht einzu-

[1] Herr Polak entnimmt einige Beispiele, die das Gegenteil beweisen sollen (S. 30, Anm.) einer Schrift von L. Riemann (1899); Riemann schöpfte aus Wallascheck (1893), der wiederum sein Material aus – Reisebeschreibungen kompiliert hat. Herrn Polak's Quelle ist also tertiär.

An analogous lapse occurs – even though he recognizes it belatedly – in connection with melody no. 27, which is disfigured and offered as a ' variant" that appears to him "entirely characteristic" and "a typically exotic tonal combination" (p. 33). Furthermore, Mr. Polak remarks in connection with no. 7: "The two Bs in the first part are B flats in the original; their intonation is without any doubt too low, and a B natural must have been intended" (p. 20). That this is undoubtedly not the case, will be obvious to anyone listening to the phonogram. Mr. Polak, by the way, also changes the rhythm in several places (most ruthlessly in nos. 15 and 18), even though we made a very special effort to arrive at precise rhythmic determinations.

(2) We believe it is essential that the 4
scientific exploration of new territory concern itself, at first, exclusively with empirical findings and avoid all subjective admixtures. It is a fact that to date not a single example of harmonic music outside European culture has been authentically demonstrated.[1] If one assumes "a subconscious feeling for harmony ... to be a general human disposition" (p. 14), hence occurring among non-Europeans, then this feeling can find an outlet either through simultaneous harmonies imagined whenever a monophonic melody is heard, or through the conception of melody as a successive-harmonic event, that is, so to speak, as simultaneous harmony dissected and redeployed in time. The assumption of a harmonic sense on the part of exotic people, then, is not derived from empirical findings but from subjective interpretation. It is after all inconceivable that such ancient high civilizations as those of the

[1] Mr. Polak takes a few examples that were meant to prove the opposite (p. 30 note) from an essay by L. Riemann (1899); Riemann drew from Wallascheck (1893) who in his turn compiled his material from – travelogues. Thus Mr. Polak's source is tertiary.

sehen, warum bei so alten Kulturvölkern, wie den Chinesen, Indern oder Arabern, dieses Harmoniegefühl jahrtausendelang latent geblieben sein und nicht eine einzige echte Form simultanharmonischer Musik gezeitigt haben sollte.

5 3. Herr Polak stützt seine Interpretation auf eine Anzahl von Analogien, die zwischen exotischer und europäischer Musik gefunden werden können. Vor allem frappiert ihn die leichte und einfache Harmonisierbarkeit einzelner (namentlich indischer) Melodien. Wenn diese nicht schon von europäischer Kultur beeinflußt sind, was oft schwer mit Sicherheit auszuschließen ist, bewegen sie sich entweder in nur wenigen diatonischen Tonschritten, wo dann freilich leicht ein paar begleitende Akkorde zu finden sind; oder sie sind, was auch wieder als Argument für ein latentes Harmoniegefühl in Anspruch genommen wird, vorwiegend auf Terzen resp. Dreiklängen aufgebaut, schließen auch wohl auf einer Dreiklangsnote.

6 Ganz allgemein ist dagegen zu sagen, daß die melodische Bevorzugung gewisser Tonschritte auf völlig andern psychologischen Grundlagen beruhen kann, als das Gefühl für Simultanharmonie; es könnte z.B. anstatt oder neben dem Konsonanzgefühl das Distanzgefühl wirksam sein, wie es u.a. für die Siamesen zweifellos von Stumpf (1901a) nachgewiesen ist. Außerdem treffen die angegebenen Bedingungen leichter Harmonisierbarkeit eben nur für einen kleineren Teil der exotischen Melodien zu. Bei andern bereiten Schlüsse auf unerwarteten Tonstufen, Bevorzugung unharmonischer Intervalle (Tritonus) ohne Auflösung in harmonischem Sinne, Fehlen eines Leittons, Eigentümlichkeiten der Betonung – vorausgesetzt, dass man sie nicht willkürlich ändert (wie Herr Polak p. 20) – einer einfachen Harmonisierung unüberwindliche Schwierigkeiten.

7 Ein weiteres Argument wird in der auch in exotischer Musik zuweilen vorkommenden Mehrstimmigkeit gefunden. Zum Be-

Chinese, the Indians, or the Arabs, should have retained a latent sense of harmony over thousands of years without producing a single genuinely harmonic type of music.

(3) Mr. Polak bases his interpretation on a number of demonstrable analogies between exotic and European music. Above all, he is struck by the easy and simple susceptibility of individual melodies (particularly from India) to harmonization. Where these were not influenced by European culture in the first place – a possibility often difficult to exclude with certainty – they either make use of only a few diatonic intervals, in which case some accompanying chords can easily be found, or – and this will of course be claimed as an argument in favor of a latent sense of harmony – they are built primarily on thirds or triads, often closing on a triadic note. 5

Quite generally speaking, melodic preference for certain intervals may have entirely different psychological roots from a sense of simultaneous harmony; for example, a feeling for distance could be operative instead of, or in conjunction with, the feeling for consonance, as Stumpf (1901a), among others, has demonstrated with regard to the Siamese. Besides, the cited conditions favoring easy harmonization affect only a relatively small number of exotic melodies. Elsewhere, simple harmonization is confronted with insurmountable difficulties – due to endings on unexpected steps of the scale, preference for non-harmonic intervals (tritone) without resolution in the harmonic sense, absence of a leading tone, peculiarities of accentuation – provided one makes no arbitrary changes (as Mr. Polak does, p. 20). 6

A further argument is connected with the occasional multipart music that does occur in exotic music. But the concept of 7 griff der Harmonie gehört aber das Bewußtsein der Konsonanz des Zusammenklanges. In den Partituren, die wir aus Japan, Siam und Java besitzen, fehlt dies augenscheinlich, es sei denn, daß dem Harmoniegefühl jener Völker simultane Sekunden u.s.w. als Konsonanzen erscheinen. Die Umspielung einer Hauptmelodie durch Figuren und Verzierungen, wie sie für die heterophone Musik charakteristisch ist, beweist um so weniger eine beabsichtigte Konsonanz, als die Ausgestaltung der Nebenstimmen variabel und meist dem Belieben des Spielers überlassen ist.

8 4. Völlig unbegreiflich ist es uns, wie man Tonsysteme, die auf ganz andern Grundlagen aufgebaut sind, wie das unsrige – so das siebenstufig-gleichstufige siamesische und das fünfstufige javanische *Salendro*system – mit europäisch-harmonischen Vorstellungen in Einklang bringen will. Ein latentes Harmoniegefühl könnte hier nur ein Gefühl für neutrale Terzen und Sexten, zu große Quarten, zu kleine Quinten u.s.w. bedeuten, hätte also mit dem unsrigen absolut nichts gemein. Die Harmonisierung einer siamesisch richtig intonierten Melodie in europäischen Intervallen würde eine Katzenmusik ergeben, die auch Herrn Polak keinen Kunstgenuß bereiten dürfte. Dasselbe gilt natürlich auch von all den Melodien anderer Völker, die von den europäischen wesentlich abweichende Tonstufen enthalten (z.B. chinesischen, japanischen, arabischen).

9 5. Die Tatsache, daß exotische Melodien häufig bei der Wiederholung um eine Quarte oder Quinte nach oben oder unten transponiert erscheinen, beweist zwar, daß diese Intervalle infolge ihrer Klangverwandtschaft bevorzugt werden, wie bei uns auch; die Interpretation dieser Stufenähnlichkeit als harmonische Beziehung ist aber, da sie viele andere Möglichkeiten ignoriert, auch hier nicht zwingend. Der einzige Befund, der auch nach unsrer Meinung event. als Ansatz zu harmonischer Musik betrachtet werden könnte, ist der

harmony cannot be dissociated from the consciousness of intervallic consonance, but judging by the scores we possess from Japan, Siam, and Java, this seems to be missing, unless the harmonic sense of such peoples sanctions simultaneous seconds, etc., as consonance. The decoration of a melody proper with figures and ornamentations, so characteristic of heterophonic music, speaks even less in favor of intended consonance, if only because the nature of the secondary parts remains variable and is left up to the player most of the time.

8 (4) What we completely fail to grasp is how one expects to reconcile tonsystems built on foundations entirely different from ours – like the heptatonic-equidistant Siamese scale and the pentatonic Javanese *salendro* – with European-harmonic concepts of tonality. In these instances a latent sense of harmony could mean little more than a feeling for neutral thirds and sixths, oversized fourths, undersized fifths, and so on – a notion that has nothing whatever in common with our own. The harmonization with European intervals of a Siamese melody correctly intoned would produce a musical howl hardly apt to offer artistic enjoyment even to Mr. Polak. Needless to say, the same holds true for those melodies of all other peoples which contain substantial intervallic deviations from the European system (for example, Chinese, Japanese, and Arabic).

9 (5) The fact that exotic melodies, when repeated, are often transposed a fourth or a fifth up or down demonstrates, it is true, that these intervals are favored because of their tonal relationships, as is the case with us; but the interpretation of such intervallic similarities in terms of harmonic relationships remains unconvincing because it ignores many other possibilities. The only finding that in our view might be regarded as an initial step in the direction of harmonic music concerns the pedal point that accompanies melody on oc-

gelegentlich die Melodie begleitende Orgelpunkt; doch kümmert sich die Melodieführung gerade bei diesem so wenig um den harmonischen Zusammenklang, daß er wohl besser als Form der nichtharmonischen Polyphonie bezeichnet wird.

10 6. Unsere Definition von Tonika als melodischer Schwerpunkt ist eine bloße Nominaldefinition, durch die die landläufige, aus der harmonischen Musik abgeleitete, Definition vermieden werden sollte, da sie nach unserer Meinung in den Gegenstand der Untersuchung eine Präsumption hineingetragen hätte. Wir geben zu, daß die Wahl eines anderen Wortes an Stelle von „Tonika" zur Vermeidung von Mißverständnissen vielleicht passender gewesen wäre; unsre Behauptung, daß die psychologische Bedeutung des Begriffes Tonika bisher ein ungelöstes Problem ist, müssen wir aber aufrecht erhalten, trotz der Definition des Herrn Polak („Unter Tonika verstehen wir den tonalen [!] Zentralton").

11 7. Herr Polak will die Melodien, die „ihren eignen harmonisch-tonalen Sinn" haben, „den man nicht x-beliebig interpretieren kann" und die sich „nur in diesem ihrem eignen Sinn voll erfassen lassen" (p. 103), auf „natürliche Weise" (p. 40) harmonisieren, und damit keine „Phantasiearbeit" liefern. („Man versuche nur andere Harmonien anzubringen als die von mir verwendeten, und man wird rasch erfahren, daß die Melodie selbst ihre Harmonien vorschreibt." p. 91.) Wenn seine Versuche auch „rein theoretisch, nicht kompositorisch" (p. 16) sein sollen, so hätten doch die einfachsten Gesetze der Stimmführung nicht verletzt werden sollen (vgl. z.B. die Oktavenparallelen p. 50). Ob sich Kakophonien, wie p. 21

casion, but then the melodic motion pays so little attention to harmonic simultaneity that one would do better to speak of a form of non-harmonic polyphony.

(6) Our definition of tonic as the melodic point of gravity is merely a nominal definition designed to circumvent current usage in connection with harmonic music, because we had no intention of bringing a prior assumption to our research. We admit that in the interest of the prevention of misunderstandings the choice of a term other than tonic would perhaps have been more appropriate; we continue to insist, however, that the psychological significance of the concept tonic presents a problem that has thus far remained unsolved – despite the definition given by Mr. Polak that "tonic is to be understood as designating the tonal [sic] central tone." 10

(7) Mr. Polak wants to harmonize melodies which have "their own harmonic-tonal meaning that cannot be interpreted arbitrarily" and "can be grasped fully only in this, their own peculiar meaning" (p. 103) in "a natural manner "(p. 40) so as not to produce "works of fantasy." ("Let anyone try harmonies other than those I employed and he will soon realize that the melody prescribes its own harmonies." p. 91). If his attempts were really intended to be "purely theoretical, not compositional" (p. 16), he surely should not have violated the simplest laws of part writing (cf. the octave parallels, p. 50). We certainly doubt that cacophonies like those on p. 21 11

mit dem natürlichen Gefühl europäischer Musiker vereinigen lassen, möchten wir bezweifeln. Herr Polak sagt selbst: sobald der Begleiter „hört, daß ein Ton, und wäre es ein bloßer Durchgangston, sich nicht dem harmonischen Gefüge anpaßt ..., ist er vom rechten Wege abgewichen.“ (p. 14.) Herr Polak hält die Begleitungsform des Bourdon für ein bedeutungsvolles Symptom indischen Harmoniegefühls. Trotzdem läßt er den durchgehenden Orgelpunkt in Nr. 26 (p. 36, 37) überall dort einfach weg, wo er zu seiner Harmonisierung nicht paßt, ersetzt also den „harmonischen Untergrund“ der Inder durch einen eigenen. Warum Herr Polak sein eigenes Beweismittel durch Retouche entstellt, ist uns unbegreiflich.

12 8. Angesichts der Spärlichkeit des authentischen Materials an exotischer Musik und mit exotischen Musikern angestellter psychologischer Versuche halten wir es für verfrüht, schon gegenwärtig eine endgültige Entscheidung über das Problem des latenten Harmoniegefühls zu treffen.

are compatible with the natural feelings of European musicians. Mr. Polak himself says that as soon as the accompanist "hears that a tone, even a mere passing tone, does not fit into the harmonic frame ..., he has strayed from the correct path" (p. 14). Mr. Polak sees the type of accompaniment provided by the bourdon as a significant symptom of the Indian feeling for harmony. And yet, he simply omits the continuous pedal point in no. 26 (pp. 36–37) wherever it does not fit his harmonization, replacing the "harmonic foundation" of the Indians by his own. Why Mr. Polak should thus harm his own means of proof by retouching it we utterly fail to understand.

(8) In view of the scarcity of authentic materials based on psychological experimentation with exotic music and musicians, we believe it is far too early to seek any definitive resolutions of the problem of latent feelings for harmony. 12

E. M. VON HORNBOSTEL

Besprechung von/Review of

A. F. Chamberlain: Primitive Taste-words.

Am. Journ. of Psychol. 14, 146–153, 1903.

1905

English translation by
Richard Campbell

aus/from: *Zeitschrift für Psychologie und Physiologie der Sinnesorgane* 38, 1905: 322–323.

Verf. untersucht den philologisch einwandfrei festgelegten Sprachschatz der Algonkinen (Nordamerikanische Indianerstämme) auf die Geschmacksbezeichnungen.

Die Wurzel für „Schmecken" hängt mit der für „Versuchen" zusammen (vgl. „déguster"). In allen Dialekten finden sich Ausdrücke für „gut" resp. „schlecht schmecken." Die Etymologie der einzelnen Geschmacksworte weist auf ähnliche Verhältnisse, wie Myers sie bei anderen Primitiven gefunden. Salz ist den meisten Stämmen unbekannt; Versuche gaben Verwechslung mit sauer, bitter, sogar „sauer und süß." Für bitter, sauer und süß existieren besondere Worte, deren Wurzel oft auch zur Bezeichnung anderer Sinnesempfindungen dient. So bedeutet die Wurzel für „bitter" auch: „brennend, schmerzend, heiß usw.", die für „sauer": „salzig, süß, blendendes Licht, leerer Magen usw.," die für „süß": „gut, angenehm, aromatisch, wohlriechend usw."

The author examined the philologically established vocabulary of the Algonquin (North American Indian tribe) for taste-words.

The root* for *taste* is connected with that for to test (cf. *déguster*). In all dialects expressions are found for *good-tasting* and *bad-tasting*. The etymology of the individual taste-words points toward similar circumstances everywhere, as Myers has found among other primitives (cf. previous review). Salt is unknown to most of the tribes; tests showed wrong identification of *sour* and *bitter* – even of *sour* and *sweet*. Special words exist for *bitter*, *sour*, and *sweet*, whose root often serves as the definition for other sensations. Thus the root for *bitter* also means *burning*, *painful*, *hot*, etc., that for *sour* means *salty*, *sweet*, *blinding light*, *empty stomach*, etc., and the roots for *sweet* signify *good*, *pleasant*, *aromatic*, *fragrant*, and the like.

* [In Algonquin.-Ed.]

E. M. VON HORNBOSTEL

Besprechung von/Review of

H. E. Ziegler. Der Begriff des Instinktes einst und jetzt.

Zool. Jahrb. Suppl. VII. 1904.

1905

English translation by

Richard Campbell

aus/from: *Zeitschrift für Psychologie und Physiologie der Sinnesorgane* 39, 1905: 451–452.

1 Die zentrale Stellung, die der Instinktbegriff in der Tierpsychologie und in der Philosophie überhaupt einnimmt, verleiht der monographischen Behandlung der Umbildungen, die dieser Begriff mit zunehmender empirischer Erkenntnis erfahren hat, besonderes Interesse.

2 Die monistische Auffassung, welche zwischen Menschen- und Tierseele nur einen graduellen Unterschied anerkennt, vermag insoweit ohne den Instinktbegriff auszukommen, als sie die Handlungen der Tiere als Verstandesfunktionen interpretiert – wobei sie allerdings oft in einen zu weitgehenden Anthropomorphismus verfällt. Diese Richtung der Tierpsychologie läßt sich von Heraklit, Empedokles, Demokrit, Epikur, Lukrez und Plutarch über Montaigne, Condillac, Leroy usw. bis auf Scheitlin, Brehm, Carl Vogt und L. Büchner verfolgen.

3 Die dualistische Auffassung betont im Gegenteil die Unterschiede des tierischen und menschlichen Seelenlebens, indem sie diesem die Verstandestätigkeit vorbehält, jenem nicht nur geringere, sondern qualitativ verschiedene Fähigkeiten zuschreibt. Diese Anschauungsweise nimmt von Anaxagoras und Plato ihren Ausgang und wird von Aristoteles und den Stoikern weitergebildet. Das Tier handelt zweckmäßig, trotzdem ihm die Einsicht der Zweckmäßigkeit mangelt. Dieser Gedanke führte schon die Stoiker auf den Instinktbegriff und bildet bis in die neueste Zeit dessen Grundlage. Die Zweckmäßigkeit der Instinkte wird entweder theologisch aus der göttlichen Vernunft hergeleitet (so die ganze mittelalterliche Kirchenlehre und in neuerer Zeit E. Wasmann), oder vitalistisch aus der Lebenskraft erklärt (Joh.

The central position which the concept of instinct occupies in animal psychology, and in philosophy in general, lends special interest to the monographic treatment of the changes that this concept has undergone with the increase of empirical knowledge. 1

The monistic view, which recognizes only a difference in degree between the souls of men and animals, may manage without the concept of instinct as long as it interprets the actions of animals as intelligence functions – whereby it often lapses into an excessive anthropomorphisn. This trend in animal psychology can be traced from Heraclitus, Empedocles, Democrates, Epicurus, Lucretius, and Plutarch, through Montaigne, Condillac, Leroy, and others, to Scheitlin, Brehm, Carl Vogt, and L. Buechner. 2

Conversely, the dualistic view stresses the difference between animal and human mental life; it treats the activity of reasoning as a preserve of the latter and attributes to the former not only lesser, but qualitatively different capabilities. This mode of thinking took as its point of departure Anaxagoras and Plato, and it was further developed by Aristotle and the Stoics. Animals act expediently, although without understanding the act. This argument led the Stoics to the concept of instinct and formed the basis for this concept until very recent times. The role of the instincts is derived either theologically from divine reason (as is the entire medieval eccleastical doctrine and, in recent times, the doctrine of E. Wasmann), or it is interpreted vitalistically as an aspect of life force (Joh. Müller), or, 3

Müller), endlich von Darwin als Produkt der natürlichen Zuchtwahl sowie der Vererbung individueller Erfahrung. Letztere wird von Haeckel, Preyer, Eimer und Wundt besonders betont („vererbtes Gedächtnis", „vererbte Gewohnheitstätigkeit," „mechanisierte Willenshandlung"), von Weismann und Ziegler selbst dagegen zugunsten der reinen Selektion (Keimesvariation) abgelehnt. Auf diese Weise entsteht eine scharfe Scheidung zwischen den ererbten Instinkten, die sich von den Reflexen nur durch größere Kompliziertheit unterscheiden, und den individuell erworbenen Gewohnheiten.

4 Zur Unterscheidung von Instinkt und Verstand ist das Bewußtsein, als rein subjektives Merkmal, unbrauchbar; als objektive Kriterien können dagegen dienen: die Gleichartigkeit der Instinkthandlungen bei allen normalen Individuen gegenüber den individuell differenzierten Gewohnheitshandlungen; ferner, bei vollkommenen Instinkten, die Entbehrlichkeit der Übung. Eine Trennung des Menschen vom Tierreich ist durch den Instinktbegriff nicht gegeben. Endlich erörtert Verf. die histologischen Grundlagen der psychischen Funktionen. Er unterscheidet zwischen ererbten und erworbenen Bahnen im Zentralnervensystem. Instinkte und Reflexe sind an ererbte Bahnen geknüpft, Gedächtnis und Verstandestätigkeit an erworbene. Letztere Hypothese zwingt zur Annahme einer Plastizität gewisser Neuronen, der Fähigkeit, intra vitam ihre Form und Struktur infolge der Reize zu modifizieren. Verf. denkt dabei an Form-, besonders Dickenänderungen an den Verzweigungen der Zellfortsätze, sowie an Bahnungen innerhalb des Zellkörpers durch Bildung und Verstärkung von Neurofibrillen.

finally, by Darwin, as the product of natural selection as well as the heritage of individual experience. The latter is particularly stressed by Haeckel, Preyer, Eimer, and Wundt ("inherited memory," "inherited habitual activity," "mechanical act of volition"); however, Weismann, and Ziegler himself, dismiss this in favor of pure selection (rejecting cell variation). In this manner a sharp separation occurs between inherited instincts that are differentiated from reflexes by greater complexity and individually acquired habits.

Consciousness cannot be used to differentiate between instinct and intelligence because it is a purely subjective criterion; however, the following can serve as objective criteria: the uniformity of instinctive actions among all normal individuals, in contrast to the individually differentiated habitual actions; and further, the fact that practice is dispensable in the case of pure instincts. The concept of instinct does not separate human beings from the animal kingdom. 4

Finally, the author discusses the histological foundations of the psychical functions. He distinguishes between inherited and learned courses in the central nervous system. Instincts and reflexes are linked to inherited courses, memory and intelligence activity to acquired courses. The latter hypothesis obliges one to accept the idea of a plasticity of certain neurons and their capability of modifying *intra vitam* their own form and structure as the result of stimulations. The author thereby envisages form changes, particularly in the thickness of the branches of the cell extensions as well as in courses within the cell body, through the formation and strengthening of the neurofibers.

E. M. VON HORNBOSTEL

Besprechung von/Review of

Hans Held, Untersuchungen über den feineren Bau des Ohrlabyrinthes der Wirbeltiere. I. Zur Kenntnis des Cortischen Organs und der übrigen Sinnesapparate des Labyrinthes bei Säugetieren.

Abh. d. k. sächs. Ges. d. Wiss., math.-phys. Kl. Bd. XXVIII.

1905

English translation by

Richard Campbell

aus/from: *Zeitschrift für Psychologie und Physiologie der Sinnesorgane* 39, 1905: 458–459.

Verf. unterzog das Labyrinth von Meerschwein, Hund, Katze und Maus einer umfangreichen histologischen Analyse, die sich auf die Stützapparate und die Struktur der Haarzellen des Cortischen Organs, die Endflächen des N. cochlearis und N. vestibularis und das Vorkommen von Zentralkörpern im Epithel des Ductus cochlearis erstreckte. Die anatomischen Einzelheiten können hier nur insoweit berücksichtigt werden, als sie für die Physiologie des Hörens bedeutsam sind.

Die Cortischen Pfeiler und die Deitersschen Zellen erscheinen durch intrazelluläre Stützfasersysteme ausgezeichnet, die in erster Linie durch Versteifung die Tragfähigkeit der Zellen erhöhen, dann aber durch federnde Spannung auch die Nachschwingungen der Basilarmembram dämpfen. Der Innenpfeiler bildet mit der dritten Deitersschen Zelle einen Tragbogen, dessen Mitte wieder durch die Fasersysteme des Außenpfeilers und der ersten und zweiten Deitersschen Zellen unterstützt wird. Dieser allgemeine Tragbogen wird durch besondere basale Stützen ausgesteift und gespannt gehalten, deren Fußflächen auf der Membrana basilaris stehen. Die Kopfplatten der mittleren Zellen bilden Ringfassungen für die Kopfenden der äußeren Haarzellen; ebenso sind die inneren Haarzellen in besonderen Ringfassungen (der „Phalangenzellen" und „Grenzzellen") aufgehängt. Das untere Ende der äußeren Haarzellen ist durch Stützkelche gefaßt, die auf der Basilarmembran ruhen und deren Fasersystem den Deitersschen Zellen angehört; die basale Unterstützung der inneren Haarzellen ist schwächer entwickelt, entsprechend den schwächeren Schwingungen des axialen Teils der Grund-

The author subjected the labyrinth of guinea-pigs, dogs, cats, and mice to an extensive histological analysis, which extended to the supporting apparatus and the structure of the hair cells of the organ of Corti, the end surfaces of the N. Cochlearis and the N. Vestibularis, and to the presence of central bodies in the epithelium of the Ductus cochlearis. The anatomical details can only be taken into consideration here in so far as they have significance for the physiology of hearing.

The Cortian rods and the cells of Deiters are characterized by intracellular systems of supporting fibers which mainly increase the capacity of the cells by stiffening them, but also dampen the post-vibrations of the basilar membrane through flexible tension. The internal rod, together with the third Deiters cell, forms a supporting arch whose middle part is again supported by the fiber systems of the external rod and the first and third Deiters cells. This general supporting arch is held stiff and taut by special basal supports whose footplates rest on the *membrana basilaris*. The head plates of the middle cells form circular mountings for the tips of the outer hair cells; the inner hair cells are likewise suspended in special circular mountings (*phalange cells* and *border cells*). The lower end of the outer hair cells is held together by supporting cups which rest on the basilar membrane and whose fiber system belongs to the Deiters cells. The basal support of the internal hair cells is less strongly developed, corresponding to the weaker vibrations of the axial part of the basic membrane. The double fixing of the hair cells at the apex end and on the base on the one hand protects them against membran. Diese doppelte Befestigung der Haarzellen am Kopfende und an der Basis schützt dieselben einerseits vor störenden Eigenschwingungen, vermag andererseits die Übertragung der Schwingungen der Basilarmembran zu vermitteln. Die basalen Stützen des allgemeinen Tragbogens und die Fasersysteme der (ersten und zweiten) Deitersschen Zellen können als federnde Einrichtungen betrachtet werden, die eine stärkere Kompression oder Dilatation der äußeren Haarzellen verhüten.

Die Haare der Haarzellen sind der oberen cutikularen Platte mit einer pfeilartigen, sehr feinen Spitze eingefügt und dadurch außerordentlich geeignet, auf die ihnen von untenher zugeführten Schwingungen durch leichtes Nachzittern zu antworten. Die Länge der Haare nimmt mit der Windungshöhe zu; es könnte also hier neben den Saiten der Basilarmembran ein zweiter klanganalytischer Apparat angenommen werden. Eine Beweglichkeit der Haarzellen in toto erscheint durch den Trag- und Stützapparat ausgeschlossen. Vielmehr wird als letzte nicht-molekulare Bewegung die Oszillation der Sinneshaare angenommen werden müssen. Eine direkte Erregung der mit dem Fußende der Haarzellen durch Endfüße fester verbundenen Fäserchen des Hörnerven ist ebenfalls unwahrscheinlich, da sie die Existenz der Haare überflüssig machen würde. Dagegen könnten die Bewegungen der Endolymphe auch abgestimmte Gruppen von Haaren direkt erregen. Jedenfalls wird der schwingende Teil der Basilarmembran einen seiner Breite entsprechenden Abschnitt des Trag- und Stützbogens von unten her erregen und die Schwingungen so den Haaren übermitteln. Von diesen würden sie sich dann durch das Protoplasma der Haarzellen selber zum Hörnerven fortpflanzen.

disturbing resonance, and on the other hand, it can effect the transmission of the vibrations of the basilar membrane. The basal supports of the general supporting arch and the fiber system of the (first and second) Deiters cells can be considered to be resilient devices which prevent a stronger compression or dilation of the external hair cells.

The hairs of the hair cells are inserted into the upper cuticular plate with a dartlike, very fine point and are thus extraordinarily well-suited to respond with light post-trembling to the vibration coming from below. The length of the hairs increases with the height of the semicircular canals; one could thus assume that there was here a second sound analysis apparatus, in addition to the strings of the basilar membrane. Flexibility of the hair cells *in toto* seems to be excluded by the carrying and supporting apparatus. Rather, the oscillation of the sensory hairs must be assumed to be the terminal nonmolecular movement. A direct stimulation of the fibers (cilia) of the auditory nerve (which are firmly bound to the foot end of the hair cells through end-plates) is equally improbable, since it would make the hairs redundant. However, the movements of the endolymph can also directly stimulate set groups of hairs. In any case, the oscillating part of the basilar membrane will stimulate, from below, a section of the carrying and supporting arch that corresponds to it in width, and thus it will transfer the vibrations to the hairs. They would then transmit the vibrations through the protoplasma of the hair cells to the auditory nerves.

E. M. VON HORNBOSTEL

Besprechung von/Review of

Ernst Jentsch, Musik und Nerven.
I. Naturgeschichte des Tonsinns.

Grenzfragen des Nerven- und Seelenlebens 29.

1905

English translation by

Richard Campbell

aus/from: *Zeitschrift für Psychologie und Physiologie der Sinnesorgane* 39, 1905: 460.

Es ist nicht angängig, die Sinnesorgane bloß teleologisch-biologisch als „Hüter des Organismus" zu interpretieren. Gegen diese einseitige Auffassung sprechen schon die Vikariiierungsfähigkeit und Vulnerabilität der Sinneswerkzeuge, mehr noch, die oft biologisch unzweckmäßigen Sinnestäuschungen und sensuellen Genüsse. Speziell Auge und Ohr der höheren Tiere haben im Laufe ihrer Evolution eine über das biologisch Notwendige hinausgehende Funktionsfähigkeit erworben. So erscheint der Tonsinn als Luxusfunktion.

Diesen einleitenden Bemerkungen folgt ein Abschnitt, in dem die Gebiete der Anatomie, Physiologie und Pathologie des Gehörorgans sowie der Tonpsychologie – alles auf einem Druckbogen – durchflogen werden. Das dritte Kapitel beschäftigt sich mit den musikalischen Fähigkeiten der Tiere, das letzte gibt eine allgemeine Kulturstudie über die Zigeuner, streift die musikalischen Verhältnisse der Buschmänner und anderer Naturvölker und schließt mit Betrachtungen über den Begriff der „Nationalmusik."

Die Frage, was Verf. mit der vorliegenden Abhandlung bezweckte, ist schwer zu beantworten. Unter „Tonsinn" scheint er im wesentlichen die Unterschiedsempfindlichkeit für Töne zu verstehen. Aber auch, wenn man den Begriff weniger eng fassen will, bleibt es (für Ref. wenigstens) unerfindlich, welche Gesichtspunkte bei der Auswahl des mitgeteilten Materials maßgebend gewesen sein mögen. Hierin gerade müßte eine populäre Zusammenfassung großer wissenschaftlicher Gebiete besonders vorsichtig sein.

It is not feasible simply to interpret the sensory organs teleologically and biologically as "keepers of the organism." The capability of the senses to substitute for one another and the vulnerability of the sensory tools speak against this one-sided view, and even more so do the often biologically purposeless sense deceptions and sensual pleasures. Especially the eye and the ear of the higher animals have acquired, in the course of their evolution, a functional capability that goes beyond the biologically necessary. Thus, the sense of tone appears as a luxury function.

Following these introductory remarks is a section in which the areas of anatomy, physiology, and the pathology of the organs of hearing, as well as tone psychology – everything on one printer's form – are skimmed through. The third chapter deals with the musical capabilities of animals, and the last chapter presents a general cultural study of the Gypsies, briefly touches upon the musical situation among the Bushmen and other primitive peoples, and closes with observations on the concept of "national music."

It is difficult to answer the question as to what the author intended with this study. By sense of tone he seems to understand mainly the sensory discrimination of tones. Nonetheless, even if one understands the term less narrowly, it remains baffling (for the reviewer at least) which aspects may have been decisive for the selection of the materials communicated. A popular summarization of broad scientific areas should have been especially careful in this respect.

E. M. VON HORNBOSTEL

Besprechung von/Review of

Charles S. Myers. The Taste-names of primitive Peoples

Journ. of Psych. 1 (2), 117–126. 1904.

1905

English translation by

Richard Campbell

aus/from: *Zeitschrift für Psychologie und Physiologie der Sinnesorgane* 39, 1905: 472.

Verf. hat das Material, das seine Versuche über die Geschmacksempfindung an Insulanern der Torresstraße lieferten, durch eine Umfrage bei Missionaren und Kolonialbeamten (in Neu-Guinea, Indien, verschiedenen Teilen Afrikas usw.) ergänzt und gelangt zu folgenden Schlüssen:

Der Mangel einer besonderen Bezeichnung für eine bestimmte Sinnesempfindung beweist nur, daß kein Bedürfnis vorliegt, sie von anderen zu unterscheiden. Aus dem Mangel an (sprachlicher) Unterscheidung darf nicht auf eine geringere Unterschiedsempfindlichkeit geschlossen werden.

Häufig finden sich nur zwei Geschmacks-Vokabeln, die der Gefühlsbetonung entsprechen, und zwar angenehm für süß und salzig, unangenehm für sauer und bitter. „Salzig" und „sauer" werden oft verwechselt, „bitter" fehlt oft ganz. Das Wort für „salzig" hängt fast immer etymologisch mit der Bezeichnung für „Seewasser" zusammen; ähnlich beziehen sich die Worte für „süß" und „sauer" häufig auf ein secundum comparationis (Honig, unreife Früchte usw.). Viele Bezeichnungen sind anderen Sinnesgebieten entnommen (z.B. „beißend" für sauer, „brennend" für bitter). Tastempfindungen, wie „adstringierend," „ölig," „alkalisch" werden in manchen Fällen zu den Geschmacksempfindungen gerechnet. Der enge Zusammenhang des Geschmackes mit Tast- und Allgemeinempfindungen (sowie Gefühlsbetonungen), wie er sich aus den Vokabularien primitiver Völker ergibt, ist ein neuer Hinweis auf den ursprünglichen (phylogenetischen) Mangel an Differenzierung der einzelnen Sinnesgebiete.

The author supplemented his data, obtained from tests of the sense of taste among Torres Straits Islanders, with information obtained from missionaries and colonial officials (in New Guinea, India, various parts of Africa, etc.) and he arrived at the following conclusions.

The absence of a special word for a particular sensation proves only that there is no need to differentiate it from other sensations. One should not conclude from a failure to differentiate linguistically that the sensitivity to differences is itself inferior.

There are often only two taste words that correspond to the emphasis of feeling, namely, *pleasant* for *sweet* and *salty*, *unpleasant* for *sour* and *bitter*. *Salty* and *sour* are often mistaken for each other; *bitter* is often missing altogether. The word for *salty* is almost always connected etymologically with the term for *sea water*; similarly, the words for *sweet* and *sour* often relate to a *secundum comparationis* (honey, unripe fruit, etc.). Many designations are derived from other sense areas (e.g., *biting* for *sour*, *burning* for *bitter*). Touch stimuli, such as *astringent*, *oily*, and *alkaline*, are in some cases counted with the sensation of taste. The close relationship between taste and touch and sensation generally (as well as emphasis of feeling) that is met with in the vocabularies of primitive peoples provides a new clue to the original (phylogenetic) lack of differentiation of the individual sense areas.

OTTO ABRAHAM UND E. M. VON HORNBOSTEL

Phonographierte Indianermelodien aus Britisch-Columbia

1906

Indian Melodies from British-Columbia Recorded on the Phonograph

English translation by

Bruno Nettl

Zuerst veröffentlicht/first published: *Boas Anniversary Volume*, 1906: 447–474.
New York: Stechert & Co. Mit freundlicher Genehmigung des Verlages.
Abgedruckt aus/reprinted from: *Sammelbände für vergleichende Musikwissenschaft* 1, 1922: 291–310.

1 Seit Dr. W. Fewkes im Jahre 1890 als erster Indianermelodien auf der Phonographenwalze festgehalten hat (Fewkes 1890), ist der Phonograph zu einem wichtigen Hilfsmittel der musikethnologischen Forschung geworden. Besonders amerikanische Forscher waren erfolgreich bestrebt, das wertvolle Material an primitiver Musik aus den Reservationen zu sammeln und so vor dem Untergange zu bewahren.

2 Herr Prof. Dr. Franz Boas, dem die Wissenschaft zahlreiche Publikationen auf dem musikethnologischen Grenzgebiete verdankt, war so freundlich, uns eine größere Sammlung von Phonogrammen aus dem Besitz des Museum of Natural History, New York, zur musikwissenschaftlichen Bearbeitung nach Europa zu schicken. Wir freuen uns, unsern Dank in Form der vorliegenden Studie abstatten zu können, die wir mangels genauerer Orientierung auf das rein Musikalische beschränken müssen.

3 Die Gesänge stammen von den Thompson-River-Indianern, einem Salishstamme aus dem Innern von British-Columbia.

4 Nachdem wir die Phonogramme in der üblichen Weise nach dem Gehör notiert hatten, wurden die Tonhöhen nach dem Vorgange von Gilman (1892) tonometrisch bestimmt. Unter der Voraussetzung, daß alle Aufnahmen bei der gleichen Umdrehungsgeschwindigkeit der Walze erfolgt sind, haben wir die Bestimmungen der Tonhöhe und des Tempos bei einer einheitlichen Umdrehungsgeschwindigkeit vorgenommen. Die Wahl der absoluten Tonhöhe, auf die es bei Gesängen nur wenig ankommt, richtete sich nach der normalen Stimmlage. Die Männerlieder bewegen sich danach meist in der kleinen, die Frauen-

Since American Indian songs were first 1
recorded on cylinders by Dr. W. Fewkes in 1890, the phonograph has become an important tool of ethnomusicological research (Fewkes 1890). American scholars, especially, have been successful in collecting valuable examples of primitive music from Indian reservations, thereby saving the music from extinction.

Professor Franz Boas, who has been 2
responsible for many publications relevant to ethnomusicology, was so kind as to send us a large collection of material from the recordings of the Museum of Natural History, New York, for purposes of musicological research. We are happy to express our gratitude to him in the form of this study which, because of our lack of precise knowledge of the culture, must be limited to strictly musical considerations.

The songs belong to the Thompson 3
River Indians, a Salish tribe in the interior of British Columbia.

After transcribing the songs in the usual 4
fashion, by ear, we analyzed the pitches tonometrically, in accordance with the procedure developed by Gilman (1892). On the assumption that all recordings were made at the same speed of cylinder rotation, we used a single speed for playing them back. The absolute pitch – which in these songs is not a matter of great importance – was determined by considerations or ordinary vocal range. Thus the men's songs move primarily in the C_3–C_4 octave, and the women's songs in the octave beginning on C_4.

gesänge (Nr. 8 und 9) in der ein- und zweigestrichenen Oktave.

5 Die Schwingungszahlen der Tonhöhen sind am Schlusse zusammengestellt; diese Skalen stimmen mit den Tönen der Melodien nur in ihren Verhältnissen, nicht der absoluten Höhe nach überein, weil das Notenbild nicht die Tonhöhe der Messung, sondern die unsrer ursprünglichen Niederschrift wiedergibt. Unter der Reihe der Schwingungszahlen (*n*) findet man die Größe der leiterbildenden Intervalle (*i*) in Hundertstel des temperierten Halbtons (Ellis' Cents) und endlich die Intervalle vom mutmaßlichen Hauptton der Melodie aus gerechnet (*σ*).

The frequencies of the pitches in the 5
scales are summarized at the end of the study. These scales coincide with the pitches in the transcriptions in the sizes of the intervals, but not in the absolute pitches, because the notations given here reproduce our original transcriptions, not the pitches arrived at by the tonometric measurements. In each case, the top row gives the frequencies (n), the next row the intervals (i), in hundredths of the tempered half-tone (i.e., Ellis' cents), and the third line the intervals calculated from the presumed main tone of the melody (*σ*).

6 Besondere Schwierigkeiten bot in vielen Melodien die rhythmische Gliederung und die Takteinteilung, worauf wir noch ausführlicher zurückkommen.

We encountered great difficulty in the 6
rhythmic structure and metrical arrangement of many of the melodies. The details are discussed below.

Tonleitern

7 Unter den 43 mitgeteilten Melodien finden sich vier mit nur zwei Stufen (Nr. 10, 18, 25, 34); bei zwei Melodien tritt allerdings noch ein dritter, leittonartiger Ton von sehr unbestimmter, daher nicht meßbarer Höhe, hinzu. Der melodische Schwerpunkt liegt bei diesen Melodien auf dem tieferen Ton; die Intervallgrößen betragen einen Dreiviertelton (Nr. 34), eine kleine Terz (Nr. 25) oder eine neutrale Terz (Nr. 10, 18).

8 In den zehn dreistufigen Melodien (Nr. 1, 2, 7, 9, 15, 26, 31, 32, 33, 40) schwankt der Umfang zwischen kleiner Terz und Tritonus. Der melodische Schwerpunkt liegt zweimal auf der zweiten, sonst immer auf der tiefsten Tonstufe; bei zwei Melodien (Nr. 1, 9) ist neben dem Hauptton dessen Oberquarte (nach Art unsrer Subdominante) melodisch ausgezeichnet. Die Leitern bestehen aus Sekundenschritten mit Ausnahme von dreien, die kleine (Nr. 1, 9) oder große Terzen (Nr. 32) enthalten. Die Intervalle entsprechen meist den europäischen; nur in drei Liedern (Nr. 9, 33, 40)

Scales

Among the forty-three melodies included, 7
there are four with only two tones (nos. 10, 18, 25, 34). In two of these melodies, however, there is also a third tone, with the character of a leading tone and with very indefinite (and thus not measurable) pitch. In these tunes, the melody centers on the lower tone. The intervals of the scales are a three-quarter tone (no. 34), a minor third (no. 25), or a neutral third (nos. 10, 18).

In the ten tritonic melodies (nos. 1, 2, 8
7, 9, 15, 26, 31, 32, 33, 40) the range varies from minor third to tritone. The melodic center of gravity in two songs is on the second tone, but in the rest, on the lowest tone. In two melodies (nos. 1, 9) the fourth above the tonic (somewhat like our subdominant) is also stressed. The scales consist of seconds, except for three which have minor (nos. 1, 9) or major thirds (no. 32). Generally, the intervals correspond to European ones. In only three songs (nos. 9, 33, 40) does the intonation depart markedly from ours. The transcription of

weicht die Intonation merklich von unsrer Stimmung ab. In Nr. 33 gibt das Notenbild unsern (subjektiven) Melodieeindruck wieder; de facto ist die kleine Terz in zwei annähernd gleiche Dreivierteltöne geteilt.

9 Die fünfzehn vierstufigen Gesänge (Nr. 3, 5, 6, 8, 12, 13, 14, 16, 17, 19, 21, 24, 27, 38, 43) bewegen sich im Umfang einer Quarte bis kleinen Septime. Der melodische Schwerpunkt liegt neunmal auf der tiefsten, fünfmal auf der zweiten und einmal auf der vierten Stufe. Daneben tritt siebenmal die Oberquinte (Dominante), einmal die Unterquarte (Dominante) und fünfmal die Oberquarte (Subdominante) hervor. Sieben Lieder bewegen sich ausschließlich in Sekunden, fünf Leitern enthalten die kleine, eine die neutrale, eine die große Terz, und zwei eine Quarte (Nr. 3, 21). Drei Melodien (Nr. 3, 16, 21) scheinen für den europäischen Hörer auf Dreiklängen aufgebaut zu sein, und zwar zwei (Nr. 3, 21) auf einem Dur-, die dritte (Nr .16) auf einem Moll-Dreiklang. Daß diese, unsrer simultanharmonischen Musik entlehnten, Begriffe auf die Indianermusik nicht ohne weiteres übertragen werden dürfen, geht schon aus den zahlreichen und bedeutenden Abweichungen von den konsonanten Intervallen hervor. Von den fünfzehn vierstufigen Melodien enthalten neun, also mehr als die Hälfte, Intervalle, die zwischen zwei benachbarten europäischen ungefähr die Mitte halten.

10 Der Umfang der neun[1] fünfstufigen Gesänge (Nr. 11, 20, 28, 29, 30, 37, 41, 42) liegt zwischen einer Quinte und einer Oktave. Sechsmal ist die erste Stufe mutmaßlicher Hauptton, einmal die zweite, einmal die dritte und einmal die vierte. In sämtlichen Stücken ist daneben noch die Oberquarte oder die Oberquinte melodisch ausgezeichnet, und zwar erscheint die

[1] No. 30 enthält zwei Teile mit verschiedener Leiterbildung und wurde deshalb hier doppelt gerechnet.

no. 33 reproduces our subjective feeling, but in fact, tonometric analysis showed that the minor third is divided into two almost equal three-quarter tones.

The fifteen tetratonic songs (nos. 3, 5, 6, 8, 12, 13, 14, 16, 17, 19, 21, 24, 27, 38, 43) have ranges between a fourth and a minor seventh. The melodic center of gravity is on the lowest tone in nine songs, on the second lowest tone in five, and on the highest tone in one. In addition, the upper fifth (dominant) is stressed melodically in seven songs, the lower fourth (dominant) in one, and the upper fourth (subdominant) in five. Seven songs move entirely in seconds. Five scales contain a minor third, one a neutral third, and one a major third. Two scales include fourths (nos. 3, 21). Three melodies (nos. 3, 16, 21) seem to the European listener to be built on triads, two (nos. 3, 21) on a major triad, the third (no. 16) on a minor triad. But the fact that these concepts, taken from our notions of harmony, cannot be readily applied to Indian music is obvious from the many cases in which the singing departs from pure intonation of the consonant intervals. Of the fifteen tetratonic melodies, nine – that is more than half – contain intervals approximately midway between the neighboring European intervals. 9

The range of the nine[1] pentatonic songs (nos. 11, 20, 28, 29, 30, 37, 41, 42) is between a fifth and an octave. In six songs, the assumed main tone is at the bottom of the scale, while the second, third, and fourth tones function as main tone in one song each. In all of these songs, the upper fourth and fifth hold positions of melodic importance; in six, it is the "dominant," 10

[1] Since No. 30 consists of two parts of different scale structure it is counted twice.

„Dominante" allein sechsmal, die „Subdominante" allein zweimal, und beide zusammen einmal.

11 Drei Leitern enthalten ausschließlich Sekunden, die sechs andern auch Terzen, von denen zwei klein, zwei groß und zwei neutral sind. Wieder finden sich vier „Dreiklangmelodien" (Nr. 29, 30, 37, 42). Von allen neun Leitern sind nur zwei von nichteuropäischen Intervallen frei, und gerade diese beiden (Nr. 28, 37) stimmen mit der bekannten fünfstufigen chinesischen Tonleiter (*c d e g a*) überein. Diese sind auch die einzigen wirklich pentatonischen Leitern.

12 In vier Liedern (Nr. 4, 23, 36, 39) werden sechs Stufen innerhalb einer kleinen Sexte bis kleinen None benützt. Nur einmal liegt der Schwerpunkt auf der dritten, sonst immer auf der ersten Stufe. In allen vier Melodien ist die Oberquinte, in zweien auch noch die Oberquarte melodisch betont. Die Leitern sind bis auf eine, die eine große Terz und eine Quarte enthält (Nr. 4), aus Sekunden aufgebaut. Die Intervallgrößen weichen von den europäischen ab. Ein Stück (Nr. 4) erscheint als Dur-Dreiklangmelodie.

13 Endlich finden wir in zwei Stücken (Nr. 22, 35) eine vollständige siebenstufige Leiter; die Intervalle weichen aber von unsrer diatonischen Leiter bedeutend ab. Melodie Nr. 22 umfaßt eine Oktave, Nr. 35 eine große None; in ersterer kommt eine Stufe unterhalb der mutmaßlichen Tonika, in der andern ein Ton oberhalb der Oktave des Haupttons vor. In beiden ist die Oberquarte, in Nr. 35 auch die Oberquinte ausgezeichnet. Diese erscheint uns daher als Dur-Dreiklangmelodie.

14 Es zeigt sich also, daß in den meisten der vorliegenden 43 Lieder nur drei bis fünf Töne innerhalb einer kleinen Terz bis großen Sexte benützt werden. In der überwiegenden Mehrzahl (30) fällt der melodische Schwerpunkt mit dem tiefsten Ton zusammen; zu diesem Ton als Schlußton steigt die in der Höhe beginnende Melodie herab. Eine Ausnahme von dieser fast

in two, the "subdominant," and in one, both of these tones.

Three scales contain seconds exclusively. The six others include thirds as well; two contain minor thirds, two, major, and two, neutral. Again we find four "triadic" melodies (nos. 29, 30, 37, 42). Among all of these scales, only two are free of non-European intervals, and these two (nos. 28, 37) coincide with the well-known Chinese pentatonic scale (c d e g a). These are indeed the only truly pentatonic scales. 11

Four songs (nos. 4, 23, 36, 39) are hexatonic, with ranges from a minor sixth to a minor ninth. In one case, the melody centers upon the third tone, and in the rest, on the lowest tone. In all of them the upper fifth, and in two the upper fourth as well, are stressed melodically. The scales are built entirely of seconds, with the exception of no. 4, which also contains a major third and a fourth. The sizes of the intervals do not coincide with European ones. Only one (no. 4) appears to be a melody based on the major triad. 12

Finally, we find complete heptatonic scales in two pieces (nos. 22, 35), but their intervals depart considerably from those of our diatonic scale. No. 22 has the range of an octave, and no. 35 a major ninth. In the former, one tone occurs below the conjectured tonic, and in the latter, one tone occurs above the octave of this tonic. In both the upper fourth is stressed, but no. 35 stresses the upper fifth as well; thus, it appears to us as a major melody. 13

So it appears that in most of the forty-three songs presented here, only three to five tones are used within intervals between minor third and major sixth. In the great majority (thirty) the tone center falls on the lowest tone. The melody begins high and descends to this, the final tone. The only important contrast to this overweening characteristic of the melodic 14 durchgehend gewahrten Eigentümlichkeit der Melodiebewegung bilden ihrer Natur nach die Melodien mit geringstem Tonumfang (zwei und drei Stufen); außer diesen nur das Lied Nr. 39.

structure is provided, naturally, by the songs with the smallest ranges (two or three tones), as well as no. 39.

15 Die Bedeutung der tonometrischen Befunde ist naturgemäß geringer anzuschlagen bei Natursängern, deren Intonation größeren Schwankungen unterliegt, als bei Instrumenten mit fester Abstimmung. Es kann sich hier nur darum handeln, einen Überblick über die ungefähre mittlere Größe der Intervalle zu gewinnen. Um dieses Mittel zu berechnen, haben wir außer den Intervallen zwischen benachbarten Tönen auch die in den Melodien sprunghaft gebrauchten größeren Tonschritte berücksichtigt. Man findet also in der zweiten Spalte der folgenden Tabelle die Mittelwerte aus sämtlichen vorkommenden Intervallen einer Art (in Cents).

The significance of the tonometric findings is, of course, smaller in the case of natural singers, whose intonation is subject to greater fluctuation, than in the case of instruments with fixed intonation. All that can be provided here is a survey of the approximate average sizes of the intervals. In order to calculate this average, we have considered not only the intervals between neighboring tones, but also the larger intervals used in leaps in the melodies. Thus, in the second column of the following table, we find the averages of all occurrences of each type of interval (in cents). 15

16 Außerdem haben wir alle Leitern, die sich durch Beziehung der Melodietöne auf

In addition, we have combined the calculations for all scales which come 16

Tabelle I/Table I

	Temperierte Intervalle in Cents/ Tempered Intervals in Cents	Mittel sämtlicher Gebrauchsintervalle/ Average of all Intervals used	Gewicht/ Preponderance	Mittel der Leitern/ Scale Average	Gewicht/ Preponderance
Viertelton/Quarter tone	50	49	2	—	—
Halbton/Semitone	100	105	10	115	3
Dreiviertelton/Three-quarter tone	150	156	23	157	12
Ganzton/Whole tone	200	202	49	206	17
Fünfviertelton/Five-quarter tone	250	245	17	243	3
Kleine Terz/Minor third	300	302	19	304	9
Neutrale Terz/Neutral third	350	356	11	356	8
Grosse Terz/Major Third	400	397	11	405	11
	450	451	16	450	15
Quarte/Fourth	500	506	11	501	7
	550	525	2	543	7
Tritonus/Tritone	600	596	2	596	3
	650	650	1	648	2
Quinte/Fifth	700	697	1	696	11
	750	—	—	739	5
Kleine Sexte/Minor sixth	800	—	—	802	1
Neutrale Sexte/Neutral sixth	850	838	1	864	1
Grosse Sexte/Major sixth	900	919	1	912	4
	950	—	—	963	2
Kleine Septime/Minor seventh	1000	—	—	1007	1
Oktave/Octave	1200	—	—	1194	2

den melodischen Hauptton ergeben, zusammengefaßt (vierte Spalte). Dabei wurden auch die Intervalle zwischen den unterhalb des Haupttones liegenden Tönen und diesem selbst (und nicht dessen tieferer Oktave) mitgerechnet. Die beigefügten Gewichtszahlen belehren über die Häufigkeit der einzelnen Intervalle und Stufen.

17 Der Zusammenfassung der Einzelwerte haben wir eine Leiter von temperierten Vierteltönen (erste Spalte) zugrunde gelegt; als Maximum der Abweichungen nach oben und unten wurde also ein Achtel des temperierten Ganztones (25 Cents) zugelassen.

18 Man sieht aus der Tabelle zunächst, daß die Häufigkeit der von den europäischen abweichenden Intervalle so groß ist, daß man sie kaum allein auf Rechnung des Zufalls setzen darf. Vor allem fällt die Häufigkeit des Intervalls von 450 Cents auf, das in der Mitte zwischen großer Terz und Quarte liegt; daß es nicht immer als Modifikation desselben Nachbarintervalls aufgefaßt werden kann, geht daraus hervor, daß es sowohl mit der Terz als mit der Quarte in einer Melodie zusammen vorkommt (Nr. 17, 19 bzw. 35). Auch Dreivierteltöne, Fünfvierteltöne und neutrale Terzen kommen verhältnismäßig häufig vor. Von besonderer Bedeutung werden diese Absweichungen, wie schon bemerkt, bei den Dreiklangmelodien, die sich ja auch bei andern Indianerstämmen gefunden haben und wiederholt namentlich von J. C. Fillmore für ein „latentes Harmoniegefühl" in Anspruch genommen worden sind. Wir halten dafür, daß diese heikle psychologische Frage auch heute noch nicht spruchreif ist.

about through relating the melodic tones to the main tone (fourth column). In this column, the intervals formed by tones below the main tone with the main tone itself (and not with its lower octave) are also included. The fifth column indicates the frequency of various intervals and tones.

The first column gives the series of tempered quarter tones in cents. The maximum deviation above and below permitted in the calculations of intervals was one-eighth of a tempered whole tone (25 cents). 17

From the table one can easily surmise that the frequency of occurrence of those intervals which differ from the European ones is so great that if cannot be considered coincidental. In particular, the interval of 450 cents stands out. That this interval, midway between major third and fourth, is not always simply a modification of a neighboring interval, is evident from the fact that it appears in some songs together with the third (nos. 17, 19) or the fourth (no. 35). Three-quarter tones, five-quarter tones, and neutral thirds also appear with some frequency. These intervals are particularly significant in the triadic melodies which are also found among other American Indian tribes and which have repeatedly been considered – especially by J. C. Fillmore – as evidence for a "feeling of latent harmony" among the Indians. In our opinion, this delicate psychological question is today not yet ready for discussion. 18

Rhythmus, Tempo, Aufbau und Vortragsweise

19 Über die rhythmischen Verhältnisse der Melodien gibt die folgende Tabelle Aufschluß.

Rhythm, Tempo, Structure, and Performance Practice

The following table gives information about the rhythmic relationships of the melodies. 19

Tabelle II/Table II

Anzahl der Zeiteinheiten innerhalb eines Taktes/Number of units within a measure		Dreiteilig/ Tripartite					Kompliziert/ Complicated	Unregelmässig/ Irregular
	4	3	6	9	5	7		
Häufigkeit/Frequency	12	9	6	1	2	1	8	4

20 Vor allem fällt die größere Häufigkeit der dreiteiligen Rhythmen (zusammen 16) gegenüber den vierteiligen (12) auf, ein Befund, der zu den sonst beobachteten Eigentümlichkeiten primitiver Musik im Gegensatz steht.

One matter of immediate interest is the frequency of triple meters (in sixteen songs) compared to that of quadruple meter (twelve songs), since this is contrary to what has otherwise been said about primitive music. 20

21 Von den beiden Melodien, die wir in fünfteiligem Rhythmus notiert haben, besteht die eine (Nr. 5) aus $\frac{4}{4}$-Takten, deren letztes Viertel gedehnt ist, während in der andern (Nr. 19) die $\frac{5}{8}$-Takte sich nach dem Schema 1+4 gliedern; auch wurde dieses Lied sehr rubato gesungen. Die mit $\frac{10}{4}$ bezeichnete Melodie Nr. 23 ist so frei im Rhythmus – auch der Trommelrhythmus ist sehr wechselnd –, daß wir sie zu den „unregelmäßigen" rechnen mußten.

Of the two melodies that we have notated in quintuple meter, one consists of $\frac{4}{4}$-measures whose last quarter is stretched (no. 5). The other (no. 19) consists of $\frac{5}{8}$ measures organized 1 + 4, but performed with the use of much rubato. No. 23, notated in $\frac{10}{4}$, is in fact so rhythmically free – even the drumbeats fluctuate – that we felt it necessary to count it in the irregular category. 21

22 In Nr. 30 schien uns die Einteilung nach $\frac{7}{4}$ die einzige Möglichkeit einer Gruppierung, die dem motivischen Aufbau der Melodie halbwegs gerecht wird.

In no. 30, notation in $\frac{7}{4}$ seemed the only grouping which corresponded, to any extent, to the motivic structure of the melody. 22

23 Eine relativ große Zahl der Lieder haben einen komplizierten rhythmischen Bau: wir finden größere Perioden, die sich nur in ungleiche Teile zerlegen lassen. Es sind dies die Stücke Nr. 7 und 35 ($\frac{9}{4} = \frac{5}{4} + \frac{4}{4}$), 18 ($\frac{12}{4} = \frac{5}{4} + \frac{7}{4}$) und 31 ($\frac{12}{4} = \frac{7}{4} + \frac{5}{4}$), 6 ($\frac{16}{4} = \frac{6}{4} + \frac{5}{4} + \frac{5}{4}$) und endlich 14 ($\frac{14}{4} = \frac{8}{4} + \frac{6}{4}$ oder $\frac{6}{4} + \frac{8}{4}$).

A relatively large number of songs has complex metric structure: we find periods of considerable length that can be divided only into unequal sections. These are found in nos. 7 and 35 ($\frac{9}{4} = \frac{5}{4} + \frac{4}{4}$), no. 18 ($\frac{12}{4} = \frac{5}{4} + \frac{7}{4}$), no. 31 ($\frac{12}{4} = \frac{7}{4} + \frac{5}{4}$), no. 6 ($\frac{16}{4} = \frac{6}{4} + \frac{5}{4} + \frac{5}{4}$), and finally, no 14 ($\frac{14}{4} = \frac{8}{4} + \frac{6}{4}$ or $\frac{6}{4} + \frac{8}{4}$). 23

24 Zu den komplizierten Rhythmen sind auch die von Nr. 34 und 40 zu rechnen, deren Gesangmelodie in einfachem $\frac{4}{4}$-Takt steht, während auf jeden Takt drei (in Nr. 34) oder sechs (in Nr. 40) gleichmäßige Trommelschläge fallen.

Among the complex rhythms we must also include those of nos. 34 and 40. Their vocal melodies are in simple $\frac{4}{4}$, but in no. 34 each measure is accompanied by three equal drumbeats, and in no. 40, six drumbeats. 24

25 In drei Stücken (Nr. 13, 22, 28) ist die Durchführung einer gleichmäßigen Takteinteilung unmöglich, da die einzelnen Motive bei den verschiedenen Wiederholungen durch Verkürzungen oder Vergrößerungen variiert sind.

In three songs (nos. 13, 22, 28) analysis in terms of regular meter is impossible, since the length of individual motifs varies in the course of repetition through lengthening or shortening. 25

26 Die außerordentlich schwierige Rhythmisierung der meisten Gesänge wurde zum Teil nur durch die begleitenden Trommelschläge überhaupt ermöglicht. Außer den erwähnten Stücken Nr. 23 und Nr. 22 gaben diese ein gleichmäßiges Zeitmaß, das als Einheit benutzt wurde. Da in den Trommelrhythmen dynamische Akzente fehlen, wurde die Takteinteilung, die nur der Bequemlichkeit des europäischen Lesers dienen soll, nach melodischen Gesichtspunkten vorgenommen.

The extraordinarily difficult metrical 26
analysis of most of the songs was made possible in part by the accompanying drumbeats. With the exception of nos. 22 and 23, the drumming provided a constant unit that was used as the basis of analysis. Since dynamic differences are not found in the drumming, the arrangement of measures, which is only for the convenience of the European reader, was made in accordance with melodic considerations.

27 Auffallend ist, daß in den ersten Phonogrammen (bis Nr. 20) die Trommelbegleitung, wo sie überhaupt vorkommt, die schlechten Taktteile betont (mit Ausnahme von Nr. 5), während in den folgenden Nummern (bis 30) immer die guten Taktteile akzentuiert sind; in den letzten Phonogrammen (Nr. 31–43) wechseln synkopierte und unsynkopierte Trommelrhythmen ab. Während die Rhythmisierung der Trommelschläge immer sehr scharf ist, gestattet sich der Sänger gelegentlich größere Freiheiten. So kommt es, daß in einigen Stücken (Nr. 38, 41) die anfangs synkopierenden Schläge im Verlauf sich den guten Taktteilen nähern oder umgekehrt.

One peculiarity must be noted; namely, 27
that in the first recordings (up to no. 20) the drum – when it occurs – stresses the weak beats (with the exception of no. 5), whereas the following numbers (to no. 30) have the drumbeat on the strong beats; in the last recordings (31–43) syncopated and unsyncopated drum rhythms alternate. While the rhythms of the drumming are always precise, that of the singers is somewhat more free. Thus, in a few pieces (nos. 38, 41) the drumming, which is at first syncopated, changes and approaches the strong parts of the beat, or vice versa.

28 Unter den gesamten 43 Stücken sind 35 von Schlaginstrumenten begleitet, und zwar 17 von synkopierenden, 17 von nichtsynkopierenden, eins von unregelmäßigen Trommelschlägen. Nur acht Lieder sind sozusagen *a cappella* gesungen.

Of the forty-three pieces, thirty-five are 28
accompanied by percussion; in seventeen cases the accompaniment is syncopated, in seventeen others it is not, and there is one piece with irregular drumming. Only eight songs are sung, so to speak, a cappella.

29 Das Tempo der Melodien erwies sich als auffallend gleichmäßig: in 33 Gesängen fanden wir M.M. ♩ = 158 bis 184; die meisten von diesen halten sich zwischen 164 und 170. In langsamerem Tempo stehen Nr. 13 und 14 (♩ = 140, bzw. 130); ferner Nr. 10 (♩. = 120) und 3 (♪ = 138), die beide ohne Trommelbegleitung sind. Schnellere Trommelschläge finden sich in Nr. 21 (♩ = 198), 30 (♪ = 224) und 36 (♪ = 200).

The tempos of the melodies turned out 29
to be surprisingly similar: in thirty-three songs we found MM♩ = 158 to 184; most of these were between 164 and 170. Nos. 13 and 14 (♩ = 140 and 130, respectively), no. 10 (♩. = 120) and no. 3 (♪ = 138) are in slower tempo; nos. 10 and 3 have no drumming. Quicker drumming is found in no. 21 (♩ = 198), no. 30 (♪ = 224) and no. 36 (♪ = 200).

30 Die Gesänge sind insofern als primitiv zu bezeichnen, als sich nirgends ein kompli-

The songs in this collection must be 30
considered primitive insofar as none of

zierterer Periodenbau findet. Eine nicht allzulange Melodie wird immer von neuem mit kleinen melodischen und rhythmischen Varianten wiederholt (Strophenlied); die Melodie besteht wieder aus kleinen Teilen, die sich untereinander meistens sehr ähnlich sind.

31 Die Vortragsweise der Gesänge bietet manches Bemerkenswerte. Während ein eigentlicher Sprechgesang nicht vorkommt, wird der Gesang in Nr. 30 und 32 durch ein Motiv unterbrochen, das auf einer konstanten Tonhöhe im Rhythmus der Melodie anscheinend von einem zweiten, entfernteren Sänger intoniert wird. In Nr. 2 wird der Gesang zweimal durch gesprochene Worte unterbrochen, die vielleicht nicht zum Lied gehören. Für Indianergesänge charakteristisch sind die emphatische Vortragsweise (namentlich in Nr. 2 bis 7, 10) und die stark hörbaren Inspirationsgeräusche (Nr. 10, 16), die den Eindruck des Aufgeregten erzeugen.

32 Die meisten Gesänge sind Tanz- oder Spiellieder; andere sind als lyrische, religiöse und Medizingesänge bezeichnet; eine bestimmte musikalische Charakteristik der einzelnen Typen ließ sich aber nicht finden.

them contains a complex period structure. In each case, a moderately short strophe is repeated many times with minor melodic and rhythmic variation. The strophe, in turn, also consists of short subdivisions which are closely related to each other.

The performance practice of the songs is interesting in several ways. While true sprechgesang does not occur, the singing in nos. 30 and 32 is interrupted by a motif which is evidently intoned on a single, constant pitch, in the rhythm of the melody, by a second somewhat distant singer. In no. 2 the song is twice interrupted by spoken words which perhaps are not part of the song. As is typical of Indian singing, the performance is emphatic (especially in nos. 2–7 and 10) and the sounds of inhaling are especially audible (nos. 10 and 16), giving the impression of tension or excitement. 31

Most of the songs are dance or game songs; others are designated as lyrical, religious, and "medicine" songs. But a specific musical characterization of the types according to use could not be made. 32

1 (140). Tanzgesang/Dance Song

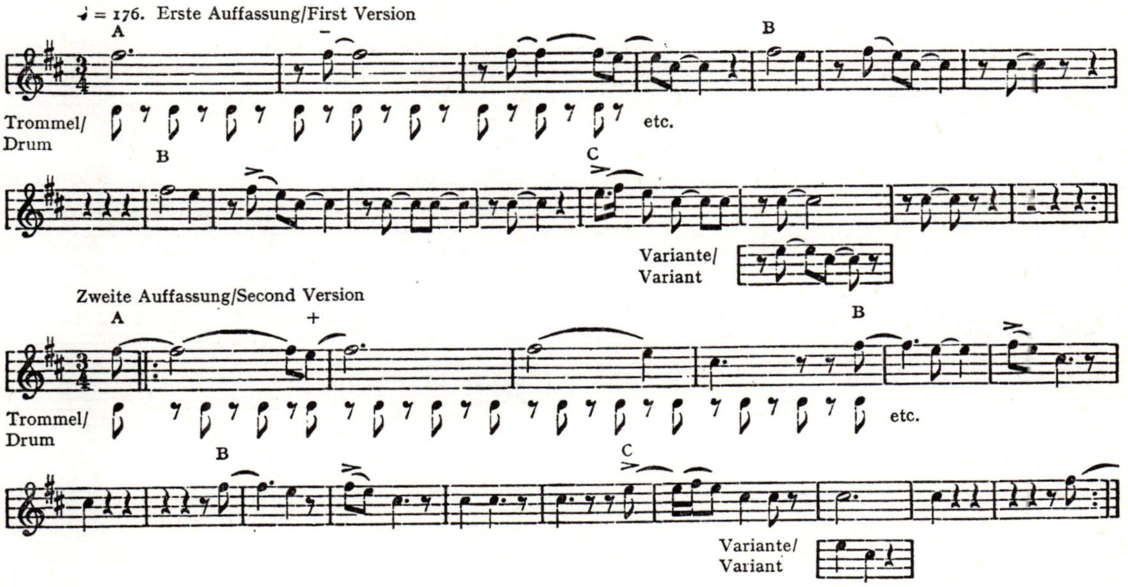

2 (141). Handspiel-(Léhal-) Gesang/Hand-Game (Léhal-) Song

3 (142). Religiöser Tanz (Gebet)/Religious Dance (Prayer)

4 (143). Handspiel (Thompson und Okanagon)/Hand-Game (Thompson and Okanagon)

5 (144). Gemeinschaftstanz-Gesang (Thompson)/Group-Dance Song (Thompson)

6 (145). Religiöser Gesang/Religious Song

7 (146). Tanzgesang beim Geschenkfest (Potlatch)/Dance Song during a Ceremonial Feast (Potlatch)

8 (147). Frauengesang/Women's Song

9 (148). Frauengesang/Women's Song

10 (149). Grislybärzwillings-Gesang/Grizzly bear twin's Song

11 (150). Gesang/Song

12 (151). Gesang/Song

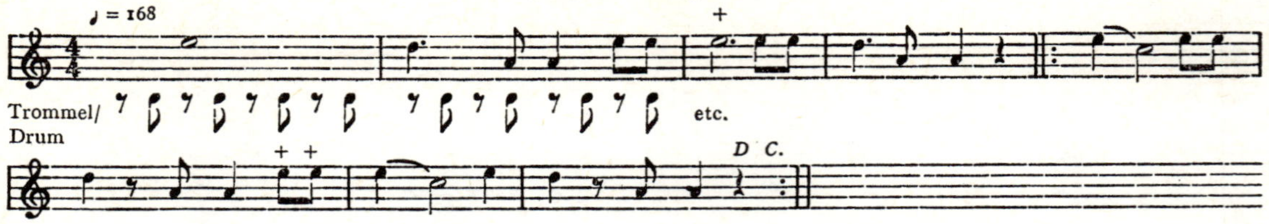

13 (152). Gesang/Song

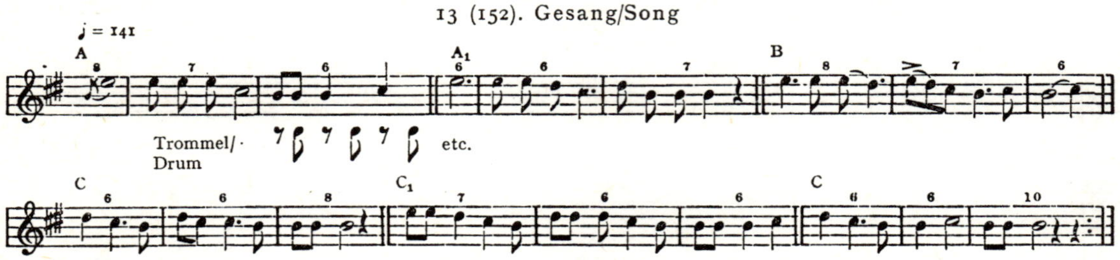

14 (153). Gesang/Song

15 (154). Tanzgesang/Dance Song

16 (155). Tanzgesang/Dance Song

17 (156). Tanzgesang/Dance Song

18 (158). Tanzgesang/Dance Song

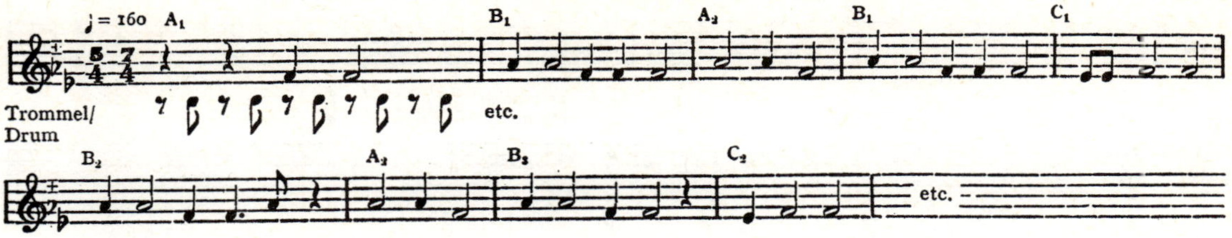

19 (159). Lyrischer Gesang/Lyrical Song

20 (160). Tanzgesang/Dance Song

21 (162). Männertanzgesang/Men's Dance Song

22 (163). Lyrischer Gesang/Lyrical Song

23 (164a). Lyrischer Gesang. Freier Rhythmus/Lyrical Song. Free Rhythm

24 (164b). Medizingesang/Medicine Song

25 (165). Tanzgesang/Dance Song

26 (166). Medizingesang/Medicine Song

27 (167). Medizingesang/Medicine Song

28 (168). Lyrischer Gesang/Lyrical Song

29 (169). Lyrischer Gesang/Lyrical Song

30 (170a). Männertanzgesang/Men's Dance Song

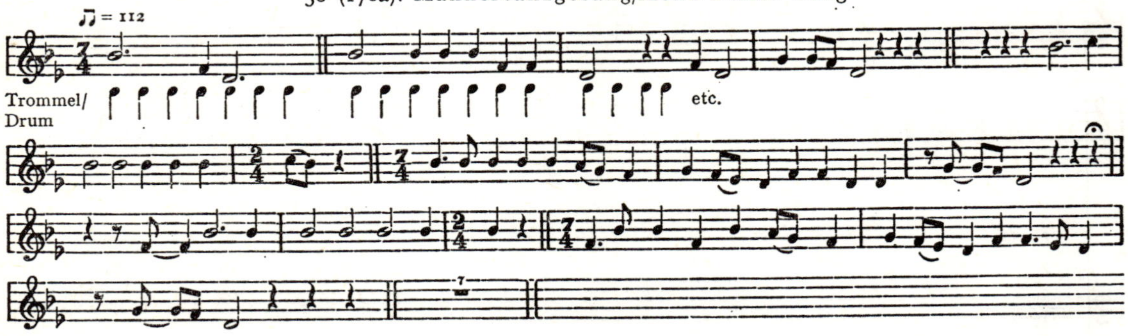

(170b)

31 (171). Tanzgesang/Dance Song

32 (172). Tanzgesang/Dance Song

33 (173). Tanzgesang/Dance Song

34 (174). Tanzgesang/Dance Song

35 (176). Lyrischer Gesang. Falsett/Lyrical Song. Falsetto

36 (176). Religiöser Gesang/Religious Song

37 (178). Religiöser Tanzgesang/Religious Dance Song

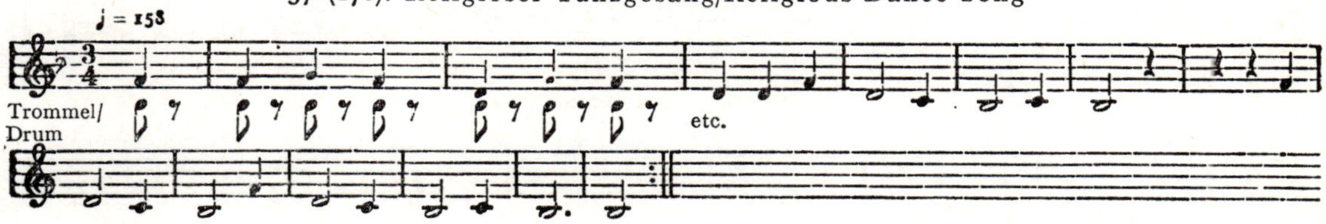

38 (179). Tanzgesang/Dance Song

39 (180). Lyrischer Gesang/Lyrical Song

40 (181). Lyrischer Gesang/Lyrical Song

41 (182). Lyrischer Gesang/Lyrical Song

42 (183). Lyrischer Gesang/Lyrical Song

43 (184). Tanzgesang/Dance Song

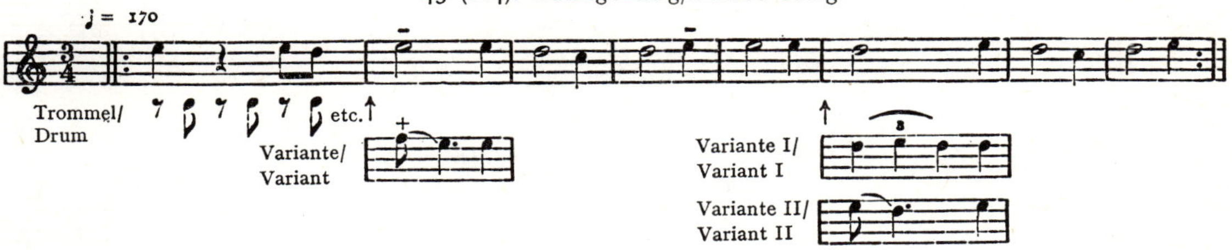

Erste Reihe (n) = Schwingungszahl; die kursiv gedruckte Zahl melodischer Hauptton/Line 1 (n) = = cps; the main tone (tonic) in italics.
Zweite Reihe (i) = Intervalle in Cents/Line 2 (i) = Intervals in cents.
Dritte Reihe (σ) = Summen in Cents, vom Hauptton aus gerechnet/Line 3 (σ) = Sums in cents calculated from the tonic.
Die fortlaufende Numerierung entspricht der der Notenbeispiele/The numbering of the songs corresponds to that of the transcriptions.

1.	*496*		588		662						
		294		205							
	0		294		499						
2.	?		*518*		584						
		?		207.5							
3.	*431*		584		642		753				
		526		164		276					
	0		526		690		966				
4.	356.5		374		*469*		627		713		778
		83		392		503		222		151	
	475		392		0		503		725		876
5.	*389*		463		521		581				
		301		204		189					
	0		301		505		694				
6.	251.5		*282*		341		369				
		198		329		136					
	198		0		329		465				
7.	*482*		518		617						
		125		303							
	0		125		428						
8.	*667*		729		842		910				
		154		250		134					
	0		154		404		539				
9.	*366.5*		409		482						
		190		284							
	0		190		474						
10.	?		*366.5*		453						
		?		366							
11.	*472*		530		620		671		748		
		201		232		137		188			
	0		201		433		570		758		
12.	*554*		630		713		846				
		222		214		296					
	0		222		436		732				
13.	*493*		544		627		671.2				
		170		246		118					
	0		170		416		534				
14.	*478*		572		671		707				
		311		276		90					
	0		311		587		677				
15.	*667*		707		801						
		102		216							
	0		102		318						
16.	*585*		657		788		831				
		292		314		92					
	0		292		606		698				
17.	*566*		626		715		730				
		174		230		36					
	0		274		404		440				
18.	?		*570*		692						
		?		336							
19.	*642*		713		807		842				
		182		214		73					
	0		182		396		469				

20.	566		652		*713*		799		914.5				
		245		155		197		234					
	400		155		0		197		431				
21.	440		*527*		713		788						
		312		524		173							
	312		0		524		697						
22.	?	*671*		753		822		870		976		1036	
	?		200		152		98		199		103		
	?	0		200		352		450		649		752	
23.	*496*		557		630		642		723		788		
		201		213		33		206		149			
	0		201		414		447		653		802		
24.	564		*627*		713		838						
		183		222		279							
	183		0		222		501						
25.	*570*		682										
		310											
26.	*463.5*		496		548.5								
		117		186									
	0		117		303								
27.	411		*462*		512		572						
		202		178		192							
	202		0		178		370						
28.	348		*396*		441		521		586				
		224		186		308		184					
	224		0		186		494		678				
29.	*443*		542		579		671		753				
		349		114		255		200					
	0		349		463		718		918				
30a.	140.5		197		222.5		*256*		289				
		385		210		243		210					
	838		453		243		0		210				
30b.	*263.5*		343		395.5		441		530				
		457		246		188		318					
	0		457		703		891		1209				
31.	*471.5*		533		604								
		212		216									
	0		212		428								
32.	578		*719*		801								
		378		187									
33.	*572*		620		686								
		140		175									
	0		140		315								
34.	*524*		570										
		146											
35.	*304.5*		394		406		456		518		604		696
		446		52		201		220		266		246	
	0		446		498		699		919		1185		1431
36.	*409*		462		506		616		677		732		
		211		158		340		163		135			
	0		211		369		709		872		1007		
37.	*461*		521		588		702		784				
		212		209		306		191					
	0		212		421		727		918				
38.	457		*527*		627		696						
		247		301		180							
	247		0		301		481						
39.	*552*		609		682		756		822		914		
		170		196		178		145		183			
	0		170		366		544		689		872		
40.	*728*		801		920								
		165		240									
	0		165		405								

41.	*353.5*		381		389		451		512
		130		36		256		220	
	0		130		166		422		642
42.	*471*		582		642		728		814
		366		170		218		193	
	0		366		536		754		947
43.	557		*633*		696		(784)		
		221		164		206			
	221		0		164		(370)		

E. M. VON HORNBOSTEL

Phonographierte tunesische Melodien

1906

Tunisian Melodies Recorded on the Phonograph

English translation by

Israel Katz

Zuerst veröffentlicht/first published: *Sammelbände der Internationalen Musikgesellschaft* 8, 1906–1907: 1–43.
Abgedruckt aus/reprinted from: *Sammelbände für vergleichende Musikwissenschaft* 1, 1922: 311–348.

I. Vorbemerkungen

1 Mit der vorliegenden Untersuchung betritt die neuere vergleichende Musikwissenschaft zum erstenmal afrikanischen Boden. Während der Phonograph dem reisenden Ethnologen in Amerika, Asien, neuerdings auch in der Südsee und in einzelnen entlegeneren Teilen Europas gute Dienste geleistet hat, besitzen wir aus Afrika bis heute so gut wie gar kein zuverlässiges musikwissenschaftliches Material und müssen von der Zukunft die Erschließung dieses „dunklen Erdteils" erhoffen.[1] Auch die Bearbeitung tunesischer Phonogramme bedeutet eigentlich keinen Vorstoß in dieser Richtung, denn spezifisch afrikanisches Kulturgebiet ist an der Nordküste kaum zu finden. Wohl leben in Tunis neben Arabern, Beduinen und Berbern auch Sudanesen; allein die hier gesammelten Melodien stammen fast ausschließlich von Arabern und dürften von sudanischen Einschlägen wenig erkennen lassen.[2] Vielmehr darf man erwarten, zwischen der Musik in Tunis, Marokko, Algier, Tripolis, Ägypten und Palästina weitgehende Verwandtschaften zu finden, die sich auf die Gemeinsamkeit arabischer Kultur gründen. Wenigstens sind in diesem ganzen Gebiet

[1] Erfreulicherweise hat sich diese Hoffnung inzwischen (seit dem Sommer 1905) zu erfüllen begonnen, und zwar durch einen Aufsatz über „Lieder und Gesänge der Ewhe-Neger" von P. Fr. Witte in Heft 1/2 des Anthropos, einer neuen, unter Mitarbeit zahlreicher Missionare von P. W. Schmidt herausgegebenen Zeitschrift für Völker- und Sprachenkunde (Fr. Witte 1906).

[2] Eine von mir aufgenommene Sudannegermelodie fällt so sehr aus dem Rahmen des hier Mitgeteilten heraus, daß ich es vorziehe, sie gelegentlich in anderem Zusammenhange zu veröffentlichen.

I. Preliminary Remarks

With the following investigation comparative musicology, our most recent discipline, visits African soil for the first time. While the phonograph has rendered good service to the traveling ethnologist in America and Asia, and more recently in the South Seas and isolated parts of Europe, to all intents and purposes we do not as yet possess a single reliable musicological document from Africa, and we must hope that the future will uncover the key to this "dark continent."[1] 1

The treatment of Tunisian recordings implies no true advance in this direction, because areas of specifically African culture are hard to locate on the North Coast. Arabs, Bedouins, Berbers, and Sudanese live in Tunisia. The melodies collected here stem mainly from the Arabs, and barely reveal Sudanese influences.[2] Rather, one must expect to find extensive relationships between the music of Tunisia, Morocco, Algeria, Tripoli, Egypt, and Palestine, all of which are based on a common Arabic culture. At least, the same instruments are employed throughout this entire region, and the manner in which music is cultivated, as described in ethnological

[1] Happily this expectation had begun to be fulfilled (since the Summer of 1905) in an article by Father Fr. Witte, "Lieder und Gesänge der Ewhe-Neger," *Anthropos*, I/II (1906), 65–81; 194–209. This new journal, published in collaboration with numerous missionaries, deals with ethnology and language studies.

[2] One of my recorded Sudanese negro melodies falls very much outside the framework of this article, so I prefer to publish it later in a different context.

dieselben Instrumente im Gebrauch, und die Art der Musikpflege, wie sie in der ethnologischen Literatur geschildert wird, ist allen diesen Ländern gemeinsam. Wir werden demnach außer den Berichten über die genannten Mittelmeerländer auch die Arbeiten zu berücksichtigen haben, die sich mit der arabischen Musik im allgemeinen beschäftigen.

2 Wie die Chinesen und Inder haben auch die Araber eine sehr ausgebreitete musiktheoretische Literatur hervorgebracht. Schon R. G. Kiesewetter (1842) macht 56 original-arabische und persische Abhandlungen zur Musik namhaft und legt seiner Bearbeitung 18 Manuskripte zugrunde, die er mit Hammer-Purgstall studiert hatte (vgl. Hammer-Purgstall 1840). M. Collangettes standen außer den Manuskripten der großen europäischen Bibliotheken sieben gedruckte Originalabhandlungen zur Verfügung.[3] Die häufigsten Bearbeitungen von seiten europäischer Gelehrter erfuhr das berühmte „Buch der Lieder" (*Kitāb al-Aġānī*) des Abū'l-Farağ ʿAlī b. al-Husayn b. Muḥammad b. Abū al-Qurašī al-Iṣbahānī; Kosegarten veröffentlichte bereits 1840, Christianowitsch 1863, Barbier de Meynard 1869, Caussin de Perceval 1873 und Clément Huart 1884 Auszüge aus diesem Werk. Eine andere große Abhandlung, das *Risālat aš-Šarāfiyat* des Ṣafī ad-Dīn ist durch die Übersetzung des Baron Carra de Vaux (1891) bekanntgeworden; endlich hat J. P. N. Land (1885) das berühmte *Kitāb al-Mūsīqā* des al-Fārābī übersetzt und mit einer kritischen Studie über das arabische Tonsystem verbunden. Eine Arbeit eines modernen Arabers, Dr. Mikaʾīl Mīšaqah (1899), hat in Eli Smith (1849) ihren Übersetzer gefunden.

3 Auch die großen musikgeschichtlichen Werke von Fétis (1869–76, vol. 2) und Ambros (1862–64, vol. 1) beschäftigen sich

[3] X. M. Collangettes 1904–06, die jüngste Publikation auf diesem Gebiet, mit ausführlicher Bibliographie.

literature, is common to all these countries. Therefore, besides the reports concerning the aforementioned Mediterranean countries, we should also consider those works which concern themselves with Arabic music in general.

Like the Chinese and the Indians, the Arabs have produced a very extensive literature of musical theory. R. G. Kiesewetter (1842) listed fifty-six original Arabic and Persian treatises on music, and he based his work upon eighteen manuscripts which he had studied with Joseph von Hammer-Purgstall (cf. Hammer-Purgstall 1840). Besides the manuscripts of the great European libraries, M. Collangettes had seven printed original treatises at his disposal.[3] The celebrated *Grand Book of Songs, Kitāb al-Aġānī,* by Abu'l-Farağ ʿAlī b. al-Husayn b. Muḥammad b. Abū al-Qurašī al-Iṣbahānī had already been made known by the abundant treatments of J. G. L. Kosegarten in 1840, A. Christianowitsch in 1863, Barbier de Meynard in 1869, Caussin de Perceval in 1873, and Clément Huart in 1884, all of whom had published abstracts of this work. Another great treatise, the *Risālat aš Šarāfiyat* by Ṣafī ad-Dīn was made available through the translation of Baron Carra de Vaux (1891). Finally, J. P. N. Land (1885) had translated the well-known *Kitāb al-Mūsīqâ* by Al-Fārābî and combined it with a critical study of the Arabic tonsystem. A work by a modern Arab, Dr. Mikaʾīl-Mīšaqah (1899) was translated by Eli Smith (1849). 2

The great musicological works of Fétis (1869–1876, vol. 2) and Ambros (1862–64, vol. 1) also occupy themselves with the 3

[3] X. M. Collangettes 1904–06, the most recent publication on this subject, with ample bibliography.

mit der arabischen Musiktheorie; sie stützen sich beide auf die von Villoteau (1823, 1826) aufgestellte Theorie der Dritteltöne und kommen als sekundäre Quellen hier nicht in Betracht. Dagegen konnte Salvador Daniel (1863; vgl. auch Delphin et Guin 1886) auf Grund jahrelanger Beobachtungen im Lande selbst in einer Monographie über die Musik in Algier manche wertvolle Bemerkungen machen. Aus neuerer Zeit sind noch die Arbeiten von J. P. N. Land (1886), Dom J. Parisot (1898), Dechevrens[4] und J. Tiersot (1905) zu erwähnen. – Melodieproben aus Ägypten finden sich bei W. Lane (1836, 1852) und V. Loret,[5] aus Algier bei Salvador Daniel (ca. 1870) (mit Klavierbegleitung!) und J. Rouanet (1905), aus Palästina bei G. H. Dalman (1901). Anscheinend recht zuverlässig sind die Aufzeichnungen algerischer Volkslieder von E. N. Yafil u. J. Rouanet (1904).[6] Mit besonderer Sorgfalt scheint auch Dom J. Parisot (1899) bei seinen Notationen vorgegangen zu sein. Unter der großen Zahl (358) der von ihm mitgeteilten Melodien (hauptsächlich maronitischen, syrischen und chaldäischen Kirchengesängen) befinden sich auch (31) profane arabische (z.T. ägyptische). Mit dem arabischen Rhythmus beschäftigt sich auch M. Hartmann (1896), vorwiegend mit den Texten von Beduinenliedern H. Stumme (1894, 1898, 1896).[7]

4 Das phonographische Material, das den folgenden Mitteilungen zugrundegelegt ist, ist zum größeren Teil von Herrn Dr. P. Traeger im Herbst 1903 in Tunis selbst aufgenommen und mir freundlichst zur Bearbeitung überlassen; den anderen Teil

[4] 1898. IIe étude, Appendice IV (fußt auf Parisot und Salv. Daniel).

[5] 1885 (enthält u.a. eine vollständige Ballettpartitur).

[6] Eine andere, sehr luxuriös ausgestattete Sammlung – A. Laffage 1904–07 – ist wissenschaftlich kaum brauchbar.

[7] Diese Zusammenstellung beschränkt sich auf die von mir benutzten Quellen und macht keinen Anspruch auf Vollständigkeit.

theory of Arabic Music, and they are both based on Villoteau's theory of the third-tone (1823, 1826). Since these are secondary sources, they will not be considered here. On the other hand, Salvador Daniel, on the basis of many years' first hand observation, was able to make very valuable comments in a monograph about the music of Algeria (1863; see also Delphin and Guin 1886). In more recent times, the works of J. P. N. Land (1886), Dom J. Parisot (1898), Dechevrens,[4] and J. Tiersot (1905) have still to be mentioned.

Samples of melodies from Egypt are found in Lane (1836, 1852) and V. Loret;[5] from Algeria in Salvador Daniel (ca. 1870) (with piano accompaniment!) and J. Rouanet (1905); and from Palestine in G. H. Dalman (1901). The notation of Algerian folksongs by J. Rouanet and E. N. Yafil (1904) appears to be reliable.[6] Dom J. Parisot (1899) seems to have made his notations with particular care. Among the 358 melodies which he contributed (chiefly Maronite, Syrian, and Chaldean church melodies), we also find thirty-one secular Arabic songs (some Egyptian). M. Hartmann (1896) occupied himself with Arabic rhythms and H. Stumme (1894, 1898, 1896) was concerned chiefly with the texts of Bedouin songs.[7]

The recorded material which forms the basis of the following article was collected, for the most part, by Dr. P. Traeger in Tunis during the Autumn of 1903 and kindly given over to me to work on. The other part of the collection I made in Berlin 4

[4] 1898. IIe étude, Appendice IV (based upon Parisot and Salvador Daniel).

[5] 1885 (included in this work is a complete ballet score).

[6] Another very luxuriously illustrated collection – A. Laffage 1904–07 – is hardly useful as a scholarly work.

[7] This compilation is confined to the sources available to me and makes no claim to be complete.

der Aufnahmen machte ich selbst gelegentlich des Gastspiels einer tunesischen Truppe in Berlin im März 1904.

5 Dr. Traegers Gewährsleute waren: *Ṣalāḥ*, Araber aus Teburba, Berufsmusiker, der zu festlichen Gelegenheiten (Hochzeiten usw.) entboten wird, sonst aber wohl ein Handwerk treibt; *Ranūšī*, junger Araber aus der Oase Qābes, Kleinbürger, den unteren Klassen angehörig; *Fatuma*, ältere arabische Frau aus guter tunesischer Familie;[8] *Ḥanīfa*, etwa 15jähriges Mädchen, Tochter von Fatumas Mann; *Muḥammad b. al-Ḥāǧǧī*, marokkanischer Berber aus Saqia al-Ḥamra, Tätowierer (*muvaššim*);[9] der (Sudan-)Neger *Amor*. Der Hauptmusiker der Berliner Truppe, Sänger, Lauten- und Sackpfeifenspieler, war der Araber *Daydū Miṣqaᶜ* aus Tunis; die Sängerinnen, wohl alle Dilettanten, waren *Manūbiʾa bint Muḥammad al-Ġarbī*; *ᶜĀʾišūša bint Muḥammad al-Ġarbī al-Manzil Buzilfa* – beide Araberinnen aus Tunis;[10] *ᶜAzīza bint Muḥammad al-Busalmī*, Araberin aus Beǧa; und die Sudan-Negerin *Zasīʾa bint Muḥammad al-Qābsī*.[11]

6 Das einzige von unseren Musikern benutzte Saiteninstrument war die Laute, *Houd* (*ᶜŪd*),[12] mit vier Saiten (Stimmung: fis$_0$, fis$_1$, h$_0$, e$_1$), aber ohne Bünde; die Saiten werden mit der Hand oder mit einem Plektrum angerissen. Außer der Laute wird in Tunis der *Erbäb* (*Rebāb* oder *Rabāb*), ein Streichinstrument mit 1–2 Saiten viel gespielt.[13]

7 Zahlreicher sind die Formen der Blasinstrumente. Außer der Sackpfeife *Mezoud*

during a performance by a visiting Tunisian troupe in March 1904.

Dr. Traeger's informants included Ṣalāḥ, an Arab from Tebourba, a tradesman and a professional musician who was summoned to play for weddings and other festive occasions; Ranūšī, a young Arab from the Qābes Oasis, a fellah, belonging to the lower class; Fatuma, an elderly Arab woman from a well-to-do Tunisian family;[8] Ḥanīfa, a girl about fifteen years old, a daughter of Fatuma's husband; Muḥammad b. al-Ḥaǧǧī, a Moroccan Berber from Saquia al Ḥamra, a tatooer (*muvaššim*);[9] and the (Sudanese) negro, Amor. The principal musician of the Berlin troupe, singer, lutenist, and bagpiper, was the Arab Daydū Miṣqaᶜ from Tunis; the female singers, presumably all amateurs, were Manūbiʾa bint Muḥammad al-Ġarbī, ᶜĀʾišūša bint Muḥammad al-Garbī al-Manzil Buzilfa, both Arabs from Tunis;[10] ᶜAzīza bint Muḥammad al-Busalmī, an Arab from Béja, and the Sudanese-negress, Zasīʾa bint Muḥammad al-Qābsī.[11] 5

The only stringed instrument used by our musicians was a lute (*ᶜud*),[12] with four strings (tuning: F$\sharp_2$, F$\sharp_3$, B$_2$, E$_3$) but without frets. The strings were struck with the hand or with a plectrum. Besides the lute, a stringed instrument with one to two strings, the *erbäb* (*rebâb* or *rabâb*), is often played in Tunis.[13] 6

The types of wind instrument are more numerous. Besides the bagpipe, *mezoud* or 7

[8] Fatuma hielt durchaus streng an den Regeln der häuslichen arabischen Sitte fest.

[9] Vgl. die Ausführungen Traegers (1904).

[10] Manzil ist auch der Name des Ghetto von Tunis; möglicherweise war ᶜĀʾišūša Jüdin.

[11] Aus Qābes?

[12] Ich gebe hier die von unseren Gewährsleuten selbst angegebene Transkription, daneben in () die in der neueren Arabistik übliche. [Revidiert.-ED.]

[13] Abb. bei Christianowitsch (1863). Ein Exemplar befindet sich in der von Dr. Traeger mitgebrachten und dem Berliner Völkerkundemuseum geschenkten Sammlung.

[8] Fatuma adhered rigidly to the rules of domestic Arabic custom.

[9] Cf. Dr. Traeger's (1904) observations.

[10] Manzil is also the name of the Ghetto of Tunis; ᶜĀʾišūša was most likely a Jewess.

[11] From Qābes?

[12] I give here the same transcription which was given by our informants and beside it, in parentheses, that which is common in the more recent Arab studies. [Revised.-ED.]

[13] Illustrated in Christianowitsch (1863). A specimen is found in the collection which was brought back by Dr. Traeger and presented to the Berlin Ethnological Museum.

oder *Mezoid*,[14][15] finden sich eine kleine Rohrpfeife mit sechs Grifflöchern, *Faḥl*,[16] und eine größere mit neun Löchern, *Qaṣba* (*Gsba*);[17][15] ferner eine Art Klarinette *Šukra* (*Zūqqara*)[15] und unter demselben Namen eine Doppelflöte; endlich wird der untere, tabakspfeifenähnliche Teil der Sackpfeife, mit einem Klarinettenmundstück versehen, auch für sich allein unter dem Namen *Reīta* (*Ġa'īṭa*)[18][15] gebraucht.

8 Unentbehrlich ist dem arabischen Musiker die Begleitung von Schlaginstrumenten. In allen Mittelmeerländern von Palästina bis Marokko findet man daher die tönerne Trommel *Darbuka* (*Darābukke*), deren Behandlung sich zu einer eigenen Kunst entwickelt hat (vgl. S. 373) und das Tambourin, *Ṭār*.[19][20] (Die Darbuka, die Miṣqa'ʿs Laute begleitete, war auf *Fis* gestimmt, also eine Oktave unter der tiefsten Lautensaite.) Zu den genannten kommen noch einige Instrumente, die ausschließlich bei (Sudan-) Negern im Gebrauch sind: das *Gombri* oder *Gumbri* (*Gnbrī*),[21][20] eine

[14] In der Literatur findet sich dieser Name nicht. Die arabische Sackpfeife, die auch in Algier, Marokko, und Ägypten vorkommt, heisst *Zūqqara*.

[15] Abb. bei Christianowitsch (1863).

[16] In der Traegerschen Sammlung zwei Exemplare, eines mit und eines ohne Schnabel. Auch diesen Namen finde ich sonst nirgends erwähnt.

[17] Abb. auch bei Chouquet 1884. Die Qaṣba soll ein marokkanisches Instrument sein und in Tunis selten und nur von Marokkanern gebraucht werden. Sie findet sich aber auch in Algier (Mahillon 1893–1912, Christianowitsch 1863).

[18] Salv. Daniel (1863: 41) erwähnt das Instrument als „*raita*" oder „*raica*" (in Spanien „*gaita*"), „*espèce de musette à anche percée de sept trous et terminée en pavillon.*"

[19] Kiesewetter vermutet in dem Worte die Wurzel von unserem „Teller"; jedenfalls ist es mit dem indischen tâlam identisch.

[20] Abb. bei Christianowitsch 1863.

[21] Auch dieses Instrument findet sich in Marokko und Algier. In der Traegerschen Sammlung ein grosses („*G. kebir*") und ein kleines Exemplar.

mezoid,[14,15] there is a small cane flute with six fingerholes, *faḥl*,[16] and a larger one with nine holes, *qaṣba* (*gsba*);[17,15] also, a kind of clarinet, *šukra* (*zûqqara*),[15] and under the same name, a double flute; finally, the lower part of the bagpipe, resembling the tobacco pipe and provided with a clarinet mouthpiece, is also found, by itself, under the name *reīta* (*ġa'īṭa*).[18][15]

For an Arabic musician, accompaniment by percussion instruments is indispensable. Thus, in every Mediterranean country from Palestine to Morocco, one finds the pottery drum, *darābukke*, whose manipulation has developed into an independent art (cf. p. 373), and the tambourin, *ṭār*.[19,20] (The *darābukke*, which accompanied Misqa'ʿs lute, was tuned on $F\sharp_1$, i.e., an octave below the lowest string of the lute.) In addition to the above-mentioned instruments, there are others employed exclusively by (Sudanese) negroes: the *gnbrī*[21,20] a primitive lute which serves simultaneous- 8

[14] This name is not found in the literature. The Arabic bagpipe, which also appears in Algeria, Morocco, and Egypt, is called *zūqqara*.

[15] Illustrated in Christianowitsch (1863).

[16] Two specimens are in Dr. Traeger's collection: one with a mouthpiece and one without. I could not find this name anywhere in other sources.

[17] Also illustrated in Chouquet 1884. The *qaṣba* is ostensibly a Moroccan instrument. It is seldom employed in Tunis, and there only by Moroccans. However, it is also found in Algiers (Mahillon 1893–1912, Christianowitsch 1863).

[18] Salvador Daniel (1863:41) mentions the instrument as "*raita*" or "*raica*" (in Spanish "*gaita*"), "*espèce de musette à anche percée de sept trous et terminée en pavillon.*"

[19] Kiesewetter surmised the word to be the root of the German "*Teller*"; in any case, it is identical with the Indian *tâlam*.

[20] Illustrated in Christianowitsch 1863.

[21] This instrument is also found in Morocco and Algeria. In the Traeger collection there is a large (*G. kebir*) and a small specimen.

primitive Laute, die gleichzeitig als Tamburin dient, und eigentümlich geformte Becken, *Skassak* (*Kās*).[22][23]

9 Die Zuverlässigkeit des Materials erscheint durch die sozusagen wörtliche Über einstimmung einzelner Melodien garantiert, die zufällig sowohl Dr. Traeger in Tunis als ich in Castans Panoptikum zu hören bekamen (vgl. Nr. 14 u. 15). Varianten finden sich ja bei Volksliedern allüberall, und die Gepflogenheit, eine Melodie in freier Weise einzuleiten oder fortzuspinnen, erklärt sich aus den Eigentümlichkeiten orientalischer Musikpflege. Wenn wir auch in einzelnen Fällen (z.B. Nr. 4) Anzeichen europäischen Einflusses zu entdecken glauben, so dürften wir doch im ganzen aus den Melodien ein ziemlich getreues Bild arabischer Tonkunst, wie sie in den Städten gepflegt wird, gewinnen. Nur auf diese beziehen sich die Schlußfolgerungen des III. Abschnitts.

10 Trotz mehrfacher Bemühung konnte ich doch die Texte zu den von mir aufgenommenen Liedern nicht erlangen. Da es sich hier um eine musikalische, nicht um eine philologisch-literarische Studie handelt, glaubte ich auch auf die Mitteilung der von Dr. Traeger aufgezeichneten Texte, die erst der kritischen Bearbeitung und Übersetzung bedurft hätten, verzichten zu können. Ich gebe nur, gleichsam als Titel, die Anfangsworte in einer vorläufigen phonetischen Transkription und einer Übersetzung, der man den Stimmungscharakter des Liedes entnehmen mag.[24]

11 Um das Material der weiteren Bearbei-

[22] Der Name, nicht aber die Form, auch in Ägypten. Nach Kiesewetter ist „*Kas*“ oder „*Kus*“ vielleicht Wurzel von „Kessel.“

[23] Dieselbe Auswahl von Instrumenten fand P. Karsten (1897 : 374) bei den Arabern der Oase Tugurt, Süd-Algerien: Sackpfeife, Gnbri, größere und kleinere Tamburine, große Metallkastagnetten (Krakăb).

[24] [Zusatz 1921] Einige Verbesserungen, die ich Herrn R. Lachmann verdanke, sind durch [L.] gekennzeichnet. [In der vorliegenden Ausgabe sind die ursprünglichen Texttranskriptionen in das Glossarium orthographischer Revisionen verwiesen. Ed.]

ly as tambourine, and odd-shaped cymbals, *kās*.[22, 23]

The reliability of the material at hand appears to be guaranteed by the literal agreement of individual melodies which Dr. Traeger heard in Tunisia and I heard in Castans Panoptikum (cf. nos. 14 and 15). Of course, variants in folksongs are found everywhere, and the habit of beginning or spinning out a melody in a free manner is explained by the unique characteristics of oriental musical practice. If we believe we can detect signs of European influences in individual cases (e.g., no. 4), we nevertheless have to conclude that, on the whole, the melodies give a fairly accurate account of Arabic music as it is performed in the cities. The conclusions of section III refer only to this. 9

In spite of numerous efforts, I could not obtain the texts for the songs which I myself collected. Since this is a musical, and not a philologic-literary study, I believe I can do without the information given in Dr. Traeger's recorded texts, which would require both a critical edition and a translation. Therefore I give, as the title, only the opening words of each song, in a makeshift phonetic transcription together with a translation, from which one may infer the characteristic mood of the songs.[24] 10

In order to render the material accessible 11

[22] The name, but not the form, is also found in Egypt. According to Kiesewetter, *kas* or *kus* is probably a root of the German *Kessel*.

[23] P. Karsten (1897 :374) found the same assortment of instruments among the Arabs of the Touggourt Oasis, Southern Algeria: bagpipe, *gnbri*, large and small tambourine, and large metallic castenets (*krakăb*).

[24] [Postscript 1921]. I am indebted to Mr. R. Lachmann for the corrections designated [L].. [In the present edition, the original text transcriptions appear in the glossary.-ED.]

tung zugänglich zu machen, wurden die Phonogramme zunächst in europäische Notenschrift übertragen. Eine solche Niederschrift kann natürlich das Original nur annäherungsweise wiedergeben. Die gröberen, auch mit dem bloßen Gehör wahrnehmbaren Abweichungen der Tonhöhe von unserem Tonsystem wurden im Notentext besonders kenntlich gemacht (durch + für Erhöhung, — für Vertiefung). Bei geringeren Abweichungen, die erst durch die nachträglichen Messungen zutage kamen, wurde auf die Anwendung diakritischer Zeichen verzichtet. In manchen Fällen (z.B. 15a) widerspricht die Messung dem ursprünglichen Eindruck bei einzelnen Intervallen; wir fassen die Intervalle ja nicht isoliert, wie sie die Berechnung ergibt, auf, sondern im Zusammenhange der umgebenden Tonschritte. Hier würde eine nachträgliche Korrektur des Notentextes nach den exakten Tonhöhebestimmungen das Bild der Melodie, wie es unserer Auffassung erscheint, vollständig zerstört haben. Ebenso wird unsere Auffassung uns ganz ungewohnter, intermediärer Tonschritte (Dreivierteltöne, neutrale Terzen) nicht so sehr durch deren absolute Größe, als durch den melodischen Zusammenhang geleitet. So erschien mir die neutrale Terz g–$\bar{h}$ in Nr. 10 bald als große, bald als kleine, während die Messung zeigte, daß sie mit ganz geringen Schwankungen an allen Stellen gleich groß, und zwar der großen Terz näherliegend ist.

for further treatment, the recordings were first transcribed into European notation. Naturally, such notation can reproduce the original only approximately. The cruder deviations from the pitches of our tonsystem, which can be heard by the naked ear, were specially marked in the transcription (by + for raising, — for lowering). With regard to the lesser deviations, evident only through subsequent measurement, we decided not to represent them by diacritical signs.

In some cases (e.g., no. 15a), the measurement contradicts the initial impression made by some intervals; indeed, we do not perceive an interval in the isolation that results from calculation, but rather in the context of neighboring intervals. Here, later correction of the notation according to the exact pitches would have totally destroyed the image of the melody as it was first perceived by us. In the same way, our interpretation of totally unfamiliar intermediate pitches (three-quarter tones, neutral thirds) was determined not so much by their absolute size as by their melodic context. Thus, the neutral third G_4–$\bar{B}_4$ in no. 10, appeared sometimes as a major third, sometimes as a minor third, while the measurement showed it to be the same size in each instance, with very little variation, and closer to the major third.

12 Schon diese Verhältnisse machen eine genauere Tonhöhenbestimmung, als sie nach dem bloßen Gehör möglich ist, wünschenswert; sie wurde aber auch nachträglich gerechtfertigt durch auffallende innere Übereinstimmungen, die es höchst unwahrscheinlich machen, daß die sonderbaren Tonreihen, denen wir im folgenden begegnen, bloß auf Rechnung unreiner Intonation zu setzen sind. Solche innere Übereinstimmungen sind in den Fällen zu finden, wo wir mehrere Aufnahmen von demselben Stück, sei es von demselben Musiker

This state of affairs makes a more 12
precise identification of pitches desirable than is possible by the naked ear. Accurate pitch determination was later found to be justified by noteworthy internal agreements, which makes it most improbable that the unusual tone progressions, encountered in the following examples, could be ascribed merely to impure intonation. Such internal agreements are found where we posses several recordings of the same piece, either by the same musician on different days (e.g., no. 6) or by different

an verschiedenen Tagen (z.B. Nr. 6) oder von verschiedenen Personen (z.B. Nr. 12a und b) besitzen; aber auch innerhalb einer Melodie kann uns die genaue Intonation der Oktaven (z.B. in Nr. 11) oder die Konstanz der Intervalle durch das ganze Stück hindurch (z.B. in Nr. 10) von der Zuverlässigkeit des Ausführenden überzeugen.

13 Außer den Messungen von Land (1885: 54ff.), der die relativen Saitenlängen einiger von Villoteau (1823, 1825) abgebildeter Instrumente bestimmte, besitzen wir bisher keine genauen Angaben über das arabische Tonsystem. Collangettes (1904–06) hat zwar mit Hilfe eines Monochords eine große Anzahl von Instrumenten (Laute, *Ṭanbūr*, *Qānūn*)[25] untersucht, gibt aber weder Details über die Methode noch die gefundenen Einzelwerte, sondern nur das allgemeine Ergebnis.

14 Da Miṣqaʿs *Houd* keine Bünde besaß, andrerseits frühere Messungsversuche an Blasinstrumenten wenig ermutigend waren,[26] habe ich meine Tonhöhenbestimmungen auf die Phonogramme selbst beschränkt. Ich bediente mich dabei eines (korrigierten) Appunschen Tonmessers und wählte in jeder Melodie besonders charakteristische und möglichst durch klare Intonation und gehaltene Töne ausgezeichnete Stellen für die Tonhöhenvergleichung aus. Sehr oft wurden die Messungen an verschiedenen Stellen desselben Stückes wiederholt, wo es wünschenswert schien, sogar durch das ganze Stück durchgeführt.[27] Die gefundenen Werte (in Schwingungszahlen) sind jeder einzelnen Melodie beigefügt. Um das Studium der Intervalle zu erleichtern, wurden diese nach Ellis (1885) in *Cents*, d.i. Hundertstel des temperierten Halbtones umgerechnet; doch schien es mir überflüssig, alle so erhaltenen Rohtabellen ausführlich mitzuteilen. Alle interessanten

[25] Eine Art Zither.

[26] Vgl. oben S. 26.

[27] Herrn Dr. Abraham, der mich bei dieser mühsamen Arbeit aufs freundlichste unterstützte, bin ich für seine Sorgfalt und Ausdauer zu größtem Dank verpflichtet.

musicians (e.g., nos. 12a and b); moreover, within a song, the precise intonation of the octave (e.g., no. 11) or the stability of the intervals throughout the piece (e.g., no. 10) convinces us of the reliability of the performers.

Besides the measurements of Land (1885: 54ff.), who determined the relative string lengths of some of the instruments illustrated in Villoteau's work (1823, 1825), we possess to date no accurate accounts concerning the Arabic tonsystem. Although Collangettes (1904–06) had examined a large number of instruments (lute, *tanbūr*, *qānūn*)[25] with the aid of a monochord, he gave neither details of the method, nor the calculated individual values, but only the general result. 13

Since Misqaʿ's lute had no frets, and moreover, since earlier attempts at measuring wind instruments had hardly been encouraging,[26] I have restricted the identification of pitches to the recordings. I used a (corrected) Appunn's tonometer and selected, for the comparison of pitches in each melody, those passages which were particularly characteristic and which showed the clearest possible intonation and sustained tones. The measurements were repeated many times at various places in the same piece, sometimes throughout a whole piece, if it seemed desirable.[27] The discovered values (in cps) are appended to each melody. In order to facilitate study, the intervals were converted into Ellis' cents, i.e., hundredths of a tempered semitone (1885); however, it seemed to me unnecessary to set out all the data in detail. Data that are of interest will be considered in the discussion of the tonsystem. 14

[25] A kind of zither.

[26] Cf. above, p. 26.

[27] I am greatly indebted to Dr. Abraham, who supported me with his careful attention and patience in this difficult task.

Daten werden bei der Besprechung des Tonsystems berücksichtigt werden.

15 Die rhythmische Gliederung konnte sich bei manchen Stücken (Nr. 13, 14a, 15b, 17, 18) an die begleitenden dynamischen Akzente (Trommel oder Händeklatschen) halten. Sonst mußte soviel als möglich die Vergleichung identischer oder analoger Stellen Fingerzeige geben. Die Verteilung der Taktstriche bleibt trotzdem willkürlich, von subjektiver Auffassung abhängig. Im allgemeinen war ich bestrebt, die als vorherrschend empfundene Taktart wenn möglich durch das ganze Stück beizubehalten, unbekümmert um Synkopen und rhythmische Verschiebungen, die sich dadurch ergeben. Ich glaube, daß so das Notenbild für den europäischen Leser an Klarheit und Übersichtlichkeit gewinnt. Aus demselben, rein praktischen Grunde wurde eine Takteinteilung auch da versucht, wo das Rubato des Originals sich nur widerstrebend einer solchen fügen wollte (z.B. Nr. 10, 11, 13 Solo, 14 Solo).

16 Das Tempo und seine bedeutenderen Schwankungen wurden mit dem Metronom bestimmt. Um das Originaltempo jederzeit wiederherstellen zu können, nahm ich vor jeder Melodie den Ton einer Normal-Stimmpfeife (a = 435 v. d.) auf; man kann dann leicht die Geschwindigkeit der Walzenumdrehung jedesmal nach diesem Ton regulieren. Bei Dr. Traegers Walzen wurden die vor jedem Stück gesprochenen Titel auf den richtigen Sprechton eingestellt, wodurch die Geschwindigkeit der Originalaufnahme wenigstens annähernd wiederhergestellt wurde.

The rhythmic notation could, in some pieces (nos. 13, 14a, 15b, 17, and 18), follow the accompanying heavy accents (drum or hand-clapping). In others, as often as possible, comparisons of identical or analogous passages had to provide clues. The placing of the bar lines nevertheless remains arbitrary, dependent on subjective interpretation. In general, I endeavored to maintain what I felt to be the predominant meter throughout the entire piece, regardless of syncopations and rhythmic fluctuations which may have resulted from them. I believe that in this way the notation becomes clearer and more intelligible to the European reader. For the same, purely practical reason, measure division was attempted even where the rubato of the original could be fitted to it only with difficulty (e.g., nos. 10, 11, 13 solo, and 14 solo). 15

The tempo and its considerable fluctuations were fixed by metronome. To insure that the original tempo could be produced anytime, I recorded the tone of a standard pitch-pipe (A_4 = 435 cps) before each melody; the speed of the cylinder rotation can be easily regulated by this tone. On Dr. Traeger's cylinders, the spoken titles preceding every piece were played back on the correct speech tone, whereby the speed of the original recording was at least approximately reproduced. 16

II. Notenbeispiele und Analysen

17 Die Anordnung der folgenden Musikstücke versucht mehreren praktischen Gesichtspunkten gerecht zu werden und stellt daher ein Kompromiß zwischen verschiedenen Einteilungsgründen dar. Es schien

II. Music Examples and Analyses

The order in which the following musical examples are arranged attempts to do justice to various practical viewpoints, and it therefore represents a compromise between different principles of classification. 17

mir weder zweckmäßig, die zufällige Anordnung des Materials nach der Reihenfolge der Aufnahmen beizubehalten, noch eine Gruppierung nach Instrumental- und Gesangsstücken vorzunehmen. Dagegen findet man einerseits alle Tanzmelodien (Nr. 6–13), andererseits die kompliziertere Kunstmusik (Nr. 15b–18) vereinigt. Auch stehen die Melodien, von denen mehrere Varianten mitgeteilt werden, hintereinander (Nr. 12–15). Innerhalb der Gruppen wurde im allgemeinen vom Einfacheren zum Komplizierteren vorgeschritten. Den Anfang machen einfache Volksmelodien (Nr. 1–5), die nicht als Tanzlieder bezeichnet wurden; zu dieser Gruppe gehören auch Nr. 14 und 15. Den Schluß bilden zwei Berberlieder (Nr. 19, 20). Die eingeklammerten Bezeichnungen geben an, ob die betreffende Melodie von Dr. Traeger (T) oder mir (H) aufgenommen wurde, sowie die Journalnummern der Aufnahmen.

It did not seem to me to serve any practical purpose to retain the random arrangement of the materials in the sequence in which they were recorded or to group them as to instrumental and vocal pieces. In the following arrangement, all the dance melodies will be found together (nos. 6 to 13), while the intricate art music (nos. 15b to 18) is also grouped together. Several melodies are given, one following another (nos. 12 to 15). Within the groupings, they generally progress from simple to complex. Simple folk melodies which were not designated as dance songs come first (nos. 1 to 5); to this group nos. 14 and 15 also belong. Two Berber songs come last (nos. 19 and 20). The designations in brackets give the log number of the recording and indicate whether the respective melody was collected by Dr. Traeger (T) or myself (H).

1. (T. 1.)

18 Arabisches Lied: „*yulaṣṣiq ya qalbī*, mein Herz hängt sehr an…" gesungen von Ḥanīfa.

Tonsystem. Im ersten Teil (A) ist *d–ē* als $\frac{3}{4}$-Ton (150 Cents) intoniert; die Terz *d–fis* ist infolgedessen neutral (362 Cents),

Arabic song: "*Yulaṣṣiq ya qalbī*, Is my sweetheart coming?" Sung by Ḥanīfa. 18

Tonsystem: In the first section (A), D5–Ē5 (150 Cents) was sung as a three-quarter tone; the third, D5–F♯5 (362 cents) is consequently neutral, but B4–D5 (304

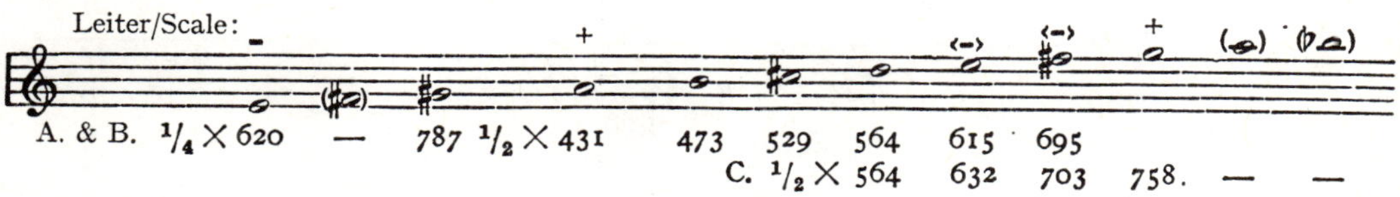

h–d dagegen rein (304 Cents). Im zweiten Teil (B) ist die Terz *gis–h* (319 Cents) äquidistant geteilt in zwei $\frac{3}{4}$-Töne (158 und 161 Cents), die Terz $\overset{+}{a}$–*cis* ist daher neutral (354 Cents) und die Quarte *e*–$\overset{+}{a}$ nähert sich dem Tritonus (571 Cents). In Teil C ist (im Gegensatz zu A) *e* Ganzton, *fis* große Terz, *g* Quarte (etwas zu hoch) von *d*.

Rhythmus. Die Teile A und B enthalten je 11 Viertel; nimmt man eine Gliederung nach $\frac{3}{4}$ an, so erscheint der letzte Takt jeder Periode verkürzt, mit Ausnahme der letzten Wiederholung (A¹). Der weitere Verlauf der Melodie fügt sich noch am besten einem $\frac{4}{4}$-Schema, doch auch nur mit manchen rhythmischen Verschiebungen und Betonungen „schlechter" Taktteile. Das Lied wurde streng rhythmisch (ohne rubato) gesungen, von C an etwas lebhafter im Tempo.

Aufbau. Zwei kürzere Perioden werden, nach Rondoart, mit geringen Varianten öfters wiederholt; das erste Motiv (A) bewegt sich in höherer Lage (h_1–fis_2) als das Gegenmotiv (B) – (e_1–cis_2); die Schlußwendung ist beiden Motiven gemeinsam. Diesem ersten (A B) folgt ein im Aufbau viel freierer Teil (C), in dem sich Motive verschiedener Länge – zwei bis vier $\frac{4}{4}$-Takte – aneinanderreihen; eines dieser Motive zeichnet sich durch besonders großen Umfang (a_1–b_2) aus, während alle

cents) is pure. In the second section (B), the third G♯4–B4 (319 cents) is divided equidistantly into two three-quarter tones (158 and 161 cents), the third, $\overset{+}{A_4}$–C♯5 (354 cents) is therefore neutral, and the fourth E4–$\overset{+}{A_4}$ (571 cents) approaches the tritone. In section C (in contrast to A), E5 is a whole tone, F♯5 a major third, and G5 a fourth (somewhat too high) from D5.

Rhythm: Sections A and B each contain eleven quarter notes. If one assumes an articulation in $\frac{3}{4}$, then the last measure of every period appears shortened, with the exception of the last repetition (A¹). Otherwise the melody is best suited to a $\frac{4}{4}$ scheme, but only with some rhythmic displacements and accentuations of "weaker" beats of the measure. The song was sung in a strict rhythm (without rubato), with a more lively tempo beginning at C.

Form: Two short periods are repeated several times in the manner of a rondo, with slight variations; the first motif (A) moves in a higher register (B4–F♯5) than (B) the countermotif (E4–C♯5); the final phrase is common to both motifs. Following on the first motifs (A and B) is section C, which is much freer in construction and in which motifs of varying lengths – two to four $\frac{4}{4}$ measures – are joined together. One of these motifs is distinguished by its particularly large range (A4–B♭5); while all the following are confined to a fourth (B4–E5).

folgenden sich auf eine Quarte (h_1–e_2) beschränken. Das Phonogramm bricht vor Schluß des Liedes ab.

The recordings ended before the song was finished.

2. (T. 16b).

19 Lied: „*Hemdén* (Eigenname); Hemdén, durch dich werde ich getötet" (so apostrophiert eine Frau den Geliebten). Gesungen von Ranūšī.

Tonsystem. Die Intonation war äußerst schwankend, die Messungen sind daher wertlos. Der dritte Teil ist offenbar als Wiederholung des ersten auf der Unterquarte intendiert und demgemäß notiert; tatsächlich wurde er um einen halben Ton höher gesungen ($\overline{as} = 447$, $g = 443$ Schwingungen), bei der Wiederholung abermals um einen Viertelton höher. Diese, vermutlich durch den Affekt bedingte, Tonhöhensteigerung findet sich auch in Indianergesängen.[28]

Rhythmus. $\frac{4}{4}$ mit Dehnungen (Fermaten) und Verkürzungen am Schluß der einzelnen Phrasen.

[28] Cf. C. Stumpf 1886b, 1922c: 91, 1892, 1922a: 117.

Song: "*Hemdén* (Proper name); Hemdén, you will be my death" (thus a woman addresses her lover). Sung by Ranūšī. 19

Tonsystem: The intonation was extremely unsteady, so the measurements are worthless. The third section is evidently intended as a repetition of the first, on the lower fourth, and is transcribed accordingly. In fact, it was sung a semitone higher ($\bar{A}\flat_4 = 447$, $G_4 = 443$ cps), and in the repetition about a quarter tone higher. This rising in pitch, conditioned by the affect, is also found in American Indian songs.[28]

Rhythm: $\frac{4}{4}$ with lengthenings (fermatas) and shortenings of the individual phrases.

Form: Each section is broken down into two equally long (five measure) periods. The transposition of the melody to a lower

[28] Cf. C. Stumpf 1886b, 1922c: 91, 1892, 1922a: 117.

Aufbau. Jeder Teil zerfällt in zwei gleichlange (fünftaktige) Perioden. Bemerkenswert ist die Transposition der Melodie in eine tiefere Lage bei der Wiederholung. Auf A_1 folgt eine Wiederholung von B in tieferer Lage, doch bricht das Phonogramm leider nach wenigen Takten ab.

register in the repetition is noteworthy: B is repeated in a lower register after A. Unfortunately, the recording stops abruptly after several measures.

3. (T. 16a.)

20 Hochzeitslied: „*ʿAʾūīša ruffiʿ al-ḫeli,* tu mir die Lieb und küsse mich"; gesungen von Ranūšī und Amor. Sehr beliebtes Lied.

Tonsystem. Die Intonation war zu schwankend, um gemessen zu werden; auffallend ist die Chromatik.

Rhythmus und Aufbau. Zwei analoge Teile; nach der Phrasierung gegliedert, zerfällt jeder Teil in 5 + 3 + 5 Viertel, doch wirken die Fermaten ausgleichend.

Wedding song: "*Aouischa ruffi al cheli,* Be so kind and kiss me." Sung by Ranūšī and Amor. A very popular song. 20

Tonsystem: The intonation was too unsteady to be measured; the chromaticism is striking.

Rhythm and form: Two analogous sections; set out according to phrasing, each section divides into 5 + 3 + 5 quarter notes, but the fermatas have a leveling effect.

4. (T. 12.)

Leiter (auch für Nr. 7)/Scale (also for No. 7):

21 Lied: „*T(a)farrağ al-bāṭil ğabahūnī,* weist auf das Unrecht hin, das mir begegnete," auf der *Faḥl* gespielt von Ṣalāḥ. Modernes Lied. Der Autor, Burānī, war unschuldig sechs Monate im Gefängnis gewesen.

Tonsystem. Im wesentlichen dieselbe Intonation wie bei Nr. 7 (siehe dort); das Intervall *gis–a* gelegentlich etwas enger; *e–fis* als übermäßiger Ganzton (231 Cents).

Song: "*T(a)farrağ al-bāṭil ğabahūnī,* See the injustice that has befallen me." Played on the *faḥl* by Ṣalāḥ. A modern song; the author, Burānī, guiltless, had been in prison for six months. 21

Tonsystem: Essentially the same intonation as no. 7 (see below). The interval G♯4–A4 is occasionally somewhat narrower; E4–F♯4 (231 cents) is an augmented whole tone.

Aufbau. Zwei analoge Teile, die unmittelbar ineinander übergehen und beständig wiederholt werden. Atempausen bei V. Der Schluß ist leider aus dem Phonogramm nicht ersichtlich, vermutlich fällt er mit der ersten Atempause (*gis*) zusammen.

Form: Two analogous sections link directly and repeat continually with breathing rests at V. Unfortunately, the ending could not be identified from the recording; presumably it coincides with the first breathing rest at G♯4.

5. (T. 9.)

Leiter/Scale:

22 Lied: „*ya naḫlataīni fi ʿalāhi*, zwei Palmen, wie sind sie hoch!" Auf der *Šuqra* geblasen von Salāḥ.

Tonsystem. Neutrale Terzen zwischen *g–h* (341 Cents) und $\overset{+}{c}$–*e* (352 Cents); Dreivierteltöne zwischen *h*–$\overset{+}{c}$ (150 Cents) und $\overset{+}{c}$–$\bar{d}$ (140 Cents); der Halbton *fis*–$\bar{g}$ sehr eng (76 Cents).

Rhythmus. Einfacher $\frac{2}{4}$-Takt, einige Freiheit nur in den allen Blasinstrumenten eigentümlichen Melismen.

Aufbau. Die 8 taktige Melodie wird, um 3 Takte erweitert, zweimal wiederholt; der letzte Teil bringt nach dem gleichlautenden Anfang eine überraschende Wendung.[29]

Song: "*Ya naḫlataini fi ʿalāhi*, Two palm 22 trees, how high they are!" Blown on the *šuqra* by Ṣalāḥ.

Tonsystem: Neutral thirds between $\overset{+}{\mathrm{G}}$4–B4 (341 cents) and $\overset{+}{\mathrm{C}}$5–E5 (352 cents); three-quarter tones between B4–$\overset{+}{\mathrm{C}}$5 (150 cents) and $\overset{+}{\mathrm{C}}$5–$\bar{\mathrm{D}}$5 (140 cents); the half tone F♯4–$\bar{\mathrm{G}}$4 (76 cents) is very narrow.

Rhythm: A simple $\frac{2}{4}$ meter with some liberty taken only in the melismas characteristic of all the wind instruments.

Form: The eight-measure melody, extended about three measures, was repeated twice. The last section has an unexpected ending to a normal beginning.[29]

6. (H. 13.)

23 „Bauchtanzmusik." (?) Auf dem *Mezoud* gespielt von Miṣqaʿ. Von diesem Stück

Belly dance music." (?) Played on the 23 *mezoud* by Miṣqaʿ. Two recordings of this

[29] [Zusatz 1921]. Wie Herr Lachmann mir mitteilt, ist es die übliche Schlußkadenz des Maqâm (hier Sîka).

[29] [Postscript 1921]. As Mr. Lachmann informed me, it is the usual final cadence of the *maqâm* (here *sîka*).

Leiter/Scale:

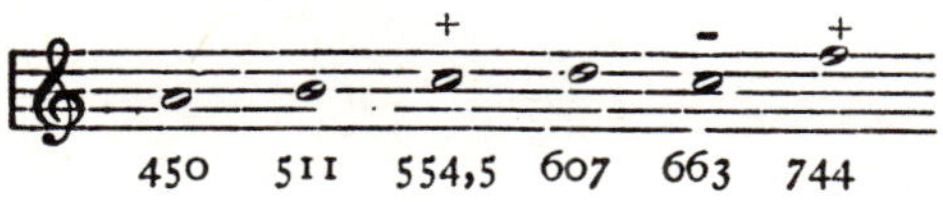

wurden zwei Aufnahmen an verschiedenen Tagen gemacht; wir hatten Miṣqaᶜ aufgefordert, uns auf seiner Sackpfeife eine einfache Tonleiter vorzuspielen, was er offenbar mißverstand, denn er ging nach ein paar gehaltenen Tönen (*a–h–d–ē*) sofort in seine gewohnte Melodie über, die er uns schon an einem anderen Tage zum besten gegeben hatte. An die Hauptmelodie, die mehrmals wiederholt wurde, schloß sich jedesmal eine Art freier Improvisation, auf deren Wiedergabe ich verzichten darf, da sie nichts wesentlich Neues bringt. Die hier mitgeteilte Melodie ist der zweiten, von der ersten etwas abweichenden Aufnahme entnommen.

Tonsystem. Beide Aufnahmen wurden an mehreren Stellen gemessen; die Intonation, namentlich der Terzen und Sexten, war sehr schwankend. Meist wurden Terzen und Sexten neutral intoniert (361 und 868 Cents im Mittel), gelegentlich auch groß. Die Quinte war stets bedeutend zu tief (668 Cents im Mittel), Ganzton und Quarte etwas zu groß (220 und 518 Cents). Im allgemeinen entspricht die Leiter derjenigen, die Ellis auf der schottischen Sackpfeife gefunden hat (0–204–355–498–702–853 Cents).

Rhythmus. Der Rhythmus war ziemlich frei, die Gliederung nach $\frac{3}{2}$ entspricht nur annäherungsweise der Wirklichkeit. Das Tempo wurde beständig beschleunigt.

piece were made on different days. We had called upon Miṣqaᶜ to play a simple scale on his bagpipe, but he obviously misunderstood, for immediately after playing several sustained tones (A_4–B_4–D_5–$\bar{E}_5$) he proceeded into the familiar tune he had already played on a previous day. After the principal melody, which was repeated several times, was added a kind of free improvisation, which I need not transcribe since it offers nothing essentially new. The melody, illustrated here, is from the second recording and is slightly different from the first.

Tonsystem: Several passages were measured in both recordings. The intonation, particularly of the thirds and sixths, was very unsteady. The thirds and sixths were mostly neutral (361 and 868 cents on the average), occasionally major. The fifth was always significantly flat (668 cents on the average), the whole tone and fourth somewhat sharp (220 and 518 cents). In general, the scale corresponds to the one that Ellis found on the Scottish bagpipe (0–204–355–498–702–853 cents).

Rhythm: The rhythm was fairly free; the organization in $\frac{3}{2}$ reflects the reality only approximately. The tempo accelerated constantly.

Form: The phrases of the melody all proceed from the lowest note of the scale, rise to the upper fifth (occasionally also

Aufbau. Die einzelnen Phrasen der Melodie gehen alle vom Grundton aus, erheben sich zur Oberquinte (gelegentlich auch zur Sexte) und kehren zum Grundton zurück; sie schließen teils auf dem Grundton, teils auf der Sekunde.

the sixth), and return to the lowest note; they close partly on the main tone and partly on the second.

7. (T. 11.)

Leiter siehe Nr. 4/Scale see No. 4.

24 Altes Tanzlied:[30] „*aġānī al-marsūl*, gekommen ist zu mir der Brautwerber“ [L.], auf der *Faḥl* gespielt von Ṣalāḥ.

Tonsystem. Die Melodie baut sich auf dem Dreivierteltontetrachord 181–140–176 Cents auf (vgl. Nr. 12).

Old dance song:[30] "*Aġānī al-marsūl*, The go-between has come to me." [L.] Played on the *faḥl* by Ṣalāḥ. 24

Tonsystem: The melody is based on the three-quarter tone tetrachord, 181–140–176 cents (cf. no. 12).

8. (T. 10.)

25 Altes Tanzlied: „*qalbī šaqiy*, mein Herz ist unglücklich,“ gesungen von Ṣalāḥ. Die Melodie wurde als „*asbain*, zwei Finger“ bezeichnet. Ṣalāḥ fügte hinzu, es gäbe 24 Melodien (worunter vielleicht melodische Schemata nach Art der indischen *Rāgas* zu verstehen sind).

Tonsystem. Die Halbtonschritte *g–as*

Old dance song: "*Qalbī šaqiy*, My heart is unhappy." Sung by Ṣalāḥ. The melody was referred to as "*asbain*, two fingers." Ṣalāḥ added that there were twenty-four melodies for this song (which can perhaps be understood as melodic patterns in the style of Indian *rāgas*). 25

Tonsystem: The semitone intervals

[30] Der Anfang dieser Melodie zeigt melodische Ähnlichkeit mit einer ursprünglich von Lane (1836) und dann von Kiesewetter (1842: Anh. S. XIX. Nr. 17) mitgeteilten:

[30] The beginning of this melody displays a melodic similarity to one originally collected in Lane (1836) and then communicated by Kiesewetter (1842: Appendix, p. xix, no. 17):

Das Echomotiv am Schluß der ersten Phrase erinnert an die entsprechende Stelle unserer Melodie Nr. 1 (vor B); im zweiten Teil wird man Ähnlichkeiten mit unserer Melodie 12a entdecken.

The echo motif at the close of the first phrase brings to mind the equivalent place in our melody no. 1 (before section B); in the second section one can detect similarities to our melody no. 12a.

Leiter/Scale:

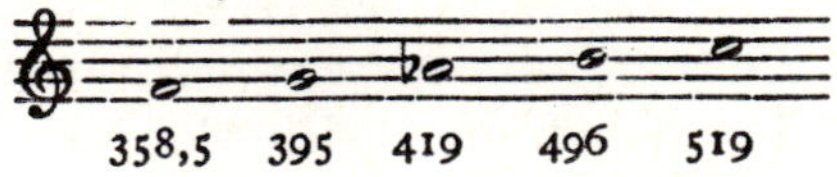

(60 Cents) und *h–c* (78 Cents) sind sehr eng genommen, *f–g* (167 Cents) als Dreivierteltton und *as–h* (334 Cents) als neutrale Terz.

Rhythmus. Einfacher $\frac{4}{4}$ Takt mit häufigen Synkopen und fermatenähnlicher Verlängerung am Schluß.

Aufbau. Zwei viertaktige Perioden, die beiden Anfangstakte jeder Periode analog. Übergewicht der zweiten Stufe, auf der die Melodie auch schließt. Die Melodie wird mit unbedeutenden Varianten ad libitum wiederholt (im Phonogramm 7 mal).

G4–A♭4 (60 cents) and B4–C5 (78 cents) were very narrow; F4–G4 (167 cents) was taken as a three-quarter tone, and A♭4–B4 (334 cents) as a neutral third.

Rhythm: A simple $\frac{4}{4}$ meter with frequent syncopations and fermata-like extensions at the close.

Form: Two four-measure periods, with two similar measures beginning each period. The second degree is predominant and also closes the melody. The melody is repeated ad libitum with insignificant variations (seven times on the recording).

9. (T. 5.)

Leiter/Scale:

26 Altes Tanzlied: „*Niğma ya vaqaʿta*, Stern, o stürze herab“. Gesungen von Fatuma.

Tonsystem. $\overset{+}{c}$ ist als neutrale Terz von *a* (351 Cents) intoniert; die (übermäßigen) Ganztonschritte *a–h* (228 Cents), *d–e* (222 Cents) und *e–fis* (221 Cents) sind distanzgleich.[31]

Rhythmus. Die Melodie gliedert sich in Perioden von je 12 Taktteilen; der Phrasierung wird eine Unterteilung in $\frac{5}{4}+\frac{5}{4}+\frac{2}{4}$ gerecht.

Aufbau. Die Melodie zerfällt in 4 gleichgroße Teile, von denen der dritte und vierte als Varianten des zweiten erscheinen. Die beiden ersten Teile, die ohne Unterbrechung ineinander übergehen, schließen, wie der vierte, auf *a*, der dritte Teil zeigt eine Art Halbschluß auf *h*.

Old dance song: "*Niğma ya vaqaʿta*, Star, oh fall down." [L.] Sung by Fatuma. 26

Tonsystem: $\overset{+}{C}_5$ is sung as a neutral third from A_4 (351 cents); the (augmented) whole tone intervals A_4–B_4 (228 cents), D_5–E_5 (222 cents), and E_5–$F\sharp_5$ (221 cents) are equidistant.[31]

Rhythm: The melody is constructed in periods of twelve beats each; subdivisions of $\frac{5}{4}+\frac{5}{4}+\frac{2}{4}$ would do justice to the phrasing.

Form: The melody falls into four equally long sections, of which the third and fourth appear as variants of the second. The first two sections, which link with each other without a break, close, like the fourth, on A_4; the third section exhibits a kind of half-close on B_4.

10. (T. 4)

[31] Ich wurde durch die Melodik dieses Liedes an ein türkisches Lied aus Nordsyrien (vgl. oben S. 106, Nr. VII) erinnert; merkwürdigerweise erwiesen sich die den Schritten *d–e* und *e–fis* dort entsprechenden Intervalle als genau ebenso intoniert (227 und 221 Cents).

[31] The melody of this song reminded me of a Turkish song from Northern Syria (cf. p. 106, no. 7); strangely enough, the intervals D_5–E_5, E_5–$F\sharp_5$ in the Turkish song are sung exactly the same way as the corresponding intervals in the Tunesian song (227 and 221 Cents).

27 Altes „Tanzlied“ (?): *„L-ʿain tanhabu ʾala firāq risāli*, meine Augen weinen, weil ich meinen Liebsten lassen muß.“ Gesungen von Fatuma.

Tonsystem. Die Terz von *g* aufwärts erschien mir bei der Niederschrift bald als kleine, bald als große. Um ganz sicher zu gehen, wurde sie an allen Stellen gemessen, an denen sie überhaupt vorkommt. Sie erwies sich fast überall als gleich groß (372 Cents), nur zweimal etwas größer (374 und 378 Cents). Sie hatte also die Wirkung einer neutralen Terz, obwohl sie der (reinen) großen Terz (386 Cents) näher liegt als der kleinen (316 Cents). Das Tetrachord *a–d* zeigt nahezu dieselbe Einteilung wie bei Nr. 13 (160–147–168 Cents). Die Intonation des *e* entspricht im allgemeinen der reinen Sexte von *g* (887 Cents; rein 884 Cents). Nur an einer Stelle ist es als große Terz von $\overset{+}{c}$ intoniert ($\overset{+}{c}$–$\overset{+}{e}$ = 404 Cents), an derselben Stelle erscheint ein *f* als reine Terz von *d* (317 Cents). Die Septime *fis* liegt (mit Ausnahme des ersten Taktes) einen $\frac{3}{4}$-Ton (140 Cents) unterhalb g_2 und ist daher neutrale Terz von *d* (368 Cents).

Rhythmus. Die Melodie, obwohl als Tanzlied bezeichnet, ist durchaus frei in Rhythmus und Tempo. Eine Takteinteilung wurde nur versucht, um dem europäischen Leser die Auffassung zu erleichtern. Daß das Lied trotzdem nicht rhythmisch amorph ist, geht daraus hervor, daß ana-

Old "dance song" (?): *"L-ʿain tanhabu ʾala firāq risāli*, My eyes cry, because I must leave my most beloved." Sung by Fatuma. 27

Tonsystem: While I was transcribing this piece, the third above G_4 appeared to be sometimes minor, sometimes major. In order to make absolutely certain, it was measured wherever it occurred. It turned out to be almost the same size (372 cents) everywhere, and in only two instances somewhat larger (374 and 378 cents). It therefore had the effect of a neutral third, although it lay closer to the (pure) major (386 cents) than the minor third (316 cents). The tetrachord A_4–D_5 exhibits almost the same division as in the one in no. 13 (160–147–168 cents). The intonation of E_5 generally corresponds to the pure sixth (887 cents; pure, 884 cents) from G_4. In only one instance is it sung as a major third from $\overset{+}{C_5}$ ($\overset{+}{C_5}$–E_5 = 404 cents); in the same place, an F_5 appears as a pure third (317 cents) from D_5. The seventh, $F\sharp_5$, lies (with the exception of the first measure) a three-quarter tone (140 cents) below G_5, and is therefore a neutral third (368 cents) from D_5.

Rhythm: The melody, although designated as a dance song, is quite free in rhythm and tempo. The division into measures was attempted only in order to facilitate interpretation for the European loge Stellen (vgl. Takt 3–5 mit 12–14 und den Schlußtakten) immer völlig übereinstimmend gesungen wurden.

Aufbau. Die Melodie zerfällt in eine Reihe mit einer gewissen Analogie aufgebauter Teile. Jedes Motiv steigt mit einem – im Notentext mit bezeichneten – Glissando von *g* meist bis *d* auf, um am Schluß wieder zum *g* zurückzukehren. Ein Teil schließt auf *d*, die drei folgenden auf *a*. So erscheint, ähnlich wie auch in einigen anderen Beispielen (vgl. Nr. 4, 6, 8, 14) neben dem Grundton[32] auch die zweite Stufe besonders ausgezeichnet (vgl. auch die Analogie des Tetrachords *a–d* mit den entsprechenden in Nr. 4, 14b).

reader. That the song is not really rhythmically amorphous emerges from the fact that analogous passages (cf. measures three to five with twelve to fourteen and the closing measures) were always sung completely uniformly.

Form: The melody divides into a series of sections, each built up in a similar way. Each motif ascends with a glissando – indicated in the notation – most often from G_4 to D_5 – to return again to G_4 at the close. One section closes on D_5, the three following sections on A_4. Thus the second degree seems to be next in prominence, as in several other examples (cf. nos. 4, 6, 8, and 14), to the grundton.[32] (Cf. also the analogous tetrachord A_4–D_5 with their counterparts in nos. 4 and 14b.)

11. (T. 6)

[32] Mit der Bezeichnung „Grundton" soll nichts über Tonikafunktion ausgesagt werden.

[32] The designation *Grundton* is not intended to refer to the tonic function.

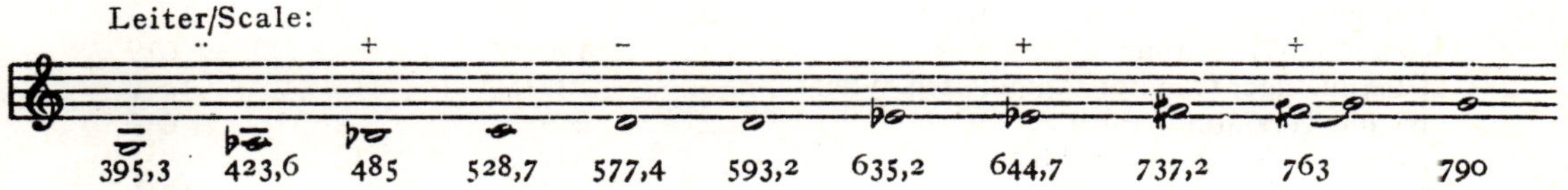

28 Altes „Tanzlied" (?): „*lil ujeti*, was kommt in der Nacht?" Gesungen von Fatuma.

Tonsystem. Die europäische Notation wird der höchst eigentümlichen Intonation dieses Liedes kaum gerecht. Die Oktaven g_0–g_1 und as_0–as_1 stimmen genau überein; ebenso die übermäßigen Ganztöne *as*–$\overset{+}{b}$ und $\overset{+}{es}$–*fis* (234 und 232; 7:8 = 231 Cents), sowie die Dreivierteltöne $\overset{+}{b}$–*c* und *c*–$\bar{d}$ (150 und 153 Cents). Distanzgleich sind ferner die Halbtöne (*g–as* = 124, *d–es* = 118, *fis–g* = 117 Cents); die neutralen Terzen (*g*–$\overset{+}{b}$ = 358, $\overset{+}{b}$–*d* = 350, $\overset{+}{c}$–*es* = 344, $\overset{+}{es}$–*g* = = 349 Cents); rein sind die Quinten g_0–d_1 (708), *as–es* (702) – und infolgedessen die Quarte d_1–g_1 –, die Quarte $\overset{+}{b}$–$\overset{+}{es}$ (494), die großen Terzen *as–c* (384) und *d–fis* (376) und die kleinen Terzen *c–es* (318) und *es*–$\bar{g}$ (314).

Old "dance song" (?): "*Lil ujeti*, What comes in the night?" Sung by Fatuma. 28

Tonsystem: European notation hardly does justice to the highly particular intonation of this song. The octaves G_3–G_4 and A♭3–A♭4 are in exact agreement, equally so the augmented whole tones A♭3–$\overset{+}{\text{B}\flat 3}$ and $\overset{+}{\text{E}\flat 4}$–F♯4 (234 and 232; 7:8 = 231 cents), and the three-quarter tones $\overset{+}{\text{B}\flat 3}$–$C_4$ and C_4–D_4 (150 and 153 cents). Furthermore, the semitones G_3–A♭3 (124 cents), D_4–E♭4 (118 cents), and F♯4–G_4 (117 cents) are equidistant; so are the neutral thirds G_3–$\overset{+}{\text{B}\flat 3}$ (358 cents), $\overset{+}{\text{B}\flat 3}$–$D_3$ (350 cents), $\overset{+}{C_4}$–E♭4 (344 cents), and $\overset{+}{\text{E}\flat 4}$–$G_4$ (349 cents); the fifths are perfect: C_4–$\overset{+}{\text{E}\flat 4}$ (708 cents) and A♭3–E♭4 (702 cents) – and consequently the fourth D_4–G_4 – the fourth $\overset{+}{\text{B}\flat 3}$–$\overset{+}{\text{E}\flat 3}$ (494 cents), the major thirds A♭3–C_4 (384 cents) and D_4–F♯4 (376 cents), and the minor thirds C_4–E♭4 (318 cents) and E♭4–G_4 (314 cents) are perfect as well.

29 Es wurden von dieser Melodie sämtliche meßbaren Tonhöhen bestimmt. In der folgenden Tabelle sind die in der Melodie wirklich vorkommenden Intervalle zu

All measurable pitches in this melody were identified. The following tables contain the actual intervals given in mean values as follows: all values under 125 29

Mittelwerten zusammengefaßt, und zwar als „Halbton" alle Werte unter 125 Cents, als „Dreivierteltton" die Werte von 125–175 Cents, als „Ganzton" die Werte von 175–225 Cents usf.[33] Die zweite Zahlenkolumne gibt das Gewicht (Anzahl der zu dem Mittel vereinigten Einzelwerte), die dritte die mittlere Variation (Mittel der Abweichungen der Einzelwerte vom Mittel).

cents are considered as "semitone," those from 125–175 cents as "three-quarter tone," the values from 175–225 cents as "whole tone," etc.[33] The second column of figures gives the N-value (the number of observations on which the average is based), the third column gives the mean variation (C-value: average of deviations from the average).

	Mittel/ Mean	Gewicht/ Preponderance	M.V.
Halbton/Semitone	102·9	17	14·6
Dreivierteltton/Three-quarter tone	147·4	7	12·7
Ganzton/Whole tone	190·5	6	6·9
Übermässiger Ganzton/Augmented Whole tone	238·5	6	13·3
Kleine Terz/Minor third	289·0	4	6·0
Neutrale Terz/Neutral third	347·7	18	9·1
Grosse Terz/Major third	395·8	4	13·2
Verminderte Quarte/Dimished fourth	456·7	3	8·4
Quarte/Fourth	504·7	3	13·8
Neutrale Sexte/Neutral sixth	835·0	1	—

Was hauptsächlich auffällt, ist die überwiegende Frequenz der neutralen Terz; der relativ sehr geringe Wert von M. V. zeigt, daß gerade dieses Intervall besonders konstant intoniert wurde.

Rhythmus. Das Lied ist außerordentlich frei in Rhythmus und Tempo; die Einteilung nach $\frac{3}{4}$, gelegentlich mit $\frac{6}{8}$ wechselnd, tut der Melodie verhältnismäßig am wenigsten Zwang an. Doch wird der Leser die Metronombezeichnungen genau berücksichtigen müssen, um eine halbwegs richtige Vorstellung vom Original zu bekommen.

Aufbau. Die einzelnen Teile beginnen alle (mit Ausnahme von D) mit einem aufwärtsheulenden Glissando (im Notentext mit ♩ bezeichnet). Vom Hauptton (g_1) ausgehend, senkt sich die Melodie meist zu dessen tieferer Oktave (g_0) hinab; einmal (D) erreicht sie nur die Unterquarte, doch ist als eigentlicher Teilschluß wohl erst die nächste Fermate (vor F) anzu-

What is most noticeable is the predominant frequency of the neutral third. The relatively very small value of the mean variation shows that this interval, in particular, was sung with a constant intonation.

Rhythm: The song is extraordinarily free in rhythm and tempo. Division according to $\frac{3}{4}$, now and then alternating with $\frac{6}{8}$, does the least violence to the melody. Yet, the reader must keep the metronome designations carefully in mind, in order to obtain a half-way correct idea of the original.

Form: All the individual sections (with the exception of D) begin with a howling upward-glissando (marked in the notation as ♩). Proceeding from the principal tone (G_4), the melody generally drops to the lower octave (G_3). On one occasion in section D, it reaches just to the lower fourth, but only the next fermata before

[33] Die oben angeführten Zahlen beziehen sich dagegen wie immer auf die Intervalle der aus den Schwingungszahlen direkt errechneten Leiter.

[33] In contrast, the numbers given above refer, as usual, to scale intervals directly calculated in cps.

sehen.[34] Nur der erste, einleitende Teil (A) bleibt in der hohen Tonlage und schließt auf g_1. – Der Eindruck des Rhapsodischen wird außer durch die Freiheit des Rhythmus und Tempo auch durch die schwankende, durch zahlreiche Melismen ausgezeichnete, Melodieführung hervorgerufen. Nur bei E nimmt die Melodie für einen Augenblick straffere Formen an.

section F is to be considered an actual sectional cadence.[34] Only the first opening, section A, remains in the higher tonal register and closes on G_4. Apart from the freedom in rhythm and tempo, the fluctuations of the melody, characterized by numerous melismas, evoke an impression of rhapsody. Only at E does the melody assume, for a moment, a more rigid form.

12a. (T. 3)

Leiter/Scale:

503 557 603 668

12b. (T. 7)

Leiter/Scale:

1/4×775 1/2×435 481 524 578 641 702

[34] Ein ähnlicher Halbschluß findet sich auch im 5. Takt von C und könnte auch im 3. Takt von A angenommen werden.

[34] A similar half-close occurs in the fifth measure of section C and can likewise be assumed in the third measure of section A.

30 „Bauchtanzlied“: *ḥōl, ḥōl, u anā sakrāna* hoho, ich (f.) bin betrunken.“ Refrain “*c-yaum ḫramamik ya'bnaya*, heute liebe ich dich, Mädchen.“

Sehr bekanntes, überall in Tunis verbreitetes Lied. a. Gesungen von Ḥanīfa. b. Auf der *Faḥl* gespielt von Ṣalāḥ.

Tonsystem. Die Intervalle in beiden Stücken stimmen mit überraschender Genauigkeit überein. Die vollständige Leiter, wie sie dem zweiten Stück zugrunde liegt, stellt sich (wenn man das *g* um eine Oktave in die Höhe verlegt) dar als ein System von zwei gleichen, verbundenen Tetrachorden. Jedes Tetrachord besteht aus einem von zwei Ganztönen eingeschlossenen Dreivierteltton (142 Cents). Der Ganzton (174 Cents) ist etwas kleiner als der reine kleine Ganzton (182 Cents). Der Dreivierteltton ergänzt den Ganzton zur reinen kleinen Terz (316 Cents), die jedenfalls intendiert ist; die Quarten sind in diesem System um ein geringes zu klein (490 Cents statt 498 Cents); an einer Stelle findet sich eine neutrale Terz (2×174 = 348 Cents, *c–ē*). Ich gebe diese Verhältnisse der bequemeren Übersicht halber in Tabellenform.

“Belly dance song”: “*Ḥōl, ḥōl, u anā sakrāna*, Hoho, I (fem.) am drunk.” Refrain “*C-yaum ḫramamik ya 'bnaya*, Today I love you, lass.” A very well-known song, widespread in Tunisia. 12a, sung by Ḥanīfa; 12b, played on the *faḥl* by Ṣalāḥ. 30

Tonsystem: The intervals in both pieces agree with amazing accuracy. The complete scale, as based on the second piece, exhibits (if one shifts G4 about an octave higher) a system of two identical conjunct tetrachords. Each tetrachord is composed of two whole tones flanking a three-quarter tone (142 cents). The whole tone (174 cents) is somewhat smaller than the pure minor second (182 cents). The three-quarter tone completes the whole tone to the pure minor third (316 cents), which is in any case intended; the fourths in this system are a trifle flat (490 instead of 498 cents); at one place a neutral third (2 × 174 = 348 cents, C5–Ē5) is found. For the sake of convenience I give these relationships in the form of a table:

		a	*h*/b♮	*c*	*d*	*ē*	*f*	*g*
Schwingungszahlen/ cps	T 3	503	557	603	668			
	T 7	503	556	606	668	741	812	896
Intervalle in Cents/ Intervals in Cents	T 3		176	137	178			
	T 7		174	148	170	180	157	171
	Konjektur/Conjecture		174	142	174	174	142	174
	rein/pure		182	134	182	182	134	182
Summen in Cents/ Totals in Cents	T 3	0	176	313	491			
	T 7	0	174	322	492	672	829	1000
	Konjektur/Conjecture	0	174	316	490	664	806	980
	rein/pure	0	182	316	498	680	814	996
Verhältnisse/Ratios			9:10	5:6	3:4	27:40	5:8	9:16

In unserer melodischen Auffassung erscheinen die Dreiviertelttöne bald als Halb-, bald als Ganztöne; so fassen wir (in 12b) das *f* – das dynamisch akzentuiert ist – als *fis*, das *c* gelegentlich als *cis* auf.

Rhythmus. Die Melodie bietet keinerlei Schwierigkeit für die Rhythmisierung. Das *Faḥl*stück wäre wohl besser als $\frac{2}{4}$ zu be-

In our melodic interpretation the three-quarter tones sometimes appear as semitones, sometimes as whole tones; thus (in 12b) we perceive the tone F5 – which is heavily accented – as F♯5, and C5 occasionally as C♯5.

Rhythm: The melody does not present any difficulty regarding rhythmic organizeichnen; ich habe nur der Analogie mit 12a wegen die $\frac{4}{4}$-Einteilung beibehalten. Ḥanīfa sang auch diese Melodie etwas accelerando.

Aufbau. Die Melodie in der ersten Form besteht aus kurzen, zweitaktigen Teilen, die sich bloß durch ihren Abschluß unterscheiden; einer (C) schließt mit einem Glissando, wie man es in orientalischen Melodien öfters findet.[35] Die Anordnung der Teile, in der sich der Sänger wohl einige Freiheit gestatten kann, ist folgende:

A, B, C, D, B;
A, B, D, C, D, B;
A, B, D, C, A, B, B;
A, B, D, B, A, B.

In der instrumentalen Form ist die Melodie durch viele Verzierungen umrankt. Von den beiden Teilen A und B, die mit kleinen Varianten dreimal wiederholt werden, schließt der eine regelmäßig auf *d* (eine Art Halbschluß?), der andre auf *a*, entsprechend unsern Schlüssen auf der Subdominante und Tonika. Es folgen dann zwei neue Motive, deren erstes bemerkenswert ist durch das Hinabsteigen zum *g*, während das zweite die Melodie wieder auf *a* zum Abschluß bringt. Der motivische Bau dieses Liedes zeigt besonders deutlich – ganz abgesehen von den tonalen Verhältnissen – die Verschiedenheit von europäischer Melodik.

zation. It would be better to notate the *fahl* piece as $\frac{2}{4}$; I have retained the $\frac{4}{4}$ division only on account of the analogy with 12a. Ḥanīfa also sang this melody with a slight accelerando.

Form: The melody in the first example consists of short, two-measure divisions, which are distinguished only by their closing section; section C closes with a glissando, as one often encounters in oriental melodies.[35] The arrangement of the sections, with which the singer is able to take some liberties, is as follows:

A, B, C, D, B;
A, B, D, C, D, B;
A, B, D, C, A, B, B;
A, B, D, B, A, B.

In the instrumental form, the melody is embellished with much ornamentation. In sections A and B, which were repeated three times with slight variations the former closed regularly on D_5 (a kind of half cadence?), the latter on A_4, corresponding to our cadences on sub-dominant and tonic. Two new motifs then follow, the first of which is noteworthy for its descent to G_4, while the second again brings the melody to a close on A_4. The motif construction of this song demonstrates with particular clarity – quite apart from the tonal relationships – the difference from European melody.

13. (H. 3.)

31 Liebeslied gesungen von Manūbiʾa und ʿAzīza. Der Anfang ist vermutlich eine Variante der Melodie Nr. 12.

Auch das Tonsystem zeigt eine bemerkenswerte Analogie zu den beiden vorigen Stücken. Wir finden in dem Tetrachord *fis–h̄* wieder einen Dreivierteltton in der Mitte zweier (zu kleiner) Ganztöne; nur sind alle Intervalle etwas kleiner (168–130–168 Cents). Das System entfernt sich noch mehr, als das vorige von der reinen Into-

Love song sung by Manūbiʿa and ʿAzīza. 31
The beginning is probably a variant of Melody no. 12.

The tonsystem presents a remarkable analogy to the two preceding examples. Again we find in the tetrachord $F\sharp_4$–B_4 a three-quarter tone flanked by two (flat) whole tones; however, all the intervals are somewhat smaller (168–130–168). The system departs even further than the preceding one from pure intonation, and

[35] Vgl. S. 376.

[35] Cf. p. 376.

Leiter/Scale:

nation und nähert sich einer Dreivierteltonton-Temperatur. Das tiefe *e* ist sehr tief intoniert (*ē–gis* = 441 Cents).[36]

Rhythmus. Mit Ausnahme des letzten Teils (zwischen den Doppelstrichen) ist dieses Lied sehr schwankend im Rhythmus; die taktliche Gliederung gibt die tatsächlichen Verhältnisse nur angenähert wieder. Der letzte Teil zerfällt in zwei analoge Gruppen von je drei Takten mit einer Verkürzung im 4. Takt. Auch die Verteilung der dynamischen Akzente (Händeklatschen) ist eigentümlich: sie fallen stets auf das 3. und 5. Viertel im zweiten, und auf das 1., 3. und 6. Viertel im dritten Takt der Gruppe; gelegentlich werden auch die letzten Viertel des ersten und zweiten Taktes, sowie das erste Viertel des zweiten Taktes betont.

Aufbau. Der erste, von der Solostimme

[36] Die Messungen wurden am 2. Teil vorgenommen.

approaches a three-quarter tone temperament. The low E_4 is sung very flat ($\bar{E}_4$–$G\sharp_4$ = 441 cents).[36]

Rhythm: With the exception of the last section (between the double bars) this song is very unsteady in rhythm; the metrical organization only approximates the actual relationships. The last section divides into two analogous groups of three measures each, with one shortening in the fourth measure. The distribution of heavy accents (handclapping) is also characteristic; they fall consistently on the third and fifth quarter note of the second measure and on the first, third, and sixth quarter note of the third measure; occasionally, the last quarter note of the first and second measure is stressed, as well as the first quarter note of the second measure.

Form: The first section, sung by the solo

[36] The measurements were taken in the second section.

gesungene Teil gleicht einem freien Präludium, das erst beim Hinzutritt der zweiten Stimme feste Formen gewinnt. Der zweite (Ensemble-) Teil besteht aus zwei analog gebauten Perioden (s. o.) und wird endlos wiederholt.

voice, resembles a free prelude, which acquires a fixed form only with the entrance of the second voice. The second (ensemble) section is based upon two similarly constructed periods (see above) and is repeated endlessly.

14a. (H. 2.)

14b. (T. 8)

32 a. Als „religiöser Gesang" bezeichnet;[37] gesungen von ʿĀʾišūša und Zasīʾa. b. Melodie des Liedes: „*bi-n-nabī yaʾmmā*, beim Propheten, o Mutter (L.), sag's dem Vater, ich will nicht einen alten Man heiraten." Auf der *Faḥl* gespielt von Ṣalāḥ. – Die Angabe der beiden Frauen war offenbar falsch und nur durch unsern Wunsch, ein Kultlied zu hören, veranlaßt. In den arabischen Mittelmeerländern überwiegen heute die Liebeslieder (vgl. Rouanet 1905); vielleicht hatten die Frauen überhaupt nur solche im Gedächtnis.

Tonsystem. Bemerkenswert ist in beiden Stücken die schwankende Intonation von *a* bzw. *g* (*g–a* = 197 bis 257 Cents; *f–g* = = 195 bis 227 Cents); die Terz *fis–a* (bzw. *e–g*) ist bald klein, bald neutral. Die Intervalle auf der *Faḥl* sind im allgemeinen größer, als die gesungenen. In b. findet sich (*d–g*) wieder, das Tetrachord mit dem Dreivierteltton in der Mitte.

Rhythmus. Der erste Teil des gesungenen Liedes (Solo) ist ein freies Rubato mit mehreren fermatenähnlichen Verlängerungen. Bei Hinzutritt der zweiten Stimme wird der Rhythmus streng, mit dynamischen Akzenten (Händeklatschen) auf jedem Viertel.[38] Auch das *Faḥl*stück ist streng rhythmisch.

Aufbau. Die Melodie, im Gesangstück durch eine Art Rezitativ eingeleitet (vgl. Nr. 13), wiederholt mehrmals ein einfaches, auf der absteigenden Leiter aufgebautes Motiv, das bei der zweiten Stufe stehenbleibt; erst die letzte Wiederholung bringt es auf dem Grundton zum Abschluß.

a. Designated as a "religious song."[37] 32
Sung by ʿAʾišūša and Zasīʾa. b. Melody of the song: "*Bi-n-nabī yaʾmmā*, By the Prophet, oh mother [L.], tell father, I will not marry an old man." Played on the *faḥl* by Ṣalāḥ. – The statements of both women were evidently false and were occasioned only by our wish to hear a cult song. In the Arabic countries of the Mediterranean today, love songs predominate (cf. Rouanet 1905). Perhaps the women had no other kind (of song) in their repertoire.

Tonsystem: The unsteady intonation of A4 and G4, respectively, is noteworthy in both pieces (G4–A4 = 197 to 257 cents; F4–G4 = 195 to 227 cents). The third F♯4–A4 (respectively E4–G4) is sometimes minor, sometimes neutral. The intervals of the *faḥl* are generally larger than those which are sung. In no. 14b, the tetrachord (D4–G4) with the three-quarter tone in the middle is found again.

Rhythm: The first section of the vocal rendition (solo) is in free rubato with numerous fermata-like extensions. With the entrance of the second voice, the rhythm becomes strict, with heavy accents (handclapping) on every quarter note.[38] The *faḥl* piece is also rhythmically strict.

Form: The melody, begun in the vocal piece with a kind of recitative (cf. no. 13), repeats several times a simple motif constructed upon the descending scale, which remains on the second degree, and only in the last repetition is it brought to the main tone at the close.

15a. (T. 2.)

33 a. Arabisches Lied: „*bayn al-birsīm u bayn al-ḫass*, zwischen Klee und Lattich

15a. Arabic song: "*Bayn al-birsīm u bayn al-ḫass*, Between clover and lettuce" (Re- 33

[37] Maqam Maṣri (L.)

[38] Ich hatte den Rhythmus des Duetts zuerst so aufgefaßt, daß die Akzente auf die schlechten Taktteile fielen; offenbar hatte die Ähnlichkeit mit dem 2. Teil von Mozarts „Ah, vous dirai-je maman"-Variationen mir diese Auffassung aufgezwungen. Die Phrasierung der Faḥlmelodie ließ aber keinen Zweifel, daß die umgekehrte Akzentuierung gemeint ist.

[37] *Maqâm Maṣri* [L.].

[38] At first I perceived the rhythm of the duet so that the accent fell on the weaker beats; obviously the similarity with the second part of Mozart's Variations "Ah, vous dirai-je maman" had forced this interpretation upon me. The phrasing of the *faḥl* melody left no doubt that the opposite accentuation was intended.

♩ = 100 bis 110
Var.
A
B
C
D
Leiter/Scale:
1/2 × 435
502
542
604
657
758
818

15b. (H. 7.)

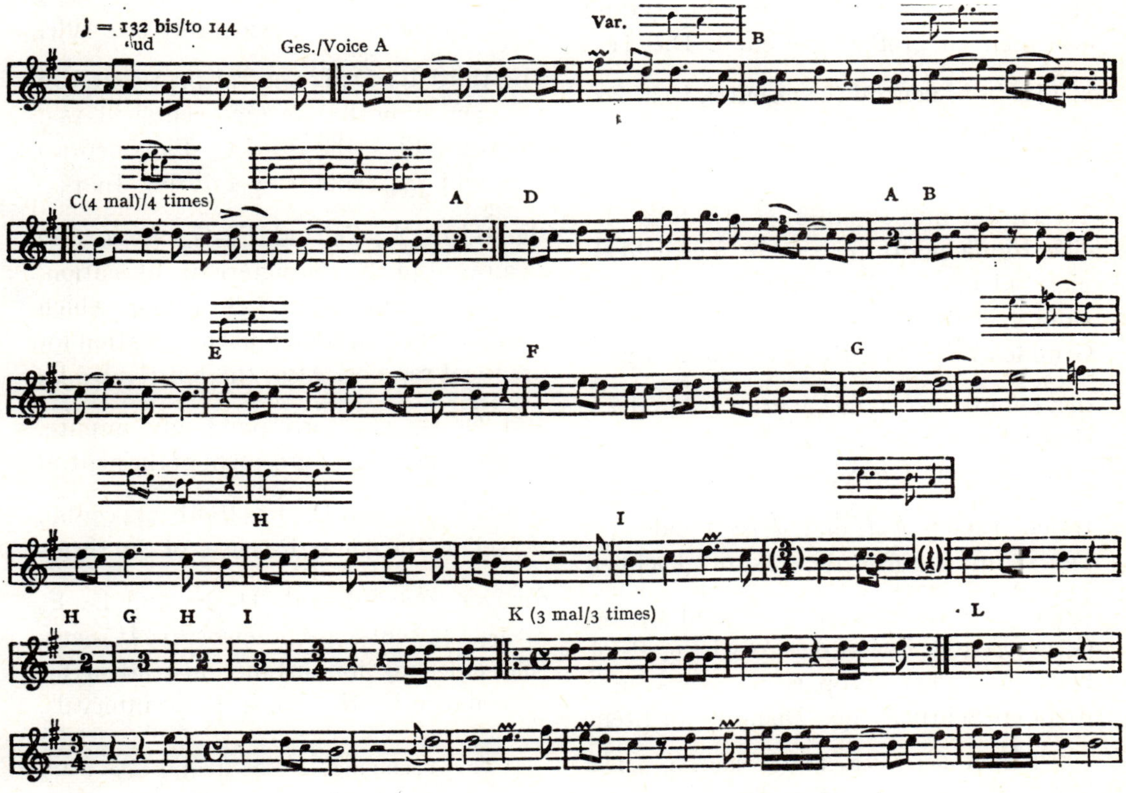
♩. = 132 bis/to 144
Ges./Voice A
Var.
B
C(4 mal)/4 times)
D
E
F
G
H
I
K (3 mal/3 times)
L

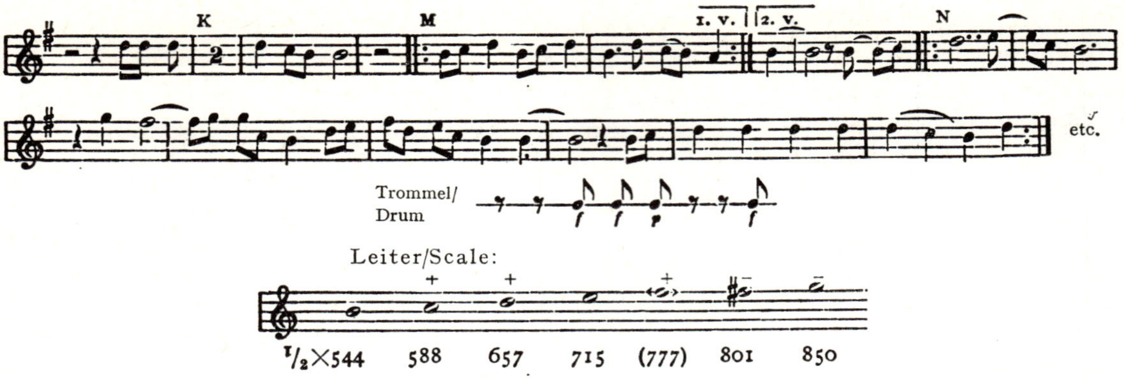

(Refrain).[39] Gesungen von Ḥanīfa. b. Dieselbe Melodie, als „Tafelmusik oder Marsch des Bey" bezeichnet, von Miṣqaʿ gesungen und auf der *Houd*, von Manūbīʾa auf der *Darbuka* begleitet.

Tonsystem. Mit auffallender Übereinstimmung sind in beiden Aufnahmen die Schritte *h*–$\overset{+}{c}$ (133 bzw. 135 Cents) und *d*–*ē* (beide Male 146 Cents) intoniert. *Fis*–$\overset{+}{g}$ intonierte Ḥanīfa (entsprechend *h*–$\overset{+}{c}$) als zu großen (132 Cents), Miṣqaʿ als reinen Halbton; auch *ā*–*h* und *ē*–*fis* nahm Ḥanīfa erheblich zu groß (247 Cents). Die Terz *h*–$\overset{+}{d}$ ist in b. neutral (343 Cents), in a. fast rein (320 Cents); die Terz *c*–*e* in beiden Stücken neutral (333 bzw. 354 Cents). Die Terzen *ā*–$\overset{+}{c}$ und *ē*–$\overset{+}{g}$ in a. sind infolge der eigentümlichen Intonation in Wirklichkeit nicht kleine, sondern große (380 Cents), worauf in der Notierung aus praktischen Gründen keine Rücksicht genommen werden konnte. Auch die Quarten *h*–*ē* und *d*–$\overset{+}{g}$ sind entsprechend unrein. Bemerkenswert ist die genaue Übereinstimmung der neutralen Terzen *h*–$\overset{+}{d}$ und $\overset{+}{d}$–*fis* (beide 343 Cents) in b., sowie die Distanzgleichheit der Dreivierteltonschritte $\overset{+}{d}$–*e* und *e*–$\overset{+}{f}$ (bei G, 145 Cents). Es hat den Anschein, als ob bei diesen dem europäischen Tonsystem fremden Schritten das Distanz- an Stelle

[39] Der Anfang des Textes lautet: „Mein Freund, du bist heute verschwunden."

frain).[39] Sung by Ḥanīfa. The same melody is designated as "Table music or March of the Bey," sung and played on the *ʿud* by Miṣqaʿ, accompanied by Manūbiʾa on the *darābukke*.

Tonsystem: In both recordings the pitches B_4–$\overset{+}{C}_5$ (133 and 135 cents, respectively) and D_5–$\bar{E}_5$ (both times 146 cents) were sung with striking uniformity. Ḥanīfa sang F♯5–$\overset{+}{G}_5$ (matching B_4–$\overset{+}{C}_5$) as a large semitone (132 cents), Miṣqaʿ as a pure semitone. Ḥanīfa also took $\bar{A}_4$–B_4 and $\bar{E}_5$–F♯5 (247 cents) considerably too wide. The third B_4–$\overset{+}{D}_5$ is neutral (343 cents) in 15b, and almost pure (320 cents) in 15a. In both pieces, the third C_5–E_5 is neutral (333 and 354 cents, respectively). In 15a, the thirds $\bar{A}_4$–$\overset{+}{C}_5$ and $\bar{E}_5$–G_5 are really, as a result of the characteristic intonation, not minor but major (380 cents), which could not be considered in the notation for practical reasons. Also, the fourths B_4–$\bar{E}_5$ and D_5–$\overset{+}{G}_5$ are correspondingly impure. In 15b, the precise agreement of the neutral thirds B_4–$\overset{+}{D}_5$ and $\overset{+}{D}_5$–F♯5 (both 343 cents), as well as the equal distances of the three-quarter tone intervals $\overset{+}{D}_5$–E_5 and E_5–$\overset{+}{F}_5$ (at G, 145 cents) are noteworthy. It seems that a feeling for distance instead of for consonance is effective in these intervals,

[39] The beginning of the text reads :"My friend, today you have disappeared."

des Konsonanzgefühls wirksam gewesen wäre.

Rhythmus. Der Anfang der Melodie (a) täuscht einen $\frac{3}{8}$-Takt vor und erschwerte die rhythmische Auffassung; indes ließen die Betrachtung des Ganzen und die Vergleichung mit b. keinen Zweifel über die Gliederung nach $\frac{4}{4}$ bestehen. Die Trommel akzentuiert die schwächsten Achtel (4 und 8), außerdem das 3. und (schwach) das 5. Achtel. Der dynamische Akzent unterstützt also nicht, sondern kontrapunktiert den melodischen. Das Tempo steigert sich etwas im Verlauf des Stückes.

Aufbau. Die Melodie besteht aus 4 Phrasen, die in wechselnder Verbindung sich beständig wiederholen (Umfang a_1–g_2). In der zweiten Variante folgt dem Hauptteil (von E an) eine Art freierer Phantasie, die die gegebenen melodischen Phrasen ausspinnt und variiert.

which are alien to the European tonsystem.

Rhythm: The beginning of the melody (A) feigns a $\frac{3}{8}$ meter, and thus impeded the rhythmic interpretation; however, the consideration of the entire piece and its comparison with 15b left no doubt that the organization was $\frac{4}{4}$. The drum accentuates the weakest eighth notes (i.e., the fourth and eighth), as well as the third and (feebly) the fifth eighth-note. Therefore, the dynamic accent does not support the melodic accent, but rather forms a counterpoint with it. The tempo is accelerated slightly in the course of the piece.

Form: The melody consists of four phrases, which are constantly repeated in various combinations (range A_4–G_5). In the second variant, a kind of free phantasy follows on the principal section (from E onward), which spins out the given melodic phrases and varies them.

16. (H. 12.)

(Vergleichspartitur/Comparative Score)

Leiter/Scale:

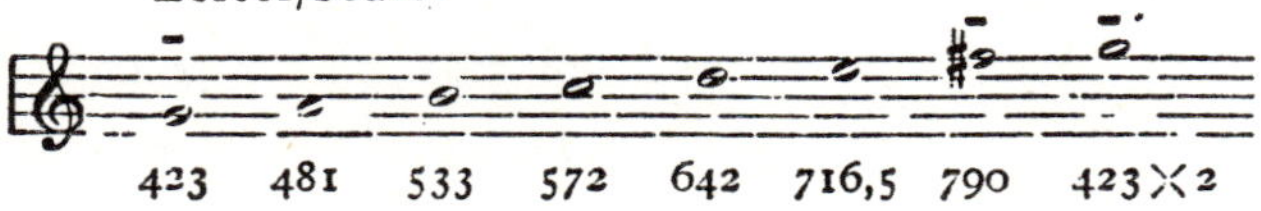

34 Als „Schlafmusik des Bey“ bezeichnet[40]; zur *Houd* gesungen von Miṣqaʿ.

Designated as "Sleep music of the Bey."[40] Sung with the *ʿud* by Miṣqaʿ. 34

[40] Kunstlied im *maqām ḥasīn ṣaba* [L.].

[40] Art song in the *maqām ḥasīn ṣabā* [L.].

Tonsystem. Die Intonation der Gesangteile stimmt genau mit derjenigen der Instrumentalteile überein, wie dies bei einer unisonen Begleitung ja zu erwarten ist. Sehr genau stimmt auch die Oktave (g_0–g_1). Das *fis* (nur auf der Laute) ist neutrale Sexte (859 Cents) von *a* (bzw. neutrale Terz, 359 Cents, von *d*); der Schritt g_1–a_1 ist sehr groß (222 Cents); die übrigen Intervalle nähern sich, auf *a* bezogen, der temperierten Leiter.

Rhythmus. Die Gliederung nach $\frac{4}{4}$, der sich die Melodie am besten fügt, ist durch die Phrasierung – Synkopen, Legatos – sehr verschleiert; jede andere Rhythmisierung, die vielleicht einzelnen Stellen besser entsprochen hätte, erwies sich als undurchführbar.

Aufbau. Der eigentlichen Melodie geht eine kurze, ganz freie Instrumentaleinleitung voraus; die Lautenbegleitung geht stets unisono mit der Gesangmelodie (A) und tritt nur, wenn diese pausiert, selbständig hervor. Die Zwischenspiele (B) wiederholen die Gesangmelodie in einer dem Charakter des Saiteninstruments angepaßten Form. Begleiteter Gesang und Lautensolo wechseln so beständig ab – das Phonogramm weist vier Wiederholungen auf; um die beiden Formen leichter vergleichbar zu machen, wurden sie in Partiturform übereinander notiert. Die Melodie zerfällt in vier (ungleich lange) Abschnitte, von denen der zweite auf der Sekunde, die übrigen auf dem Hauptton schließen. Der letzten Wiederholung folgt ein instrumentales Nachspiel, das im Phonogramm leider zu undeutlich ist, um wiedergegeben zu werden. Bemerkenswert ist, daß die Melodie des Nachspiels sich in der sog. Zigeunerleiter (*a–b–cis–d–e–f*) bewegt.

Tonsystem: The intonation of the vocal sections agrees closely with that of the instrumental sections, as one would expect with unison accompaniment. The octave (G_4–G_5) also corresponds very closely. The tone $F\sharp_5$ (only on the lute) is a neutral sixth (859 cents) from A_4 (respectively a neutral third, 359 cents, from D_5). The interval G_4–A_4 is very large (222 cents), and the remaining intervals built upon A_4 approach the tempered scale.

Rhythm: The organization in $\frac{4}{4}$, which is best suited to the melody, is concealed by the phrasing – syncopation, legatos; any other rhythmic organization, which might perhaps have better fitted particular passages, proved to be unworkable.

Form: A short, entirely free instrumental introduction precedes the actual melody; the lute accompaniment proceeds steadily in unison with the vocal melody (A) and comes forward independently only when the vocal melody pauses. The interludes (B) repeat the vocal melody in a form adapted to the characteristics of this stringed instrument. Accompanied song and lute solo alternate continually – the recording contains four repetitions. In order to make it easier to compare the instrumental and vocal renditions, their notations were placed one over the other, in the form of a score. The melody falls into four sections of unequal lengths, in which the second section closes on the second degree, while the remaining close on the principal tone. An instrumental postlude which follows on the last repetition is unfortunately too indistinct in the recording to be reproduced here. It is noteworthy that the melody of the postlude moves about in the so-called Gypsy scale (A–B♭–C♯–D–E–F).

17. (H. 8.)

35 Ebenfalls als „*Marche du Bey*" bezeichnet; von Miṣqaʿ auf der *Houd* gespielt (*Darbuka*: Manūbīʾa).

Likewise designated "Marche du Bey." Played on the *ʿud* by Miṣqaʿ, and on the *darābukke* by Manūbiʾa. 35

Tonsystem. Die Messung war durch das kurze Pizzicato der Laute sehr erschwert. Die Tonreihe entspricht der sog. Zigeunerleiter, mit einem übermäßigen Sekundschritt zwischen der 2. und 3. Stufe. Über die Intervalle ist nichts Besonders zu be-

Tonsystem: Measurement was greatly pimeded by the short pizzicato of the lute. The scale conforms to the so-called Gypsy scale, with an augmented second between the second and third degrees. As for the intervals, there is nothing remarkable

merken; sie sind in bezug auf a_1 alle etwas zu hoch intoniert.

Rhythmus. Die eingeschobenen $\frac{2}{4}$-Takte erklären sich als fermatenartige Verlängerungen. Der sehr einfache Trommelrhythmus nimmt bei E, wo sich das Tempo schnell bis zum Presto steigert, eine neue, vielleicht als elliptisch aufzufassende Form an. Bei E_1 rief Miṣqaᶜ sich selbst mehrmals „yárabák" (= bravo!) zu; die Silben fielen immer mit den drei ersten Achteln jedes Halbtaktes zusammen (♪♪ ♪ 𝄾).

Aufbau. Wir können zwei Hauptteile, A und C unterscheiden, von denen der erste, stets 4-taktig, den Hauptton (a_1) umspielt; das erste Motiv des anderen Hauptteils (Cα) charakterisiert sich durch seine höhere Lage, das zweite Motiv (Cβ) leitet zum Hauptton zurück. Dieser Teil wird bei den Wiederholungen mannigfach variiert: in dem ersten, stets viertaktigen Motiv (α) wechselt namentlich der Anfang; im zweiten (β) wird die Rückleitung von der Oberquarte zum Hauptton, unbekümmert um rhythmische Verschiebungen (z.B. in $C_1\beta$) verschiedentlich wiederholt; einmal ($C_3\gamma$) erscheint das Motiv auf die Unterquarte des Haupttons transponiert. Die übrigen Teile bringen motivisch kaum Neues: E läßt sich als freiere (verkürzte) Variante von C auffassen, in B scheint Cα mit dem Schluß von A kombiniert und D (Umspielung der Oberquarte) ist wohl auch eine Paraphrase von Cα. Wer sich die Mühe nimmt, die architektonischen Details dieser Melodie genauer zu studieren, wird noch manche Feinheiten entdecken, die Zeugnis ablegen von der hohen Kunstfertigkeit ihres Urhebers.

about them; in relation to A_4, they are all sung somewhat sharp.

Rhythm: The inserted $\frac{2}{4}$ measures are explained as fermata-like extensions. The very simple drum rhythm takes on a new form at E, where the tempo quickly increases to presto, which can perhaps be described as elliptical. At E_1, Miṣqaᶜ called out to himself several times *"yárabák"* ("bravo!"); the syllables always coincided with the first three eighth-notes in each half measure (♪♪ ♪ 𝄾).

Form: We can distinguish two principal sections, A and C; the first, always four measures, plays around the principal tone A_4; the first motif of the other principal section (Cα) is characterized by its higher register, and the second motif (Cβ) returns to the principal tone. This section is varied in the repetitions in many ways: in the first motif (α), always consisting of four measures, the beginning varies most; in the second (β), the return from the upper fourth to the principal tone is occasionally repeated, untroubled by rhythmic shifts (e.g., in $C_1\beta$); on one occasion the motif ($C_3\gamma$) is transposed to the lower fourth of the principal tone. The remaining sections bring scarcely anything new in the form of motifs: E is to be taken as a freer (abridged) variant of C; in B, Cα appears combined with the close of A, and D (playing around the upper fourth) is probably also a paraphrase of Cα. Anyone who makes the effort to study the architectonic details of this melody more closely will discover many more refinements that bear witness to the high artistic skill of its creators.

18a. (H. 6, 10, 11.)

36 „*Marche du Bey*" (Empfangs- und Tafelmusik). Von diesem Stück wurden drei Aufnahmen gemacht: das erstemal sang Miṣqaᶜ und begleitete sich auf der *Houd*, Manūbīʾa schlug dazu die *Darbuka* und ᶜĀʾišūša das *Ṭār*; das zweitemal blieben

"Marche du Bey" (Reception and table music). Three recordings were made of this piece: the first time, Miṣqaᶜ sang and accompanied himself on the *ᶜud*, Manūbiʾa beat the *darābukke* and ᶜĀʾišuša, the *ṭār*; the second time the percussion instruments 36

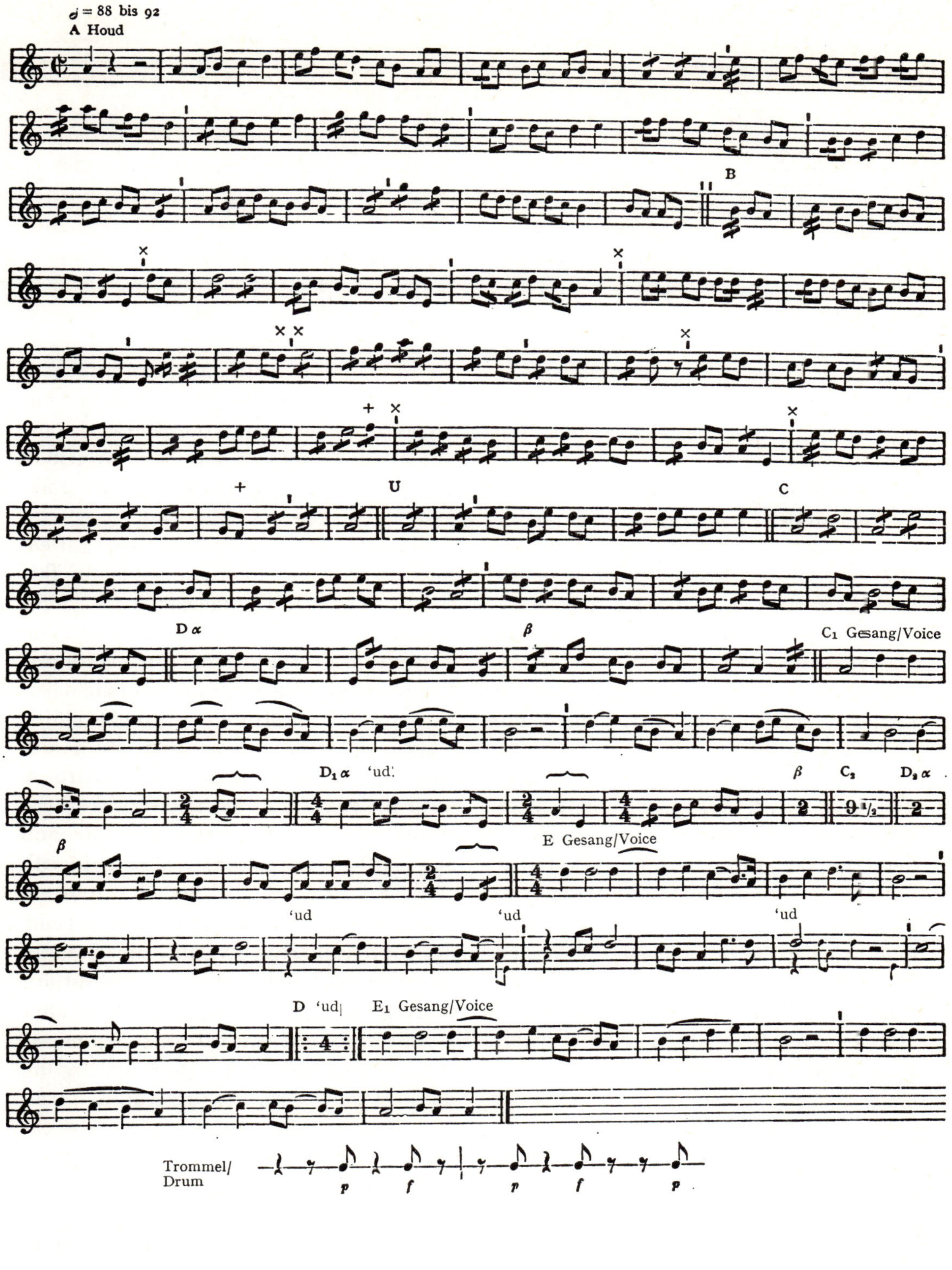
= 88 bis 92
A Houd
B
C
U
D α
β
C1 Gesang/Voice
D1 α 'ud
C2
D2 α
9 ½
E Gesang/Voice
'ud
D 'ud
E1 Gesang/Voice
Trommel/
Drum

18b. (H. 9.)

Leiter/Scale:

423 480,5 517,5 566 637,5 692
(470)

die Schlaginstrumente weg und das drittemal wurde die *Houd*begleitung allein aufgenommen.

Tonsystem. Die Intonation entspricht sehr genau der (schottischen) Sackpfeifenleiter (0–221–349–504–709–851 Cents im Mittel);[41] nur der erste Ganztonschritt (*a–h*) ist sehr groß genommen. Die Quarte wurde etwas schwankend intoniert (480 bis 516 Cents).

Rhythmus. Die rhythmische Gliederung ist durch den begleitenden Trommelrhythmus vollkommen sichergestellt. Dieser besteht aus einer Periode von 16 Achteln, von denen das 7. und 13. stark betont sind (Schläge mit der rechten Hand in der Mitte der Trommel, Tiefton), das 4., 10. und 16. schwächer betont (mit der rechten Hand am Rande der Trommel, Hochton); außerdem erscheinen hie und da noch ganz schwache Akzente unregelmäßig auf verschiedenen Achteln (mit der Linken am Rande). Der überzählige Halbtakt (am Schluß von C_1) wird später durch zwei eingeschobene Viertel (in D_1) wieder ausgeglichen; der Trommelrhythmus geht indessen unbekümmert weiter: es erscheinen daher in D_1 (und D_2) ganz andere Taktteile dynamisch akzentuiert, als in D. Ähnlich verhält sich E zu C (und C_1): der

were withheld, and the third time the *ʿud* accompaniment was recorded alone.

Tonsystem: The intonation corresponds very closely to the (Scottish) bagpipe scale (0–221–349–504–709–851 cents on the average);[41] only the first whole tone interval (A_4–B_4) is taken very large. The fourth was sung somewhat unsteadily (480 to 516 cents).

Rhythm: The rhythmic organization is firmly secured by the accompanying drum rhythm. This consists of a period of sixteen eighth-notes, of which the seventh and thirteenth are heavily stressed (strokes with the right hand on the middle of the drum, low tone); the fourth, tenth, and sixteenth are more lightly accented (with the right hand on the rim of the drum, high tone); in addition, very weak accents appear irregularly on various eighth notes (with the left hand on the rim). The surplus half-measure (at the close of C1) is later compensated for by two inserted quarter notes (in D1); meanwhile the drum rhythm goes on unconcernedly: thus in D1 (and D2) the divisions of the measure appear totally different in their dynamic accentuations than in D. The relationship of E to C (and C1) is similar: the second to fourth measures of E correspond melodically to

[41] In der einen Aufnahme wurde der erste Ganztonschritt klein (181 Cents) und auch die Terz sehr klein (295 Cents) intoniert, wie in Nr. 16.

[41] In one recording, the first whole tone interval was sung flat (181 cents) and the third, very flat (295 cents), as in no. 16.

2.–4. Takt von E entspricht melodisch dem 3.–5. Takt von C; auch hierauf nehmen die Trommelschläge keine Rücksicht.

Aufbau. Über den sehr kunstvollen Aufbau dieses Stückes orientiert uns die Vergleichung der verschiedenen Phonogramme. In der zweiten Aufnahme setzt nach einem kurzen, ganz freien Lautenpräludium gleich der Gesang ein (C_1); das Zwischenspiel (D), in dem der eingeschobene $\frac{2}{4}$-Takt diesmal fehlt, wird zweimal wiederholt. Der übrige Verlauf des Stückes ist ganz so, wie in dem ersten Phonogramm; nur nahm Miṣqaʿ von E an ein schnelleres Tempo. – Die dritte Aufnahme (*Houd* allein) beginnt gleich mit Teil B, der wiederholt wird; es folgt ein neues Motiv (F) und nach der Fermate auf *h* eine längere Coda,[42] schneller im Tempo und sehr frei im Rhythmus. Wir werden demnach in der ersten Variante drei größere Abschnitte zu unterscheiden haben: ein Präludium A, eine Instrumentalmelodie B, die vielleicht einer anderen Komposition entnommen ist, und den Gesangteil Cff. Auch der feinere motivische Aufbau innerhalb der einzelnen Abschnitte verdient eine genauere Betrachtung. Nach dem in sich geschlossenen einleitenden Motiv (Takt 1–5) folgt eine zweitaktige, auf und ab steigende Phrase (analog Takt 2–3), die sich fünfmal auf verschiedenen Stufen wiederholt: eine Art melodischer Sequenz (das letztemal verkürzt). Ein absteigendes Motiv, das fast den ganzen Umfang der Melodie durchläuft (g_2–e_1), bildet den Übergang zum zweiten Teil, der sich hauptsächlich auf dieses Motiv (bei $\overset{\times}{|}$) aufbaut; auch das Motiv der Sequenz erscheint noch einmal (bei $\overset{\times\times}{|}$). Nach einer kurzen Überleitung (U) bringt die Laute die Gesangmelodie (C) und das Zwischenspiel (D). Alle Gesangteile sind im Aufbau und auch motivisch analog. Das Grundschema (2

[42] Dieser Teil kann leider nicht wiedergegeben werden, da das Phonogramm zu undeutlich ist, um eine sichere Niederschrift zu gestatten.

the third to fifth measures of C; the drumming takes no account of this either.

Form: Comparisons of the various recordings throw light on the very artistic form of this piece. In the second recording, after a short, completely free lute prelude, the song begins immediately (at C_1); the interlude (D), in which the inserted $\frac{2}{4}$ measure is now missing, is repeated twice. The rest of the piece is completely like the first recording, except that Miṣqaʿ adopted a faster tempo from E onward. The third recording (*ʿud* alone) begins directly with section B, which is repeated; a new motif follows (F),[42] and then, after the fermata on B_4, a longer coda, faster in tempo and very free in rhythm.

Thus we can distinguish three larger sections in the first variant: a prelude A, an instrumental melody B, which perhaps was borrowed from another composition, and the vocal section Cff; The refined motif form within the individual sections also merits closer scrutiny. After the self-contained introductory motif (measures one to five) there follows an ascending and descending phrase of two measures (analogous to measures two and three), which is repeated five times on different degrees: a kind of melodic sequence (shortened the fifth time). A descending motif, which runs through almost the whole range of the melody (G_4–E_5), forms the transition to the second section, which is based chiefly upon this motif (at $\overset{\times}{|}$); the motif of the sequence also appears again (at $\overset{\times\times}{|}$). After a short transition (U), the lute plays the vocal melody (C) and the interlude (D). All of the vocal sections are analogous in form and motif. The basic scheme (two parts of four measures each) results in E_1; a full surplus measure appears at the beginning of C, and a surplus half measure appears at the end. In E another shorter

[42] Unfortunately this section can not be reproduced, because the recording is too unclear to permit correct notation.

Teile zu 4 Takten) gibt E1; in C erscheint am Anfang ein ganzer, am Schluß ein halber überzähliger Takt. In E folgt dem Hauptteil noch ein kürzerer Teil (von 2 × 3 Takten). – Die meisten Motive schließen auf *a* (Hauptton des ganzen Stückes) oder *e* (Oberquinte bzw. Unterquarte); einige (die ersten Motive aller Gesangteile) auf *h* (Sekunde), eines (3. Motiv in E) auf *d* (Oberquarte).

section (of two x three measures) follows the principal section. Most motifs end on A4 (principal tone of the whole composition) or E5 (respectively E4; upper fifth, respectively lower fourth); some (the first motif of each vocal section) close on B4 (a second), and one (the third motif in E) closed on D5 (upper fourth).

19. (T. 15.)

Leiter/Scale:

37 Altes Berberlied: „*mā-nī aqūluk mā timšīšī vaḥdik,* ich sage dir, geh nicht allein“ gesungen von Muḥammad.

Tonsystem. *h̄* ist im allgemeinen als neutrale Terz (330 Cents) von *g* intoniert; nur an einer Stelle (nach der Achtelfigur, die wie ein Anlauf wirkt) wird es zur großen Terz (398 Cents) hinaufgetrieben.

Aufbau. Die Melodie zerfällt in zwei analoge dreitaktige Phrasen, an die sich noch eine kurze Kadenz knüpft.

Old Berber song: "*Mā-nī aqūluk mā timšīšī vaḥdik,* I tell you, don't go alone." Sung by Muḥammad. 37

Tonsystem: The tone B4 is generally sung as a neutral third (330 cents) from G4; in only one place (after the eighth-note figure, which functions as a point of departure) is it forced up to the major third (398 cents).

Form: The melody falls into two analogous three-measure phrases, to which a short cadence is appended.

20a. (T. 13.)

Leiter/Scale:

20b. (T. 14)

Leiter/Scale:

38 Altes Berberlied: „*yā ṭayr urīšī*, du Vogel kommst zu mir? ich schicke dich zu meiner Freundin." Gesungen (a) und auf der *Qaṣba* gespielt (b) von Muḥammad. Das Instrumentalstück wurde als „Begleitung" zu dem Liede bezeichnet, könnte aber in der vorliegenden Form kaum als solche dienen.

Tonsystem. Während die gesungene Melodie sich in reinen Intervallen (*c–f* = 115, *f–a* = 387 Cents) bewegt, zeigt die Instrumentalmelodie neutrale Intervalle (c–$\bar{d}$ = 157, $\bar{d}$–f = 351 Cents); $\bar{b}$–c ist ein übermäßiger Ganzton (233 Cents), die Quinte *c–g* ist fast rein (711, rein 702 Cents).

Aufbau. Die Melodie, der vorigen sehr ähnlich, baut sich aus einer einzigen kurzen Phrase auf, die, mit einigen Varianten, fortgesetzt wiederholt wird. In der Instrumentalform dehnt sich die Phrase bald über drei bald über vier Takte aus und erscheint einmal auf zwei Takte verkürzt; in der gesungenen Melodie ist sie durchweg dreitaktig; am Schluß von B und C wird einen Takt lang pausiert, vor der Wiederholung ein Auftakt eingeschoben (beides ad libitum).

Old Berber song: "*Ja tir vrisch,* Bird, are you coming to me? I will send you to my lady friend." Sung (a) and played on the *qaṣba* (b) by Muḥammad. The instrumental piece was described as "accompaniment" for the song, but in the form in which it was given it hardly served as such. 38

Tonsystem: Whereas the sung melody moves about in pure intervals (C4–F4 = = 115, F4–A4 = 387 cents), the instrumental melody displays neutral intervals (C4–D4 = 157, D4–F4 = 351 cents); B̄♭3–C4 is an augmented whole tone (233 cents), the fifth C4–G4 is almost perfect (711, perfect 702 cents).

Form: The melody, very similar to the preceding one, is built upon a single short phrase, which is repeated continuously with some variation. In the instrumental form the phrase extends sometimes over three, sometimes over four measures, and once appears shortened to two measures; in the sung melody, it runs three measures throughout; at the close of B and C, there is a rest one measure long, and an up-beat is inserted before the repetition (both ad libitum).

III. Kritische Zusammenfassung

1. Tonleitern

39 Überblicken wir die im vorigen Abschnitt einzeln aufgeführten Tonreihen, so fällt vor allem die große Mannigfaltigkeit der verwendeten Intervalle auf. Man könnte zunächst geneigt sein, zufällige Intonationsschwankungen allein für diese Inkonstanz verantwortlich zu machen. Dann wären freilich alle Messungen überflüssig. Doch läßt sich m.E. auch eine minder pessimistische Auffassung durch eine Reihe von Argumenten stützen. Erstlich sei nochmals auf die schon oben (S. 331) erwähnten inneren Übereinstimmungen hingewiesen; zweitens ist die Zahl der in arabischer Musik verwendeten Tonreihen (worauf wir unten noch zurückkommen) tatsächlich sehr groß, so daß innerhalb einer verhältnismäßig kleinen Zahl von Melodien schon der Wahrscheinlichkeitsrechnung nach eine größere Zahl verschiedener Gebrauchsleitern auftreten wird; ferner steht zu vermuten, daß außer den zufälligen auch konstante, psychologisch bedingte Abweichungen von den theoretisch „reinen" (d.h. dem arabischen Tonsystem entsprechenden) Intervallen auftreten werden. Auch wir kennen ja solche konstante Abweichungen in unserer Musik: die Erhöhung („Verschärfung") des Leittons, die Verkleinerung der „Mollterz" und die Vergrößerung der „Durterz" usw.[43] Solche „charakteristische" Intonationen werden sich namentlich dort finden, wo ein ausgeprägtes Tonalitätsgefühl vorhanden ist; auch der Gang der Melodie mag die Intonation beeinflussen: so wird eine Quarte anders intoniert werden, wenn sie durch Zwischenstufen ausgefüllt ist, anders, wenn sie sprunghaft gebraucht wird, und in

[43] Vgl. Stumpf und Meyer 1898b. Auch auf rhythmischem Gebiet finden sich solche konstante Abweichungen, wie z.B. die (unwillkürliche und unbewußte) Verlängerung dynamisch akzentuierter Noten.

III. Critical Summary

1. Scales

If we survey the rows of tones illustrated in the previous section, the most striking feature is the great variety of intervals employed. One might be inclined, at first, to hold accidental variations in intonation *alone* responsible for this lack of constancy. In this case, all measurements would certainly be superfluous. However, in my opinion a less pessimistic view can be supported by a series of arguments. First, let us point once more to the internal agreement already mentioned above (p. 331); secondly, the number of scales employed in Arabic music (to which we shall return later) is definitely very large, so that within a relatively small number of melodies, on the basis of the theory of probability alone, a large number of different gebrauchsleitern will appear; furthermore, it is to be assumed that apart from the random deviations, constant psychologically conditioned deviations from the theoretically "pure" intervals (according to the Arabic tonsystem) will also appear. Indeed, we are familiar with such constant deviations in our own music: the raising ("sharpening") of the leading tone, the diminution of the "minor third," the augmentation of the "major third," etc.[43] 39

Such "characteristic" intonations are found particularly where a well-developed sense of tonality exists; likewise, the progression of the melody may affect intonations: thus, a fourth would be sung differently if filled in by the inner tones than if it were sung in a leap, in which case it would be different ascending from descending, etc. To be sure, these matters, which have been treated by no means

[43] Cf. Stumpf and Meyer 1898b. Such constant deviations also occur in the sphere of rhythm, as for example the (undeliberate and unconscious) lengthening of accented notes.

diesem Falle wieder anders aufsteigend als absteigend usw. Freilich sind diese Verhältnisse, die schon in unserer Musik noch keineswegs erschöpfend untersucht sind, in exotischer Musik noch viel schwieriger festzustellen, zumal wenn das Tonsystem noch nicht sicher festgelegt ist. Gleichwohl wird man selbst in unseren tunesischen Melodien Beispiele finden, die wohl in dem angedeuteten Sinne ausgelegt werden dürfen, wie z.B. die auffallend enge Intonation der Halbtöne in den sog. Zigeunerleitern (Nr. 8, 17), die Intonation des *h* in Nr. 19, usw. Endlich wird man in nichtharmonischer Musik noch mit einem besonderen Faktor zu rechnen haben: dem Distanzprinzip, das sich neben dem Konsonanzprinzip geltend macht. Daß sich ein Gefühl für die Gleichheit nicht konsonanter Intervalle ausbilden kann, haben die Untersuchungen über die Tonsysteme der Siamesen (1901a, 1922b: 136ff.) und Javaner (J. P. N. Land 1889) unzweideutig erwiesen. Ich halte es für höchst wahrscheinlich, daß es auch anderwärts, wenn auch nicht mit solcher Ausschließlichkeit, eine Rolle spielt. Für kleinere Tonschritte wird es, wie schon Helmholtz (1877: 423) vermutete, auch bei uns maßgebend sein. Man wird für diese Ansicht bei genauerer Durchsicht der oben mitgeteilten Tonreihen zahlreiche Belege finden (z.B. die zu großen Ganztöne in Nr. 9, die zu kleinen Ganztöne in Nr. 13, die Fünfvierteltöne in Nr. 15a, usw.). Man wird also, falls nicht Inkonstanz innerhalb einer Melodie, verwaschene Tongebung oder mangelhaftes Unisono vorliegt, mit der bequemen Behauptung „zufälliger“[44] Intonationsschwankungen vorsichtig sein müssen und lieber eine vorläufig festgestellte große Zahl von Intervallen und Tonreihen später einschränken, als durch

[44] Als „zufällig“ waren Intonationen zu betrachten, bei denen die motorische Reaktion (Gesangs- oder Instrumentaltechnik) der akustischen Intention (Ton- oder Intervallvorstellung) unvollkommen genügt oder die letztere selbst undeutlich und daher stark variabel ist.

exhaustively in our music, are much more difficult to determine in exotic music, particularly where a tonsystem has not yet been fully defined. Yet, one will find examples among our Tunisian tunes which could doubtless be interpreted in the indicated sense, as for instance, the noticeably flat intonation of the semitones in the so-called Gypsy scales (nos. 8 and 17), and the intonation of the tone B4 in no. 19.

Finally, one must reckon with yet another special factor in non-harmonic music: the principle of distance which makes itself felt independently of the principle of consonance. That it is possible to develop a feeling for the identity of non-consonant intervals has been shown beyond any doubt in the analysis of the tonsystems of the Siamese and Javanese (J. P. N. Land 1889). I find it highly probable that this feeling of identity also figures elsewhere, if not with such exclusiveness. For smaller intervals, as Helmholtz already suspected (1877: 423) it will be decisive for us. One can obtain numerous proofs for this view from a closer scrutiny of the tone progressions described above (e.g., the sharp whole tones in no. 9, the flat whole tones in no. 13, the five-quarter tones in no. 15, etc.). One must be careful, therefore, of making easy reference to "accidental"[44] variation in intonation – unless it is a case of lack of constancy within a melody, indistinct tone production, or faulty unison – and rather reckon that the number of intervals and series of tones is large, and reduce our estimate subsequently, than blur the subtleness of fine tonal distinctions from the start through a priori assumptions.

[44] Intonations were regarded as "accidental" when motor reaction (vocal or instrumental technique) fell short of the acoustical intent (imagined tone or interval) or when the latter was itself vague and therefore highly variable.

aprioristische Annahmen feinere Unterschiede von vornherein verwischen.

Es ist nach dem heutigen Stande unserer Kenntnisse nicht möglich, eine empirisch begründete arabische Materialleiter aufzustellen, aus der durch Auswahl bestimmter Stufen die einzelnen Gebrauchsleitern ableitbar wären. Immerhin möge die folgende Tabelle eine Übersicht über die in unseren Melodien wirklich vorkommenden Tonschritte und deren Häufigkeit geben, und zwar gibt die erste Hälfte der Tabelle die „diatonischen," d.h. zwischen zwei benachbarten Leiterstufen liegenden, die zweite die „nichtdiatonischen," d.h. mit Überspringen einer oder mehrerer zwischenliegender Leiterstufen gebrauchten Intervalle. Als Schema für die Gruppierung der Werte wurde die temperierte Vierteltonleiter (0, 50, 100, 150 usw. Cents) zugrunde gelegt; es wurden also beispielsweise alle Werte zwischen 275 und 325 Cents als „kleine," alle Werte zwischen 325 und 375 Cents als „neutrale" Terzen betrachtet und zu Mittelwerten vereinigt. Dieses Vorgehen ist insofern nicht ganz willkürlich, als eine Leiter von 24 Stufen in der Oktave von den heutigen Arabern nach dem übereinstimmenden Zeugnis der modernen Musiktheoretiker als Materialleiter allgemein anerkannt wird (Collangettes 1904–06: 411). Nur über die genaue Größe der Intervalle herrscht Uneinigkeit. Während Mikaʾīl Mīšaqah (1899) aus Damaskus seinem (um 1830 geschriebenen, vgl. Eli Smith 1849: 171ff.) System, das – wenigstens in Syrien – weite Verbreitung unter den praktischen Musikern gefunden haben soll (Parisot 1899: 281), eine gleichstufig temperierte Vierteltonleiter zugrunde legt, hält P. Collangettes (1904–06: 419ff.) auf Grund ausgedehnter Untersuchungen (und Messungen an Instrumenten) Intervalle für intendiert, die sich im wesentlichen an die von den mittelalterlichen Theoretikern überkommene Tradition halten; die Stufen weichen aber von der Temperatur so wenig

It is not possible in the present state of our knowledge to construct on an empirical basis an Arabic materialleiter from which the individual gebrauchsleiter could be said to be derived by the selection of certain pitches. Nevertheless, the following tables give a survey of the intervals actually appearing in our melodies as well as their frequency of occurrence; the first half of the table gives the "diatonic" intervals, that is, the intervals between two adjacent degrees of the scale, and the second half gives the "non-diatonic" intervals, that is the intervals used with leaps over one or more intermediate degrees of the scale. As a scheme for the grouping of the values, the tempered quarter tone degrees (0, 50, 100, 150, etc., cents) were used as a basis; for example, all values between 275 and 325 cents were regarded as "small" thirds, all values between 325 and 375 cents as "neutral" thirds, and reduced to mean values.

These procedures are not entirely arbitrary since a scale of twenty-four degrees in the octave is generally recognized as materialleiter among present day Arabs, according to the consensus of contemporary music theoreticians (Collangettes 1904–06: 411). There is disagreement only concerning the exact size of the intervals. Mikaʾīl Mīšaqah (1899), from Damascus, bases his system (written around 1830 – cf. Eli Smith 1849: 171ff.) upon a tempered quarter tone scale of equal size intervals, which has – at least in Syria – found a wide diffusion among performing musicians (Parisot 1899: 281); whereas P. Collangettes (1904–06: 419ff.) believes, on the basis of his extensive investigations (and measurements on instruments), that intervals were intended that in essence follow the tradition handed down from the theoreticians of the Middle Ages. But, the degrees deviate so slightly from the temab,[45] daß wir jedenfalls annehmen dürfen, daß auch unsere Mittelwerte den psychologischen Tatbestand wenigstens annäherungsweise wiedergeben. Die Zahlen können aber nur zu einer vorläufigen Orientierung dienen.

perament[45] that we may readily assume that our mean values also reflect, at least approximately, the psychological facts. However, the figures can only serve for temporary orientation:

Gebrauchsintervalle/Intervals Employed

	temp.	Diatonische Intervalle/ Diatonic Intervals: Mittel in Cents Mean in Cents	Gewicht Preponderance	M.V.	Nichtdiatonische Intervalle/ Non-diatonic Intervals: Mittel in Cents Mean in Cents	Gewicht Preponderance	M.V.
Viertelton/Quarter tone	50	58·7	3	1·8			
Halbton/Semitone	100	103·6	17	15			
Dreivierteltton/Three-quarter tone	150	149	36	11			
Ganzton/Whole tone	200	199·4	36	11·8			
Fünfviertelton/Five-quarter tone	250	242·7	12	11·5	245·5	4	11·5
Kleine Terz/Minor third	300	296	1	—	308·4	24	9
Neutrale Tertz/Neutral third	350	337·5	2	3·5	352·6	23	8·3
Große Tertz/Major Third	400	413	1	—	390·3	12	11·4
—	450	—	—	—	448·6	8	8
Quarte/Fourth	500	—	—	—	500·2	17	14·5
—	550	—	—	—	547·5	6	14·2
Triton/Tritone	600	—	—	—	592·7	3	14·2
—	650	—	—	—	659·5	4	8·5
Quinte/Fifth	700	—	—	—	691·7	3	11·6
—	750	—	—	—	735·3	6	8·3

41 Aus der Zusammenstellung geht hervor, daß Intervalle von der Größe eines Dreivierteltons ebenso häufig und ebenso genau intoniert werden wie Ganztöne. Ebenso verhält es sich mit den neutralen im Vergleich zu den kleinen Terzen. Da mit zunehmender Intervallgröße die Frequenz stark abnimmt, ist oberhalb der Quarte ein Schluß auf die Intentionen der Musiker noch unsicherer. (Außer den in der Tabelle angeführten fanden sich noch folgende Intervalle je einmal: 777, 868, 978 Cents). Die Vierteltöne, über deren mutmaßliche Entstehungsursache oben schon einiges bemerkt ist, sind so spärlich vertreten, daß sie wohl kaum als solche gemeint sein dürften. Die oft gehörte Behauptung, die

The tabulation suggests that intervals 41
of the size of a three-quarter tone are just as numerous and are sung just as accurately as whole tones. The situation is the same with the neutral thirds in comparison with the minor thirds. Since the frequency of their occurrence greatly decreases with the increasing size of the intervals, it is risky to draw any conclusions regarding intervals larger than a fourth, as to what intonation the musicians really intended. (Besides the interval included in the tables, the following intervals occurred only once: 777, 868, and 978 cents.) The quarter tones, of whose conjectured origin we have already spoken, are represented so sparsely that they are most probably not meant as

[45] Die mittlere Abweichung beträgt 5 Cents, die größte (beim Tritonus) 12 Cents. Für homophone Vokalmusik fallen diese Beträge sicher in die Grenzen der zufälligen Schwankungen.

[45] The mean deviation amounts to 5 cents, the largest (with the tritone) to 12 cents. For homophonic vocal music, these totals definitely fall within the bounds of accidental variations.

Araber „musizierten in Vierteltönen“ ist also keinesfalls so zu verstehen, als ob ihre Musik chromatischer wäre, als die modern-europäische. Im Gegenteil: sogar der Gebrauch der Halbtöne tritt stark zurück und chromatische Gänge, in denen mehrere Halbtonschritte hintereinander folgen, finden sich nur ganz vereinzelt. (Vgl. S. 376). Die sehr interessante und wichtige Frage, wie nun durch Auswahl einzelner Stufen aus dem gesamten Tonsystem die einzelnen arabischen Tonleitern gebildet werden, können wir hier ganz flüchtig berühren. Die bisherigen (modernen) Darstellungen dieses Kapitels der arabischen Musiktheorie (namentlich J. Parisot 1898, 1899) fußen auf der erwähnten Abhandlung von Mīšaqah und leiden, wie wohl auch das Original, an zahlreichen Unklarheiten und Unstimmigkeiten. Es hat den Anschein, als bezeichneten die Namen „rast, māhūr, subʿa, duqqa, ḥiǧāz usw.“ Begriffe, die weder unsern „Tonleitern,“ noch unsern „Tonarten“ oder „Moden“ entsprechen, sondern, viel komplexer als diese, eher den indischen *Rāgas* zu vergleichen wären, sich also kurz etwa als normative Melodieschemata charakterisieren ließen.[46] Eine eingehende Begründung dieser Ansicht würde eine Abhandlung für sich erfordern und muß daher einer anderen Gelegenheit vorbehalten bleiben. Ebensowenig kann vorderhand der Versuch gemacht werden, unsere Melodien bestimmten Typen zu subsumieren. Ich habe es daher auch grundsätzlich unterlassen, die Melodien auf „Haupttöne,“ „Tonalität“ usw. zu untersuchen. Daß sich, wie in aller Musik, bestimmte Töne als melodische Schwerpunkte auszeichnen, ist selbstverständlich; daß es unstatthaft, wo nicht unmöglich ist, homophone (bzw. heterophone) Musik nach europäischer Weise harmonisch-tonal zu interpretieren, ist schon wiederholt betont worden (vgl. namentlich Abraham u. Hornbostel 1905) und wird auch durch

[46] Vgl. oben S. 162ff.

such. The often heard assertion, that Arabs "make music in quarter tones," is on no account to be taken to mean that their music is more chromatic than that of modern Europe. On the contrary, even the use of the semitones plays an inferior role and chromatic chains, in which several semitone intervals follow in succession, are found only rarely (cf. p. 376). The very interesting and significant question, as to how the individual Arabic scales are built from the selection of single steps out of the entire tonsystem, can be treated here only very briefly. Hitherto modern expositions of this chapter of Arabic music theory (mainly J. Parisot 1898, 1899) have been based upon the treatise by Mīšaqah, previously referred to, and suffer from numerous obscurities and contradictions, as the original treatise must have done. It seems as though the words *rast, māhūr, subʿa duqqa, ḥiǧāz,* etc., refer to concepts which correspond neither to our scales nor to our keys or modes but are much more complex than these and are comparable rather to the Indian *rāgas*; in short, that they could be characterized briefly as *normative melodic schemata.*[46]

A thorough proof of this view would require a treatise by itself and therefore must be left for another occasion. Nor can an attempt be made, for the time being, to classify our melodies according to specific types. Therefore, I have on principle refrained from an examination of the melodies in respect of "principal tones," "tonality," etc. The fact that certain tones distinguish themselves as tone centers is to be taken for granted, as in all music; that it is inadmissible, if not impossible, to interpret homophonic (respectively, heterophonic) music in terms of European harmonic-tonal modes, has already been repeatedly stressed (cf. mainly Abraham and Hornbostel 1905), and is again verified in our melodies. Thus we can restrict

[46] Cf. above p. 162s.

unsere Melodien aufs neue bestätigt. – Wir können uns also hier darauf beschränken, auf einige gutcharakterisierte Leitertypen, die schon bei der Analyse der Notenbeispiele erwähnt wurden, nochmals hinzuweisen. Als Normalleiter scheint, seit Zalzāls Zeiten (8. Jahrh. n. Chr.), bei den Arabern eine Tonreihe von der Form:

ourselves here to pointing out again several well-characterized kinds of scale which had already been mentioned in the analysis of the music examples.

It seems that among the Arabs, since the time of Zalzāl (eighth century A.D.), a tone series functioned as the scale norm in the form:

g		*a*		*h̄*		*c*		*d*		*ē*		*f*		*g*
	200		150		150		200		150		150		200	
0		200		350		500		700		850		1000		1200

zu gelten; alle anderen Leitern werden aus dieser durch Alteration der Stufen abgeleitet. Diese, auch der schottischen Sackpfeife eigentümliche Skala, ist von Miṣqaʿ, dem Hauptmusiker der Berliner Truppe, ganz zweifellos intendiert, und zwar sowohl auf der Sackpfeife, als auf der Laute und beim Gesang. Der Befund ist hier durch mehrfache Aufnahmen (auch an verschiedenen Tagen) gesichert. Ich stelle die beiden nur in bezug auf die Quinte wesentlich voneinander abweichenden Tonreihen, die aus den unter Nr. 6 und 18 vereinigten 6 Phonogrammen gewonnen sind, hier nochmals zusammen. (Die Intervalle sind diesmal auf den tiefsten, mit dem melodischen Hauptton zusammenfallenden Ton bezogen).

All other scales were derived from this by altering the degrees. Miṣqaʿ, chief musician of the Berlin troup, undoubtedly intended this scale – also typical for the Scottish bagpipe – on the bagpipe and the lute, as well as in song. The evidence is documented by numerous recordings (made on different days). I have again placed the values of two of the tone series side by side: they vary essentially only with regard to the fifth. Obtained by combining six recordings, they are listed as nos. 6 and 18. (The intervals in this arrangement relate to the lowest tone which coincides with the principal melodic tone.)

			+		(–)	+
	a	*h*	*c*	*d*	*e*	*f*
Nr. 6.	0	220	361	518	668	868
Nr. 18.	0	221	349	516	709	851

42 Ähnliche Tonreihen, z.T. mit der großen Sexte an Stelle der neutralen, finden sich in Nr. 5, 9, 10 und 14a.

43 Das unter Nr. 12 besprochene Dreivierteltontetrachord liegt auch den Leitern von 4, 7, 13 und 14b zugrunde und ist auch in 10 zu beobachten.

44 Zweimal (in Nr. 8 und 17) begegnen wir der sog. „Zigeunerleiter," die durch einen von zwei Halbtönen eingeschlossen übermäßigen Sekundschritt charakterisiert ist.

Similar tone progressions, some of them with the major sixth in place of the neutral sixth, are found in nos. 5, 9, 10, and 14a. 42

The *three-quarter tone tetrachord* discussed under no. 12 also forms the basis for the scales of 4, 7, 13, and 14b, and it can also be observed in no. 10. 43

We twice encounter (in nos. 8 and 17) the so-called Gypsy scale, which is characterized by an augmented second flanked on each side by a semitone. The scales of 44

– Die Leitern der beiden Berberlieder (19, 20), die sich auch durch ihre Melodik scharf von den übrigen (arabischen) Stücken abheben, zeichnen sich durch einen großen Terzensprung aus – wenn diese Tonreihe überhaupt als „Leiter“ im gewöhnlichen Sinne betrachtet werden darf.

2. Rhythmus

45 In den tunesischen Melodien sind die zweiteiligen Rhythmen weitaus überwiegend. Überall, wo wir 4 Viertel zu einer Gruppe zusammengefaßt haben, wird man ebensogut einen $\frac{2}{4}$-Takt annehmen können; auch wo sich aus melodischen Rücksichten die Gliederung nach $\frac{6}{4}$ empfahl (Nr. 13), wäre eine Unterteilung nach $\frac{2}{4}$ möglich. Die Stücke, deren starkes Rubato die Rhythmisierung mehr oder minder willkürlich machte (Nr. 6, 10, 11, 13 Solo) kommen hier zunächst nicht in Betracht. Auch die beiden Berberlieder (19, 20), die einen klaren $\frac{3}{4}$-Takt zeigen, müssen ausscheiden. Wir finden dann $\frac{3}{4}$-Takte nur mehr in den Liedern 1, 3 und 4. Allein auch hier ist es sehr fraglich, ob unsere, rein melodischen Kriterien folgende Rhythmisierung mit der Auffassung der Sänger übereinstimmt. In Nr. 4 haben wir sogar Gruppen von zwei $\frac{4}{4}$-Takten angenommen und nur, wenn wir die Atempausen als maßgebend betrachten, erhalten wir Gruppen von 5 und 3 Vierteln. Solch komplizierte Einteilungen zeigen auch Nr. 1 ($3 + 3 + 3 + 2 = 11$ Viertel) und Nr. 3 ($5 + 3 + 5 = 13$ Viertel). In ähnlicher Weise werden wir Nr. 9 ($5 + 5 + 2 = 12$ Viertel) auffassen, eventuell auch Nr. 2 ($4 + 4 + 4 + 4 + 5 = 21$) und Nr. 5 ($4 + 4 + 3$).[47]

46 Die Zusammenfassung längerer Perioden zu einer Gruppe, verbunden mit großer

[47] Analoga zu diesen Verhältnissen zeigen die arabischen Versmaße; die arabische Metrik ist übrigens von der musikalischen Rhythmik vollkommen unabhängig. Vgl. M. Hartmann 1896: 30.

both Berber songs (nos. 19 and 20), which also stand in contrast to the other (Arabic) pieces by their melody line, are differentiated by a leap of a major third – if this tone series can be regarded as a scale at all in the normal sense of the word.

2. Rhythm

In the Tunisian melodies bipartite rhythms predominate by far. Wherever we joined four quarter notes together into one group, we could have equally well accepted a $\frac{2}{4}$ meter; where an articulation in $\frac{6}{4}$ is recommended (no. 13) for melodic considerations, a sub-division in $\frac{2}{4}$ would also have been possible. The pieces, whose strong rubato made the choice of a rhythm more or less arbitrary (nos. 6, 10, 11 and 13 Solo), will not concern us at present. Both Berber songs (19 and 20), which clearly exhibit a $\frac{3}{4}$ meter, must also be excluded. As for the other songs, we find $\frac{3}{4}$ meters only in 1, 3, and 4. Even here it is very questionable whether our rhythmic organization, which follows purely melodic criteria, agrees with the disposition of the singers. In no. 4 we have assumed groups of two $\frac{4}{4}$ measures, and only if we regard the breathing pauses as essential do we obtain groups of five and three quarter notes. Such a complex organization is also exhibited in no. 1 ($3 + 3 + 3 + 2 = 11$ quarter notes) and no. 3 ($5 + 3 + 5 = 13$ quarter notes.) In a similar manner we may interpret no. 9 ($5 + 5 + 2 = 12$ quarter notes) and possibly no. 2 ($4 + 4 + 4 + 4 + 5 = 21$) and no. 5 ($4 + 4 + 3 = 11$).[47] 45

The combination of long periods in a single group, in conjunction with great freedom and variety in the internal structure, is easier in homophonic music than 46

[47] The Arabic verses exhibit analogs for these relationships; moreover, the Arabic meter is completely independent of the musical rhythm. Cf. M. Hartmann, 1896: 30.

Freiheit und Abwechslung der inneren Gliederung, ist in homophoner Musik leichter als in unsrer harmonischen und findet sich auch z.B. in indischen Melodien (vgl. Abraham u. Hornbostel 1904a). Durch die Freiheiten, die das einstimmige Musizieren gewährt, erklären sich auch die Verlängerungen und Verkürzungen, die wir so häufig in unseren Melodien finden,[48] namentlich am Schluß einer Periode, wo Pausen nicht voll oder übermäßig ausgehalten werden; ferner die Einschiebungen (vgl. den $\frac{2}{4}$-Takt in Nr. 1, der wohl als Auftakt gedacht ist, und die $\frac{2}{4}$ in Nr. 18a); endlich Taktwechsel, wie $\frac{4}{4}$ zwischen $\frac{6}{4}$ (Nr. 13, 14b).[49]

47 Die dynamischen Akzente stimmen zum Teil mit unseren Gewohnheiten überein. So werden in 14a alle guten Taktteile betont, ebenso in 13; nur erscheint hier auch das letzte Achtel der ganzen Periode (von 12 Vierteln), der Auftakt, akzentuiert. Aber auch uns ist diese Hervorhebung des Auftaktes (infolge der Erwartungsspannung) nicht unbekannt. Der erste Trommelrhythmus in 17 betont (unter Annahme eines $\frac{4}{4}$-Taktes) die guten Taktteile (1 und 3) und den Auftakt (4) und läßt nur das schwächste Achtel (2) unbetont. Soweit wäre alles ganz einfach.

48 Wie aber sind die Trommelrhythmen in Nr. 15b (˥ ˥ ♪ ♪ ♪ ˥ ˥ ♪), im Schlußteil von 17 (˥˥ ˥ ♪˥˥ ♪˥), und gar in Nr. 18 (˥˥ ˥ ♪˥˥ ♪˥ | ˥ ♪˥˥ ♪˥˥ ♪) zu erklären? Hier sind bald gute, bald schlechte Taktteile betont und auch der Auftakt wird bald hervorgehoben, bald fallengelassen. Ja, wie aus Nr. 18 unzweifelhaft hervorgeht, fallen die Trommelschläge bei den Wiederholungen desselben Melodieteiles gar nicht einmal auf dieselben Noten: der

[48] [Zusatz 1921.] Auch diese sind nicht willkürlich, sondern stehen stets in bestimmtem Verhältnis zum Trommelrhythmus. [L.].

[49] Dieselben Eigentümlichkeiten finden sich ebenfalls in indischen und auch in alten europäischen (z.B. englischen) Volksmelodien; vgl. T. H. Yorke Trotter 1904–05: 465.

in our harmonic music, and is also found, for example, in Indian melodies (cf. Abraham and Hornbostel 1904a: [this ed. p. 177]. The liberty which monophonic music-making allows can also account for the extensions and shortenings which we quite often encounter in our musical examples,[48] particularly at the end of a period, where rests are not fully or unduly sustained; furthermore, it may account for the insertions (cf. the $\frac{2}{4}$ measure in no. 1, which is probably intended as an up-beat, and the $\frac{2}{4}$ measure in no. 18a), and finally for the change in time signature between $\frac{4}{4}$ and $\frac{6}{4}$ (nos. 13 and 14b).[49]

The dynamic accents agree in part with our usage. Thus all strong beats are stressed in 14a, as in 13; but in B, the last eighth note of the whole period (of twelve quarter notes), the up-beat is also accented. This emphasis of the up-beat (as a result of the tension of expectation) is not unfamiliar to us. The first drum rhythm in no. 17 stresses the strong beats 1 and 3 (if we assume a $\frac{4}{4}$ meter) and the up-beat (4), and only leaves the weakest eighth note (2) unstressed. So far everything should be simple. 47

But how are the drum rhythms in no. 15b (˥ ˥ ♪ ♪ ♪ ˥˥ ♪) and in the closing section of no. 17 (˥˥ ˥ ♪ ˥˥ ♪ ˥), and even in no. 18 (˥˥ ˥ ♪ ˥˥ ♪ ˥ | ˥ ♪ ˥˥ ♪ ˥˥ ♪) to be explained? Here, sometimes strong, sometimes weak beats are stressed, and the up-beat is now given prominence, then dropped. Indeed, as no. 18 conclusively shows, the drum beats do not fall on the same note during the repetition of the same part of the melody: the drum rhythm 48

[48] [Postscript 1921]. These are not arbitrary either, but always stand in a direct relationship to the drum rhythms. [L.].

[49] Likewise, the same characteristics are found in Indian and old European (e.g., English) folk melodies; cf. T. H. Yorke Trotter 1904–05: 465.

Trommelrhythmus geht ruhig weiter, während der Melodierhythmus sich um einen halben Takt verschiebt.[50] Offenbar sind beide voneinander in hohem Grade unabhängig.

49 Wir dürfen, glaube ich, in der Verquickung zweier selbständiger rhythmischer Motive ein vollständiges Analogon zu der kontrapunktischen Vereinigung verschiedener melodischer Motive suchen. Wenn wir die Polyphonie einer Fuge entwirren, so verteilen wir unsere Aufmerksamkeit auf die verschiedenen Stimmen und hören ohne besondere Anstrengung bald hier, bald dort das Hauptthema auftauchen, dessen allgemeine Form (in der neueren Psychologie als „Gestaltqualität" bezeichnet) sich uns eingeprägt hat. Ebenso können mehrere rhythmische Motive „gleichzeitig" erfaßt werden. Die Gestaltqualität des Trommelrhythmus bleibt vielleicht mehr im Hintergrunde des Bewußtseins, ohne die Auffassung des Melodierhythmus zu stören. Im Gegenteil: das Gegeneinanderarbeiten beider bildet offenbar einen besonderen Reiz. Mehrere Umstände tragen überdies zur Erleichterung der Analyse bei. Einmal ist das rhythmische Gegenmotiv kurz und wiederholt sich beständig, wie ein basso ostinato.[51] Dann hebt es sich durch eine völlig andere Klangfarbe von der Gesangs- oder Instrumentalmelodie ab. Endlich darf man nicht vergessen, daß der

proceeds undaunted while the melody rhythm shifts by half a measure.[50] Both

rhythms are obviously highly independent of each other.

We can see, I believe, in the interaction 49
between two independent rhythmic motifs, a perfect analogy to the counterpoint of different melodic motifs. When we unravel the polyphony of a fugue, we divide our attention among the various voices and we hear without special effort the principal theme, appearing now here, now there, whose overall shape (referred to in modern psychology as *gestaltqualität*) impresses itself upon us. In the same way the rhythmic motifs can be comprehended "simultaneously." The gestalt of the drum rhythm remains perhaps more in the background of consciousness, without disturbing the perception of the melodic rhythm.

Actually, the working-against-each other of both forms obviously can be said to have special attraction. A number of circumstances contributes to make the analysis of this phenomenon easy: first of all, the rhythmic counter-motif is short and is repeated continually like a basso ostinato;[51] secondly, it forms a contrast with the vocal or instrumental melody because of its completely different timbre.

[50] Genau dieselbe Eigentümlichkeit fand ich neuerdings auch bei einer chinesischen Melodie.

[51] Es scheint mir auch sehr wahrscheinlich, daß die Araber (und Inder) stereotype rhythmische Trommelmotive besitzen, die zu beliebigen Gesang- oder Instrumentalmelodien geklopft werden können und mit diesen nur bezüglich der Anzahl der Einheiten innerhalb einer Periode übereinzustimmen brauchen. Diese Trommelmotive (ind. Tāla?) würden das Analogon der Rāgas auf rhythmischen Gebiet darstellen. Araber wie Inder besitzen außer Namen für die einzelnen rhythmischen Motive auch Solmisationssilben zu ihrer Darstellung. (Vgl. hierzu namentlich P. J. Thibaut 1906. Die Notiz enthält zahlreiche Unklarheiten und Druckfehler und bleibt ohne die Ergänzungen [Thibaut 1906: 428f.] überhaupt unverständlich.)

[50] Recently I found precisely the same characteristics in a Chinese melody.

[51] It appears very likely to me that the Arabs (and Indians) possess stereotyped rhythmic drum motives, which can be beaten out for any vocal or instrumental melody, and which must correspond to those melodies only in the number of units in a period. These drum motives (Indian *tāla*?) would represent rhythmical parallels to *rāgas*. Arabs, like Indians, in addition to the names for the individual rhythmic motives, possess solmization syllables for their representation. Cf. in particular P. J. Thibaut 1906. The note contains numerous obscurities and typographical errors, and without the supplement (Thibaut 1906: 428f.) it would remain completely incomprehensible.

Araber für rhythmische Feinheiten nicht nur eine viel größere persönliche Übung, sondern auch eine Jahrhunderte alte Überlieferung voraus hat.[52]

50 Die Schlaginstrumente spielen in der orientalischen Musik eine ungleich größere Rolle, als bei uns; begünstigt durch die ausschließliche Homophonie wurde der Rhythmus dasjenige Gebiet, auf dem sich die Erfindungsgabe besonders betätigen konnte. Die Behandlung der Trommel wurde zu einer fein differenzierten Kunst ausgebildet, die der Virtuosität auf anderen Instrumenten nicht nachsteht. Akzente verschiedener Stärke und Klangfarbe (Rand, Mitte) konnten auf demselben Instrument miteinander wechseln, mehrere Trommeln konnten gleichzeitig verschiedene rhythmische Motive ausführen.[53] Kurz, es entstand eine rhythmische Polyphonie, zu der wir in Europa nur gelegentlich schwache Ansätze finden (z.B. in der Vokalmusik des 15. und 16. Jahrhunderts).

51 Wenn die musikalische Rhythmik und die Metrik der Araber sich auch unabhängig voneinander entwickelt haben, so dürf-

Finally, one should not forget that the Arab not only has more personal exposure to rhythmic refinements but also the advantage of centuries of tradition behind him.[52]

Percussive instruments play a disproportionately larger role in Oriental music than in our own; favored by the executive homophony, rhythm becomes the main sphere for Arab inventiveness. The technique of drumming developed into a sophisticated art, which does not lag behind virtuosity on other instruments. Accents of various stresses and timbres (rim, centre) alternate with one another on the same instrument; different rhythmical patterns can be executed on several drums simultaneously.[53] In short, a rhythmic polyphony developed, for which we can only occasionally find faint beginnings in Europe (e.g., in the vocal music of the fifteenth and sixteenth centuries). 50

Though the musical rhythm and meter of the Arabs developed independently of each other, the high perfection which both 51

[52] Eine Anekdote aus dem *Kitāb al-aġānī* berichtet, daß einstmals am Hofe des Khalifen Al-Mamūn (zweite Hälfte des 8. Jahrhunderts) ein Sänger namens ʿAkid im Rhythmus *ramal* gesungen habe, während ein Lautenspieler ihn im Rhythmus *hazaǧ* begleitete. Der berühmte Musiker ʾIbrahīm ibn Al-Maḥdi fand an diesem Vortrag nichts auszusetzen, wohl aber sein Konkurrent, der Sänger ʾIšāq (Barbier de Meynard 1869: 337). Jedenfalls beweist die Erzählung, daß rhythmische Kontrapunktik bei den Arabern schon über 1000 Jahre in Übung ist.

[53] Solche Trommelbegleitungen hörte Salvador Daniel in Algier (S. Daniel 1863: 51); er fand auch u.a. einen Trommelrhythmus von der Gliederung 2 + 4 oder 2 + 2 + 2 einem Melodierhythmus 3 + 3, einen Trommelrhythmus 3 + 3 + 2 einem Melodierhythmus von achtgleichwertigen (?) Schlägen entgegengesetzt (S. 50). Er spricht auch, offenbar in demselben Sinn, wie wir von rhythmischem Kontrapunkt, von einer „harmonie rhythmique“ (S. 19). Sehr interessante Beispiele auch bei Loret 1885. – In der Literatur werden auch eigene Kompositionen für die Trommel erwähnt (vgl. Kiesewetter 1842: 54).

[52] An anecdote from the *Kitāb al-aġānī* informs us that once, at the Court of the Caliph Al-Mamūn (in the second half of the eighth century), a singer named ʿAkid had sung in the rhythm *ramal*, while a lute player accompanied him in the rhythm *hazaǧ*. The famous musician ʾIbrāhîm b. al-Maḥdi found nothing faulty in this performance, but his competitor, the singer ʾIšāq, did. (Barbier de Meynard 1869: 337.) In any case, the narration demonstrates that rhythmic counterpoint among the Arabs has been a practice for over one thousand years.

[53] Salvador Daniel (1863: 51) heard such drum accompaniments in Algieria; he also found a drum rhythm with the organization 2 + 4 or 2 + 2 + 2 for a melody rhythm 3 + 3, and a drum rhythm 3 + 3 + 2 for a contrasting melody rhythm composed of eight equi-durational beats (Ibid., p. 50). He also spoke, obviously in the same sense as we speak of rhythmic counterpoint, of a "harmonie rhythmique" (Ibid. p. 19). Very interesting examples can also be found in Loret 1885. Compositions for the drum specifically are also mentioned in literature (cf. Kiesewetter 1842: 54).

te doch die hohe Vollkommenheit, die beide selbst in ihren volkstümlichen Äußerungen erreicht haben, auf einerlei, vielleicht der Rasse eigentümliche Anlage zurückzuführen sein.[54]

52 Auch das Tempo rubato, dem wir in arabischen Melodien häufig begegnen (vgl. Nr. 6, 10, 11, 13), ist als Produkt eines hochdifferenzierten rhythmischen Gefühls zu verstehen. Hier herrscht Freiheit, aber nicht Willkür.[55] Es mag zunächst befremden, wenn wir gerade in Tanzmelodien freie Rhythmen finden; doch müssen wir uns gegenwärtig halten, daß in Tunis Tanz, wenn nicht ausschließlich, so doch vorzugsweise Bauchtanz bedeutet. Die Fußbewegungen treten in den Hintergrund gegenüber der Arm- und Körperbewegung; von einer Koinzidenz der Schritte mit den dynamischen Akzenten ist keine Rede. Vielleicht sind auch die Tanzbewegungen mehr durch die melodische Linie beeinflußt, als durch die rhythmische Gliederung.[56] Auch der Ausdruck des Affekts dürfte der Musik und der Tanzgebärde gemeinsam sein.

3. Aufbau und Melodik

53 Neben der rhythmischen Gliederung der kürzeren Einzelmotive – der Kleinrhythmik – verdient auch die Architektonik der größeren Melodieteile – die Großrhythmik –

[54] „Man findet bei allen Arabern, die irgendein Interesse für Poesie haben, und ihre Zahl ist sehr groß, ein außerordentlich fein entwickeltes Gefühl für Metrik und ich habe wiederholt beobachtet, daß Leute, bei denen ich kaum irgendwelche Bildung, am allerwenigsten metrische Kenntnisse vermutete, wenn ich Lieder vortrug, ganz instinktmäßig sofort aufmerksam wurden, sobald im Metrum die geringste Störung vorkam." (E. Sachau 1890).

[55] Vgl. die Bemerkungen zu Nr. 10.

[56] Vgl. Hornbostel 1904a [Zusatz 1921.] Melodien, die etwa irrtümlich als Tanzgesänge bezeichnet, tatsächlich aber „Maqām-Modelle" wären, bedürfen keiner besonderen Erklärung ihrer freien Rhythmik, da diese eben der Modellform eigentümlich ist. [L.]

attained, even in their folk expression, may be traced to a single factor, possibly to a natural talent characteristic of the race itself.[54]

The tempo rubato, which we encountered often in the Arabic melodies (cf. nos. 6, 10, 11, and 13), is to be understood as a product of a highly differentiated sense of rhythm. Here freedom, but not arbitrariness, reigns.[55] It may at first appear strange to find free rhythms in – of all places – dance melodies; nevertheless, we must remember that in Tunisia dancing is mainly, though not exclusively, belly dancing. The movement of the feet is less important than arm and body movement; one cannot speak of steps to coincide with the dynamic accents. Perhaps the movements of the dance are influenced more by melody than by rhythm.[56] The expression of affect is probably common to the music and the dance gestures. 52

3. Structure and Melody

Apart from the rhythmic structure of the shorter individual motifs – the *microrhythm* – the "architecture" of the larger melody sections – the *macrorhythm* – 53

[54] "One discovers among all Arabs who possess an interest in poetics, and their number is very large, an extremely well-developed sense for meter. I have repeatedly observed, when I sang songs, that people whom I suspected of being hardly educated, least of all with a knowledge of metrics, at once became fully attentive, quite instinctively, as soon as the slightest distortion appeared in the meter." (E. Sachau 1890).

[55] Cf. the comments to no. 10.

[56] Cf. Hornbostel 1904a [Postscript 1921]. Melodies, which were erroneously designated dance songs but were in fact "*maqām* models," do not require a special explanation for their free rhythm, since this is precisely characteristic of the model form. [L.]

eine kurze Betrachtung. Die meisten der mitgeteilten Stücke sind Volkslieder und als solche sehr einfach gebaut. Ein kurzes Motiv, mit verschiedener Schlußbildung (Nr. 4) oder leichter Variation (Nr. 8) wiederholt, bildet die ganze Melodie; oder die Teile gliedern sich in symmetrische Taktgruppen (Nr. 2, 3, 7, 9). Diese kurzen Melodien werden, nach Art unserer Couplets, unzählige Male wiederholt (Nr. 3, 4, 5, 7, 8, 13^2, $14a^2$, 14b). Andere Stücke sind unserem Rondo vergleichbar: mehrere verschiedene, meist gleichlange Teile wechseln in bunter Reihe miteinander. Die Anordnung der Teile läßt häufig ihrerseits einen bestimmten Plan erkennen (Nr. 9, 12b, 15a), manchmal dagegen scheint sie dem Belieben des Vortragenden anheimgestellt (Nr. 1^1, 12a, 15b, 20a, 20b). Einem regelmäßig gebauten Abschnitt geht zuweilen ein frei rhapsodisch gestalteter voraus (Nr. 13, 14a) oder folgt ihm nach (Nr. 1, 15b); zuweilen fallen diese Vor- und Nachspiele dem begleitenden Instrument zu (Nr. 16, 18b, 18c). – Eine eigentümliche freie Form finden wir in einigen Melodien (Nr. 6, 10, 11): einzelne, voneinander recht verschiedene Phrasen haben den Ausgangs- oder Endpunkt der melodischen Linie (oder beide) gemeinsam; es entsteht dadurch, bei aller Freiheit, eine gewisse Geschlossenheit, die an die Formen der orientalischen Dichtung erinnert. – Bemerkenswert ist ferner die Transposition der Melodie auf die tiefere Quarte bei der Wiederholung in Nr. 2 (auch in 17C3α), sowie die melodische Sequenz in 18a. In einigen Melodien (17, 18) haben wir es mit ausgesprochenen Kunstformen zu tun: die Wiederholung und Umgestaltung der Motive, die Art ihrer Verbindung, das großrhythmische Verhältnis der Perioden – all dies erweckt den Eindruck beabsichtigter Verfeinerung. Die Kunst des musikalischen Strophenbaus bildet hier ein Seitenstück zu der feindifferenzierten musikalischen Verskunst, der Rhythmik (im engeren Sinne). – Betrachten wir in den tunesischen Melodien

merits consideration at least briefly. Most of our musical examples are folk songs and, as such, are very simply constructed. A short motif repeated with various kinds of cadence (no. 4), or minor variations (no. 8), forms the complete melody; otherwise the sections are arranged symmetrically in groups of measures (nos. 2, 3, 7, and 9). These short melodies are repeated innumerable times in the style of our couplets (nos. 3, 4, 5, 7, 8, 13^2, $14a^2$, and 14b). Other pieces are comparable to our rondo: several different sections, mostly of identical length, alternate with one another in colorful sequence. The arrangement of the sections, for their part, often reveals a definite plan (nos. 9, 12b, and 15a), but sometimes it is left up to the performer's discretion (nos. 1^1, 12a, 15b, 20a, and 20b). A free rhapsodic section sometimes precedes (nos. 13 and 14a) or follows (nos. 1 and 15b) an evenly constructed section; now and then these preludes and postludes fall to the accompanying instrument (nos. 16, 18b, and 18c).

A strange free form is found in some melodies (nos. 6, 10, and 11); individual phrases differing substantially from each other have a common beginning or ending (or both) to the melodic lines; in spite of all this freedom some compactness is achieved, reminiscent of form in Oriental poetry.

Also noteworthy are the transposition in the repetition of the melody to the lower fourth in no. 2 (also in 17C3α) and the melodic sequence in no. 18a. In some melodies (nos. 17 and 18) we are confronted with pronounced artistic forms: the repetition and the transformation of the motifs, the manner of their joining, the macrorhythmic relationship of the periods – all these give the impression of a conscious refinement. In this context the art of the musical verse structure forms a counterpart to the refined musical versification – the system of rhythm (in the strict sense) die melodische Linie, so fällt uns zunächst das häufige Vorkommen von Terzenschritten auf, die in keinem der mitgeteilten Stücke fehlen. Nächst den Terzen wiegen Quarten- und Quintensprünge vor; doch begegnen wir gelegentlich auch sprunghaft gebrauchten Sexten (in 6, 11, 13 und 18a), Septimen (17, 18a), Oktaven (11, 18a) und einmal sogar dem Tritonus (10). Viele dieser Sprünge fallen freilich auf ein „totes" Intervall, d.h. zwischen den Abschluß eines Motivs und den Beginn des folgenden; solche Sprünge sind melodisch von untergeordneter Bedeutung (vgl. H. Riemann 1900: 40, 1903: 14). Daß die Häufigkeit der Intervalle im umgekehrten Verhältnis steht zu ihrer Größe, scheint ein allgemeines melodisches Gesetz zu sein, das für orientalische Melodien (vgl. Abraham u. Hornbostel 1904b [diese Ausg. S. 101]) ebensogut gilt wie für europäische (vgl. H. Rietsch 1904: 102, 111). – Wirklicher Chromatik begegnen wir verhältnismäßig selten (2, 3, 19).[57] Glissandos, in denen überhaupt keine festen Tonstufen unterscheidbar sind, können natürlich nicht als chromatische Motive aufgefaßt werden. – Durch zahlreiche Melismen umrankt sind die Melodien der Blasinstrumente (4 bis 7, 12b, 14b, 20b); von den Gesangstücken sind nur die beiden alten „Tanzlieder" (10 und 11) stärker verziert. Mehrfach erscheint ein eigentümliches Glissando, dem wir auch sonst in orientalischen Melodien begegnen (Abraham u. Hornbostel 1904a, Nr. 1, 6, 14; Abraham u. Hornbostel 1904b, Nr. 22): aufsteigend als eine Art Vorschlag am Anfang von 10 und 11 (vgl. auch die abgeschwächten Formen in 1 und 2), als Rückleitung in 14a (Schluß); absteigend in 12a.

[57] [Zusatz 1921]. Gerade diese Melodien stammen von Stadtfremden: einem Araber aus Oase Qābes, einem Sudanneger und einem Marokkaner. Die Tunesische Stadtmusik kennt keine Chromatik. [L.]

If we examine the melodic line in Tunisian tunes, we are struck by the common occurrence of the interval of the third, which is absent in none of our musical examples. After the thirds, the fourth and fifth predominate; though we also occasionally encounter, in the form of leaps, such intervals as the sixth (in nos. 6, 11, 13, and 18a), the seventh (nos. 17 and 18a), the octave (nos. 11 and 18a), and even, once, the tritone (no. 10). Many of these leaps, of course, fall on a "dead" interval, i.e., between the conclusion of a motif and the beginning of the following one; melodically, such leaps are of lesser importance (cf. H. Riemann 1900: 40, 1903: 14). That the frequency of occurrence of the intervals stands in an inverse ratio to their size seems to be a general melodic norm that is valid for Oriental (cf. Abraham and Hornbostel 1904b [this ed. p. 101]) as well as European melodies (cf. Rietsch 1904: 102, 111).

We encounter true chromaticism comparatively seldom (in nos. 2, 3, and 19).[57] Glissandos, in which fixed degrees cannot be distinguished, cannot, of course, be regarded as chromatic motifs. The melodies of the wind instruments (nos. 4 to 7, 12b, 14b, and 20b) are embellished by numerous melismas; of the vocal pieces, only the old dance songs (nos. 10 and 11) are more heavily embellished. A particular kind of glissando, which we also meet in other Oriental melodies, appears several times (Abraham and Hornbostel 1904a, no. 1, 6, 14; Abraham and Hornbostel 1904b, no. 22): ascending, as a kind of appoggiatura, at the beginning of nos. 10 and 11 (cf. also the weakened forms in nos. 1 and 2) and as a means of return in no. 14a (at the close); and descending in no. 12a.

[57] [Postscript 1921]. Precisely these melodies stem from foreigners in the city: an Arab from the Qābes Oasis, a Sudanese negro, and a Moroccan. Tunisian city music knows no chromaticism. [L.]

4. Bemerkungen über die praktische Musik

54 Die Araber erscheinen, selbst mit anderen orientalischen Kulturvölkern verglichen, als ein besonders sangesfreudiges Volk. Es gibt kaum eine Gelegenheit im privaten und öffentlichen Leben, bei der nicht musiziert würde: man denke an die Arbeitsgesänge (vgl. namentlich Bücher 1902) und die Rufe der Straßenverkäufer; an die Instrumentalmusiken bei Festlichkeiten und Zeremonien; an die Straßensänger und Märchenerzähler; an die Tänzerinnen in den Harems und Cafés; an das psalmodierende Hersagen der Koranverse und die Muezzinrufe; an die Kultgesänge der christianisierten Araber, die einen Gottesdienst ohne Gesang nicht kennen (J. Parisot 1898: 5).

55 Die Lieder werden meist instrumental begleitet; ein rhythmusmarkierendes Instrument (im Notfall die Hände) ist dem Araber unentbehrlich. Die begleitenden Saiten- und Blasinstrumente bewegen sich stets unisono mit der Singstimme und führen die ritornellartigen Vor-, Zwischen- und Nachspiele aus. Auch reine Instrumentalmusik wird gepflegt, namentlich in den Küstenstädten, wo diese Art der Musikpflege hauptsächlich in den Händen der Juden liegt. Die Zusammensetzung dieser kleinen Orchester wechselt nach Zahl und Art der verwendeten Instrumente, doch sind meist die folgenden fünf beteiligt: 1. die europäische Geige, *Kamanǧah*, vom Orchesterleiter gespielt (früher und jetzt noch vielfach die arabische Geige, *Rabāb*); 2. *Qītra* (Gitarre); 3. *Qānūn* (Zither); 4. *Țār* (Tamburin); 5. *Darābukke* (Trommel) (Delphin et Guin 1886).

56 Für den Europäer ist es erstaunlich, daß die Araber keine Notenschrift kennen und höchstwahrscheinlich auch nie gekannt haben. Zwar haben einige Theoretiker des Mittelalters gelegentlich versucht, Melodiebeispiele zu notieren (vgl. de la Borde 1780 vol. I: 185ff.; Kiesewetter 1842:

4. Remarks about the Musical Practice

The Arabs, even when compared with the folk of other Oriental cultures, seem to be an exceptionally music loving people. There is hardly an occasion in private or public life at which music is not made: one thinks of the work songs (cf. mainly Bücher 1902) and the cries of the street vendors; the instrumental music at festivities and ceremonies; the street singers and story tellers; the dances in the harems and cafes; the psalmodic recitations of the verses of the Koran and the Muezzin calls; the liturgical songs of the Christian Arabs, to whom a divine service without song is unknown (J. Parisot 1898: 5). 54

The songs are for the most part accompanied by instruments; an instrument to mark the rhythm (the hands, if necessary) is indispensable to the Arab. The accompanying string and wind instruments always move in unison with the voice and play the ritornello-type preludes, interludes, and postludes. Pure instrumental music is also cultivated, particularly in the coastal cities, where this kind of musical practice is chiefly in the hands of the Jews. The composition of the small orchestras varies according to the number and type of instruments used, but the following five are most often included: 55

1. The European violin, *kamanǧah*, played by the leader of the orchestra (formerly and often even today, the Arabic violin, *rabāb* instead); 2. *qītra* (guitar); 3. *qānūn* (zither); 4. *țār* (tambourine); 5. *darābukke* (drum) (Delphin and Guin 1886).

To the European it is surprising that the Arab does not know notation and, most probably, never has known any. To be sure, several theoreticians of the Middle Ages made an attempt, at some time or another, to notate specimen tunes (cf. de la Borde 1780 vol. 1: 185ff.; Kiesewetter 56

66ff.; J. P. N. Land 1886) (hauptsächlich mit Hilfe von Ziffern), doch sind diese tastenden Versuche einer Tonschrift nie in die Musikpraxis eingedrungen. Die Melodien pflanzen sich also ausschließlich durch die vokale und instrumentale Tradition fort.[58] Diese Eigentümlichkeit finden wir auch bei anderen orientalischen Kulturvölkern, die ausgebildete und ganz brauchbare Tonschriften besitzen (Inder, Chinesen, Japaner). Sie wurzelt offenbar tief in den sozialen und künstlerischen Anschauungen der Orientalen und läßt sich nicht aus einer einzelnen Ursache erklären. Es ist wohl wahrscheinlich, daß angesehene Künstler, deren Meisterschaft von Liebhabern und Schülern mit goldenen Bergen gelohnt wird,[59] nicht gern etwas Schriftliches von sich geben und ihre Kunst lieber monopolisieren als popularisieren (Rouanet 1905; Collangettes 1904–06: 374); auch mag es dem orientalischen Musiker mehr auf das Wie als auf das Was, mehr auf die Feinheiten des Vortrags, der Tongebung, der bravourösen Koloratur als auf Neuheit und Originalität der Komposition ankommen. Vielleicht vermöchte auch wirklich keinerlei Notenschrift der angestrebten Treue der Tradition gerecht zu werden. Ebensowenig wie eine Tonschrift sind theoretische Kenntnisse bei den praktischen Musikern verbreitet.

57 Die Musik der arabischen Länder ist, namentlich in den Küstenstädten, vielfach europäischen Einflüssen ausgesetzt. Schon vor nahezu 50 Jahren fand Salvador Daniel (1863: 21) als Hausmusik des Bey von Tunis ein europäisches Blasorchester (Pistons, Hörner, Trompeten, Posaunen, Ophikleïden, große und kleine Trommeln), das orientalische Melodien unisono spielte.

[58] In seltenen Fällen hilft man sich, indem man die Tonnamen aufschreibt. (vgl. Collangettes 1904–06: 42).

[59] ʾIbrāhīm al-Mauṣilī (zur Zeit Hārūn al-Rašīd) erhielt in seinem Leben mehr als 16800000 Franken an Geschenken (Collangettes 1904–06: 375).

1842: 66ff.; J. P. N. Land 1886), mainly with the aid of numbers, but these experiments in notation never reached musical practice. Melodies survive solely through the vocal and instrumental tradition.[58] This peculiarity is also met with in other Oriental folk cultures, which do possess fully developed and quite useful notations (Indian, Chinese, and Japanese). It is obviously deeply rooted in the social and artistic attitudes of the Orient, and cannot be explained from a single cause.

It may well be that renowned artists, whose mastery was rewarded with mountains of gold from admirers and pupils,[59] dislike to put anything in writing and would rather monopolize their art than popularize it (Rouanet 1905; Collangettes 1904–06: 374); besides, the Oriental musician may attach greater value to the *how* rather than the *what*, the refinement of performance, the tone production, the bravura coloratura, rather than the novelty and originality of the composition. Perhaps no notation could really do justice to the desired goal of authentic tradition. Knowledge of theory is just as rare among practicing musicians as is notation.

The music of the Arabic countries, particularly in the coastal cities, is often exposed 57
to European influence. Nearly fifty years ago Salvador Daniel (1863: 21) found a European brass band that played Oriental music in unison as household music for the Bey of Tunis (cornets, horns, trumpets, trombones, ophicleides, large and small drums). European violins have been em-

[58] In rare cases one can help oneself by writing down the names of the tones (cf. Collangettes 1904–06: 42).

[59] ʾIbrāhīm al-Mauṣilī (during the time of Hārūn al-Rašīd) obtained during his life more than 16,180,000 francs as gifts (Collangettes 1904–06: 375).

Mindestens ebensolange sind schon europäische Geigen an Stelle des *Rabāb* in Gebrauch. In manchen christlichen Gemeinden entstellt man die subtile Tonalität orientalischer Melodien durch die temperierte Stimmung europäischer Orgeln (Parisot 1899: 294). Abendländische Choralmelodien, vor allem aber italienische Opernmelodien, werden „arabisiert" (Parisot 1898: 5f.; Loret 1885: 366). Im allgemeinen aber verhält sich der arabische Musiker ablehnend gegen die europäische Tonkunst, die seinem Stilgefühl nicht entspricht (Parisot 1898: 7). Wenn infolgedessen ein allzu rasches Eindringen europäischer Gewohnheiten für die arabischen Länder weniger zu befürchten ist als etwa für Japan, so wäre es doch sehr zu wünschen, daß der musikwissenschaftlichen Forschung möglichst bald ein reiches und einwandfreies Melodienmaterial aus diesem musikalisch so hoch entwickelten Kulturgebiet zugänglich gemacht würde.

58 Für die freundliche Unterstützung meiner Arbeit bin ich den Herren Geh. C. Stumpf, Dr. P. Träger und Dr. O. Abraham zu größtem Dank verpflichtet.

ployed for at least as long in place of the *rabāb*. In many Christian communities the subtle tonality of Oriental melodies is marred by the tempered tuning of European organs (Parisot 1899: 294). Western chorale melodies, and most of all Italian operatic melodies are "arabized" (Parisot 1898: 5f.; Loret 1885: 366).

But in general, the Arab musician rejects European music because it does not go along with his sense of style (Parisot 1898: 7). Although in these circumstances a rapid penetration by European musical habits is less to be feared in the case of the Arab countries than, for instance, in Japan, it is nevertheless most desirable that a rich and authentic collection of music, from this musically highly developed cultural area, be made available for musicological study as soon as possible.

I am indebted, most gratefully, to Geheimrat Carl Stumpf, Dr. P. Traeger, and Dr. O. Abraham for their kind support. 58

Verzeichnis orthographischer Korrekturen/ List of orthographic revisions

new	*original*	*new*	*original*
Abū'l-Farāğ	Abdul-Faradj	firāq risāli	freg rsúli
al-Iṣbahānī	Alisbahani	l-yaum ḫramamik	cj*ü*m chramamek
ağānī al-marsūl	žānī el marsul	yā'bnaya	ja pnéja
ʿĀʾišūša	Aïchucha	mahur	mahor
al-Busalmī	el Boussalmi	mā-nī aqūluk mā	mânī naqúllek mā
al-Fārābī	al-Farabi	timšīšī vaḥdik	timschîschî waḥdik
al-Ġarbī	el Gharbi	Manūbiʾa	Manoubia
al-Maḥdi	al-Mahdi	maqām	Maqam
al-Mamuīn	al-Mamoïn	Mikaʿīl Mīšaqah	Michael Meschaqa
al-Manzil Buzilfa	a Menzel Bouzelfa	Muḥammad b.	Mohamed ben
al-Qābsī	el Gabsi	al-Ḥāğğī	el Hadji
ʿAʾuīša ruffiʿ al-ḫeli	Aouischa ruffi al cheli	muvaššim	weschâm
ʿAzīza	Azizal	niğma ya vaqaʿta	Nižma ja wogata
bayn al-birsīm u	ben el birsim u	qalbī šaqiy	Galbi schéki
bayn al-ḫass	ben el chas	qānūn	Qanun
Beğa	Beja	qaṣba	Gesba
bi-n-nabī ya'mmā	binnabî jammâ	qītra	Kuitra
Burānī	Borani	rabāb	Rebâb, Erbâb
darābukke	Darabukke	Ranūšī	Ranuschi
Daydū Miṣqaʿ	Daidou Messika	Risālat aš-	Rissalat ach
duqqa	duka	Šarāfiyat	Charafiyat
faḥl	Fhal	ṣabā	saba
ġaʾīta	Ghaidâ	Ṣafī ad-Dīn	Safi ed Din
gnbrī	Gnbri	Ṣalāḥ	Sala
Ḥanīfa	Hanifa	Saqia al-Ḥamra	Sakia el Ḥamra
Ḥasīn	Ḥasin	subʿa	soba
hazağ	hazaj	šuqra	Sukra, Soukra
ḥiğāz	hjaz	t(a)farrağ al-bāṭil	Tfarraž el bâtel
ḥōl, ḥōl, u anā	hól, hól, u ana	ğabahūnī	žebuni
sakrāna	sukrâna	ṭanbūr	Tanbur
ʾIbrahīm	Ibrahim	ṭār	Ṭar
ʾIšāq	Jshaq	Teburba	Tebourba
kabīr	kebir	ʿūd	ʾÛd
kamanğah	Kemanğe	yā naḫlataini	je nachladeni
kās	Kas	fi ʿalāhi	fiallâhi
Kitāb al-aġānī	Kitab el aghani	yā ṭayr urīšī	ja tir vrisch
Kitāb al-mūsīqā	Kitab al-Moussiqua	yulaṣṣiq yā qalbī	ulasik ja albi
Lʿain tanḥabu ʿala	Láin, tin heb alé	Zasīʾa	Sassia

E. M. VON HORNBOSTEL

Besprechung von/Review of

Ernest Closson: Chansons populaires des provinces Belges.

Bruxelles, Schott Frères 1905

1906

English translation by

Rebecca Adriaansz

aus/from: *Zeitschrift der Internationalen Musikgesellschaft* 7 (12), 1905–1906: 521.

Wenn C. seine Sammlung „pas une oeuvre d'érudition, mais un simple recueil de pratique et de vulgarisation musicales" nennt, so bezeichnet er damit wohl die Haupttendenz der Arbeit, ist aber zu bescheiden. Denn es wäre mancher Ausgabe, die sich gelehrt und unpopulär gibt, die Gründlichkeit und Gewissenhaftigkeit zu wünschen, die die Einleitung und die Anmerkungen C.'s auszeichnen. Nicht nur der Laie, dessen Interesse an den Liedern über den rein musikalischen Genuß hinausgeht, auch der Musikforscher wird die knappe, aber inhaltsreiche musikalisch-folkloristische Studie, die dem Notentext vorausgeht, mit Genuß und Belehrung lesen.

C. setzt zunächst die Charakteristika der beiden großen Gruppen: der vlämischen und der wallonischen Volkslieder auseinander. Die klassischen Formen der altniederländischen Lieder (des 15.–17. Jahrh.), die den alten Originalquellen entnommen sind, unterscheiden sich wesentlich von den romanischen, die, erst in unseren Tagen nach mündlicher Überlieferung aufgezeichnet, die deformierenden Einflüsse der populären Tradition erkennen lassen. Doch steht auch das heutige vlämische Volkslied durch seinen strengeren, mehr spezifisch-musikalischen und harmonischen Charakter der Kunstmusik näher, als das naivere, mehr monodische wallonische. Ein analoger Gegensatz offenbart sich in den Texten. Die vlämischen Lieder, deren Zahl und Verbreitungsgebiet bedeutend größer ist, berühren sich vielfach mit den deutschen, die wallonischen dagegen mit den französischen; doch haben sie heute verblaßte Züge des altfranzösischen Volkscharakters, wie die Neigung zur Satire und

When C. speaks of his collection as "pas une oeuvre d'érudition, mais un simple recueil de pratique et de vulgarisation musicales," he points to the main tendency of the work – but he is being too modest. For there is many a publication making itself out to be scholarly and essentially nonpopular that could do with the thoroughness and care that distinguish C.'s introduction and notes. This musico-folkloristic study, brief and yet rich in content as it is, will be read for enjoyment and enlightenment not only by laymen whose interest in the songs extends beyond purely musical pleasure but also by musicologists.

C. first shows the characteristics of the two large groups, the Flemish and the Walloon folk songs. The classical form of the old Netherlandish songs (from the fifteenth to the seventeenth centuries), which were taken from old original sources, are essentially different from those of the Latin tradition, which were notated from the oral tradition only in recent days and which make it possible to recognize the deforming influence of the popular tradition. Yet the contemporary Flemish folk song, with its more severe, more specifically harmonic character, is closer to art music than the more naïve, more monodic folk song of the Walloon. An analogous contrast is evident in the texts. The Flemish songs, which are more numerous and widely spread, frequently display an affinity with German songs; the Walloon songs, on the other hand, have something in common with the French; they have preserved features of the old French folk character that today seem somewhat faded, such as the tendency toward satire

Gaillardise (etwa: Schlingelhaftigkeit) bewahrt. Von besonders charakteristischen Formen seien die „rondes à baisers" (Kußreigen, etwa unserem „Polstertanz" vergleichbar) und die „crâmignons" hervorgehoben; bei diesen bilden die Sänger eine lange Kette, die im Laufschritt dem Anführer durch Straßen, Gärten, Wohnungen folgt. C. begnügt sich nicht damit, die Charakterzüge der Melodien und Texte seiner Sammlung hervorzuheben. An der Hand derselben erörtert er allgemein das Verhältnis von Kunstlied und Volkslied, die melodischen, rhythmischen und formalen Eigentümlichkeiten der Volksmelodien, die infolge der Einstimmigkeit so manche Parallele zur außereuropäischen Musik zeigen (Gebrauch der Kirchentonarten, komplizierte Rhythmen), und gibt schließlich einige sehr beherzigenswerte Winke über die volkstümliche Vortragsweise und eine Zusammenstellung der bei der Bearbeitung befolgten Grundsätze. Quellennachweise und spezielle Erläuterungen sind den einzelnen Liedern als Anmerkungen zugefügt.

Obwohl mir des Verfassers Behauptung, jede einstimmige Melodie sei harmonisch gedacht, trüge ihre Harmonisierung latent in sich, selbst für Melodien europäischer Kultur nur beschränkt gültig scheint, so verdient doch sein Klaviersatz uneingeschränktes Lob. Hier verbindet sich gallische Feinheit mit germanischem Ernst. Die Begleitung ist aufs feinste dem Charakter des Stückes angepaßt, bei aller Einfachheit nie banal, zeichnet sie harmonisch die melodische Linie nach, ohne sie je zu verwischen, vertieft die Stimmung, ohne sich vorzudrängen. Ein Satz, wie beispielsweise zu dem wundervollen alten Liede „Marie-Madeleine" (132) kann unbedenklich meisterhaft genannt werden. Unbegreiflich ist mir, wie ein so feinsinniger Musiker wie C. seine schöne Sammlung durch eine Anzahl von (angeblich sehr populären, darum aber nicht weniger abscheulichen) Kunstliedern von verschiedenen belgischen Komponis-

and frolic (like naughtiness). Examples of particularly typical forms are the *rondes à baisers* (kissing round dance, comparable to our *polster* dance) and the *cramignons*; in these dances the singers form a long chain and follow the leader, running through the streets, the gardens, the dwellings.

C. is not satisfied merely to describe the melodies and the texts of his collection: he uses them for a general discussion of the relation between art song and folk song, and the melodic, rhythmic, and formal qualities of folk tunes which, as a result of their monophonic character, exhibit so many parallels with non-European music (through the use of the Church modes, and complex rhythms). Finally, he gives some hints about folk performance practice which should be taken to heart, and a description of the principles applied in the arrangement of these songs. References to sources and special explanations in the form of notes are given with each song.

Although it seems to me that the author's assertion that every monophonic melody is harmonically conceived and carries its harmonization latently within it is valid only to a limited degree – even with melodies of the European culture – his keyboard arrangement deserves unlimited praise. Here Gallic finesse and Germanic seriousness combine. The accompaniment suits the character of the pieces perfectly; it traces the melodic line harmonically, with simplicity but never with banality, without smudging it, deepening the mood without becoming obtrusive. An arrangement such as that for the wonderful old song "Marie-Madeleine" (132) may, without hesitation, be labeled masterly. But it is incomprehensible to me how such a sensitive musician as C. can disgrace his beautiful collection by the inclusion of a number of art songs (allegedly very popular but no less atrocious) by various Belgian composers of the nineteenth century that fall completely outside the frame of the collecten des 19. Jahrh., die vollständig aus dem Rahmen herausfallen, verunzieren konnte. Oder wollte er, wie Schultze-Naumburg in seinen kunstdidaktischen Schriften, die Wirkung der Beispiele durch den Kontrast von „Gegenbeispielen" erhöhen?

tion. Or did he want to increase the impact of his examples, like Schultze-Naumburg in his didactic writings on art, by contrasting them with "counter-examples"?

E. M. VON HORNBOSTEL

Besprechung von/Review of

M. Marage, Sensibilité Spéciale de L'oreille Physiologique pour Certaines Voyelles

Comptes rendus 140, 87–90. 1905.

Contribution à L'étude de L'organe de Corti

Ebda 732–734.

Pourquoi Certains Sourds-Muets Entendent Mieux les Sons Graves que les Sons Aigus.

Ebda 780–781.

1906

English translation by

Richard Campbell

aus/from: *Zeitschrift für Psychologie und Physiologie der Sinnesorgane,* Abt. I. Zeitschrift für Psychologie 43, 1906: 236–237.

1. Verf. bestimmte auf freiem Feld mit Hilfe einer Vokalsirene die Hörschwellen für die fünf Hauptvokale bei 125 m Distanz. Das Energieminimum, das eben noch genügte, um den Vokal hörbar zu machen, liegt für jeden Vokal bei einer bestimmten Tonhöhe, nahe dem Eigenton des Vokals. Hieraus erklärt sich, warum beim Gesang der Vokal der Höhe des Melodietones angepaßt wird (geringster Energieaufwand und größte Tragfähigkeit); ferner, warum Redner die Vokale a und o bevorzugen: e und i tragen nur in hoher Lage, u (Eigenton c_2, Energieminimum bei $c_2 = 0.015$ kgm) ist in normaler Stimmlage zu anstrengend. Weiter schließt Verf. aus seinen Versuchen, daß es für Hörschärfeprüfungen unerläßlich ist, Schwingungen von bestimmter Art und bekanntem Grundton zu verwenden.

2. Verf. wiederholte die bekannten Hensenschen Versuche an Mysis, die von Helmholtz für seine Resonanzhypothese in Anspruch genommen wurden. Stimmgabeltöne und Vokale auf verschiedener Tonhöhe (Vokalsirene) wurden zu einem kleinen Wasserbehälter geleitet, in dem sich die Crustacee befand. Eine Vibration der Schwanzhärchen des Tieres konnte auch dann nicht beobachtet werden, wenn die Tonintensität die für das menschliche Ohr auf große Entfernung gültige Schwellenenergie (s. o.) übertraf. Bei Versuchen mit Trompetentönen (Hensen hatte ein cornet à pistons benützt) zeigte sich zwar eine Bewegung der Härchen, doch ließ sich keine selektive Wirkung der verwendeten Tonhöhen (d_3 und c_4) erkennen.

3. Die Versuche wurden auch auf andere Tiere, denen Gehörorgane fehlen, ausgedehnt. Serpula (ein Borstenwurm) zog ihre

1. The autor determined the auditory threshold for the five primary vowels with the aid of a vowel siren on an open field at a distance of 125 meters. The minimum energy needed to make it just audible lies for each vowel at a definite pitch near the characteristic tone of the vowel. This explains why, in singing, the vowel is adapted to the pitch level of the melody tone (least amount of energy and maximum carrying power); further, it explains why speakers prefer the vowels a and o: e and i carry only in higher registers, u (characteristic pitch C_5, minimum energy at $C_5 = 0.015$ kgm) is too strenuous in a normal voice register. The author further concludes from his tests that it is indispensable to use frequencies of definite types and known fundamental for tests of acuity.

2. The author repeated the well-known tests of Hensen on Mysis which Helmholtz had used for his resonance hypothesis. Pitches from tuning-forks and vowels of different pitches (vocal siren) were fed into a small water container which contained the Crustacea. A vibration of the animal's tail hairs was not observed even when the pitch intensity exceeded the valid threshold energy (see above) for the human ear at a great distance. Among tests with trumpet sounds (Hensen had used a cornet à pistons) a movement of the hair particles was observed; however, there was no noticeable selective effect of the pitches used (D^6 and C^7).

3. The tests were also tried on other animals which do not possess auditory organs. A serpula (a bristle worm) immediately retracted its tentacles when the vowel u was sounded at $B\flat_4$; the retraction

Tentakeln sofort ein, wenn der Vokal u auf b_1 erklang; die Reaktion blieb (bei gleichem Vokal und gleicher Energie) bei b_2 und b_3 aus. Ähnlich reagierte Cyona intestinalis. Krabben, denen die globi abgetragen wurden, berühren beim Erklingen tiefer Töne augenblicklich die verletzte Stelle mit den Beinen. Verf. stellt diese Beobachtungen in Parallele mit dem Befund, daß manche Taubstumme, denen die Sprachperzeption vollständig fehlt, den (synthetischen) Vokal u auf f_1 bei einer Energie von 0.005 kgm noch wahrnehmen, e auf f_4 und i auf f_5 dagegen nicht, wie groß auch die Intensität sei. Es handelt sich hier offenbar ebenso, wie bei den Tierversuchen, um Tastempfindungen. Als praktische Konsequenz ergibt sich, daß nach der Form der Hörschärfekurve diejenigen Taubstummen erkannt werden können, bei denen Hörübungen von vornherein aussichtslos sind.

was absent at $B\flat_5$ and $B\flat_6$ (with the same vowel and the same energy). A cyona intestinalis reacted similarly. Shrimps, whose globi had been removed, touched the wounded spots with their legs for a moment when a low tone sounded. The author places this observation on the same level with the findings that many deaf-mutes, among whom the speaking perception is totally absent, still perceive the (synthetic) vowel u at F_4 with an energy of 0.005 kgm, but not e at F_7 and i at F_8, no matter how great the intensity is. Obviously one is concerned here with sensitivity to touch, as in the animal tests. As a practical consequence it emerges that the shape of the acuity curve makes possible the detection of those deaf-mutes with whom auditory exercises are condemned to failure from the very start.

Direct
PL/39828
2 43.50